21世纪全国高等院校汽车类创新型应用人才培养规划教材

汽车安全辅助驾驶技术

郭 烈 葛平淑
张明恒 李琳辉 赵一兵   编 著

内 容 简 介

本书在分析道路交通事故现状及产生原因的基础上,引出汽车安全辅助驾驶技术的研究意义和主要研究内容,重点阐述和讲授车道偏离预警、汽车安全车距预警、行人防碰撞预警、驾驶人行为与疲劳状态监测、道路交通标志的识别、智能车路协同、汽车轮胎压力监测、辅助制动、智能泊车辅助等关键技术的研究现状、主要方法及依据的原理、典型系统的结构、未来发展趋势等内容,以使学生对各关键技术有所了解并掌握一些基本的技术和方法,提高汽车的主动安全性能,减少道路交通事故的发生。

本书内容新颖、科学性强,可作为高等院校车辆工程、汽车运用工程、交通运输、汽车服务工程和机械工程及自动化等相关专业的本科生或研究生的教材,也可作为广大汽车工程技术人员和维修管理人员的参考用书。

图书在版编目(CIP)数据

汽车安全辅助驾驶技术/郭烈等编著. —北京:北京大学出版社,2014.1
(21世纪全国高等院校汽车类创新型应用人才培养规划教材)
ISBN 978-7-301-23545-4

Ⅰ. ①汽… Ⅱ. ①郭… Ⅲ. ①汽车驾驶—安全技术—高等学校—教材 Ⅳ. ①U471.15

中国版本图书馆 CIP 数据核字(2013)第 290624 号

书　　　名：	汽车安全辅助驾驶技术
著作责任者：	郭　烈　葛平淑　张明恒　李琳辉　赵一兵　编著
策划编辑：	童君鑫　黄红珍
责任编辑：	黄红珍
标准书号：	ISBN 978-7-301-23545-4/TH·0377
出版发行：	北京大学出版社
地　　　址：	北京市海淀区成府路 205 号　100871
网　　　址：	http://www.pup.cn　新浪官方微博:@北京大学出版社
电子信箱：	pup_6@163.com
电　　　话：	邮购部 62752015　发行部 62750672　编辑部 62750667　出版部 62754962
印　刷　者：	北京虎彩文化传播有限公司
经　销　者：	新华书店
	787 毫米×1092 毫米　16 开本　21.5 印张　488 千字
	2014 年 1 月第 1 版　2021 年 1 月第 3 次印刷
定　　　价：	59.00 元

未经许可,不得以任何方式复制或抄袭本书之部分或全部内容。
版权所有,侵权必究
举报电话:010-62752024　电子信箱:fd@pup.pku.edu.cn

前　言

国民经济的持续稳定增长，使得道路交通运输事业的重要性日益凸显。随着我国汽车保有量的迅速增加，道路交通引发的各种问题，尤其是行驶安全问题日益受到人们的关注。

道路交通是由人、车、路组成的动态复杂系统，汽车是现代道路交通系统中的重要元素。汽车的广泛使用在促进人类社会文明和进步的同时，也给人类带来了一系列的负面效应，如随时可能发生的直接危及人民生命及财产安全的道路交通事故等。因此，对汽车行车安全的研究显得尤为重要。

国内外研究结果表明，采用先进传感技术、网络技术以及智能控制等技术，为车辆装备有效的车辆行驶状态监测设备，对汽车实施有效的主动安全预警措施，辅助驾驶人提前采取预警措施，实时记录与分析行车状态，能够及时、有效地防止车辆发生道路交通事故，也有助于对驾驶人的不良驾驶习惯和违规行为提出预警。汽车安全辅助驾驶技术能预知和规避危险，未雨绸缪、防事故于未然，有效减轻驾驶人的操作强度。汽车安全辅助驾驶技术能对道路和车辆进行全面感知，以提高交通效率和保障交通安全，具有潜在的经济价值和应用前景。

本书是编者在多年科研工作成果积累的基础上，通过分析国内外最新的汽车安全辅助驾驶技术，按照车外环境感知与车内驾驶人行为和疲劳状态监测的顺序编写的。通过分析道路交通事故现状及原因，引出汽车安全辅助驾驶技术的研究意义和主要研究内容。例如，车外环境感知能够辅助增强驾驶人感知车辆周围环境的能力，并及时做出判断；车内驾驶人行为和疲劳状态的监测与分析，能够对驾驶人的不良驾驶习惯和精神状态给予及时提示和预警。其中行人碰撞预警技术的部分内容为国家自然科学基金委资助项目"基于组合分类机制的过街行人检测与防碰撞预警方法研究"的主要研究成果。各章后附有一定的思考题，学生根据课程所学知识，利用课余时间完成汽车安全辅助驾驶部分功能程序的编写或者系统设计，提高其创新思维与解决实际问题的能力，达到培养车辆工程专业具有"卓越工程能力"精英人才的目标。

本书由郭烈、葛平淑、张明恒、李琳辉、赵一兵共同编著，由郭烈、葛平淑统稿。编者在编写过程中参考了国内外大量的文献资料和书籍，限于篇幅不能一一列出，在此对相关文献的作者、编译者、科研工作者表示衷心的感谢。

由于编者水平有限，书中的错误和观点不当之处在所难免，敬请批评指正。

作者
2013 年 9 月

目　录

第1章　绪论 ………………………… 1

1.1　道路交通安全与交通事故 …… 3
1.1.1　道路交通安全 ………… 3
1.1.2　道路交通事故 ………… 3
1.1.3　道路交通事故的分类 … 4
1.1.4　道路交通事故的特点 … 7
1.1.5　道路交通事故的评价指标 ………………… 7
1.2　世界道路交通安全现状 ……… 8
1.2.1　全球道路交通安全危机 … 8
1.2.2　国外道路交通事故现状 … 13
1.2.3　国内道路交通事故现状 … 18
1.3　道路交通事故的影响因素及预防措施 …………………… 22
1.3.1　道路交通事故的影响因素 ………………… 23
1.3.2　道路交通事故的预防措施 … 26
1.4　汽车安全辅助驾驶技术概述 … 28
1.4.1　汽车安全辅助驾驶技术的研究目的和意义 ……… 28
1.4.2　汽车安全辅助驾驶技术的主要研究内容 ………… 29
1.4.3　汽车安全辅助驾驶技术的研究发展动态 ………… 31
思考题 …………………………… 32

第2章　车道偏离预警技术 ………… 33

2.1　引言 …………………………… 34
2.2　车道偏离预警基本组成和技术要求 …………………… 37
2.2.1　基本组成 ……………… 37
2.2.2　技术要求 ……………… 45
2.3　车道偏离预警技术研究进展 … 47
2.3.1　国外研究进展 ………… 47
2.3.2　国内研究进展 ………… 61
2.4　基于视觉的车道线检测方法 … 64
2.4.1　基于特征的识别方法 … 64
2.4.2　基于模型的识别方法 … 66
2.4.3　基于视觉与其他传感器融合的方法 …………… 68
2.5　车道偏离预警模型 …………… 68
2.5.1　CCP模型 ……………… 69
2.5.2　FOD模型 ……………… 69
2.5.3　TLC模型 ……………… 70
2.5.4　KBIRS模型 …………… 72
2.5.5　基于横向距离安全性的车道偏离评价 …………… 72
2.6　基于视觉的车道偏离预警系统的实现 …………………… 74
2.6.1　道路图像预处理 ……… 74
2.6.2　基于Zernike矩的车道标识线识别方法 ……… 78
2.6.3　基于建立梯形感兴趣区域的车道标识线跟踪 … 83
2.6.4　车道偏离预警模型的建立 ………………… 84
2.7　未来展望 ……………………… 87
思考题 …………………………… 88

第3章　汽车安全车距预警技术 …… 89

3.1　引言 …………………………… 90
3.2　安全车距预警技术研究进展 … 93
3.2.1　国外研究进展 ………… 93
3.2.2　国内研究进展 ………… 100
3.3　前方车辆检测方法 …………… 101
3.3.1　基于单目视觉的车辆识别 ………………… 101
3.3.2　基于立体视觉技术的车辆识别 …………… 104
3.3.3　基于彩色图像的车辆识别 ………………… 105

		3.3.4	非视觉传感器在车辆	
			检测中的应用 ………	106
		3.3.5	采用多传感器融合方法的	
			车辆识别 ……………	106
	3.4	前方车距测量方法 …………		107
		3.4.1	超声波测距方法 ……	107
		3.4.2	毫米波雷达测距方法 ……	108
		3.4.3	激光测距方法 ………	112
		3.4.4	视觉测距方法 ………	114
	3.5	安全车距预警模型 …………		118
		3.5.1	安全距离 ……………	118
		3.5.2	临界安全车距分析 ……	119
		3.5.3	典型安全距离预警模型 …	122
	3.6	基于视觉的安全车距预警系统的		
		实现 ………………………		126
		3.6.1	基于多特征融合的前方	
			车辆检测 ……………	126
		3.6.2	基于目标特征和Kalman	
			滤波的车辆跟踪 ………	137
		3.6.3	基于单目视觉的前方车距	
			测量与本车车速估计 ……	143
		3.6.4	基于安全度的安全车距	
			预警模型 ……………	146
	3.7	未来展望 ……………………		148
	思考题 ……………………………			149
第4章	行人防碰撞预警技术 ………			150
	4.1	引言 ………………………		152
	4.2	汽车与行人碰撞事故特点 ……		154
	4.3	行人保护与防碰撞预警技术		
		研究进展 …………………		156
		4.3.1	被动安全行人保护研究	
			进展 …………………	156
		4.3.2	主动安全行人保护研究	
			进展 …………………	161
		4.3.3	红外夜视辅助系统 ……	163
	4.4	行人检测方法 ………………		165
		4.4.1	基于视觉传感器的行人	
			检测 …………………	165
		4.4.2	基于红外传感器的行人	
			检测 …………………	171

		4.4.3	基于雷达传感器的行人	
			检测 …………………	172
		4.4.4	基于多传感器信息融合的	
			行人检测 ……………	173
	4.5	基于视觉的行人防碰撞		
		预警系统的实现 ……………		174
		4.5.1	基于部位特征组合的行人	
			检测 …………………	174
		4.5.2	基于Kalman预测的	
			Camshift行人跟踪 ……	185
		4.5.3	基于单目视觉的行人	
			距离估计 ……………	197
		4.5.4	行人运动方向的确定 ……	200
		4.5.5	行人防碰撞预警规则的	
			确定 …………………	201
	4.6	未来展望 ……………………		207
	思考题 ……………………………			208
第5章	驾驶人行为与疲劳状态			
	监测技术 ……………………			209
	5.1	引言 ………………………		211
	5.2	疲劳驾驶形成原因及预防措施 …		212
		5.2.1	疲劳驾驶 ……………	212
		5.2.2	疲劳驾驶的形成原因 ……	214
		5.2.3	疲劳驾驶的预防 ………	215
	5.3	驾驶人行为与疲劳状态监测技术		
		研究进展 …………………		217
		5.3.1	国外研究进展 ………	217
		5.3.2	国内研究进展 ………	222
	5.4	驾驶人行为与疲劳状态监测		
		方法 ………………………		224
		5.4.1	基于驾驶人生理信号的	
			方法 …………………	224
		5.4.2	基于驾驶人生理反应	
			特征的方法 …………	226
		5.4.3	基于车辆运行状态的	
			方法 …………………	228
		5.4.4	基于信息融合技术的	
			检测方法 ……………	230
	5.5	基于视觉的驾驶人行为与疲劳		
		状态监测的实现 ……………		232

5.5.1 驾驶人眨眼频率的监测 ………… 232
5.5.2 驾驶人嘴部活动的监测 ………… 239
5.5.3 驾驶人头部运动方向的监测 ………… 250
5.5.4 驾驶人面部朝向的估计 ………… 251
5.6 基于红外的驾驶人行为与疲劳状态监测的实现 ………… 254
　5.6.1 驾驶人眼睛瞳孔的检测 ………… 254
　5.6.2 基于 Harris 角点的普尔钦光斑检测 ………… 256
　5.6.3 基于 GAZEDIS 视线分布的驾驶人疲劳检测方法 …… 258
　5.6.4 基于贝叶斯网络融合方法的驾驶人疲劳检测 ……… 259
5.7 未来展望 ………… 263
思考题 ………… 264

第6章 其他安全辅助驾驶技术 ……… 265

6.1 道路交通标志的识别 ………… 267
　6.1.1 引言 ………… 267
　6.1.2 研究进展 ………… 268
　6.1.3 交通标志检测方法 ………… 273
　6.1.4 未来展望 ………… 278
6.2 智能车路协同技术 ………… 279
　6.2.1 引言 ………… 279
　6.2.2 车用自组网 ………… 280
　6.2.3 车载无线通信协议标准 …… 284
　6.2.4 智能车路协同技术 ………… 289
　6.2.5 未来展望 ………… 298
6.3 汽车轮胎压力监测系统 ………… 299
　6.3.1 引言 ………… 299
　6.3.2 研究进展 ………… 300
　6.3.3 轮胎压力监测方法的分类 ………… 301
　6.3.4 轮胎压力监测系统的组成及工作原理 ………… 303
　6.3.5 未来展望 ………… 310
6.4 辅助制动系统 ………… 312
　6.4.1 引言 ………… 312
　6.4.2 电子制动力分配系统 …… 312
　6.4.3 电子制动辅助制动系统 ………… 314
6.5 智能泊车辅助系统 ………… 316
　6.5.1 引言 ………… 316
　6.5.2 典型应用情况 ………… 317
　6.5.3 智能泊车辅助系统的工作过程 ………… 321
　6.5.4 未来展望 ………… 322
思考题 ………… 323

参考文献 ………… 324

第 1 章 绪 论

 教学提示

　　道路交通事故每年给人民的生命财产和国民经济造成了巨大的损失，我们面临全球性的道路交通安全危机。从道路交通事故的成因和特点来看，绝大多数的道路交通事故是非自然因素造成的，在现代科学技术条件下，人们完全有能力通过采取相应的措施进行事先干预，从而予以消除。因此，汽车安全辅助驾驶技术的研究受到各国的普遍关注，通过分析车载传感器及路侧传感器获取的信息掌握车辆、道路、环境等驾驶信息，并在危机状态下实现为驾驶人提供劝告或预警信号，甚至是对车辆实施控制，减轻驾驶人的操作强度，提高汽车的安全性，避免驾驶人因素所造成的交通事故。

教学目标

　　通过本章内容的学习，应该掌握道路交通安全及道路交通事故的定义，了解道路交通事故现状及其主要特点，能够分析导致交通事故的主要影响因素，并采取相应的措施以降低交通事故，掌握汽车安全辅助驾驶技术的研究意义及主要内容。

导入案例

道路交通事故已成为全球性安全问题之一,引起了全社会普遍关注。交通事故作为道路交通的三大公害之一,不仅严重干扰了道路交通系统的正常运行,而且给交通参与者的生命安全带来巨大威胁,还给社会造成巨大的经济损失。

世界卫生组织的"道路交通伤害"报告指出,全球每年约有124万人因道路交通事故而死亡,2,000万~5,000万人遭受非致命伤害。低收入和中等收入国家的注册车辆不到全世界注册车辆总数的一半,但91%的道路交通死亡事故发生在这些国家。道路交通伤害是年龄在15~29岁年轻人中的主要死因。除非立即采取有效行动,否则道路交通伤害预计将成为全世界第五大死因,估计每年将造成240万人死亡。

道路交通伤害虽然具有可预测性并且大都可以得到预防,但是多年来该问题一直在全球卫生议程方面受到忽视。发达国家在遭受交通事故造成的沉重打击后,加强了对事故预防及对策的研究,制定了较为完善的道路交通管理法律、法规和相关政策,采取了各种安全措施,包括对人的安全教育、驾驶人和行人行为的改善、公路和车辆设计的优化、交通基础设施的安全性能的改善。通过这些措施的实施,国外许多国家的交通事故保持基本稳定甚至继续下降的趋势。

联合国大会在2010年3月通过的A/RES/64/255号决议1中宣布2011—2020年为道路安全行动十年,并于2011年3月发布《全球道路安全行动十年计划(2011—2020年)》。呼吁成员国在"道路安全管理、增强道路和机动安全、增强车辆安全、增强道路使用者安全、交通事故后应对"五个方面开展工作,从而减少道路交通伤害的死亡和残疾,其总体目标是通过在国家、区域和全球各级开展更多活动,稳定并随后降低预计的全球道路交通死亡率。2011年5月11日,全球超过70个国家共同启动"全球道路安全十年"。我国也借本次启动,倡导全社会共同行动,预防交通伤害,共筑道路安全,由中国国务院妇女儿童工作委员会办公室、卫生部、共青团中央、全国妇联和世界银行联合主办,世界卫生组织支持,中国疾病控制中心慢病中心承办了"联合国道路安全行动十年启动仪式暨道路交通伤害预防研讨会",如图1.01所示。

图1.01 我国启动道路安全行动十年

1.1 道路交通安全与交通事故

1.1.1 道路交通安全

随着机动车保有量的快速增加和国民经济的持续增长，道路交通运输给人们的生活和出行带来了很大的便利，但由此带来的道路交通事故每年都给人民生命财产和国民经济造成了巨大的损失。如何解决道路交通安全问题已经成为社会可持续发展的一个重要课题。对城市道路交通安全的分析以及探讨对加强交通事故管理具有重大的现实意义。

为了维护道路交通秩序，预防和减少交通事故，保护公民的人身和财产安全，提高通行效率，2003年10月28日中华人民共和国第十届全国人民代表大会常务委员会第五次会议制定通过了《中华人民共和国道路交通安全法》，自2004年5月1日起施行，并先后于2007年12月29日和2011年4月22日进行了两次修订。

道路交通安全是指在交通活动过程中，能将人身伤亡或财产损失控制在可接受水平的状态。交通安全意味着人或物遭受损失的可能性是可以接受的；若这种可能性超过了可接受的水平，即为不安全。道路交通系统作为动态的开放系统，其安全既受系统内部因素的制约，又受系统外部环境的干扰，并与人、车辆以及道路环境等因素密切相关。系统内任何因素的不可靠、不平衡、不稳定，都可能导致冲突与矛盾，产生不安全因素或不安全状态。因此，道路交通安全具有如下特点：

(1) 交通安全是在一定危险条件下的状态，并非绝对没有交通事故的发生。

(2) 交通安全不是瞬间的结果，而是对交通系统在某一时期、某一阶段过程或状态的描述。

(3) 交通安全是相对的，绝对的交通安全是不存在的。

(4) 对于不同的时期和地域，可接受的损失水平是不同的，因而衡量交通系统是否安全的标准也不同。

1.1.2 道路交通事故

道路交通事故通常指在对人和物进行运输的过程中所发生的人员伤亡和财物损毁事件，它是道路交通运营过程中的伴生现象。世界各国由于国情不同，道路交通安全状况不同，交通规则、交通设施布置以及交通管理规则不同，因而对于道路交通事故的定义也不尽相同。

我国在2004年5月1日起实施的《中华人民共和国道路交通安全法》第119条明确规定了道路、车辆、机动车、非机动车、交通事故等用语的含义：

"道路"，是指公路、城市道路和虽在单位管辖范围但允许社会机动车通行的地方，包括广场、公共停车场等用于公众通行的场所。

"车辆"，是指机动车和非机动车。其中，"机动车"，是指以动力装置驱动或者牵引，上道路行驶的供人员乘用或者用于运送物品以及进行工程专项作业的轮式车辆；"非机动车"，是指以人力或者畜力驱动，上道路行驶的交通工具，以及虽有动力装置驱动但设计最高时速、空车质量、外形尺寸符合有关国家标准的残疾人机动轮椅车、电动自行车等交通工具。

"交通事故",是指车辆在道路上因过错或者意外造成的人身伤亡或者财产损失的事件。

我国对交通事故的定义比较适合当今中国道路、车辆和人员参与交通活动的现状,主要强调车辆在道路上因为过错或者意外原因造成的人身伤亡或者财产损失的事件,因此,可以从以下几个方面进行交通事故的认定。

(1)"交通事故"必须要有"车辆"的参与。这里所指的车辆,既可以是机动车,也可以是非机动车。车辆是构成交通事故的前提条件,在交通事故的相关各方当事人中至少有一方使用了车辆,无车辆参与则不能认定是交通事故,如行人在行走过程中,发生意外碰撞致伤甚至死亡的事件不属于交通事故。

(2)"交通事故"必须在"道路"上发生。这里所指的道路,是指法律意义上的道路,如各种军用车辆在野外(不是在道路上,或虽是在道路上但已断绝交通时)演习中所造成的人身伤亡事故或军用车辆之间的碰撞事件不能算交通事故。道路是构成交通事故的基础条件,对交通事故中是否在道路上这一要素的确认,应以事态发生时车辆所在的位置,而不是事态发生后车辆所在的位置进行判断。

(3)"交通事故"必须要有"损害结果"的发生。这里所指的损害结果,可以是人身损失,也可以是财产损失,这是构成交通事故的本质特征,只有违法而没有损害后果则不能算交通事故。

(4)"交通事故"必须是因为事故当事人的过错或意外事件所导致,如当事人有违反道路交通管理法规、规章制度所禁止的违法行为,或是因为当事人疏忽大意或过分自信等过失行为而发生的损害后果。没有违法行为而发生损害后果的事故,不属于交通事故;有违法行为但违法行为与损害后果无因果关系的,也不属于交通事故;因不可抗力导致的车辆事故,不属于交通事故。

(5)"交通事故"不以事故当事人的客观行为违反了道路交通安全法律规范为构成要件,即无违法行为,也可构成交通事故。

为了规范道路交通事故处理程序,保障公安机关交通管理部门依法履行职责,保护道路交通事故当事人的合法权益,根据《中华人民共和国道路交通安全法》及其实施条例等有关法律、法规,公安部制定了《道路交通事故处理程序规定》,自2009年1月1日起施行。

美国国家安全委员会对交通事故的定义:交通事故是在道路上所发生的意料不到的有害的或危险的事件。这些有害的或危险的事件妨碍交通行动的完成,其原因常常是由于不安全的行动(指精神方面不注意交通安全)或不安全的因素(指客观物质基础条件),或者是两者的结合,或者一系列不安全行动或一系列不安全因素。

日本对交通事故的定义:由于车辆在交通中所引起的人的死伤或物的损坏,在道路交通法中称为交通事故。但与车辆稍微接触发生的十分轻微的事端,只需当事人协商而不需警察干预就可以解决的,可不作为交通事故。

1.1.3 道路交通事故的分类

对道路交通事故进行分类,目的在于分析、研究、预防和处理道路交通事故,同时也便于统计和从各个角度寻找对策。根据分析的角度、方法不同,对道路交通事故的分类也不同。通常，道路交通事故分类方法主要有以下五种。

1. 按事故责任分类

道路交通事故按在交通事故中承担主要责任对象分为机动车事故、非机动车事故以及行人事故三类。

（1）机动车事故。机动车事故是指事故当事方中，汽车、摩托车和拖拉机等机动车负主要责任以上的事故。在机动车与非机动车或行人发生的事故中，如果机动车负同等责任，由于机动车相对为交通强者，而非机动车或行人则属于交通弱者，也应视为机动车事故。

（2）非机动车事故。非机动车事故是指自行车、人力车、三轮车和畜力车等按非机动车管理的车辆负主要责任以上的事故。在非机动车与行人发生的事故中，如果非机动车一方负同等责任，由于非机动车相对为交通强者，而行人则属于交通弱者，应视为非机动车事故。

（3）行人事故。行人事故是指在事故当事方中，行人负主要责任以上的事故。如在机动车、非机动车均遵守交通法规各行其道的情况下，行人在道路上行走过程中不按照要求走人行道、随便横穿马路以及通过交叉路口时无视交通信号等违反交通法规的行为而引发的交通事故。

2. 按事故情节轻重和伤亡大小分类

道路交通事故按事故造成人员伤害或者造成财产损失大小分为轻微事故、一般事故、重大事故和特大事故四类，见表1-1。

表1-1 按事故情节轻重和伤亡大小分类表

事故类型	人员伤害	财产损失
轻微事故	轻伤1~2人	机动车事故不足1,000元，非机动车事故不足200元的事故
一般事故	重伤1~2人，或轻伤3人以上	小于3万元
重大事故	死亡1~2人，或重伤3~7人	3万~6万元
特大事故	死亡3人以上，或者重伤11人以上；或者死亡1人，同时重伤8人以上；或者死亡2人，同时重伤5人以上	6万元以上

3. 按事故原因分类

道路交通事故按动因的不同可分为主观原因造成的事故和客观原因造成的事故两大类。

（1）主观原因造成的事故。主观原因是指造成交通事故的当事人本身内在的因素，主要表现为违反规定、疏忽大意或操作不当，分别对应思想方面的原因、心理或生理方面的原因以及技术生疏、经验不足的原因。

违反规定是指当事人由于思想意识方面的原因，在驾驶车辆过程中不按交通法规的规定行驶或行走，致使正常的道路交通秩序被破坏而引起的交通事故，如酒后驾车、无证驾驶、超速行驶、违章超车、非机动车走快车道等原因造成的交通事故。

疏忽大意是指当事人由于心理或生理方面的原因，没有正确地观察和判断外界事物而造成的失误。心理原因导致对外界环境的客观信息没有正确地观察，生理原因如疲劳、疾病等导致对道路交通环境、交通规制状况以及其他交通动向的观察失误。也有驾驶人存在判断错误和操作错误等现象，如对对方车辆的行动、对道路的形状和线形、对对方车辆的速度以及自驾车辆与对方车辆的距离、过分相信自己的技术以致对自驾车辆的性能和速度以及车身安全空间的大小等的判断有误。

操作不当是指驾驶车辆的人员技术生疏、经验不足，对车辆、道路情况不熟悉，遇到突发情况惊慌失措，引起操作错误。如驾驶人遇紧急情况时不能应付自如，以及车辆本身制动系统和转向系统不灵，驾驶人员训练不够正规和车辆检验制度不严等。

（2）客观原因造成的事故。客观原因是指引发交通事故的车辆、环境和道路方面的不利因素。目前，对于客观原因还没有很好的调查和测试手段，因此在事故分析中往往会忽视这些因素。

任何一起交通事故，都有其促成事故发生的主要情节和造成事故损害后果的主要原因。绝大多数交通事故都是因为当事人的主观原因造成的，客观原因所占比率较少。

4. 按交通事故的对象分类

道路交通事故按事故的对象可分为车辆间的交通事故、车辆与行人的交通事故、机动车与非机动车的交通事故、机动车自身事故以及车辆对固定物的事故五类。

（1）车辆间的交通事故。车辆间的交通事故是指运动的车辆间或者运动与静止的车辆之间发生刮擦、碰撞等而引起的事故。碰撞可分为正面碰撞、追尾碰撞、侧面碰撞和转弯碰撞等；刮擦可分为超车刮擦、会车刮擦等。

（2）车辆与行人的交通事故。车辆与行人的交通事故是指运动的机动车对行人的碰撞、碾压和刮擦等事故，包括机动车闯入人行道及行人横穿道路时发生的交通事故。其中，碰撞和碾压常导致行人重伤、致残或死亡；刮擦相对前两者后果一般比较轻，但有时也会造成严重后果。

（3）机动车与非机动车的交通事故。在我国，机动车与非机动车的交通事故主要表现为机动车碾压骑自行车的人的事故。这类事故最容易发生在一条道路上机动车、非机动车和行人混合通行的交通状况下，由于我国道路交通特点，这类事故发生比率比较高。

（4）机动车自身事故。机动车自身事故是指机动车在没有发生碰撞、刮擦情况下由于自身原因导致的事故。如汽车在下坡时由于行驶速度太快、汽车左右转弯或掉头时所发生的翻车事故以及在桥上因大雾天气或因机械失灵而产生的汽车坠入江河的事故等，这类事故较少，但多为恶性事故。

（5）车辆对固定物的事故。车辆对固定物的事故是指机动车与道路两侧的固定物相撞的事故。其中固定物包括道路上的工程结构物、护栏、路肩上的灯杆、交通标志等。

5. 按交通事故发生的地点分类

交通事故发生地点一般是指事故发生在哪一级道路上，可分为城市或郊区以及城市或乡村三种。在我国，公路可分为高速公路、一级公路、二级公路、三级公路和四级公路五个等级；城市道路可分为快速路、主干路、次干路和支路四个等级。另外，还可按在道路交叉口和路段所发生的交通事故来分类。

1.1.4 道路交通事故的特点

道路交通事故具有突发性、随机性、频发性、社会性、不可逆性和可预防性等特点。

1. 突发性

由于在交通事故发生过程中，驾驶人从感知到危险到交通事故发生所经历的时间极为短暂，往往短于驾驶人的反应时间与采取相应措施所需时间之和，这使得交通事故的突发性特点鲜明，给人感觉事故的发生就在一瞬间，让人措手不及。

2. 随机性

在由交通参与者、车辆和道路三要素构成的道路交通系统中，任何一个失误都可能引起系统内一系列其他失误，从而引起危及整个系统安全运行的大事故，这些失误绝大多数是随机的，从而使得交通事故的发生具有很大的随机性。

3. 频发性

据估计，全世界每年约有120万人死于道路交通伤害，受伤者多达5,000万人，道路交通事故已成为世界性的危机。随着机动车保有量的持续增长和交通运输的快速发展，在人们交通安全意识尚未与快速发展的交通运输相适应时，道路交通事故频发、伤亡人数不断增加则会成为必然。

4. 社会性

现代社会中，汽车是当今社会最常用、最普通、最方便的出行工具，汽车已与人们的工作、生活、出行紧密联系在一起，同时也对社会和人民生命财产造成严重的伤害。交通事故是交通运输的伴随产物，在机动车特别是汽车成为人们工作、生活中重要交通工具的同时，机动车运输过程的伴生物——道路交通事故时刻会给全社会成员带来伤害的危险。因此，道路交通事故已成为一个重要的社会问题，具有广泛的社会性。

5. 不可逆性

道路交通事故的不可逆性是指其不可重现性。事故是交通参与者、车辆和道路三要素构成的道路交通系统内部发展的伴生物，与该系统的变量有关，并受到一些外部因素的影响且难以控制，使得道路交通事故不可重现，其过程也是不可逆的。

6. 可预防性

术语"事故"给人一种不可避免和无法预见的印象，似乎是无法控制的事件。因此，机动车辆"事故"曾被认为是发生在某人身上的意外事件，并且是道路运输的一个不可避免的后果。然而，事实并非如此，道路交通伤害是可以通过合理分析和采取措施加以控制的。多数道路碰撞事故是可以防止和预防的；它属于人为问题，如能进行合理分析并采取相应对策，是可以纠正的。正因为如此，对汽车开展安全辅助驾驶技术的研究才显得意义重大，各国研究结果表明，通过采取科学的预防方法，能使道路交通伤害的伤亡程度大量减少。

1.1.5 道路交通事故的评价指标

指标是衡量问题严重程度的标准，同时也是制定目标和评估绩效的重要工具。衡量道路交通事故伤害程度的最常用的绝对指标和相对指标主要有伤害数量、死亡数、万车死亡率、10万人口死亡率、每车/千米死亡率和失能调整寿命年损失等，具体见表1-2。

表1-2 道路交通事故的评价指标

指标	解释	使用和局限性
伤害数量	在道路交通事故中受伤的绝对数 伤害可能有轻重之别	有助于规划当地医疗急救服务 有助于计算医疗服务费用 不便于进行比较 很多轻伤漏报
死亡数	死于道路交通事故的绝对数	从死亡角度提供了道路交通伤害程度的估计 有助于规划当地医疗急救服务 不便于进行比较
万车死亡率	表示死亡与机动车之间比例关系的相对数据	表明了死亡和机动车之间的关系是一个有局限性的旅行危险评估方法，因为未能包括非机动车旅行和其他危险因素指标
10万人口死亡率	表示死亡与人口比例关系的相对数据	表明了道路交通事故对于人口的影响有助于估计道路交通事故的严重程度
每车/千米死亡率	每行驶10亿千米的道路交通死亡人数	有助于进行国际比较 没有考虑非机动化旅行
失能调整寿命年损失	评估由于失能和死亡造成的健康寿命年损失 一个失能调整寿命年损失相当于由于夭折或失能造成的一个健康寿命年损失	包括了死亡和残疾两方面的情况 没有包括与伤害相关的所有后果，如精神卫生方面的后果

1.2 世界道路交通安全现状

1.2.1 全球道路交通安全危机

道路交通事故已成为全球性安全问题之一，引起了全社会的普遍关注。交通事故作为道路交通的三大公害之一，不仅严重干扰了道路交通系统的正常运行，而且给交通参与者的生命安全带来巨大威胁，还给社会造成巨大的经济损失。据统计，全球每年约有120万人死于道路交通事故，2,000万～5,000万人遭受非致命伤害。这些伤害是造成全球人员残疾的一项重要因素。低收入和中等收入国家的注册车辆不到全世界注册车辆总数的一半，但90%的道路交通死亡事故发生在这些国家。道路交通伤害是5～44岁人口的三大死因之一。除非立即采取有效行动，否则道路交通伤害预计将成为全世界第五大死因，估计每年将造成240万人死亡。造成这一状况的部分原因是，机动化程度迅速提高，而与此同时的道路安全战略和土地使用规划并无相应改进。机动车事故造成的经济后果估计占世界各国国民生产总值的1%～3%，总计达5,000多亿美元。尽管如此，与其他不常发生的灾祸相比，这些数字背后的悲剧却很少引起大众媒体的关注。

虽然道路交通伤害是一个重要问题，但也是一个容易被忽视的公共卫生问题，国家相关部门必须协同努力开展持续有效的预防工作。根据已知数据统计，在人们每天所面对的各种问题中，道路交通伤害是最复杂也是最危险的。2004年，世界卫生组织主办的世界卫生日，首次以道路交通安全为主题，将道路交通事故作为全球性的道路交通安全危机，并和世界银行共同发表了有关该主题的重要报告《预防道路交通伤害世界报告》。这个报告强调不安全的道路交通系统正在严重地危害全球公共卫生和社会经济发展；道路交通伤害的现况是令人痛心的，因为大多数交通伤害原本是可以避免的。该报告希望达到以下目的：

（1）使各级政府、产业界、国际机构和非政府组织对这一问题有更深刻的认识与承诺，并做出明智的决策，以便那些已被证明是科学而且有效的预防道路交通伤害的策略得以实施。面对着减少道路交通伤亡的全球挑战，任何有效的应对措施的落实都需要有关方面做出巨大努力。

（2）改变各有关部门对道路交通伤害的认识，制定行之有效的预防措施。过去认为道路交通伤害是机动化和经济发展所带来的后果，这种认识应该被更全面的观念所取代。必须强调要通过道路交通系统的各级部门的共同行动来预防道路交通伤害。

（3）创建有效的合作伙伴关系和健全相应的组织机构，形成更安全的道路交通体系。这个体系包括各级政府和部门，如公共卫生、交通、财政、执法和其他相关部门；并且包括在政府与非政府组织之间建立起紧密的协作关系。

2009年，世界卫生组织利用2008年进行的标准调查收集的数据，第一次广泛评估了178个国家的道路安全状况，发布了《道路安全全球现状报告》，调查结果提供一个基准，各国可以使用以评估与其他国家相比的状况，有关数据还可被视为一个全球"基线"。表1-3为按照世界卫生组织区域和收入水平分类的道路交通事故死亡率。

表1-3 按照世界卫生组织区域和收入水平分类的道路交通事故死亡率（每10万人）

世界卫生组织区域	高收入国家	中等收入国家	低收入国家	总计
非洲区域	—	32.2	32.3	32.2
美洲区域	13.4	17.3	—	15.8
欧洲区域	7.9	19.3	12.2	13.4
东南亚区域	—	16.7	16.5	16.6
东地中海区域	28.5	35.8	27.5	32.2
西太平洋区域	7.2	16.9	15.6	15.7
全球	10.3	19.5	21.5	18.8

注："—"表示无此收入水平的国家。

该报告指出，死于道路交通事故者，接近于半数（46%）为行人、骑自行车人或骑两轮机动车人等弱势道路使用者。这一比例在较贫穷的国家中更高。在一些低收入和中等收入国家，有高达80%的道路交通死亡者为弱势道路使用者。图1.1为按照道路使用者类别、世界卫生组织区域和收入水平分类的死亡报告。

发达国家在遭受交通事故造成的沉重打击后，加强了对事故预防及对策的研究，制定了较为完善的道路交通管理法律、法规和相关政策，采取了各种安全措施，包括对人的安

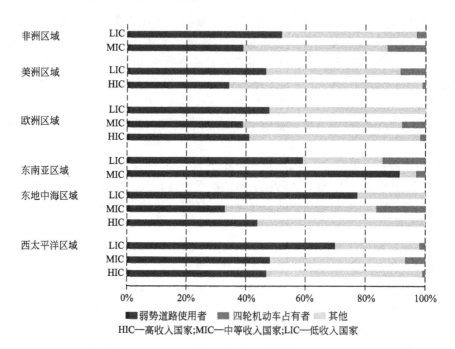

图 1.1　按照道路使用者类别、世界卫生组织区域和收入水平分类的死亡报告

全教育、驾驶人和行人行为的改善、公路和车辆设计的优化、交通基础设施的安全性能的改善。通过这些措施的实施，国外许多国家的交通事故保持基本稳定甚至呈继续下降的趋势。在 2000—2020 年期间，预计道路交通事故死亡人数在高收入国家将下降 30% 左右，而在中等收入国家和低收入国家则会大幅度增加。世界卫生组织预测，按照目前的趋势，如果不采取适当措施，道路交通伤害将从 2004 年导致人死亡的全球疾病与伤害负担的第 9 大原因跃升为 2030 年全球疾病与伤害负担的第 5 大原因（表 1-4）。

表 1-4　2004 年与 2030 年导致人死亡的全球疾病或伤害负担主要原因排序

2004 年			2030 年		
序号	疾病或伤害	占百分比（%）	序号	疾病或伤害	占百分比（%）
1	缺血性心脏病	12.2	1	缺血性心脏病	14.2
2	脑血管疾病	9.7	2	脑血管疾病	12.1
3	下呼吸道感染	7.0	3	慢性阻塞性肺病	8.6
4	慢性阻塞性肺病	5.1	4	下呼吸道感染	3.8
5	腹泻病	3.6	5	道路交通事故	3.6
6	HIV/AIDS	3.5	6	气管、支气管、肺癌	3.4
7	结核病	2.5	7	糖尿病	3.3
8	气管、支气管、肺癌	2.3	8	高血压心脏病	2.1
9	道路交通事故	2.2	9	胃癌	1.9
10	早产和低体重儿	2.0	10	HIV/AIDS	1.8

为此,各国政府都将治理道路交通事故伤害问题列为重要的事项,并且提出了具体的目标,具体见表1-5。在此基础上,许多国家和地区还制定了具体的政策和分解目标。研究表明,确定降低道路交通伤害的目标,可以激发参与者充分利用其资源来促进道路安全项目;而且,高要求的长期目标要比有限的短期目标更有效。

表1-5 部分国家和地区计划减少车祸死亡的目标

国家或地区	起始年	目标年	车祸死亡数的减少幅度(目标值)
澳大利亚	1997	2005	-10%
奥地利	1998—2000	2010	-50%
加拿大	1991—1996	2008—2010	-30%
丹麦	1998	2012	-40%
欧盟	2000	2010	-50%
芬兰	2000	2010	-37%
		2025	-75%
法国	1997	2002	-50%
希腊	2000	2005	-20%
		2015	-40%
爱尔兰	1997	2002	-20%
意大利	1998—2000	2010	-40%
马来西亚	2001	2010	<3人/万辆车
荷兰	1998	2010	-30%
新西兰	1999	2010	-42%
波兰	1997—1999	2010	-43%
沙特阿拉伯	2000	2015	-30%
瑞典	1996	2007	-50%
英国	1994—1998	2010	-40%
美国	1996	2008	-20%

注:部分目标还包括了重伤者,有的还有其他目标,如减少儿童伤亡率。

全球道路安全委员会在2009年报告中呼吁发起"道路安全十年行动"。许多公众人物以及联合国道路安全协作机制对此建议表示支持。为此,联合国大会在2010年3月通过了A/RES/64/255号决议,宣布2011—2020年为道路安全行动十年,其总体目标是通过在国家、区域和全球各级开展更多活动,稳定并随后降低预计的全球道路交通死亡率。

该决议吁请会员国开展道路安全活动,特别是在道路安全管理、道路基础设施、车辆安全、道路使用者行为、道路安全教育和碰撞后救治等领域开展活动。它支持定期监测在实现与行动十年有关的全球目标上的进展情况,同时还指出应由会员国自行制订本国在每一活动领域的目标。该决议请世界卫生组织和联合国各区域委员会与联合国道路安全协作机制中的其他合作伙伴以及其他利益攸关方进行合作，拟订十年全球计划，作为支持实现其目标的指导文件。

联合国各区域委员会于2010年完成了题为"增强全球道路安全：制定区域和国家减少道路交通伤亡人数目标"的全球项目，并发表了最后报告，其中确认了制定具体目标在增强道路安全方面的价值，并协助低收入和中等收入国家制定了这些目标。

"道路安全十年行动"的总体目标是，到2020年稳定并随后降低预计的世界各地道路交通死亡率水平。为实现此项目标，将采取以下措施：

（1）遵循和充分落实联合国道路安全领域的主要协定和公约，并酌情借鉴其他协定和公约的原则，促进制定区域协定和公约；

（2）制定和实施可持续的道路安全战略和规划；

（3）根据区域伤亡指标的现有框架，制定到2020年降低道路交通死亡率的宏伟、可行的指标；

（4）加强国家、区域和全球各级道路安全活动的管理基础设施和技术实施能力；

（5）提高国家、区域和全球各级数据收集工作的质量；

（6）监督国家、区域和全球各级在实现一些预定指标方面的进展和表现；

（7）鼓励增加道路安全资金，更好地利用现有资源，包括在道路基础设施项目中确保落实道路安全内容；

（8）在国家、区域和国际各级建立处理道路安全的能力。

在行动十年期间，应在地方、国家、区域和全球各级开展活动，主要重点是国家和地方的行动。在符合国家和地方政府法规的情况下，鼓励各国按照表1-6所示开展相关活动。

表1-6　行动十年主要活动

活动类型	活动名称	主要内容
国家活动	道路交通安全管理	遵循和/或充分落实联合国法律文书，并鼓励制定区域道路安全文书。鼓励建立多部门伙伴关系和指定能够制订并指导落实国家道路安全战略、计划和指标的领导机构，在收集数据和考证的基础上评估应对措施的设计并监督落实情况和有效性
	增强道路和机动安全	为增进所有道路使用者，尤其是最易受伤害者的利益，应提高道路网络的固有安全和防护质量。为此将实施在联合国框架下制定的各种道路基础设施协定，开展道路基础设施评估和增强对道路规划、设计、建设和运营的安全意识
	增强车辆安全	通过综合协调相关全球标准、消费者信息计划和旨在加速采用新技术的激励措施，鼓励普遍采用能够增强车辆被动和主动安全性能的技术
	增强道路使用者安全	制定改进道路使用者行为的综合规划。应持续或进一步执行法规和标准，同时应开展宣传教育活动，提高座椅安全带和头盔佩戴率，并减少酒后驾车、超速行驶以及其他风险因素
	碰撞后应对	增强碰撞后的应急能力，并增强卫生及其他系统向碰撞受害者提供适当的急救和较长期康复服务的能力
国际活动	国际道路安全协调和活动	世界卫生组织和联合国各区域委员会将在联合国道路安全协作机制的框架内，协调定期监督全世界在实现本行动计划确定的各项目标方面取得的进展情况

值得庆幸的是，在2013年世界卫生组织发布的《道路安全全球现状报告》中指出，全球有88个国家在2007—2010年之间的道路交通事故死亡人数在下降。

1.2.2 国外道路交通事故现状

由于世界各个国家和地区在交通发展状况、文化素质和汽车保有量等方面的差异，各国道路交通事故现状也相差较大。一些经济发达的国家较早地注意到交通事故的严重性，多年来投入了大量的人力、物力对道路交通事故的产生机理和防治对策进行了系统、深入的研究，其道路交通安全指标也不断趋于完善，道路交通安全水平不断提高。

1. 美国交通事故现状

美国是世界上最发达的国家，其机动车保有量和公路总里程均居世界第一，对于交通运输安全的管理和研究起步较早，并且投入了巨大的人力、物力，其目前的管理水平和研究成果居世界领先水平。

美国运输部国家交通安全管理局(NHTSA)利用不同数据资源检验交通安全问题和发展趋势及评价交通安全对策的有效性，国家汽车取样评估系统(National Automotive Sampling System General Estimates System，NASS GES)和致命事故报告系统(Fatality Analysis Reporting System，FARS)就是两个主要的数据库，也是当今世界上最大、数据最全的交通事故数据库之一。

NASS GES数据库是由一个交通事故专家开发和更新的，主要收集美国汽车碰撞事故中的代表性数据，为理解汽车—乘员损伤和预测国家汽车交通事故趋势提供参考，为NHTSA在研究、执行和评估机动车和高速公路安全性策略方面提供帮助。从2009年开始，NHTSA开始将FARS和NASS GES数据库中的数据定义和编码进行了统一，力争在减少费用和错误的同时简化数据的登记和分析。

FARS包括了从1975年以后美国全国各种致命交通事故信息，收集了美国50个州和特区的致命交通事故，其数据来自警察的报告、车辆、驾驶人及发照机关和医院的报告（包括解剖结果）。该数据库提供了美国大量详细的致命性事故数据。表1-7为该数据库列出的美国2001—2011年间道路交通事故数据。

表1-7 美国2001—2011年间道路交通事故数据

项目	年份	2011	2010	2009	2008	2007	2006	2005	2004	2003	2002	2001
致人死亡的事故数/起		29,757	32,196	30,862	34,172	37,435	38,648	39,252	38,444	38,477	38,491	37,862
死亡人数/人	驾驶人	16,430	16,864	17,670	19,279	21,717	22,831	23,237	23,158	23,352	23,625	22,914
	乘客	5,953	6,451	6,793	7,441	8,716	9,187	9,750	10,042	10,171	10,370	10,227
	不确定乘人	65	56	63	71	94	101	83	76	104	110	102
	骑摩托车人	4,612	4,518	4,469	5,312	5,174	4,837	4,576	4,028	3,714	3,270	3,197
	行人	4,432	4,302	4,109	4,414	4,699	4,795	4,892	4,675	4,774	4,851	4,901
	骑自行车人	677	623	628	718	701	772	786	727	629	665	732
	其他	198	185	151	188	158	185	186	130	140	114	123
	合计	32,367	32,999	33,883	37,423	41,259	42,708	43,510	42,836	42,884	43,005	42,196

(续)

项目	年份	2011	2010	2009	2008	2007	2006	2005	2004	2003	2002	2001
国家统计数据	车辆行驶里程/亿英里*	2,946	2,967	2,957	2,977	3,031	3,014	2,989	2,965	2,890	2,856	2,796
	人口/千人	311,592	309,330	306,772	304,094	301,231	298,380	295,517	292,805	290,108	287,625	284,969
	注册车辆数/千辆	257,512	257,312	258,958	259,360	257,472	252,930	247,031	239,364	232,326	227,136	221,230
	驾驶人数/千人	211,875	210,115	209,618	208,321	205,742	202,810	200,549	198,889	196,166	194,602	191,276
死亡率	里程死亡率/(人/亿车辆行驶里程)	1.10	1.11	1.15	1.26	1.36	1.42	1.46	1.44	1.48	1.51	1.51
	人口死亡率/(人/10万人口)	10.39	10.67	11.05	12.31	13.70	14.31	14.72	14.63	14.78	14.95	14.81
	车辆死亡率/(人/10万车辆)	12.57	12.82	13.08	14.43	16.02	16.99	17.71	18.00	18.59	19.06	19.07
	驾驶人死亡率/(人/10万驾驶人)	15.28	15.71	16.16	17.96	20.05	21.06	21.70	21.54	21.86	22.10	22.06

注：*1英里≈1609.344米。

从表1-7可以看出，虽然美国机动车保有量及车辆行驶总里程一直在持续增加，但其致命性事故数量、事故死亡人数以及衡量事故死亡率的各项指标均有不同程度的下降，其中10万人口死亡率一直保持在15人以下，可认为美国道路交通安全形势好转明显。图1.2为美国1991—2011年道路交通事故致命性事故起数及其导致的死亡人数。图1.3为美国每亿车辆行驶里程死亡率和受伤率。

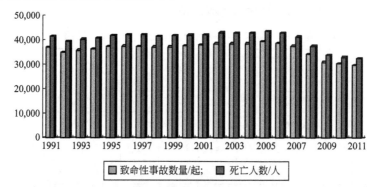

图1.2　美国1991—2011年道路交通事故致命性事故起数及其导致的死亡人数

从图1.2和图1.3可以看出，美国车千米伤亡人数以及每亿车辆行驶里程死亡率和受伤率已经度过了最高峰，从20世纪80年代后期以来一直呈现逐年下降趋势，而后在政府和有关企业的积极努力之下有一个急速下降的过程，尤其是近些年来的数据下降幅度较大。致命的交通事故发生率从2010年到2011年下降了1.8%。在2011年，每亿车辆行驶里程死亡率下降到1.10。从2009年到2011年，每亿英里行车里程事故受伤率均为75人，

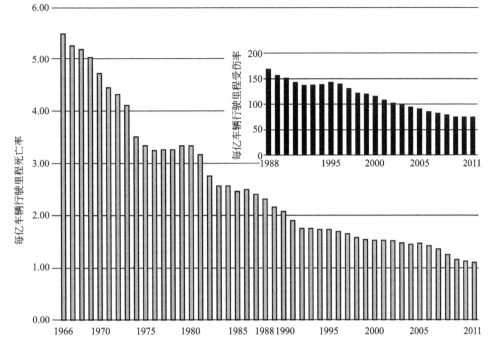

图 1.3　美国每亿车辆行驶里程死亡率和受伤率

基本保持不变。每10万人(包括摩托车驾驶人)的乘员死亡率从1975年到1992年下降了22.7%，从1992年到2011年下降了32.7%。每10万(包括摩托车驾驶人)的乘员受伤率，从1988年到1992年下降了13.6%，从1992年到2011年下降了41.1%。从1975年到2011年，每10万人中的非乘员死亡率已经下降了57.4%。从1988年到2011年每10万人中的非乘员受伤率已经下降了49.4%。酒后驾车死亡的比例已经从1982年的48%下降到2011年的31%。

美国采取的主要措施是：加大对于道路安全研究的科研经费，完善道路交通法规和管理体制。美国于1969年颁布《公路安全法令》和《汽车安全措施法令》，而且在联邦体制下，成立了国家公路安全局。于2003年形成了《道路安全设计与操作指南》，要求道路设计和运行管理人员除遵守其他技术标准和规范外，还应特别遵循安全规范。与此同时，美国还积极推广他国的安全先进经验，如应用了"澳大利亚实施道路交通安全评价"的经验。

2. 日本交通事故现状

日本以汽车为主要交通工具的现代道路交通系统始于20世纪50年代中期，如今已建成了较为完善的道路运输网络及良好的道路交通保障条件，早在1998年其交通事故万车死亡率已达1.07‰。日本的公路网密度居世界各国之首，达到303km/100km²，是中国的24倍。二战后的日本经济快速发展，车辆以每年10%的速度递增，道路交通事故也随之迅速增加。

1959年日本全国交通事故死亡人数已突破1万人，1970年更是达到16,765人的峰值。为了遏制急剧增加的道路交通事故，1966年日本开始制定和实施了《交通安全综合计划》，经过十多年的努力，成效明显。1979年，日本交通事故死亡人数降至8,466人，与1970年相比下降约49.5%。日本道路交通安全形势与其他国家相比有所不同，道路交通安全形势呈波动状态，这是与日本国家经济的发展相关的。

2006年，日本政府制定了第八次交通安全基本规划，对道路交通安全工作提出了更高的目标要求，希望能采取一定措施确保处于弱势的行人的交通安全，提高全民的交通安全意识，并且采取有效的智能交通和汽车主动安全技术，制定全民预防道路交通事故总方针。据日本警察厅公布的数据显示，2012年日本全国交通事故死亡人数为4,411人，较2011年减少200人(4.3%)，连续12年减少。日本交通事故死亡人数已连续4年低于5,000人。图1.4是近年来日本每10万人口道路交通事故死亡率变化趋势。

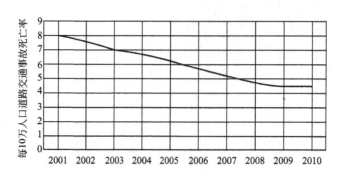

图1.4 近年来日本每10万人口道路交通事故死亡率变化趋势

日本预防道路交通事故是卓有成效的，其中，全民开展交通安全宣传教育是预防和减少交通事故的重要原因。除此之外，日本还制定了科学规范的道路交通事故数据统计和分析报告，定期发布《交通事故统计年报》，同时对交通各关系指标和数据进行了趋势分析，对日本政府制定相关的产业政策和交通安全规划提供可靠的依据。

3. 加拿大交通事故现状

加拿大位于北美洲的北半部，国土资源极为丰富，作为世界上经济高度发达的国家之一，其四通八达的交通运输网和现代化的运输业在国民经济中占有极其重要的地位。全国公路通车总里程已达7,214万km，其中高等级公路约15万km，高速公路1,165万km。横贯加拿大东、西部的1号国家公路，阿拉斯加公路，401国道，407国道等均是北美陆路运输的主要干线。

加拿大2004年有2,730人死于机动车交通事故，比1985年减少了1,632人，与1985年相比降低了37.4%，主要原因是国家持续实施了国家道路交通安全全民强制性计划。到1995年，实现了95%以上的驾驶人使用安全带的目标，各级政府部门、安全机构和一些强制性组织的积极参与，成功地将机动车交通事故死亡人数控制在3,000人以下。加拿大交通运输部也建立了交通事故信息数据库(Traffic Accident Information Database, TAID)，为加拿大交通事故的分析研究提供技术支持。图1.5是加拿大每10万人口道路交通事故死亡率变化趋势。

4. 欧盟交通事故现状

据欧盟成员国的统计，在道路交通事故中，每年约43,000的人死亡，超过180万人受伤，约损失1,600亿欧元。自1984年以来，各区域都采取了一系列的措施来减少交通

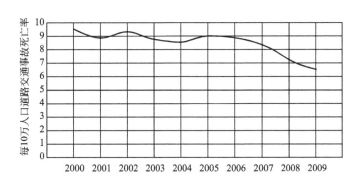

图 1.5　加拿大每 10 万人口道路交通事故死亡率变化趋势

事故。随着这些措施的实施,安理会在 1993 年 11 月 30 日决定建立道路交通事故数据库 (93/704/EC),即 CARE 计划。

根据 CARE 数据库收集和处理的数据,统计报告提供了其 25 个欧盟成员国在 1997~2006 年期间的道路交通事故的基本特征。图 1.6 为 1997—2006 年交通事故死亡、受伤的人数及事故数量(EU-25),图 1.7 为 2006 年和 1997 年相比每百万人口的死亡人数。

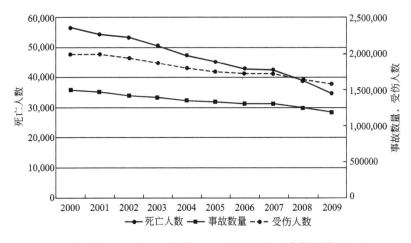

图 1.6　1997—2006 年交通事故死亡、受伤人数及事故数量(EU-25)

欧盟委员会公布的 2012 年欧盟国家道路安全报告显示,2012 年,欧盟国家的道路交通死亡人数比 2011 年下降了 9%,创下有此项记录以来死亡人数最少的纪录。但是,现在欧盟国家每天仍有 75 人死于道路交通事故。数据显示,2012 年欧盟 27 个成员国道路交通死亡总数是 2.8 万人。另外,还有 25 万人严重受伤。从国别看,欧盟 27 个成员国中道路交通死亡比例最低的是英国、瑞典、荷兰和丹麦,每 100 万人口中只有 30 人死于道路交通事故。死亡比例最高的是拉脱维亚、罗马尼亚和波兰,每 1 万人中有 1 人死亡。

欧盟的目标是,到 2020 年道路交通死亡人数比 2010 年减少一半。在过去的十年中,这个数字已经减少了 43%。为实现这一目标,欧盟从 2011 年起采取了提高车辆安全标准、严格限制青年人使用大排量摩托车、严查酒驾与超速等措施。

国外一些交通发达国家通过不断完善道路交通安全法律体系、调整交通安全政策、强化政府的交通安全管理职能和全面提高道路交通参与者全民素质,经过持续不断地努力和

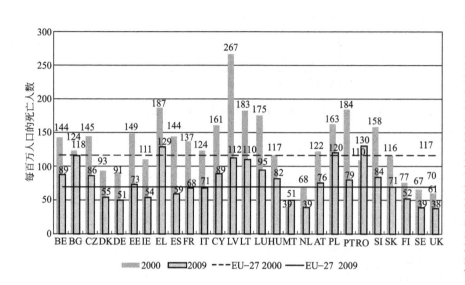

图1.7 2009年和2000年相比每百万人口的死亡人数(EU-25)

艰苦探索,才得以保持良好的道路交通安全形势,并持续向好的方向发展。但在一些发展中国家,普遍面临着经济发展的同时其道路交通安全水平不断恶化的问题,尤其是在印度、东盟等一些国家。据统计,全球每年死于道路交通事故的120万人当中,高达60万人以上是来自发展中国家与地区。道路交通事故给发展中国家每年造成的经济损失占GDP的1.0%~2.0%。因此,发展中国家应该在发展经济的同时,注重道路交通安全问题,以政府为主导,加大道路交通安全经费的投入和交通事故的整治力度,对于改善全球性道路交通安全问题起到重要的作用。

1.2.3 国内道路交通事故现状

我国是世界上交通事故发生最严重的国家之一,道路交通事故伴随着交通运输业的发展应运而生。根据公安部的统计数据,自新中国成立以来,道路交通事故呈现先升后降的总体趋势。

新中国成立初期,道路通车里程较小,道路交通事故总量较小,死亡率较低。随着我国国民经济的发展,道路通车里程和机动车数量的增加,道路交通事故总量迅速增长。1976年,全国道路交通事故死亡人数增至19,441人。此后,随着改革开放政策的实施,全国城乡经济空前活跃,道路里程和机动车保有量以前所未有的速度增加,交通事故也随之增多。从建国初期到1984年是我国道路交通事故增长最快的时期,死亡人数从建国初期的几百人增至1984年的25,251人,年均增幅高达11.17%。针对这种情况,1986年国务院决定改革道路交通管理体制,全国城乡道路交通由公安机关负责统一管理。此后几年,全国道路交通事故基本保持稳定。

1992年以后，随着改革开放的进一步深化、国民经济的快速发展、道路通车里程和机动车保有量的快速增加，道路交通事故量也急剧增长。2002年全国道路交通事故达到历史最高峰，事故造成的年死亡人数从1984年的2.5万增加到2002年的10.9万，增加了3.36倍。一直到2005年，道路交通事故死亡人数才降到10万以内，但也高达98,738。为了遏制道路交通事故高发的态势，我国政府也采取了一系列有效的措施，并在2004年颁布实施了《中华人民共和国道路交通安全法》，使得我国道路交通事故的恶劣局面得到很好的控制。

虽然我国公路基础设施建设发展迅速，截止到2010年底，我国公路通车总里程达到423.8万km，居世界第四。其中高速公路达9.6万km，居世界第二，全国公路网密度为41.7km/km^2。自2005年，我国道路交通事故量迅速回落。我国成功实现了道路交通事故从高发到基本遏制、直至逐年下降的工作目标，交通安全形势逐年好转，道路交通事故起数、死亡人数、受伤人数、万车死亡率等指标均呈现不同程度的下降。2012年全国的道路交通安全形势总体平稳，全国涉及人员伤亡的道路交通事故204,196起，共造成59,997人死亡，事故起数、死亡人数同比分别下降3.1%和3.8%。表1-8为近年来我国道路交通事故统计详细数据，图1.8为我国1970—2010年道路交通事故致命性事故及其评价指标变压趋势。

表1-8 近年来我国道路交通事故统计详细数据

年份	事故发生数量/起	死亡人数/人	受伤人数/人	直接财产损失/亿元	万车死亡率	10万人口死亡率
1995	271,843	71,494	159,308	15.2	22.5	5.9
1996	287,685	73,655	174,447	17.2	20.4	6.0
1997	304,217	73,861	190,128	18.5	17.5	6.0
1998	346,129	78,067	222,721	19.3	17.3	6.3
1999	412,860	83,529	286,080	21.24	15.5	6.6
2000	616,971	93,853	418,721	26.69	15.5	7.4
2001	754,919	105,930	546,485	30.9	15.4	8.3
2002	773,139	109,381	562,074	33.2	13.7	8.5
2003	667,507	104,372	494,174	33.7	10.8	8.1
2004	517,889	107,077	480,864	27.7	9.9	8.2
2005	450,254	98,738	469,911	18.8	7.6	7.6
2006	378,781	89,455	431,139	14.9	6.2	6.8
2007	327,209	81,649	380,442	12.0	5.1	6.2
2008	265,204	73,484	304,919	10.1	4.3	5.8
2009	238,000	67,759	275,125	9.1	3.6	5.1
2010	219,521	65,225	254,075	9.3	3.2	4.9
2011	210,812	62,387	237,421	10.8	2.8	4.6
2012	204,196	59,997	224,327	11.7	2.5	4.4

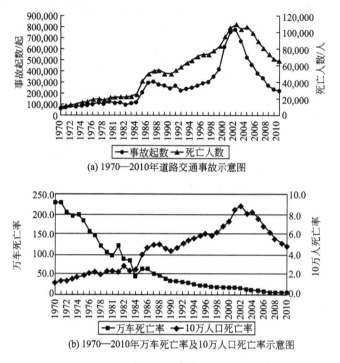

图 1.8 我国 1970—2010 年道路交通事故致命性事故及其评价指标变化趋势

从图 1.8 可以看出，近年来我国道路交通安全情况得到改善和控制，交通事故各项指标下降迅速，尤其是 2004 年以后。这与我国政府采取的措施、交通安全法规的制定与实施以及各项整治道路交通安全行动的执行是分不开的。与道路安全状况较好的国家相比较，我国的道路交通事故呈现以下特点。

1. 交通事故率、致死率高

尽管近年来通过改善道路通行条件、提高车辆安全性能和加强综合治理等措施，我国的道路交通安全状况明显好转，但形势依然严峻，道路交通事故率仍然处于较高水平。如图 1.9 所示，以万车死亡率为例，尽管我国的万车死亡率从 2000 年的 15.5 快速下降到 2009 年的 3.6，总降幅达到 76.8%，平均年降幅达到 7.7%，但仍然大大高于同期发达国家的水平。

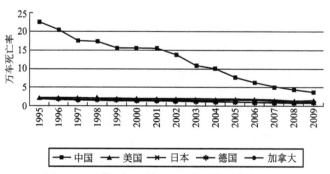

图 1.9 我国与其他国家同期万车死亡率的比较

同时，我国道路交通事故致死率较高，即道路交通事故死亡人数占事故伤亡总数的比例较高。2009年，我国道路交通事故致死率达到19.76%，意味着每5个道路交通伤者中会有1个人死亡。而在同期，美国仅为1.5%，日本为0.63%，英国仅为1.0%。我国道路交通事故致死率大约为发达国家的20倍。

2. 营运车辆交通事故高发

近年来，我国因营运车辆引发的道路交通事故总量呈逐年下降的趋势，但是比例仍然很高。2010年全国营运车辆保有量2,042余万辆，仅占机动车保有总量的9.86%，但是营运车辆肇事58,756起，造成24,335人死亡、66,614人受伤，分别占总数的29.73%、39.01%和27.55%。由于营运车辆保有量所占比例较少，而其导致的道路交通事故所占比例较大，造成其万车死亡率远高于非营运车辆万车死亡率。同时，在特大交通事故中，营运车辆仍然是我国一次死亡10人以上特大交通事故的肇事主体，尤其是从事客运的车辆。

3. 交通违法肇事仍是造成事故的主要原因

近年来，自我国开展严厉整治酒后驾驶违法行为专项行动以来，全国因酒后驾驶肇事导致人数同比下降26.5%，为机动车驾驶人违法行为肇事导致人死亡最大降幅。而超速行驶、未按规定让行、无证驾驶等交通违法肇事仍是造成事故的主要原因，如图1.10所示。在2010年，虽然超速行驶肇事导致的事故死亡人数同比下降了3.9%，但是仍然是肇事导致人员死亡最多的违法行为，造成的死亡人数占事故总死亡人数的14%，而不按规定让行肇事造成的死亡人数占事故总死亡人数的11.9%，无证驾驶肇事造成的死亡人数占事故总死亡人数的6.8%。逆向行驶、违法占道行驶、违法会车、疲劳驾驶等也是近年来比较普遍的违法肇事原因。

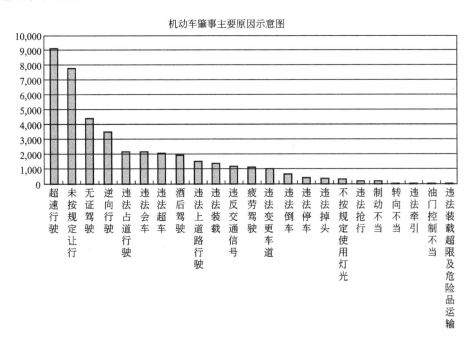

图1.10 机动车肇事主要原因导致的死亡人数

4. 道路交通事故分布不均匀

我国道路交通事故呈现地域分布和时间分布的不均衡性。经济发达地区较不发达地区交通事故相对较多，死亡人数多；沿海地区较内陆地区交通事故相对较多，死亡人数多。根据 2010 年道路交通事故数据统计得知，广东、浙江、山东、江苏、四川和福建 6 省道路交通事故数量位于全国前 6 位，合计占全国的 48.4%，接近于一半。交通事故死亡人数位于前 6 位的是广东、浙江、江苏、山东、福建与安徽，合计 26,583 人，占全国的 40.75%。除四川外，其他省份均属于我国沿海及经济发达省份。

道路交通事故按全年、全天成时间不均衡分布且具有一定的周期性。从道路交通事故发生的季节看，最多的是冬季，最少的是夏季；一周内最多的是周末，最少的是周二；从每天的时间段分析，早上四至七点、中午一至三点、傍晚五至七点是事故的高发期。图 1.11 为 2010 年年均日 24h 死亡人数示意图。

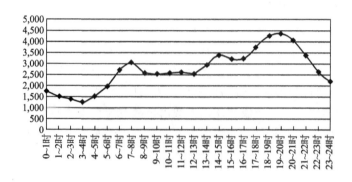

图 1.11　2010 年年均日 24h 死亡人数示意图

随着我国经济持续、快速和稳定的发展，在政府的主导作用下，提高事故主动预防能力，采用现代化新技术提高管理手段和道路交通安全化水平，我国道路交通安全状况的发展趋势将会不断趋于好转。

1.3　道路交通事故的影响因素及预防措施

为了更好地提高我国道路交通安全水平，减少道路交通事故的发生，降低交通事故带来的人员和财产损失，有必要对影响道路交通事故的影响因素进行分析，针对其影响因素提出相应的解决办法，改善道路交通安全状况。

道路交通系统是一个由人、车、路、环境为基本要素组成的多元交互式系统。系统中驾驶人从道路交通环境中获取信息，结合自身的认知进行分析判断后形成指令，指令通过驾驶人对车辆的操作行为得以实现，使得车辆在道路上产生相应的运动，驾驶人则通过此操作反作用于道路交通环境，运动中车辆的运行状态和道路交通环境的变化又作为新的信息反馈给驾驶人，完成行驶过程，如图 1.12 所示。交通运输的运行又离不开相关政府管理部门，驾驶人必须遵守相应的规章制定产生相应的指令。道路交通的安全与否，取决于人、车、路和管理等道路交通综合系统的各个环节连续的协调工作。因此,道路交通事故的影响因素基本上可归结为人的因素、车的因素、路的因素及其他因素。

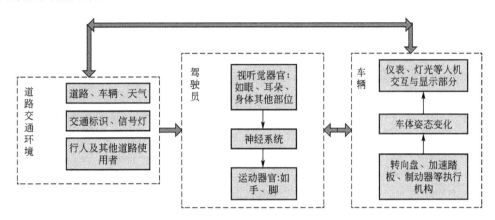

图 1.12 道路交通系统各组成相互作用关系图

1.3.1 道路交通事故的影响因素

1. 人的因素

交通是人类生存的四大根本需求之一。随着社会的发展、交通活动的日益频繁,人与车、车与车之间的交通冲突机会增加。交通事故的发生往往由多个因素导致,其中人的因素起着决定性作用,许多交通事故都是由于人的原因造成的。

人是道路交通安全的主体,包括所有道路使用者,如驾驶人、乘员、骑自行车人、行人等。统计资料表明,在影响道路交通事故的各因素中,人的因素在事故总数、死亡人数、受伤人数中所占比例远远大于其他因素之和,而在这些人为因素中,驾驶人是最主要的因素。从2010年肇事人员交通方式分布来看,由于机动车驾驶人导致的事故为207,156起,占总数的94.37%,非机动车驾驶人导致的事故为9,735起,占4.43%,行人占1.13%,乘员占0.04%,其他占0.03%。

驾驶人违章违法操作、行为规范和综合能力差是交通事故的主要原因。

引发交通事故及造成损失的驾驶人主要违规行为包括疏忽大意、超速行驶、措施不当、违规超车、不按规定让行这五个因素。疏忽大意、措施不当与驾驶人的驾驶技能、观察外界事物的能力及心理素质等有关,超速行驶、违法超车、不按规定让行则主要是由驾驶人主观上不遵守交通法规或过失造成的。违章驾驶包括超速行驶、偏离规定行车线、纵向行车间距不足、违章超车、违反交通信号、行车过程中与他人长时间交谈或用手机通话等。

疲劳驾驶是历年的交通事故主要原因之一。当驾驶人疲劳时,各相关能力会大幅度下降,从而引发交通事故。根据统计,连续驾车7h以上的驾驶人造成的交通事故数占交通事故总数的1/3以上,40%~70%的交通事故与驾驶人疲劳有关。驾驶人疲劳过程与驾驶人行车过程中所接受的信息量有关。当信息量过多时,会使驾驶人心理活动过度紧张而导致疲劳的过早出现。相反,如行车过程中驾驶人长时间获取的信息量不足,会导致其心理活动量下降,这会使其更快地感到疲乏。例如,在高速公路或夜间行车时,驾驶人常因车外环境过于单调而易于犯困,从而引发交通事故。

在驾驶人综合能力方面,驾驶人对可能导致交通事故的潜在危险感知能力不足,以及对于各种突发事件的反应速度迟缓、信息判断失误或操作处理措施不当等易导致事故发生。另外,驾驶人不良的驾驶习惯和缺乏社会责任感也是诱发事故的内在因素。

乘客在乘车过程中不遵守道路交通安全法规,如携带危险运输品上车、违章拦车、与驾驶人交谈等,甚至有的乘客在行车过程中因个人原因抢夺驾驶人手中的转向盘以干扰在行车辆的正常行驶。

骑自行车人不走非机动车道,抢占机动车道;路口、路段抢行猛拐;对来往车辆观察不够;自行车制动系统失灵或根本就没有;骑车技术不熟练,青少年骑车追逐嬉戏等均可造成交通事故的发生。

行人不走人行横道、地下通道、天桥;翻越护栏、横穿和斜穿路口;任意横穿机动车道,翻越中间隔离带;青少年或儿童突然跑到道路上,对突然行进的车辆反应迟缓、不知所措;不遵守道路交通信号及各种标志,出现"中国式过马路"现象等,从而导致交通事故。另外,群体文化素质不高及其提高速度与快速发展的交通事业之间不协调,交通意识转变速度与道路交通的发展、机动化水平的提高以及交通管理的要求不协调,与交通管理的新技术、新手段不协调,这些也成为困扰交通安全的主要因素。

2. 车的因素

车辆是现代道路交通中的主要元素,其性能好坏是影响交通安全的重要因素。虽然因车辆技术性能不良引起的交通事故比例并不大,但这类事故一旦发生,其后果一般是比较严重的。

影响汽车安全行驶的主要因素是转向、制动、行驶和电气四个部分。我国机动车种类多,动力性能差别大,安全性能低,管理难度大。机动车在长期使用过程中处于各种各样的环境,承受着各种应力,如外部的环境应力、内部功能应力和运动应力,以及汽车、总成、部件等由于结构和使用条件,如道路气候、使用强度、行驶工况等的不同,汽车技术状况参数将以不同规律和不同强度发生变化,或性能参数劣化,导致机动车的性能不佳、机件失灵或零部件损坏,最终成为造成道路交通事故的直接因素。

在我国,机动车(各种汽车、农运三轮车、装载车与摩托车)拥有量增长迅速,其增加速度已大大超过了道路的增长速度,使得本来不宽裕的路面更是雪上加霜,使交通事故绝对数和交通事故伤亡人数急剧上升,加之我国高速公路建设步伐比较快,而车辆性能更新速度还未能跟上高速公路的建设步伐,车辆高速行驶可靠性差、安全性差,导致我国高速公路交通事故处于快速增长的趋势。车辆猛增的势头剧增不减,特别是一些人图便宜购买一些大城市淘汰的、已近报废的车辆,使得交通安全形势变得复杂。有些本地的不符合标准、安全技术检测状况差以及报废的车辆仍在行驶,有些个体户的出租车昼夜兼程,多拉快跑,只用不修,导致车辆技术性能差,故障多,机件很容易失灵,为诱发交通事故埋下隐患。

3. 路的因素

道路是交通运输的基础设施,是影响道路交通安全的重要因素之一。道路建设逐步加大,公路里程增加,高等级公路增加幅度明显,交通客货用量增加,道路结构和交通条件日益改善,为改善道路交通安全状况打下了基础。

但是，在我国尤其是城市，道路交通构成不合理，交通流中车型复杂，人车混行、机非混行问题严重；部分地方公共交通不发达，服务水平低，安全性差；自行车交通比率大，骑车者水平不一，个性不同，非机动车与机动车和行人争道抢行；无效交通如空驶出租车较多、私人车辆增加，这些无疑加速了我国城市的交通安全状况的恶化。许多城市的道路结构不合理，直线路段过长，道路景观过于单调，容易使驾驶人产生疲劳，注意力分散，致使反应迟缓而肇事。汽车的转弯半径过小，易发生侧滑。驾驶人的行车视距过小，视野盲区过大；线形的骤变、"断背"曲线等线形的不良组合，易使驾驶人产生错觉，操作不当，酿成事故。

另外，路面状况对交通安全影响也较大。道路等级搭配不科学，路网密度不足，交通流不均衡，个别道路交通负荷度过大，交通安全性差；道路建设方面缺乏有效的交通影响分析，以及足量配套的措施、交通管理措施、停车设施等，容易形成交通安全隐患。我国道路基础设施建设速度低于交通需求的发展速度，有的道路的设计要求与实际运行状况不协调；各地区道路线形、道路结构、道路设施不一，客观上给过境车辆的驾驶人适应交通环境带来难度；道路标志标线设置不科学、数量不足、设置不连续；道路周边的环境建设和配套设施建设没有与交通安全混为一体，设计标准和实际不协调，所有这些必然会导致交通事故层出不穷。

驾驶人行车的工作状况不仅受道路条件的影响，而且受道路交通环境的影响。道路交通环境主要是指天气状况、道路安全设施、噪声污染以及道路交通参与者之间的相互影响等。汽车在行车过程中，驾驶人总是通过自己的视觉、听觉、触觉等从不断变化着的交通环境中获得信息，并通过对它们的识别、分析、判断和选择，做出相应的反应。

4. 其他因素

经济发展水平、交通管理能力、交通法规的制定、交通环境等其他因素对道路交通安全的影响也很重要。

我国属于发展中国家，面积大、人口多，国家经济水平并不发达，东西部经济发展极其不平衡，经济的增长给交通安全带来了许多负面的影响。由于经济的快速发展、刺激交通需求的增长，交通需求与供给矛盾加剧，造成东部省份与沿海经济发达省份的交通事故比较多，而在西部等经济发展缓慢地区，交通需求量相对较小，交通设施还未完善，交通流量小，交通事故相对较少。

由于交通管理不足而造成交通事故的主要表现为警力严重不足，整体执法水平不高；道路交通设施欠缺，交通科学技术管理落后，科技含量不高；群防群治，综合治理，社会化管理交通的各种措施没有落实以及管理决策者的思想观念不适应。交通安全管理涉及的部门较多，工作责任分散，道路规划、设计、建设、维护、施工和管理等方面分属不同的部门，各部门之间缺乏统一的交通安全指导目标，各环节之间的不协调增加了道路潜在的安全隐患。此外，我国交通管理人员素质、文化水平和管理水平参差不齐，交通安全管理水平低，缺乏与交通管理需求以及所应用新技术、新手段相适应的知识型、综合型的管理人员。

道路交通管理法规是遏制道路交通事故的前提。道路交通规则的意义就在于交通秩序化，减少因无序交通而产生的交通堵塞、交通碰撞及因碰撞现象给人的生命和财产造成的不必要的损失，维护广大交通参与者的共同利益，让每一个交通者都能平安、顺利地实现交通目的。为了维护道路交通秩序,预防和减少交通事故,保护人身安全,保护公民、法人和其他组织的财产安全及其他合法权益,提高通行效率,我国颁布实施了《中华人民共和国道路交通安全法》,并进行了多次修订。

1.3.2 道路交通事故的预防措施

纵观道路交通事故的形成原因及其主要因素,绝大多数的道路交通事故都是非自然因素造成的。在现代科学技术条件下,人们完全有能力通过采取相应的措施进行事先干预从而予以消除,这也是道路交通事故可预防性的特点决定的。根据道路交通事故的主要影响因素,为了有效防止和减少交通事故的发生,要针对人、车、路及其他等多方面因素着手解决。

1. 针对人的因素

考虑到驾驶人因素对产生交通事故的影响最大,因此从驾驶人入手研究减少交通事故具有重要意义。由驾驶人因素造成的交通事故,无法完全通过教育和规范驾驶人行为加以有效克服。为汽车提供日益完善的辅助驾驶功能,逐步实现汽车的高度智能化,并最终走向完全无人驾驶将是有效避免、减少交通事故和解决公路交通安全问题的根本途径。

此外,还需要注重驾驶人管理和驾驶技能的提高,加强对营运驾驶人的职业道德、运输法规、业务知识的职业培训,为驾驶人创造良好的驾驶环境,扩展驾驶人视野,防止驾驶人疲劳。一个驾驶人在驾车活动中若不能及时从道路环境中获取相关信息并对获取的信息进行快速、正确处理,该驾驶人就不能做到安全驾驶。

对于骑自行车人、骑摩托车人、行人等弱势交通参与者,需要加强道路交通安全法的教育与执行力度,研究行人、骑自行车人、骑摩托车人等主动保护技术。

2. 针对车的因素

车辆是道路交通系统中的重要组成要素,也是交通运输的主要载体。车辆安全性能的优劣直接关系旅客的安危、运输的安全。鼓励技术先进、性能可靠的高、中档客车进入运输市场,进一步完善、健全车辆技术保障体系,强化车辆技术性能的检测和监督。

针对营运车辆容易出现道路交通事故,尤其是重大事故的特点,且造成的损失和伤亡比较严重,需要加强对营运车辆的技术管理:坚持营运车辆定期维护、检测制度,确保运输车辆技术状态完好,杜绝车辆"带病"行驶;严禁车辆非法改装;尽快实行机动车检验社会化。根据《中华人民共和国道路交通安全法》第十三条规定,对登记后上道路行驶的机动车,应当依照法律、行政法规的规定,根据车辆用途、载客载货数量、使用年限等不同情况,定期进行安全技术检验。完善机动车强制报废制度和机动车强制保险制度。应按照国家交通安全法规定和各城市具体情况完善机动车强制报废制度,从制度上杜绝"带病"车辆上路行驶。根据交通安全法规定结合具体情况,完善机动车强制保险制度。

提高运输车辆安全技术性能,包括主动安全性能和被动安全性能,保障运输安全。积极鼓励机动车安装行车安全装置、汽车自动限制装置、行车自动监控装置以及交通情报通信装置等。

3. 针对路的因素

针对国内道路交通事故地域分布不均衡的特点,有针对性地对东部发达地区继续完善道路网络及其安全条件的同时，大力发展其他交通运输方式，以缓解道路的交通安全压力；西部欠发达地区应在加快新路网建设的同时，着力对现有车辆、道路及其附属设施进行危险整治，以改善安全行车条件，改善道路交通安全状况。

在道路设计上，应实施道路设计安全审查制度，在道路规划设计完成后，进行道路安全审查。对于存在安全隐患的道路，要要求规划设计单位进行修改；对于问题严重的道路，要责令其重新设计。在道路投入运营前后进行线路安全检验、路面及侧向净空的安全检验、道路交叉的安全性检查、景观方面的安全性检验等方面工作，从道路质量方面杜绝事故隐患。同时，重视公路的路侧安全，在事故多发段相应采取路边轮廓标、线形诱导标志、路肩隆声带、减速标线等危险警示和限速措施，避免车辆剐撞行人及翻车、坠车等事故的发生。

针对混合交通现象，应通过调整公路线形和完善标志、标线等措施保证行车视距和强化交通分离，有条件的交叉口应采取渠化措施。面积大的交叉口还应在渠化的同时设置行人过街安全岛；应用先进的ITS技术，特别是实时信号控制系统、线控系统和监视系统，显著改善交叉口的安全度，从而大幅降低交叉口事故的严重程度；合理设置人行天桥和地道，有效保障行人的安全。

4. 其他措施

1) 建立和完善交通事故紧急救援体系

我国的GDP、机动车保有量和交通运输规模等因素均处于快速增长阶段，要继续减少交通事故的难度很大，建立可靠的交通事故紧急救援体系是有效控制事故死亡人数的重要手段。建立交通事故及交通伤亡数据库，开展广泛深入的交通事故流行病学研究；加强有关交通伤亡生物力学的研究，据此提出新的预防和减轻交通伤亡的新方法和新措施。对严重交通伤亡的早期损害和组织修复以及后期功能恢复也应作为研究的重点。

2) 加强交通安全宣传教育与管理

经济发展、人口流动、车辆猛增和路网建设，一方面让越来越多过去很少有机会接触机动车、对现代道路交通缺乏安全认知的人们加入到道路交通系统中来，推广、使用先进的管理方法、技术、设备；另一方面也使道路交通系统自身处于不断变化发展状态，需要通过及时、有效的宣传、教育和管理来增强人们的交通安全意识、技能和规范人们的交通行为，严惩交通违法者，加强对交通参与者的管理，科学化管理车速，降低事故率及严重性。各地应结合自身实际情况展开交通行政管理、交通安全技术、道路交通安全设施三方面的研究，并提出相应的交通安全评价指标体系和道路交通安全管理评价指标体系。

3) 建立健全交通安全政策和法律法规

制定交通发展政策，完善相关法律法规，确保交通有序、安全、畅通。在交通发展政策的制定中，应重视交通系统管理(TSM)和交通需求管理(TDM)。一方面发展高技术的交通系统管理，建立全市交通控制系统，增加安全，防止交通堵塞，通过发展出行需求管理体系来减少对交通基础设施和能源的需求；另一方面，必须长期坚持必要的交通需求管理，中国香港地区、新加坡以及发达国家一些城市的先进经验表明，必要的交通设施建设和长期的交通需求管理是解决大城市交通问题的根本性出路。

4) 建立"点—线—面"的道路网络交通安全立体保障体系

事故具有密集性和分散性的特点，同时鉴于道路"危险路段的非移动性"特点，因此应该开展事故多发点的确认工作,以实现道路路段上的安全"点控",提高道路本身的安全性;鉴于道路事故发生的"移动性"特点,因此应该开展道路路段安全控制,实现"线控",以提高道路路段的交通安全性,减少事故的发生率;鉴于交通事故的发生与交通流量、车辆的混合率有关,因此应该对路网的交通特性实现"面控",提高交通运输的安全性,使交通真正的实现高效、安全、快捷。

1.4 汽车安全辅助驾驶技术概述

1.4.1 汽车安全辅助驾驶技术的研究目的和意义

安全是围绕汽车的永恒主题。随着公路交通特别是高速公路交通的飞速发展,交通事故特别是恶性交通事故呈不断上升趋势,交通安全越来越受到广泛关注。在道路交通事故的预防措施中提到,需要提高运输车辆安全技术性能(包括主动安全性能和被动安全性能),才能够有效保障交通运输安全。

汽车安全技术可分为主动安全技术和被动安全技术两大类。

汽车被动安全技术研究的目的在于发生意外事故时对车内驾驶人、乘员或者车外的道路参与者(行人、骑自行车人等)进行有效保护,使其免遭伤害或者减轻受伤害的程度。汽车被动安全系统和装置只能减少事故发生带来的伤害和损失,如汽车碰撞安全性系统设计、先进乘员约束系统、车身保护行人的安全装置、事故自动呼救系统等。

汽车主动安全性是指汽车避免或减少发生意外交通事故发生的能力,主动安全系统的目的就是提高汽车的行驶稳定性,尽力防止车祸发生,包括汽车动力学稳定性控制技术、汽车底盘一体化控制技术、汽车安全辅助驾驶技术等。在这种汽车上装有汽车规避系统,包括装在车身各部位的防撞雷达、多普勒雷达、红外雷达等传感器、盲点探测器等设施,由计算机进行控制。在超车、倒车、换道、大雾、雨天等易发生危险的情况下随时以声、光形式向驾驶人提供汽车周围必要的信息。另外在计算机的存储器内还可存储大量有关驾驶人和车辆的各种信息,对驾驶人和车辆进行监测控制。汽车主动安全性研究体现的是通过实现的预防措施,使得汽车躲避危险工况,确保行车安全的能力,不但指通过动力学分析与设计,提高汽车的操纵性能、制动性能等汽车本身的性能品质;还包括借助自动控制理论、模式识别、信息通信以及计算机技术等建立的智能安全辅助驾驶系统帮助驾驶人驾驶汽车,以提高汽车行驶的安全性。

从汽车安全技术的发展趋势来看(图1.13),为了实现道路交通事故零死亡的最终目标,需要不断提高汽车的主动安全性能与被动安全性能,建立智能化、信息化、一体化的智能交通系统(Intelligent Transport System,ITS),保障驾驶人的正常驾驶,有事故发生时实现紧急救援。

汽车安全辅助驾驶技术利用传感器技术、信号处理技术、通信技术、计算机技术等,辨识车辆所处的环境和状态,并根据各传感器得到的信息做出分析和判断,或者给驾驶人发出劝告和报警信息,提醒驾驶人注意规避危险;或者在紧急情况下,帮助驾驶人操作车辆,防止事故的发生,使车辆进入一个安全的状态;或者代替驾驶人的操作,使汽车主动避开危险,实现车辆运行的自动化。汽车安全辅助驾驶技术的主要目的是提高汽车行驶的

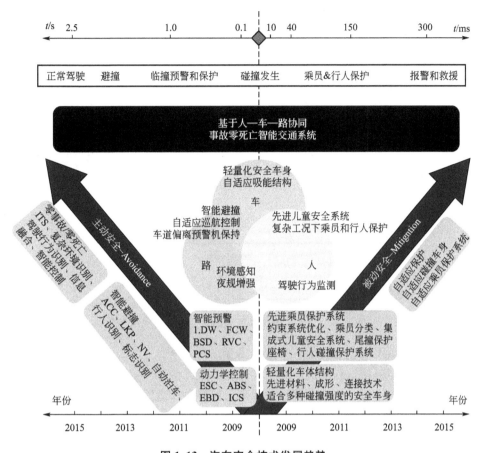

图 1.13 汽车安全技术发展趋势

安全性,通过车辆及道路的各种传感器掌握道路、周围车辆的状况等驾驶环境信息,实时地提供给驾驶人,为驾驶人提供劝告或预警信号,并在一定的条件下能对车辆实施控制。

为了减少日益增长的交通事故以及避免因驾驶人因素所带来的交通事故,减轻驾驶人的操作强度,汽车安全辅助驾驶技术的研究受到各国的普遍关注,并投入了大量的人力、物力和财力进行系统的研究开发,以提高汽车的安全性。随着电子技术的发展,汽车安全辅助驾驶技术日益成为提高汽车行驶安全性的重要手段之一,为减少常规车辆因驾驶人主观因素造成的交通事故提供智能技术保障。

1.4.2 汽车安全辅助驾驶技术的主要研究内容

为了实现汽车安全辅助驾驶技术研究的主要目的,需要通过安装在车辆及道路上的各种传感器掌握本车、道路以及周围车辆的状况等信息,辅助驾驶人增加环境感知的能力,并为其提供劝告或预警信号。汽车安全辅助驾驶技术的研究主要包括以下几个部分:车道偏离预警与保持、车辆周围障碍物检测、车内驾驶人状态检测、车辆运动控制与通信等,如图 1.14 所示。

1. 车道偏离预警与保持

近年来,尤其是在高速公路上,由于驾驶人操作失误或者注意力分散而引起的车辆偏

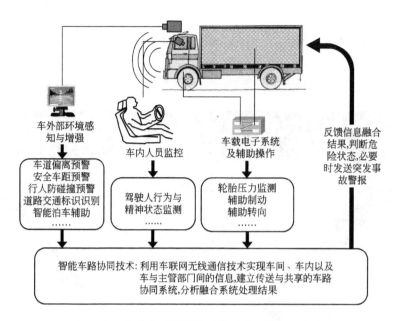

图1.14 汽车安全辅助驾驶技术的主要研究内容

离车道行驶是造成重大伤亡事故的一个重要因素。

车道偏离预警与保持是利用机器视觉传感器、激光传感器或埋设于路面下的磁钉,使车辆始终在车道线内运行,防止车辆因为驶离当前行驶车道而导致交通事故的发生,从而提高行车安全性。

车道偏离预警系统(Lane Departure Warning System,LDWS)能在驾驶人无意识(驾驶人未打转向灯)偏离原车道时,能在偏离车道之前发出警报,为驾驶人提供更多的反应时间,大大减少了因车道偏离引发的碰撞事故,此外,使用车道偏离预警系统还能纠正驾驶人不打转向灯的习惯。

2. 防碰撞系统

防碰撞系统是在车辆周围障碍物检测的基础上完成的。车辆周围障碍物包括车辆、行人以及道路周围设施等。通过机器视觉、红外、雷达或激光等传感器能感知车辆周围这些障碍物的存在,并实时跟踪,在危险时刻还可以警告驾驶人采取避碰措施。

安全车距不足常常会导致追尾碰撞等恶性交通事故的发生,前方车辆的检测与跟踪也是汽车安全辅助驾驶技术的重要研究方向。利用各种传感器信息对前方车辆和车距进行实时有效检测,当发现安全车距不足时,及时向驾驶人发出声音警示,促使其采取必要措施保持安全车距,避免发生追尾碰撞等事故。自适应巡航系统能够通过雷达传感器,实时监测车辆与前面车辆(物体)的距离,进而提醒驾驶人注意保持车距。

同时,为了增强换道过程中的安全性,在汽车从一个车道转换到另一个车道时,往往因各种原因发生交通事故。为此,在车辆换道时,需要借助一些传感器信息来实现本车前后方车辆的检测,研制汽车换道避碰系统。

典型车辆周围的障碍物主要包括行人、骑自行车人等道路交通参与者。统计资料表明,在整个交通事故中,关于车辆碰撞行人的事故数量仅次车辆间相撞的事故数量。例如，在欧洲，每年大约有 20,000 个行人在交通事故中受伤，其中大约 9,000 死亡。行人检测技术是汽车安全辅助驾驶领域中备受关注的前沿方向，特别是在城市交通环境中，行人检测能警告驾驶人可能与车辆邻近的障碍物尤其是行人发生碰撞。

3. 驾驶人疲劳状态监测

疲劳驾驶是驾驶人因素导致交通事故的主要原因之一。统计表明，若在潜在交通事故发生前提前 1s 给驾驶人发出警报，则可避免 90% 的交通事故。对驾驶人驾车疲劳状态进行实时可靠监测并能对其疲劳驾驶等非正常驾驶行为进行有效警示，对减少交通事故及人员死亡率有着十分重要的现实意义。

近期的研究主要在于监控和分析驾驶人状态、设计先进车辆和良好的用户信息交互界面，以便学习、控制甚至是模拟驾驶人行为。高级的驾驶人辅助系统应该能确保驾驶人反应恰当而且安全。在该研究领域的不同方法中，监视驾驶人头部位置已经成为研究重点。这能帮助探测和推理驾驶人的疲劳等级（特别是结合驾驶人眼睛凝视方向），并应用灵活的安全气囊。

4. 智能车路协同技术

随着现代电子科技、计算机技术和通信技术的飞速发展，远程通信和信息系统逐步进入汽车，汽车功能开始向多样化、集成化趋势发展，这就进一步提高了对车内信息传输和通信的要求。无线网络和移动通信技术是车辆与道路设施通信以提高安全和效率的主要手段，多车协作通信驾驶概念也是最近提出的解决交通拥挤的有效手段。

车载无线通信技术是将汽车技术、电子技术、计算机技术、无线通信技术紧密结合，整合各种不同的应用系统而产生的一种新型技术，以实现汽车状况实时检测、车内无线移动办公、全球定位、汽车行驶导航、车辆指挥调度、环境数据采集、车内娱乐等功能。

5. 其他技术

为了给驾驶人提供更丰富的道路交通环境信息和本车技术状态信息，涉及的其他技术如道路交通标志识别、轮胎压力监测系统、智能泊车辅助系统以及辅助制动系统。

本书在分析国内外道交通事故现状以及导致交通事故因素的基础上，重点介绍目前国内、外在汽车安全辅助驾驶主要研究内容的研究现状、依据的基本原理、典型系统的结构设计及技术实现、未来发展趋势等内容，以使学生对该领域关键技术有所了解并掌握一些基本的提高汽车主动安全性能、减少道路交通事故发生的技术和方法，以培养车辆工程专业具有"卓越工程能力"的精英人才作为最终目标。

1.4.3 汽车安全辅助驾驶技术的研究发展动态

近年来，汽车安全辅助驾驶技术研究得到了世界各国普遍的重视，而且各个国家都根据本国的实际情况，对汽车安全辅助驾驶研究的内容及目标也做了不同的规定。

日本研究表明，驾驶人的人为局限性及操作失误是造成交通事故的主要原因。只有完全排除驾驶人的人为因素，才能彻底根除交通事故的隐患。所以，日本研究汽车安全辅助驾驶的最终目的是实现无人驾驶。日本于 1989 年开始研究汽车安全辅助驾驶，他们的研究方向为自动高速公路系统和高级安全汽车。日本最新研究成果表明，汽车安全辅助驾驶系统的信息技术和控制技术，可以使在交通事故中死亡的人数减少 40%，使由驾驶人引发的人为交通事故明显减少，由此而带来的经济效益是每年挽回115亿美元的经济损失。

德国研究汽车安全辅助驾驶的目的仅仅是增加驾驶人驾车的有效性和可靠性，从而减轻驾驶人的工作负担，减少因驾驶人的失误而造成的交通事故。所以，他们将汽车安全辅助驾驶系统仅看作驾驶人的一个有效及可靠的工具。德国的汽车安全辅助驾驶研究包括五个方面的内容：自适应巡航控制（Adaptive Cruise Control，ACC）系统、向前行进控制系统、导航系统、交通信息、通道系统和紧急呼救系统。

美国90%的交通事故是因为驾驶人的人为因素引发的，而交通拥挤是造成交通事故的另一个致命因素。所以，美国决定以全自动高速公路上的无人驾驶车队来解决交通安全的问题。美国的最新研究成果表明，汽车安全辅助驾驶系统的控制技术和自适应巡航技术，可以使美国的交通事故减少90%，可以在现有的道路上2～3倍地增加车流量，还可以大大地降低空气的拖曳力，增加20%～25%的燃油经济性，减少20%～25%的废气排放，从而大大地减缓了交通拥挤状况，并且被动地保护了我们的环境。

目前，汽车安全辅助驾驶技术正朝着更加可靠、稳定的方向发展，为未来车辆自动驾驶以及车路全自动运行提供技术支撑，具有长远的意义。汽车安全辅助驾驶技术在硬件和软件上都有很大的发展空间，为了加速汽车安全辅助驾驶技术的应用，需要不断提高其稳定性和鲁棒性，提高其环境的适应能力。

由于基于单一传感器不能很好地解决汽车安全辅助驾驶技术可靠性和环境适应能力的要求，未来应结合激光雷达技术解决图像模糊问题，利用红外传感器可以增强机器视觉识别的可靠性。随着更加先进的智能型传感器、快速响应的执行器、高性能电控单元、先进的控制策略、计算机网络技术、雷达技术、第三代移动通信技术在汽车上的广泛应用，现代汽车正朝着更加智能化、自动化和信息化的机电一体化方向发展。汽车安全辅助驾驶技术因其定位于防患于未然，所以有着广阔的发展前景，越来越受到汽车生产企业、政府管理部门和消费者的重视。

1. 道路交通安全与道路交通事故的定义是什么？
2. 道路交通事故如何进行分类？
3. 试归纳汽车安全辅助驾驶的主要研究内容。
4. 简述我国道路交通事故的主要特点。
5. 影响道路交通事故的主要因素及其预防措施有哪些？
6. 如何理解道路交通事故的含义？

第 2 章
车道偏离预警技术

教学提示

随着高速公路通车里程及机动车保有量的增加，车道偏离碰撞事故有明显上升的趋势，如何预防车辆发生车道偏离事故是各个国家面临的一个难题。研究结果表明，为车辆装备有效的车道偏离预警系统(Lane Departure Warning System，LDWS)，能够及时、有效地警告那些因疲劳驾驶、打瞌睡或注意力不集中的驾驶人，使其修正无意识的车道偏离，甚至在危险时刻有针对性地对车辆进行接管，辅助转向或者制动，使其保持在当前行驶车道上，从而减少和防止车道偏离事故的发生。

教学目标

通过本章内容的学习，应该掌握车道偏离预警技术的研究意义，了解国内外的研究现状及采取的主要方法，了解车道偏离预警技术的基本要求及系统组成，掌握几种基本的视觉检测车道线的方法，掌握预警规则的建立依据，了解该项技术的未来方向和发展趋势。

导入案例

随着高速公路通车里程及机动车保有量的增加,车道偏离碰撞事故有明显上升的趋势,如何预防车辆发生车道偏离事故是各个国家面临的一个难题。欧盟委员会2012年宣布,为了在全球范围内提高道路交通安全,已与其国际合作伙伴就在全球推广乘用车行驶安全新技术规范达成一致。新技术规范主要涉及先进紧急制动系统(AEBS)和车道偏离预警系统(LDWS),欧盟规定从2013年起所有新出厂的货车和其他重型汽车必须安装车道偏离预警系统。当驾驶人在无意识状态下驾驶车辆偏离正常车道时,车道偏离预警系统会立即向驾驶人发出警报。欧盟相关立法已经确定了在欧盟成员国强制推行这两项新技术的时间表。

在联合国主持的"统一与机动车相关法规世界论坛"框架下,欧盟委员会积极参与了上述两个系统以及车用儿童安全座椅等一些新技术规范的制订。该委员会认为,将这些新技术规范纳入联合国关于机动车制造的国际协议,将保证欧洲以及诸如日本、韩国等欧洲以外的一些国家和地区采纳相同的技术标准,这有助于减少市场壁垒,促进主要汽车市场间的进出口贸易。

致力于调查研究主动安全系统的欧洲 FOT(Field Operational Tests)是由欧洲基金资助的科研项目,涉及了含沃尔沃汽车、沃尔沃卡车集团及查尔姆斯理工大学在内的28家组织机构。在为期18个月的时间里,共有100辆沃尔沃V70及XC70汽车与263名驾驶人参与了该项目的研究。2012年沃尔沃汽车公司开发的有效避免追尾和撞车事故的系统(图2.01)在此次现场性能测试中获得最高评价。研究结果表明,配备有沃尔沃自适应巡航控制及防撞预警功能的汽车,可有效将其与高速公路前方行驶车辆发生碰撞的可能性降低42%。

图 2.01 沃尔沃的 LDW 系统

2.1 引 言

驾驶人因素是导致道路交通事故影响的主要因素,主要由于驾驶人超速行驶、未保持在当前车道行驶、操作不当等违法行为导致发生道路交通事故,造成严重人员伤亡和损失。表2-1是美国国家高速公路交通管理局(NHTSA)事故报告系统(FARS)对2010年全美道路交通事故中由于机动车驾驶人原因导致的有人员死亡的道路交通事故情况的统计报告。报告指出,车辆没有保持在合适的车道或驶离道路的原因排在已知原因的第二位,约占总数的16.7%,仅次于超速行驶(21.4%)。

表2-1　2010年美国涉及致命道路交通事故的机动车驾驶人违法行为统计

因素	数量	百分比(%)
超速行驶	9,532	21.4
没有保持在合适的车道或驶离道路	7,436	16.7
酒精、毒品或药物的影响	7,052	15.9
未按规定让行	3,196	7.2
注意力不集中(打电话、交谈等)	2,912	6.6
鲁莽或粗心大意等驾驶行为	2,438	5.5
矫枉过正或转向过度	2,034	4.6
违反交通信号	1,912	4.3
急转弯或避让障碍物	1,687	3.8
视觉模糊(下雨、下雪、灯光等)	1,426	3.2
逆向行驶	1,356	3.1
瞌睡、疲劳或生病	1,218	2.7
转向不当	970	2.2
其他因素	5,971	13.4
没有登记报告原因	13,521	30.4
未知原因	3,408	7.7
合计	44,440*	100.0

注：＊驾驶人数量和百分比要比总的驾驶人数量要高，因为可能存在某个驾驶人同时出现多个事故原因。

美国FARS报告系统中将与道路相关的事故类型分为单车碰撞事故(Single Vehicle)和多车碰撞事故(Multiple Vehicle)，将事故发生地点分为车道上、非车道上、路肩中央隔离带及其他五类。我们分析单车不在车道上发生的交通事故情况，将在非道路上、路肩及中央隔离带上发生的交通事故统称为偏离当前行驶车道。在美国每年有超过3万起与道路相关的致命道路交通事故，由于单车驶离车道造成的交通事故达1.2万起，约占总数的40%，并且这些偏离并不是与其他车辆相撞而引起的。图2.1是2001年美国由于车道偏离造成事故统计数据，从图中可以看出，如果能够采取有效措施避免车辆偏离车道而造成的事故，将能够降低或者减少17.3%的交通事故起数和41%的人员死亡。

欧洲的一项调查显示，在5万起重型卡车发生的交通事故中，97%是因驾驶人注意力不集中导致车辆偏离车道所致。最近由欧盟组织的一个研究结果显示：在英国，每年由于大客车和长途旅游客车发生的车道偏离事故中就有8,892名乘客伤亡。在我国，虽然还没有这方面的准确统计数字，但因车辆驶离当前行驶车道而与邻近车道内车辆相撞、与路边各种障碍物相撞或驶离道路而倾翻的恶性事故屡见不鲜。

随着高速公路通车里程及机动车保有量的增加，车道偏离碰撞事故有明显上升的趋势，如何预防车辆发生车道偏离事故是各个国家面临的一个难题。目前，欧洲、美国、日

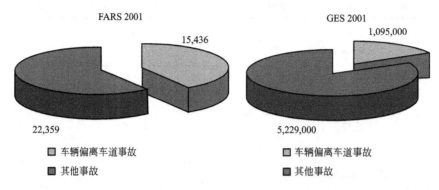

图 2.1　2001 年美国由于车道偏离造成事故统计数据

本等发达国家在车辆行驶安全保障技术的研究方面相继投入大量人力、物力，并取得了许多有价值的研究成果。研究结果表明，为车辆装备有效的车道偏离预警系统，能够及时、有效地警告那些因疲劳驾驶、打瞌睡或注意力不集中的驾驶人，使其修正无意识的车道偏离，甚至在危险时刻有针对性地对车辆进行接管，辅助转向或者制动，使其保持在当前行驶车道上，从而减少和防止车道偏离事故的发生。

影响车辆偏离行驶车道的因素很多，从驾驶人的主观因素来看，其心理素质、生理状态等都会影响车辆的正常、安全驾驶；从客观因素来看，所设计的道路线形是否合理、气候条件以及交通流量大小等也会影响车辆在道路上行驶的安全性。

道路由直线、平曲线和缓和曲线三个基本要素构成。在驾驶过程中，不同的道路线形对汽车车道偏离的影响程度是不同的。车辆在长直线上行驶时往往会导致驾驶人反应迟钝、感知力降低，同时也降低了驾驶人对车辆状态的调节与驾驭能力。从交通心理学上讲，驾驶人会无意识或潜意识地加快速度，心理上放松警惕。因此，如果直线路段的长度设计适当，由于其线形简单，驾驶人触界的概率较小；如果直线过长而使驾驶人产生了视觉疲劳，触界的可能性就会增加。在弯道上的行驶情况和平直道路有所不同，转弯会产生离心力，影响汽车的平顺性，因此，稍有经验的驾驶人都会根据车速和弯道半径，降低行驶速度，使汽车平稳地通过弯道。在弯道曲率半径较小、视线不良的道路上行驶时，车辆会靠车道外侧运行，这无疑增加了汽车车道偏离的概率。

道路的不同横断面线形也会对车辆车道偏离造成不同的影响。例如，在双向两车道的道路上，由于对向车道上的车辆会对驾驶人心理产生一定的压力感，所以驾驶人会格外谨慎，与对向车道保持一定的距离；而在双向四车道或更多车道上行驶则会有所区别，在这种情况下，驾驶人对同向行驶的车辆会有所放松，加之有超车的意愿，因此发生汽车车道偏离的概率会较大。

道路交通流对车辆车道偏离的影响主要是，在自由流下驾驶人可以根据自身的情况选择自己的车道，受外界的影响较小；而在高密度车流的情况下，驾驶人在生理和心理上都会受到外界很大的干扰，使得驾驶人焦躁、不耐烦，无形之中就可能增加汽车车道偏离的概率。

驾驶人生理心理因素对车辆车道偏离的影响也很大。当驾驶人处在最佳的觉醒水平时，意识就处于正常的清醒状态，注意力活跃，心理、生理及操作活动都处于积极的活动之中。在这种状态下，驾驶人很少会发生交通事故。如果处于疲劳状态，驾驶人就会出现昏沉、低意识、反应迟钝或注意力不集中等现象,驾驶效能受到一定的影响;如果处于过度疲劳状态,则注意力丧失,很容易发生交通事故,这是一种极为危险的状态。表2-2为不同疲劳状态对驾驶行为的影响。

表2-2 不同疲劳状态对驾驶行为的影响

行为状态	正常状态	疲劳状态	瞌睡状态
控制车速	加速、减速敏捷	加速、减速时间较长,速度较慢	速度变换很慢或不变
行车方向控制	能迅速、正确地做出判断,并不断地调节操作动作	不能及时、迅速地做出调节性操作动作,甚至产生误操作	停止操作
身体动作	操作姿势正常,无多余动作	较多的身体动作,如揉搓颈或头,伸懒腰,吸烟,眨眼	睡眠,身体摇

除此之外,驾驶人的性别、驾龄、性格和个性都与驾驶行为有着密切的关系。一般来说,女性的驾驶人要比男性驾驶人在操作上小心谨慎,发生汽车车道偏离的概率比男性要小;经验丰富的驾驶人对驾驶操作熟练,对车辆和道路的感觉都会比经验少的驾驶人敏感,发生汽车车道偏离的次数相对较少。另外个性有内倾和外倾之分,内倾性驾驶人感知和注意比较迟钝,动作和反应的敏捷性较差,一旦发生汽车车道偏离状况,容易出现延误性错误,比一般驾驶人纠正的时间要长;外倾性驾驶人则容易冲动,爱冒险,比一般驾驶人发生事故的概率要大。

因此,无论是外界条件还是驾驶人主观因素,汽车车道偏离具有一定的不可避免性。在建立汽车车道偏离预警模型和驾驶人行为评价算法时都需要考虑到这一点。一个成熟的预警模型既要起到警报的作用,又要符合驾驶人的生理及心理状态,不会对驾驶过程产生过大的干扰而影响驾驶人的正常操作。

2.2 车道偏离预警基本组成和技术要求

2.2.1 基本组成

车道偏离预警技术主要通过车载传感器判断、分析本车在当前车道线的相对位置关系,在驾驶人无意识(未打转向灯)偏离原车道时,能在车辆偏离车道前发出警报,为驾驶人提供更多的反应时间,大大减少因车道偏离引发的碰撞事故。目前,由于视觉传感器的信息量丰富,常被作为实现车道偏离预警的车载传感器。

基于视觉的车道偏离预警系统主要包括图像采集单元、中央处理单元、车辆状态传感器以及人机交互单元等组成。如图2.2所示,当车道偏离系统开启时,系统利用安装在汽车在车身侧面或后视镜位置上的图像采集单元获取车辆前方的道路图像,中央处理单元对图像进行分析处理,从而获得汽车在当前车道中的位置参数,传感器会及时收集车辆数据和驾驶人的操作状态,如转向灯信号等。当检测到汽车距离当前车道线过近有可能偏入邻近车道或驶离本车道而且司机并没有打转向灯时,人机交互界面就会发出警告信息,提醒驾驶人注意纠正这种无意识的车道偏离,及时回到当前行驶车道上,为驾驶者提供更多的反应时间,从而尽可能地减少车道偏离事故的发生。而如果驾驶者打开转向灯,正常进行变线行驶,那么车道偏离预警系统不会做出任何提示。图2.3所示为基于视觉的车道偏离预警系统工作演示图。

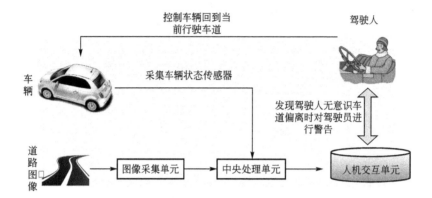

图2.2 基于视觉的车道偏离预警系统的组成及实现原理

1. 图像采集单元

为了模拟驾驶人感知车辆前方道路图像及环境信息,基于视觉的车道偏离预警系统需要图像采集单元实时获取视频信号,并且需要将模拟视频信号转换为处理器能分析处理的数字视频图像,主要包括工业照相机、镜头和图像采集卡等,如图2.4所示。

图2.3 基于视觉的车道偏离预警系统工作演示

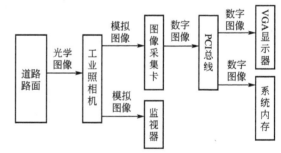

图2.4 图像采集单元

1) 工业照相机

根据照相机图像感光芯片的不同,常用的工业照相机主要有两种类型:CCD(Charge Coupled Device)照相机和CMOS(Complementary Metal Oxide Semiconductor)照相机。

CCD即电荷耦合器件,是一种新型全固体自扫描摄像器件。其功能是把光学图像转变成电图像,然后以一定的顺序逐个按像素读出电图像,使之转变为电视信号。典型的CCD照相机由光学镜头、时序及同步信号发生器、垂直驱动器、模拟/数字信号处理电路组成。

与其他固体摄像机相比,CCD作为摄像器件的显著特点是:体积小,质量轻,功耗小，工作电压低，抗冲击与振动，性能稳定，寿命长；灵敏度高，噪声低，动态范围大；响应速度快，有自扫描功能，图像畸变小，无残像；可获得很高的尺寸测量精度和定位精度。因此，CCD摄像器件自1970年问世以来，在工业检测、医疗诊断、机器人视觉、精密测量、交通运输、计算机图像处理等民用领域，以及遥感、侦察、夜视、制导等军事领域都获得广泛应用。

CCD从功能上可分为线阵CCD和面阵CCD两大类。线阵CCD通常将CCD内部电极分成数组，每组称为一相，并施加同样的时钟脉冲。所需相数由CCD芯片内部结构决定，结构相异的CCD可满足不同场合的使用要求。线阵CCD有单沟道和双沟道之分，其光敏区是MOS电容或光敏二极管结构，生产工艺相对较简单。它由光敏区阵列与移位寄存器扫描电路组成，特点是处理信息速度快，外围电路简单，易实现实时控制，但获取信息量小，不能处理复杂的图像。面阵CCD的结构要复杂得多，由很多光敏区排列成一个方阵，并以一定的形式连接成一个器件，获取信息量大，能处理复杂的图像。

在选择CCD照相机时，主要考察以下主要技术指标是否满足使用要求。

(1) CCD尺寸。CCD尺寸即摄像机靶面。目前采用的芯片大多数为1/3英寸和1/4英寸。在购买摄像头时，特别是对摄像角度要求比较严格的时候，CCD靶面的大小、CCD与镜头的配合情况将直接影响视场角的大小和图像的清晰度。在相同的光学镜头下，成像尺寸越大，视场角越大，具体见表2-3。

表2-3 不同CCD尺寸的相关参数

CCD尺寸	水平/mm	垂直/mm	对角线/mm
1英寸	12.7	9.6	16
2/3英寸	8.8	6.6	11
1/2英寸	6.4	4.8	8
1/3英寸	4.8	3.6	6
1/4英寸	3.6	2.4	4

(2) CCD像素。CCD像素是CCD的主要性能指标，决定了显示图像的清晰程度，分辨率越高，图像细节的表现越好。CCD由面阵感光元素组成，每一个元素称为像素，像素越多，图像越清晰。

(3) 水平分辨率。其单位为线对，即成像后可以分辨的黑白线对的数目。常用的黑白摄像机的分辨率一般为380～600线对，彩色为380～480线对，其数值越大成像越清晰。分辨率与CCD和镜头有关，还与摄像头电路通道的频带宽度直接相关，通常规律是1MHz的频带宽度相当于清晰度为80线。频带越宽，图像越清晰，线数值相对越大。对于车道偏离预警系统，由于不需要彩色信息，用400线左右的黑白摄像机就可以满足要求。

(4) 最小光照度(也称为灵敏度)。最小光照度是CCD对环境光线的敏感程度，或者说是CCD正常成像时所需要的最暗光线。光照度的单位是勒克斯(lx)，数值越小，表示需要的光线越少，摄像头也越灵敏。黑白摄像机的灵敏度是0.02～0.5lx，彩色摄像机多在1lx以上。0.1lx的摄像机用于普通的监视场合；在夜间使用或环境光线较弱时，推荐使用0.02lx的摄像机。与近红外灯配合使用时，也必须使用低光照度的摄像机。另外摄像的灵敏度还与镜头有关，0.97lx/F0.75 相当于 2.5lx/F1.2 相当于 3.4lx/F1。不同环境光照度见表 2-4。

表 2-4 CCD 对不同环境的光照度　　　　　（单位：lx）

夏日阳光下	100,000	黄昏室内	10
阴天室外	10,000	夜间路灯	0.1
室内日光灯	100		

灵敏度和像素的关系：在芯片确定的情况下，像素越高，灵敏度越低，两者是反比关系，所以像素不是越高越好，在像素够用的情况下应尽量优先确保灵敏度。

(5) 输出接口。根据照相机数据输出模式的不同分为模拟照相机和数字照相机，模拟照相机输出模拟信号，数字照相机输出数字信号。模拟照相机和数字照相机还可以进一步细分，如数字照相机按数据接口又包括 LVDS 接口、Camera Link Base/Medium/Full、Firewire(IEEE 1394)、USB 接口和 Gige 接口。模拟照相机分为逐行和隔行扫描两种，隔行扫描又包括 EIA、NTSC、CCIR、PAL 等标准制式。

(6) 摄像机电源。交流电压为 220V、110V、24V，直流电压为 12V 或 9V。对于车载运用场合，常用直流 12V 供电方式。

(7) 信噪比。信噪比典型值为 46dB，若为 50dB，则图像有少量噪声，但图像质量良好；若为 60dB，则图像质量优良，不出现噪声。

(8) 镜头安装方式。镜头安装方式有 C 和 CS 方式，二者间不同之处在于镜头与摄像机接触面至镜头焦平面的距离不同，C 型接口的此距离为 17.5mm，CS 型接口的此距离为 12.5mm。C 型镜头与 C 型摄像机，CS 型镜头与 CS 型摄像机可以配合使用。C 型镜头与 CS 型摄像机之间增加一个 5mm 的 C/CS 转接环可以配合使用。CS 型镜头与 C 型摄像机无法配合使用。

通常 CCD 照相机还有其他可调节的性能指标，如同步方式的选择、自动增益控制、背景光补偿、电子快门、白平衡以及色彩调整等。

CMOS 图像传感器是近年来发展起来的新型传感器，CMOS 图像传感器将光敏元阵列、图像信号放大器、信号读取电路、模数转换电路、图像信号处理器及控制器集成在一块芯片上。相比于 CCD 等固体传感器，其具有体积小、质量轻、集成度高、功耗低、成本低、编程方便、局部像素的编程随机访问、易于控制及捕捉速度高等优点。CMOS 图像传感器的开发最早出现在 20 世纪 70 年代初期。90 年代初期，随着超大规模集成电路(VLSI)制造工艺技术的发展，CMOS 图像传感器得到迅速发展。特别是近年来，随着亚微米和深亚微米工艺技术的发展和器件结构的不断改进，CMOS 图像传感器的图像质量已接近或达到 CCD 图像传感器的图像质量。

CMOS 与 CCD 的区别主要体现在以下方面。

(1) 成像过程。CCD 与 CMOS 图像传感器光电转换的原理相同，它们最主要的差别在于信号的读出过程不同由于 CCD 仅由一个(或少数几个)输出节点统一读出，其信号输出的一致性非常好；而在 CMOS 芯片中，每个像素都有各自的信号放大器，各自进行电荷-电压的转换，其信号输出的一致性较差。但是 CCD 为了读出整幅图像信号，要求输出放大器的信号带宽较宽，而在 CMOS 芯片中，每个像元中的放大器的带宽要求较低，大大降低了芯片的功耗,这就是 CMOS 芯片功耗比 CCD 要低的主要原因。尽管降低了功耗,但是数以百万的放大器的不一致性却带来了更高的固定噪声,这又是 CMOS 相对 CCD 的固有劣势。

(2) 集成性。从制造工艺的角度看,CCD 中的电路和器件集成在半导体单晶材料上,工艺较复杂,世界上只有少数几家厂商能够生产 CCD 晶元,如 DALSA、SONY、Panasonic 等。CCD 仅能输出模拟电信号,需要后续的地址译码器、模拟转换器、图像信号处理器处理,并且还需要提供三组不同电压的电源同步时钟控制电路,集成度非常低。而 CMOS 集成在被称作金属氧化物的半导体材料上,这种工艺与生产数以万计的计算机芯片和存储设备等半导体集成电路的工艺相同,因此声场 CMOS 的成本相对 CCD 低很多。同时 CMOS 芯片能将图像信号放大器、信号读取电路、A-D 转换电路、图像信号处理器及控制器等集成在一块芯片上,只需一块芯片就可以实现照相机的所有基本功能,集成度很高,芯片级照相机概念就是从这产生的。随着 CMOS 成像技术的不断发展,有越来越多的公司可以提供高品质的 CMOS 成像芯片,包括 Micron、CMOSIS、Cypress 等。

(3) 采集速度。CCD 采用逐个光敏输出,只能按照规定的程序输出,速度较慢。CMOS 有多个电荷-电压转换器和行列开关控制,读出速度快很多,大部分 500f/s 以上的高速照相机都是 CMOS 照相机。此外 CMOS 的地址选通开关可以随机采样,实现子窗口输出,在仅输出子窗口图像时可以获得更高的速度。

(4) 噪声处理。CCD 技术发展较早,比较成熟,采用 PN 结或二氧化硅(SiO_2)隔离层隔离噪声,成像质量相对 CMOS 光电传感器有一定优势。由于 CMOS 图像传感器集成度高,各元件、电路之间距离很近,干扰比较严重,噪声对图像质量影响很大。随着 CMOS 电路消噪技术的不断发展,为生产高密度优质的 CMOS 图像传感器提供了良好的条件。

(5) 耗电量。CMOS 的成像电荷驱动方式为主动式,感光二极管所产生的电荷会直接由旁边的电晶体放大输出;但是 CCD 是被动式,必须施加外部电压 12V 以上让每个像素的电荷转动至传输通道,需要更加精密的电源线路设计和耐压强度,因此,CCD 照相机的耗电量远高于 CMOS 照相机。

CCD 与 CMOS 的参数对比见表 2-5。

表 2-5 CCD 与 CMOS 的参数对比

特点	CCD	CMOS
输出的像素信号	电荷包	电压
芯片输出的信号	电压(模拟)	数据位(数字)
照相机输出的信号	数据位(数字)	数据位(数字)
填充因子	高	中
放大器适配性	不涉及	中
系统噪声	低	从中到高
系统复杂度	高	低
芯片复杂度	低	高

(续)

特点	CCD	CMOS
照相机组件	PCB＋多芯片＋镜头	单芯片＋镜头
响应度	中	较高
动态范围	高	中
一致性	高	中
快门一致性	快速，一致	较差
速度	中到高	更高
图像开窗功能	有限	非常好
抗拖影性能	高（可达到无拖影）	高
时钟控制	多时钟	单时钟
工作电压	较高	较低

2) 镜头

镜头是视觉系统中的关键设备，它的质量优劣直接影响照相机的整机指标，因此，镜头选择是否恰当关系系统的性能。

镜头相当于人眼的晶状体。如果没有晶状体，人眼看不到任何物体；如果没有镜头，那么照相机所输出的图像就是白茫茫的一片，没有清晰的图像输出。当人眼的肌肉无法将晶状体拉伸至正常位置时，眼前的景物就变得模糊不清；摄像头与镜头的配合也有类似现象，当图像变得不清楚时，可以调整摄像头的后焦点，改变CCD芯片与镜头基准面的距离，可以将模糊的图像变得清晰。

镜头的分类见表2-6。

表2-6 镜头的分类

按焦距分类	按外形功能分类	按尺寸大小分类	按光圈分类	按变焦类型分类	按焦距长矩分类
短焦距镜头	球面镜头	1英寸(25mm)	自动光圈	电动变焦	长焦距镜头
中焦距镜头	非球面镜头	1/2英寸(13mm)	手动光圈	手动变焦	标准镜头
长焦距镜头	针孔镜头	1/3英寸(8.5mm)	固定光圈	固定焦距	广角镜头
变焦距镜头	鱼眼镜头	2/3英寸(17mm)			可变焦距镜头
					变倍镜头

镜头的主要性能指标有以下几个。

(1) 焦距：焦距的大小决定着视场角的大小。焦距数值小，视场角大，所观察的范围也大，但距离远的物体分辨不很清楚；焦距数值大，视场角小，观察范围小。只要焦距合适，即便距离很远的物体也可以看得清清楚楚。由于焦距和视场角是一一对应的，一个确定的焦距就意味着一个确定的视场角，所以在选择镜头焦距时，应该充分考虑是观测细节重要，还是有一个大的观测范围重要。如果要看细节，就选择长焦距镜头；如果看近距离大场面，就选择小焦距的广角镜头。

(2) 光通量：以镜头焦距 f 和通光孔径 D 的比值来衡量，用 F 表示。每个镜头上都标有最大 F 值，如 6mm/F1.4 代表最大孔径为 4.29mm。光通量与 F 值的平方成反比关系，F 值越小，光通量越大。镜头上光圈指数序列的标值为 1.4、2、2.8、4、5.6、8、11、16、22 等，其规律是前一个标值时的曝光量正好是后一个标值对应曝光量的 2 倍。

另外，镜头的光圈还有手动(Manual Iris)和自动光圈(Auto Iris)之分。配合摄像头使用，手动光圈适合亮度变化不大的场合，它的进光量通过镜头上的光圈环调节，一次性调整合适为止。自动光圈镜头会随着光线的变化而自动调整，用于室外、入口等光线变化大且频繁的场合。

(3) 镜头的成像尺寸：应与 CCD 靶面尺寸相一致，有 1 英寸、2/3 英寸、1/2 英寸、1/3 英寸、1/4 英寸、1/5 英寸等规格。

(4) 分辨率：平常所说的分辨率主要指镜头的空间分辨率，以每毫米能够分辨的黑白条纹数为计量单位，计算公式为

$$镜头分辨率 N = 180/画幅格式的高度$$

由于 CCD 靶面大小已经标准化，如 1/2 英寸 CCD，其靶面为 6.4mm(宽)×4.8mm(高)，1/3 英寸摄像机为 4.8mm(宽)×3.6mm(高)。因此对于 1/2 英寸格式的 CCD 靶面，镜头的最低分辨率应为 38 对线/mm；对于 1/3 英寸格式的摄像机，镜头的分辨率应大于 50 对线/mm。摄像机的靶面越小，镜头的分辨率越高。

镜头焦距和视场角的计算：视场指被摄取物体的大小，视场的大小是以镜头至被摄取物体距离、镜头焦头及所要求的成像大小确定的。

摄像机镜头的视场由宽(W)、高(H)和与摄像机的距离(L)决定。一旦决定了摄像机要监视的景物，正确地选择镜头的焦距就由三个因素决定：欲监视景物的尺寸、摄像机与景物的距离、摄像机成像器的尺寸。如果知道焦距数值，即使没有对应焦距的镜头也是很正常的，这时可以根据产品目录选择相近的型号，一般选择比计算值小的，这样视角还会大一些。如果知道了水平或垂直视场角便可按公式计算出现场宽度和高度。

3) 图像采集卡

图像采集卡是图像采集部分和图像处理部分的接口，是一种可以获取数字化视频图像信息，并将其存储和播放出来的硬件设备。图像经过采样、量化以后转换为数字图像并输入、存储到帧存储器的过程，叫做采集。由于图像信号的传输需要很高的传输速度，通用的传输接口不能满足要求，因此需要图像采集卡。图像采集卡还提供数字 I/O 的功能。

图像采集卡的任务是将 CCD 摄像机输出的模拟信号转化为计算方便使用的数字信号。图像采集卡的工作过程可以描述为：实时采集 CCD 输出的视频信号，将此信号经 A-D 转换后以数字图像的形式存放在图像单元的一个或多个通道中，通过计算机发出指令，将某一帧图像静止在图像存储通道中，即采集或捕获了一帧图像，计算机即可对采集的图像进行各种处理。采集卡上的 D-A 转换电路自动将图像实时显示在图像监视器上。

图像采集卡技术参数：

(1) 图像传输格式。格式是视频编辑最重要的一种参数，图像采集卡需要支持系统中摄像机所采用的输出信号格式。大多数摄像机采用 RS422 或 EIA644(LVDS)作为输出信号格式。在数字照相机中，IEEE 1394、USB 2.0 和 Camera Link 几种图像传输形式的应用比较广泛。

(2) 图像格式(像素格式)。

黑白图像：通常情况下，图像灰度等级可分为 256 级，即以 8 位表示。在对图像灰度有更精确要求时，可用 10 位、12 位等来表示。

彩色图像：可由 RGB(YUV)三种色彩组合而成，根据其亮度级别的不同有 8-8-8、10-10-10 等格式。

(3) 传输通道数。当摄像机以较高速率拍摄高分辨率图像时，会产生很高的输出速率，这一般需要多路信号同时输出，图像采集卡应能支持多路输入。

一般情况下，有 1 路、2 路、4 路、8 路输入等。随着科技的不断发展和行业的不断需求，路数更多的采集卡也出现在市面上。

(4) 分辨率。采集卡能支持的最大点阵反映了其分辨率的性能。一般采集卡能支持 768×576 点阵，而性能优异的采集卡其支持的最大点阵可达 64K×64K。单行最大点数和单帧最大行数也可反映采集卡的分辨率性能。

(5) 采样频率。采样频率反映了采集卡处理图像的速度和能力。在进行高度图像采集时，需要注意采集卡的采样频率是否满足要求。目前高档的采集卡其采样频率可达 65MHz。

(6) 传输速率。主流图像采集卡与主板间都采用 PCI 接口，其理论传输速度为 132MB/s。

在选购及使用图像采集卡时，需要考虑的两个关键性的因素为硬件的可靠性以及软件的支持。硬件的可靠性在系统中是十分重要的，由设备故障而停产造成的损失远远大于设备本身。很多板卡厂家并没有标明如平均无故障时间等可靠性指标。大多数的图像采集卡都支持二次开发，通常随图像采集卡都附送一些采集、存储、显示相关的函数库，而图像处理相关的函数库虽然需要得到响应的硬件支持，但往往都是另外销售的，因此在选择采集卡的同时还必须考虑此视觉系统要选用的软件与采集卡是否兼容、是否使用方便、是否要求付费等。

2. 中央处理单元

中央处理单元可以完成数字图像处理、车辆状态分析以及决策控制等功能。

为了获取车道参数，需要对采集的图像进行分析。为了降低噪声，需要事先对采集的图像进行预处理、阈值分割和边缘增强，然后提取车道标志线并进行识别，获取道路中左右车道标志线参数。

总体来说，车道偏离预警系统要具备两大功能，即检测边缘和目标跟踪。前者用来确定行车道的标志线；后者让车辆沿着正常的车道行驶。由于图像传感器都不是理想的，气象条件、环境温度、车辆运动以及电磁干扰都会在图像采集过程中引入噪声，使图像变得模糊。更确切地说，在原始图像中原本处于同一个灰度值的像素，在噪声图像中却处于不相同的灰度值。因此，在进行数字处理之前，首先要平滑滤波。

除了噪声，还有量化误差的影响，量化误差会使边缘的边界落在多个像素上，同样使边界变得不那么清晰。噪声和量化误差是无法控制的，因此要对输入视频流进行滤波和平滑，否则要想发现清晰的道路标志是十分困难的。对数字视频流进行平滑和滤波还应考虑到，视频流是按规定速率变化的真实图像序列，图像滤波器的工作速度应足够快，保证能跟上输入图像的连续接收速度。因此，图像滤波器内核对最少可能处理器周期数优化执行是至关重要的。一个有效的滤波手段是采用基本的两维卷积运算。

接下来要进行的是边缘检测。所谓边缘就是指图像局部亮度变化最为显著的部分。对于数字图像,图像灰度值变化可用梯度来表示,Sobel 算子是常用的边缘检测算法。发现的边缘则可确定车道的标志。这一过程涉及 Hough 变换。它是图像处理中识别几何形状的基本方法之一。最基本的 Hough 变换是从黑白图像中检测直线。它将图像平面上的像素点映射到参考平面(即一个缓冲区)上的点,通过统计特性来确定直线的参数。

Hough 变换对输入图像中的每个像素点要计算一条正弦状曲线,因而计算工作量很大,需借助技巧来加速计算。首先,某些计算结果是可以提前进行计算的,因此可以将通过查找表得到的数据作为参考值使用。其次,对输入图像中的车道标志的位置和性质做一些合理的假设,即如果仅对潜在的车道标志的那些点进行计算,就可以避免大量的、不必要的运算,从而简化计算并提高质量。

Hough 变换的输出是一组直线,其中某些直线可能就是车道标志线。由于很多高速公路系统的车道标志线是标准化的,确定的一组规定能从候选的车道标志线中排除掉某些直线,最后,这一组可能的车道标志线用来确定车辆的位置。

车道信息来自一辆汽车内多种可能的信息源,这些信息源与测得的相关参数(如速度、加速度等)相结合有助于车道跟踪。根据测量结果,车道系统进行智能判断,即是否发生了无意间的车行路线偏离。在更高级系统中,其他参数,如时间、路况和驾驶人警觉度也可以模型化。

同时,中央处理单元分析来自车辆状态传感器发送过来的信号,如车辆转向灯是否开启的信号、本车当前位置 GPS 信号或者转向盘转角信息。当中央处理单元判断车辆将要偏离左侧或者右侧车道线并且没有开启转向灯信号时,判断将要发生车道偏离事故,输出报警信号,如图 2.5 所示。

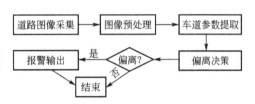

图 2.5 中央处理单元工作流程

3. 人机交互单元

人机交互单元通过显示界面向驾驶人提示系统当前的状态,当存在危险情况时,报警装置可以发出声音、光的提示,也有是抖动转向盘或座位的形式。

2.2.2 技术要求

根据《智能运输系统 车道偏离报警系统 性能要求与检测方法》(GB/T 26773—2011)规定,车道偏离预警系统应该具备图 2.6 所示的功能。其中,禁止请求、车速测量、驾驶人优先选择以及其他附加功能是可选的。

1. 基本要求

车道偏离报警系统至少应具有下列功能:
(1) 监测系统状态:包括系统故障、系统失效、系统的开/关状态(如果有开关)。
(2) 向驾驶人提示系统当前的状态。
(3) 探测车辆相对于车道边界的横向位置。

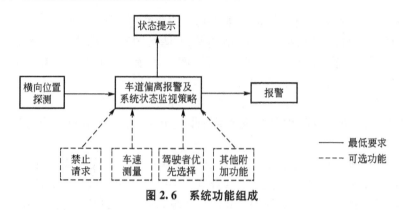

图 2.6　系统功能组成

(4) 判断是否满足报警条件。

(5) 发出警告。

2. 操作要求

(1) 当满足报警条件时，系统应自动发出报警提醒驾驶人。

(2) 乘用车最迟报警线位于车道边界外侧 0.3m 处，商用车最迟报警线位于车道边界外侧 1m 处。

(3) 最早报警线在车道内的位置如图 2.7 和表 2-7 所示。

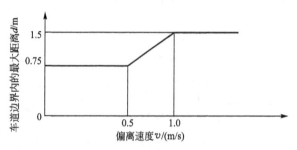

图 2.7　最早报警线

表 2-7　最早报警线

偏离速度(v)	至车道边界的距离	偏离速度(v)	至车道边界的距离
$0<v\leqslant 0.5$m/s	0.75m	$v>1.0$m/s	1.5m
$0.5<v\leqslant 1.0$m/s	$1.5v$		

(4) 当车辆处于报警临界点附近时，系统应持续报警。

(5) 尽可能减少虚警的发生。

(6) Ⅰ型系统应在车速大于或等于 20m/s 时正常运行，Ⅱ型应在车速大于或等于 17m/s 时正常运行。系统也可在更低车速下工作。

3. 人机交互要求

(1) 报警形式。系统将提供一种易被感知的触觉报警或听觉报警。

(2) 与其他报警系统的冲突。如车辆同时配备了其他的报警系统，如车辆前方碰撞警告系统(FVCWS)，则车道偏离报警系统应通过触觉、听觉或视觉，或组合方式为驾驶人提供清晰可辨的报警。

(3) 系统状态提示。应通过容易理解的方式为驾驶人提示系统的状态信息。

如果系统在启动阶段或运行过程中出现故障，或在工作过程中检测系统失效，应及时通知驾驶人。

若用符号对驾驶人进行信息提示，应采用标准符号。例如，若使用符号通知驾驶人系统失效，该符号应是专门用于表达此类信息的标准符号。

(4) 在系统用户使用手册中应说明系统正常工作所要求的最低车速以及系统失效的条件与状态。

4. 可选功能

(1) 车道偏离预警系统应配备开/关控制装置，以便驾驶人随时进行操作。

(2) 系统可以检测抑制请求信号以尽可能减少不必要的报警。例如，当驾驶人正在转向或制动操作，或正在进行其他优先级更高的操作如避撞操作等，系统抑制请求生效。

(3) 当报警被抑制后，系统可通知驾驶人。

(4) 系统可对本车速度进行测量以便为其他功能提供支持，如当本车速度低于一定车速时抑制报警。

(5) 当仅在车道的其中一侧存在可见标线时，系统可以利用默认车道宽度在车道的另一侧建立虚拟标线进行报警，或者直接提醒驾驶人系统失效。

(6) 报警临界线的位置可在报警临界线设置区域内调整。

(7) 弯道行驶过程中，考虑到弯道切入操作行为，系统会将报警临界线位置外移，但决不可越过最迟报警线。

(8) 若系统仅采用触觉或听觉报警方式，则报警可被设计为具有车道偏离方向提示的功能（如可采用声源位置、运动方向等手段）；否则，就需要利用视觉信息以辅助报警。

(9) 系统可以抑制附加的报警，以避免因报警信息过多而烦扰驾驶人。

2.3 车道偏离预警技术研究进展

2.3.1 国外研究进展

目前，很多国家对开发车道偏离预警系统高度重视。20世纪90年代中、后期，美国、德国、日本、荷兰以及欧盟对车道偏离预警技术进行了比较集中的研究，并取得了许多有价值的研究成果。下面主要介绍国外在车道偏离预警系统方面的相关研究项目及应用推广情况。

目前，世界上有些国家已成功研制出一些各具特色的车道偏离警告系统，如AWS、AutoVue系统、RALPH系统。这些系统通过预先给驾驶人以警告信息，提醒驾驶人采取正确的操作措施，达到防止这类事故或者降低这类事故的伤害程度的目的。

1. 美国

为了减少与车道偏离有关事故的发生，美国国家公路交通安全管理局于1995年发起了一个为期四年的研究项目——采用智能车辆道路系统对策的偏离避撞警告项目，该项目主要目标是发展应用于车道偏离警告系统的实际应用规范。

在该项目报告中，对车道偏离碰撞定义为：所有的单车由于偏离车道而引发的交通事故，不包括倒车以及和行人有关的碰撞。经过分析论证，该项目确定的应对车辆偏离碰撞的两个主要功能为纵向车道偏离警告和横向车道偏离警告。

纵向车道偏离警告系统主要用于预防由于车速太快或方向失控引起的车道偏离碰撞。这种系统结合车辆动力学状态参数、前期运行数据、当前和即将面临的车道几何特征，计算出车辆的最大安全行驶速度，如果车辆的当前车速超过安全车速，系统将发出警告信息提醒驾驶人。

横向车道偏离警告系统主要用于预防由于驾驶人注意力不集中以及驾驶人放弃转向操作而引起的车道偏离碰撞。这种系统结合车辆动力学状态参数和车辆前方道路几何特征信息，确定车辆当前位置和方向是否会导致发生车道偏离。假如这种偏离的可能性超过一定的阈值，系统发出警告信息提示驾驶人采取正确的对策。

项目中测试了四种完成的对策系统：三个横向车道偏离警告系统（AURORA 系统、ALVINN 系统和 RALPH 系统）和一个纵向车道偏离警告系统（也称为弯道车速警告（Curve Speed Warning，CSW）系统）。实车测试以及模拟驾驶结果表明：没有采用道路偏离对策的控制系统当面临横向干扰时，31%的系统发生了碰撞，而在同样的环境下，仅仅 8% 采用了道路偏离对策支持的控制系统没有能躲避碰撞。该项目报告中还提出了车道偏离警告系统的设计应用规范。

1) AURORA 系统

AURORA 系统由美国卡内基梅隆大学机器人学院于 1997 年开发成功，是基于车辆的俯视视觉系统中最具代表性的系统。该系统由带广角镜头的彩色摄像机、数字转换器和一个便携 Sun Sparc 工作站等组成，如图 2.8 所示。俯视彩色摄像机安装在车辆一侧的视野为 1.5~2m 的区域来检测车辆旁边的车道标识，通过数字转换器采集摄像机的视频输出并在一个便携 Sun Sparc 工作站上进行处理，处理速度为 60Hz。该系统的处理算法主要由基于视觉的车道标志线识别与跟踪、车辆横向位置估计、车道偏离警告三部分组成。

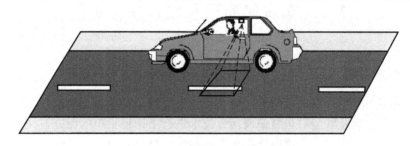

图 2.8 AURORA 系统示意图

系统对每帧图像进行单纯的线扫描，如图 2.9 所示，利用一个可调的二次标准化模板相关技术对车道标志进行识别。在标志跟踪时先搜索前面探测到的车道标志附近区域（2 倍线宽），假如在该区域没有搜索到车道标志，系统将进行整个扫描线搜索。当系统定位出车道标志后，将计算出车辆的横向位置，即车辆中心与车道中心距离。然后，采用一种合适的警告触发准则，使该系统与驾驶人相互作用防止车道偏离的发生。

该系统在结构化道路上效率高且简单易行，并有可能取得更高的定位精度。其局限是

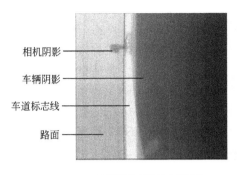 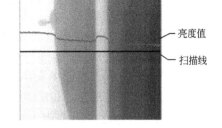

(a) 路面上车道标志线图像   (b) 图像扫描线上亮度值

图 2.9　系统扫描原理

只能在结构化道路上使用(必须存在道路标志,且道路标志能被有效识别)。

2) ALVINN 系统和 SCARF 系统

ALVINN 系统和 SCARF 系统由美国卡内基梅隆大学机器人学院、NavLab 实验室和视觉与自动化系统研究中心(VASC)联合开发。ALVINN 系统利用神经网络从训练数据中学习正确的行为。SCARF 系统将图像中的像素点基于它们各自的颜色聚类为道路类和非道路类,在基于假设道路在图像中表现为梯形的条件下,利用 Hough 变换寻找最可能的道路位置。由于该系统仅仅寻找道路像素组成的梯形区域,不能用于多车道行车以及避障操作。

3) CSW 系统

CSW 系统用于辅助驾驶人完全通过一定曲率半径的弯道,避免速度过高而导致偏离车道的事故,如图 2.10 所示。在进入弯道前,能够给驾驶人提供足够的反应时间,以便采取制动减速操作,避免侧向加速度超过设定阈值。CSW 系统利用 GPS 信号来确定车辆在电子地图中的当前位置。当系统检测到即将通过的路径中有弯道,而且驾驶人超过了安全通过该弯道的速度,警告信号就被触发。

CSW 系统采用一个两阶段警告方式,第一阶段是预警阶段,通过给固定在驾驶人座位上的两个电动机一个触觉脉冲信号,以振动座位的模式提醒驾驶人,给驾驶人以通过隆声带的感觉;第二个阶段是紧急阶段,一个语音装置播放"Curve Curve"的警告声。

图 2.10　CSW 系统示意图

1998 年美国制定的《面向 21 世纪的运输平衡法案》(the Transportation Equity Act for the 21st Century,TEA-21)批准了智能车辆先导(Intelligent Vehicle Initiative,IVI)计划。IVI 的宗旨在于通过加速开发、引进、商业化驾驶人辅助驾驶产品来减少道路交通事故和事故引起的伤亡。IVI 致力于改善三种驾驶条件下、四种车型和八个主要领域的交通安全问题。三种驾驶条件是正常条件、恶化驾驶条件(如可见度差、天气恶劣、驾驶人疲劳等)和撞车极易发生条件(如交叉口碰撞、追尾碰撞、脱离道路碰撞、变换车道/汇流碰撞)。四种车型是轻型车辆、商用车辆、公交车辆、专用车辆。八个主要领域指防止追尾碰撞、防止变换车道/汇流情况下的碰撞、防止车辆偏离情况下的碰撞、防止交叉口碰撞、提高可见度、车辆可靠性、驾驶人状况警告、一些服务的安全影响评价——如路线诱导和导航系统、自适应驾驶系统、自动事故警告、无线电话、车内计算和商用车辆诊断系统等。IVI 的目标是到 2010 年 10% 的新的小汽车装备 IVI 设备,25% 商业车的小汽车装备 IVI 设施,25 个大都市路口装备辅助安全道路设施,事故减少 20%。

IVI 研究项目已开发出一些交通安全解决方案和评价体系。美国交通部联合密执根大学交通研究所、Visteon 公司和 AssistWare 技术公司进行防车道偏离预警系统研究,并进行现场操作测试,建立一个道路偏离碰撞预警(Road Departure Crash Warning,RDCW)系统,联合侧向车道偏离预警(LDW)系统和弯道速度预警(CSW)系统,整个试验平台搭建在一辆 Nissan Altima 3.5SE 车上,系统结构原理如图 2.11 所示。

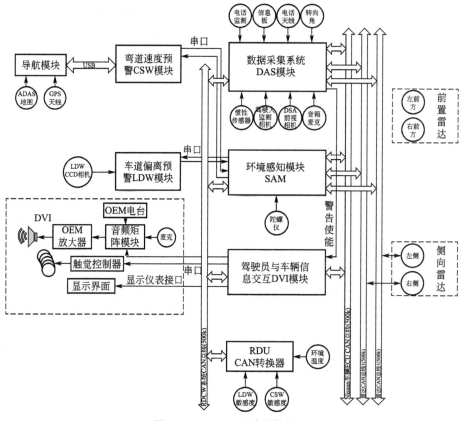

图 2.11 RDCW 系统结构原理

系统中的 LDW 模块是通过一个单目黑白照相机,分析车辆前方 30m 范围的道路标志线,当发现下一时刻车辆在车道中的位置超过给定阈值时,会触发相应的警告信息。而弯道车速预警的触发仅依靠 GPS 信息和电子地图信息。这两个模块共用一个显示界面,同时配合声音和座位振动信息提示。图 2.12 是车道偏离系统和 CSW 系统显示界面。

4)AutoVue 系统

该系统(图 2.13)由美国智能运输技术开发商 Iteris 公司和欧洲的 Daimler-Chrysler 联合开发的车道偏离报警系统。AutoVue 在 2000 年 6 月实现首次实际应用。目前,AutoVue 系统已经在欧洲的多种卡车上作为一个选件进行了装备,美国也在大力推广该系统以减少车辆车道偏离事故的发生。

该系统结构紧凑,主要由一个安装在汽车内风窗玻璃后部的摄像机、两个立体音箱、

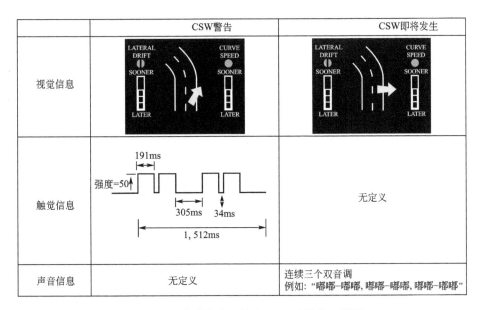

	CSW警告	CSW即将发生
视觉信息		
触觉信息	强度=35, 1,494ms	无定义
声音信息	无定义	语音："弯道!弯道!"
视觉信息		
触觉信息	强度=50, 191ms, 305ms, 34ms, 1,512ms	无定义
声音信息	无定义	连续三个双音调 例如："嘟嘟–嘟嘟, 嘟嘟–嘟嘟, 嘟嘟–嘟嘟"

图 2.12 车道偏离系统和 CSW 系统显示界面

图 2.13 AutoVue 系统

一个小显示设备和控制单元等组成。该系统工作原理是通过实时监测本车在当前车道中的位置,计算本车到车道标志线的距离,然后与设定的报警距离相比较,判断是否进行预警。当检测到将要发生车道偏离时，它将发出一种类似于车辆在隆声带上行驶时发出的隆隆作响的声音来提醒驾驶人修正车辆位置。

AutoVue 系统包含了一整套道路标志线识别跟踪软件和解决方案，包括图像捕捉、道路标志线识别跟踪算法和为不同系统界面提供的驱动程序。

车道偏离报警系统有两个最基本的工作状态，即搜索状态和识别跟踪状态。在搜索状态下，系统对整幅图像进行分析并确定车道标志线。车道标志线的识别是通过比较横过图像的成像像素亮度值的差异来完成的。更明确地说，水平穿过任何图像，检索到图像从暗像素（道路）到亮像素（车道标志线）再到暗像素（道路）的变化过程，从而可以完成道路标志线的识别。在此过程中应用了图像过滤器来消除偶然出现的假车道标线、胡乱的阴影和宽度不正确的标志线。一般道路标志线包括印在沥青混凝土路面和水泥路面的白线和黄线，分为实线、双实线、单实线、单虚线等。

在搜索模式确定了车道标志线的位置之后，就进入了识别跟踪模式。在识别跟踪模式中，将对图像中更小的区域进行分析。在图像的水平轴方向（横跨道路的方向）上，将此区域定于先前确定的道路标志线的中心。在垂直方向（沿车行进的方向）上，该区域从搜索模式确定的车道标志线开始，并指向前方接近的道路标志线的位置。

在算法中还加入了预示功能，以便报警系统能在虚线、通过十字路口和标志线不清楚等特殊的情况下继续工作。同时，在搜索模式和识别跟踪模式中也加入了成熟的算法，来适应变化多端的光照条件，如仅适用车大灯照明、路面有斑驳混杂的阴影、刺眼的强光照以及照明条件快速变化等。

在道路标志线跟踪识别的过程中，车道偏离报警功能不断地计算随时间变化的车道偏离值，偏离值的计算涉及如下一些因素：汽车距离左右两侧车道标志线的位置、汽车宽度、汽车沿道路标志线的行驶方向、汽车的速度等。

当随时间变化的车道偏离值达到出厂设置的极限时（通常为 0，以保证一旦轮胎压上标志线就发出警告），报警系统就根据出现偏离的方向发出警报。如果系统根据随时间变化的车道偏离值给出警报，即车道偏离报警系统启用并在出现车道偏离时发出警报，则必定满足下列条件：转向信号处于关闭状态（或出错）、车速已超过出厂设置、自检确认没有硬件破坏。

自从该系统于 2000 年在欧洲投入生产以来，欧洲和美国 8,000 多辆商用卡车和大客车上已经安装了该系统，累计行驶里程超过了 10 亿 km。

另外，经过改进的该系统现在已经在欧洲各地的公共汽车和长途汽车上安装使用。欧洲的公共汽车生产商 EvoBus 股份有限公司、Mercedes–Benz Omnibusse 和 MAN Busse 均在 2005 年 5 月出厂的长途运行车辆上采用该车道偏离预警系统。据估计，在欧洲市场上，这些长途公共汽车生产厂商每年对该车道偏离预警系统的需求量为 7,000 台左右。

目前，Iteris 公司宣布已经在美国和欧洲市场推出其车道偏离预警系统第二代产品。Iteris 公司车道偏离预警系统第二代产品的特点是"单线追踪"，它只需一条车道线，就能准确追踪车辆保持在车道内，否则将发出报警。该系统能够追踪车道中线和边线，这对于许多只设有中线的美国道路和只有"雾线"的欧洲道路来说增加了实用性。同时，该产品进一步提高了对车道追踪的准确性，其中包括道路的弯窄处、眩光等各种灯光条件下的稳定性，误报警率明显减少。

2. 以色列

Mobileye 公司总部位于以色列，公司始建于 1999 年，主要致力于汽车工业的计算机视觉算法和驾驶辅助系统的芯片技术的研究。Mobileye 公司的车道偏离预警系统使用单眼图像处理器来确定道路的车道标志线，测量车辆相对于标志线的位置。它的特点是能检测各类标志线(实线的、虚线的、箱式的和猫眼的)。在没有标志线的场合，系统则利用道路边界线来确定位置。系统拟合横向距离、斜率和曲率三个道路模型参数，以提高报警的可靠性。该系统还可在雨天和夜晚下工作。C2-270 智能行车预警系统是该公司成功应用的最新产品之一，采用 Mobileye 的 MIPS-Based EyeQ2 TM 视觉芯片，系统的组成部分包括摄像头组件(包括摄像头、扬声器及主控芯片)、EyeWatch(显示器)、PS3(接线盒)，如图 2.14 所示。

图 2.14 Mobileye C2-270 系统组成

Mobileye C2-270 智能行车预警系统能预防和缓解各种车辆在道路行驶中因驾驶者疲劳驾驶、分神、开小差、新手上路等各种突发状况引发的车道偏离、追尾、碰撞等交通事故，分担并缓解驾驶者的注意力高度紧张，创造轻松、惬意的驾驶环境。Mobileye C2-270 在风窗玻璃内侧安装了一台智能摄像机，采用 Mobileye 的车辆和车道探测技术测量本车到其他车辆和车道标记的距离，为驾驶人提供及时而且常常是挽救生命的警示。同时，Mobileye C2-270 可识别行人和摩托车，使其能够在道路上更加有效地工作。

车道偏离预警是 Mobileye C2-270 智能行车预警系统的六大功能之一，该系统的车道偏离警告模块通过检测道路边界，计算车辆相对于车道的位置和车辆的侧向运动，预测车辆将横越车道标识的时间，当该时间低于设定的阈值时，系统触发视觉警告和声音警告，以使驾驶人对不同的危险状态做出适当的反应而减少意外事故的发生。

该系统在速度高于 55km/h 时处于激活状态，提供声音和灯光报警方式。该系统在以下情况不发出警报：

① 未标出车道或车道标记不清晰。
② 行驶速度低于 55km/h 或正在使用方向指示灯(闪烁灯)。
③ 已通过将敏感度设定为"0"禁用 LDW(LDW 关闭)。
④ 急转弯或系统静音。

自 2007 年以来，Mobileye 集合于 EyeQ 芯片系统上的软件算法产品已被宝马多个车系、通用汽车(GM) 和沃尔沃 (Volvo) 汽车所采用。

3. 日本

为了改善日本道路交通安全，日本大力支持与发展智能交通系统。日本的 ITS 研究与应用开发工作主要围绕三个方面进行，它们分别是车辆信息与通信系统(Vehicle Information and Communication System，VICS)、不停车收费(Electronic Toll Collection，ETC)系统、自动公路系统(Advanced Highway System，AHS)。

日本从 1994 年开始进行自动高速公路 AHS 的研究与开发，除了对车辆的加速、减速、制动和转向等一系列操作进行自动驾驶外，还考虑到临近车辆和行人时，做到既能够超车又不会导致交通事故的发生。日本定义其 AHS 支持七项服务：①防止与前方障碍物碰撞；②防止弯道处事故；③防止车道偏离；④防止交叉口碰撞；⑤防止右转弯碰撞；⑥防止与过人行道的行人的碰撞；⑦提供保持车距等服务的道路路况信息。1996 年 9 月在正式投入使用的高速公路上进行了往返 11km 的 AHS 试验，试验内容包括连续自动驾驶和防撞、防偏离车道等安全行驶系统，取得了令人满意的效果。此后，在 2000 年 7 月至 2001 年 3 月在其试验场 6km 的车道上进行了大规模的最新 AHS 研究成果的测试。通过邀请一般的驾驶人参与测试，进行了 3,950 次试验。测试结果表明 AHS 的七种服务能够有效地预防事故的发生。

根据 1996 年 7 月由五家政府部门合作制定的《推进日本智能交通系统（ITS）总体规划》(Comprehensive Plan for ITS in Japan) 和 VERTIS 总体设计，未来日本智能交通系统的研究领域将主要包括以下九个方面，见表 2-8。

表 2-8 日本 ITS 研究项目体系结构

研究领域	用户主体	用户服务
先进的导航系统	驾驶人	提供路线导航信息 提供目的地信息
ETC 系统	驾驶人、运输企业、管理者	电子自动收费
安全驾驶支援系统	驾驶人	提供道路条件信息和驾驶信息 危险警告 辅助驾驶 自动驾驶
交通管理最优化	驾驶人、管理者	交通流优化
		提供交通事故时管制信息
道路高效管理系统	运输企业、管理者	管理水平提高
		特许商用车辆管理
	驾驶人、管理者	提供道路危险信息
公交支援系统	乘客	提供公共交通信息
	乘客、运输企业	公共交通运行管理
车辆运营管理系统	运输企业	商用车辆运营管理
	乘客、运输企业	商用车辆自动跟车行驶
行人诱导系统	行人	人行道线路诱导
		行人危险预防
紧急车辆支援	驾驶人	紧急事件自动警报
		紧急车辆诱导及救援行动支援

其中的安全驾驶支援系统主要包括为驾驶人提供道路条件信息和驾驶信息、危险警告（有效防止碰撞和突发交通事件的发生）、辅助驾驶（通过自动制动系统和前面所提到的危险警告系统，防止车辆因偏离而引起的碰撞或突发交通事件的发生）和自动驾驶（有效地减

少驾驶人的驾驶强度并能防止交通事故的发生)。

由日本警察厅主持开发的"21世纪交通管理系统 UTMS21"也是日本智能交通系统的主要组成部分之一。系统应用了红外线感应器和光信标等现代传感器,通过双向通信,实现对数据及时的采集、传输、处理及分类功能。它包括智能交通控制系统(Intelligent Traffic Control System, ITCS)和8个子系统(先进的车辆信息系统(Advanced Mobile Information System, AMIS)、公交优先系统(Public Transportation Priority System, PTPS)、车辆运行管理系统(Mobile Operation Control System, MOCS)、动态路线诱导系统(Dynamic Route Guidance System, DRGS)、紧急救援与公众安全系统(Help System for Emergency Life Saving and Public Safety, HELP)、环境保护管理系统(Environment Protection Management System, EPMS)、安全驾驶辅助系统(Driving Safety Support System, DSSS)和智能图像处理系统(Intelligent Integrated ITV System, IIIS)。2006年,日本在爱知县丰田市对DSSS进行了实地验证,主要辅助驾驶人减少交通事故的发生。

1) MDSS 系统

日本三菱汽车公司于1998年提出设计和发展MDSS系统,并于1999年秋季应用于模型车上,2000年开始投放到市场。MDSS主要包括LDW系统、侧后监控以及预瞄距离控制三个子系统。LDW系统由一个安装在汽车后视镜内的小型CCD摄像机、一些检测车辆状态和驾驶人操作行为的传感器以及视觉和听觉警告装置组成。该系统结构如图2.15所示。

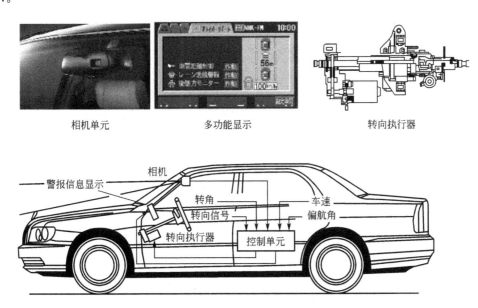

图 2.15　MDSS 系统界面及结构

该系统利用由CCD摄像机获得的车辆前方的车道标志线、其他传感器获得的车辆状态数据和驾驶人的操作行为等信息,判断车辆是否已经开始偏离其车道。如有必要,系统将利用视觉警告信息、听觉警告信息以及振动转向盘来提醒驾驶人小心驾驶车辆。该系统的特别之处在于,它能产生一个促使车辆回到自身车道中央的转向力矩,促进驾驶人采取正确的驾驶行为。当然,该力矩不足以干涉驾驶人自己施加的转向力矩,从而保证驾驶人对车辆的完全控制。系统只在高速公路才起作用,并且需要满足以下条件:

① 车速达 60km/h 及以上。
② 道路曲率半径为 250m 及以上。
③ 道路标志线连续可测。
④ 驾驶人不是有意地不转向。
⑤ 转向灯信号没激活。
系统工作流程如图 2.16 所示。

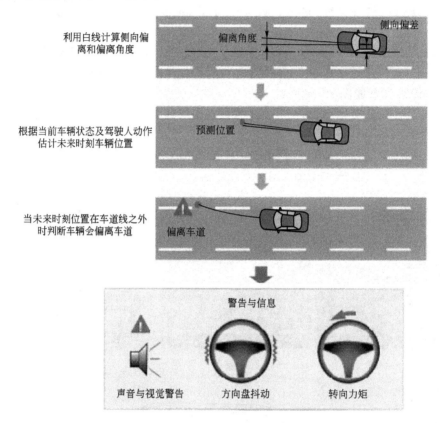

图 2.16　MDSS 工作流程图

2) Infiniti LDW 系统

Nissan Motors 的 Infiniti FX 系列和 Infiniti M 系列首次装设的车道偏离警示系统由 Valeo 和 Iteris 两车商联合开发，系统的影像传感器装置在车内照后镜的位置。2004 年日产北美宣布在 2005 年为 Infiniti 豪华车系提供 LDW 系统，该系统由一个小照相机、速度传感器、指示灯、声音报警蜂鸣器组成。

英菲尼迪的车道偏离警告系统识别标志线通过安装于后视镜位置的一个小照相机来识别车道标志线，处理器结合照相机的信号和车辆的速度来计算车辆距离车道边界两侧的距离以及横向运行速度。然后判断车辆是否可能驶离车道（取决于距离和横向速度到车道）。如果车辆离开车道，系统会产生可视（指示灯位于仪表板）和声音（蜂鸣器）警告信号，提醒司机及时纠正回到当前车道。如果照相机不能检测出车道标记或如果车辆的速度低于每小时 45 英里，该系统将不会开启。

2008 年，Infiniti 车系将对车辆的控制加入到车道偏离预警系统，研究成功车道偏离

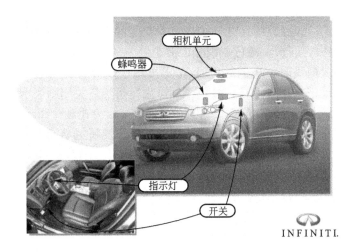

图 2.17 Infiniti LDW 系统

修正系统(Lane Departure Prevention，LDP)。该系统是运用车身稳定控制系统的制动力控制，协助驾驶将车辆维持在车道内。车道偏离警示系统协同车身稳定控制系统动作时，是以轻柔的制动力控制的，不让驾驶与乘客在乘车时感到不适为原则。当然这种制动力是很有限的，更多的还是要依靠驾驶人的操作。

3) SafeTrak 3 LDW 系统

日本最大汽车安全装置供应商 Takata 公司引入 Freescale Semiconductor 公司的新一代智能化车道偏离警示装置与技术来装备汽车，以提高车辆行驶安全。车道偏离预警系统由视频摄像头、图形算法处理器、控制器及相关车辆状态传感器组成。

车道偏离预警功能主要是基于视频图像处理来实现的，通过安装在车内风窗玻璃上的摄像头，采集道路影像，分析处理车道线。当车辆偏离当前车道时(无意识：未使用转向灯或制动)，系统提前 0.5s 发出预警，辅助驾驶人纠正方向。2009 年，Takata 公司发布了基于视频技术的第三代车道偏离预警系统 SafeTrak 3，也是最新的一代系统，如图 2.18 所示。

SafeTraK 3 LDW 系统利用装在风窗玻璃顶部中央附近的摄像机来观察车辆在车道中的位置。如果发生无意的车道变更，那么系统将通过扬声器装置发出声音警告，提醒驾驶人可能

图 2.18 SafeTrak 3 LDW 系统

发生意外事件。车辆在画有车道标线的路面上行驶时，系统会自动开始运行。系统通过监测转向信号灯、制动开关和车辆速度来辨别有意的车道变更。可选的警示警报功能还可以在累计的车道偏移量和/或速度波动量超过一定范围时发出声音警告，协助驾驶人。如出现以下情况，则系统性能可能减弱甚或失效：

① 风窗玻璃脏污或破损。

② 由于前照灯出现故障或强烈的道路眩光而引起的恶劣光照情况。

③ 降雪、结冰、大雾或暴雨等恶劣天气情况。

④ 恶劣的路面情况，如路面破损、结冰、降雪、多泥沙、脏污或路面多沙砾等。

⑤ 车辆标线缺失、磨损、褪色、损坏或被遮盖。

当系统无法提供协助时，车辆的"LDW 不可用"（琥珀色）指示灯将开启。解决以上情况可以使系统自动恢复正常运行，"LDW 不可用"指示灯关闭则表示正常运行。

2011 年，Meritor WABCO Vehicle Control Systems 公司和 Takata 子公司 TK 控股公司签订意向书，建立战略联盟，共同为北美商用车辆开发新主动安全系统产品。根据协议规定，前者将负责后者的 SafeTrak 车道偏离预警系统——卡车接口模块（Truck Interface Module）和车队管理端口（Fleet Management Portal）系统的分销。后者的产品是对前者现存的像 OnGuard 和 SmartTrac 之类的主动安全系统的完美补充。

4. 欧盟

欧洲 1997 年制定了《欧盟道路交通信息行动计划》，该行动计划涉及研究开发、技术融合、协调合作和融资、立法等多方面，提议了 ITS 的五个关键优先发展领域，即基于 RDS-TMC（Radio Data System-Traffic Message Channel）的交通信息服务、电子收费、交通数据互换与信息管理、人机接口和系统框架。其他优先性开发还包括出行前和出行信息及诱导、城间与城市交通管理、运营和控制、公共交通、先进的车辆安全/控制系统、商用车辆运营。其中先进的车辆安全及控制系统涉及预防车道偏离技术研究。

此后，欧盟在其第六框架计划（the Sixth Frameword Programme for Research，FP6）中，重点研究安全问题，更加重视体系框架和标准、交通通信标准化、综合运输协同等技术的研究，并推动综合交通运输系统与安全技术的实用化。

德国 Daimler-Chrysler 公司为其生产的轿车和载货汽车上均安装了车道偏离预警系统，该系统利用安装在汽车后视镜上的微型摄像机来对汽车所在车道与邻近的车道之间的距离进行预测，一旦汽车有可能偏入邻近车道而且驾驶人没有打转向灯，那么该装置就会自动发出警报提醒驾驶人注意。

为了在全球范围内提高道路交通安全，欧盟委员会于 2012 年宣布，已与其国际合作伙伴就在全球推广乘用车行驶安全新技术规范达成一致。规定从 2012 年起，欧盟境内所有新出厂的机动车必须安装电子稳定控制系统（Electronic Stability Control System，ESCS）；从 2013 年起，欧盟境内所有新出厂的货车和其他重型汽车必须安装紧急制动预警系统（Advanced Emergency Braking System，AEBS）和车道偏离预警系统；从 2012 年开始，对所有新车的轮胎提出了新要求，引入低滚动阻力轮胎（Low Rolling Tesistance Tyre，LRRT）概念，这种新式轮胎能够很好地降低车辆的耗油量以及二氧化碳排放量，并有效减少车辆在行驶过程中所产生的噪声，进一步提升车辆的行驶安全性。

该委员会认为，将这些新技术规范纳入联合国关于机动车制造的国际协议，将保证欧洲以及诸如日本、韩国等欧洲以外的一些国家和地区采纳相同的技术标准，这有助于减少市场壁垒，促进主要汽车市场间的进出口贸易。

目前车道偏离报警系统已经开始在欧洲应用，如 2005 年雪铁龙 C4 和 C5 都装设车道偏离警示系统，现今 C6 也已加装这项系统。雪铁龙的系统是运用装设在前方保险杆上红外线传感器监测路面上的车道标志，发生车辆偏离车道时，以振动座椅的方式提醒驾驶返回车道。Lexus 车商使用多重传感车道保持辅助系统（Multimode Lane Keeping Assist），其特点在于使用复数的 3D 影像传感器,并配合红外线传感器,在物体和影像的多重传感及 MCU 运算下,监控车辆是否保持在车道内。Lexus LS 更提供了视觉警示和控制转向系统使车辆回到车道内。通用车商在 2008 年的 Cadillac STS、DTS 和 Buick Lucerne 上装备车道偏离警示系统,该系统与 Infiniti 的系统有相同之处,在于用视觉和听觉警示。宝马车商于 2007 在 5 系列和 6 系列车上使用振动转向盘方式,警示驾驶的车辆偏离车道。沃尔沃车商在 2008 年的 S80 和 New V70 及 C70 系列上,则是配以影像传感器来感应车道标志的车道偏离警示系统。

同时,随着国外重型载货汽车市场竞争的加剧,各大主流厂家都在不断地用各种先进的电子装置"武装"自己的载货汽车。车道偏离警示系统是继安全带、安全气囊后,在汽车内安装的又一安全装置。原 Daimler-Chrysler 公司在 2000 年之前就开始为他们的载货汽车安装车道偏离警示系统,当年成功销售了 7,000 辆采用该系统的车型;沃尔沃载货汽车、马克载货汽车、万国载货汽车、曼卡车、福莱纳载货汽车以及 Sterling 载货汽车的高端产品上目前都配装了车道偏离警示系统;从 2002 年秋天开始,福莱纳 Class8 系列的载货汽车产品开始将这套系统作为标准配置;2003 年秋天,万国 9200、9400、8600 系列载货汽车上也可以配装此系统。同时,一些运输车队也特别青睐于这一先进产品。奔驰 E 级、宝马 6 系和 7 系等高级轿车也能够通过振动转向盘的形式提醒驾驶人车辆已经偏离车道。

1) 大众的 Lane Assist 车道偏离警示系统

驾驶人长时间驾驶容易疲劳,注意力下降,导致车辆偏离行驶车道。此时车道保持系统就会透过修正力矩进行转向干预,纠正车辆行驶轨迹,降低风险系数。图 2.19 简要介绍了大众车道保持功能的使用以及注意事项。该系统可协助驾驶人将车辆保持在原车道行驶,当因驾驶人疏忽或精力不集中而使车辆可能要驶离车道时,转向盘会振动以提醒驾驶人,从而可以避免交通事故。

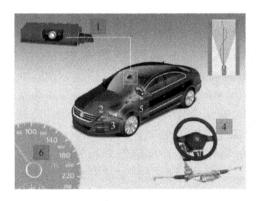
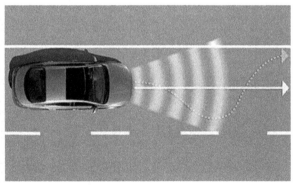

图 2.19　Lane Assist 车道偏离警示系统组成及工作原理

驾驶车辆行驶时,如果忽然转向盘发生振动,这可不是车辆出了什么问题,而是 Lane Assist 车道偏移警示系统向驾驶人发出的车辆已经偏离车道的警示信号。

当车速超过 65km/h 时,系统通过带有在线控制器的摄像模块评估是否偏移行驶车道,通过组合仪表内的控制灯进行状态显示。如果行驶时偏离了车道,而驾驶人未及时做出反应,系统会根据偏移程度自动修正,同时向驾驶人发出提醒信号。在干预转向过程中,如果车辆已经驶离行车道并且车速降到 60km/h 以下,车道偏离警示系统便通过转向盘的振动提醒驾驶人,提醒驾驶人进行人为干预。

有了车道保持系统,只要不遇到很大的弯道,转向盘会自动修正方向,使车辆一直保持在车道内行驶不偏离,不需要驾驶人来频繁地操作转向盘。同时,由于采用的数字式摄像机具有加热功能,Lane Assist 车道偏移警示系统在雨雪天气的可靠性也大大增强了。奥迪车道保持辅助系统安装位置如图 2.20 所示。

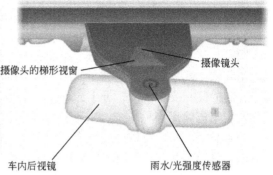

图 2.20　奥迪车道保持辅助系统安装位置

2) 沃尔沃的 LDW 系统

自成立以来,沃尔沃汽车一直致力于制造全球最安全的汽车。致力于调查研究主动安全系统的欧洲 FOT(Field Operational Tests)是由欧洲基金资助的科研项目,涉及含沃尔沃汽车、沃尔沃载货汽车集团及查尔姆斯理工大学在内的 28 家组织机构。在为期 18 个月的时间里,共有 100 辆沃尔沃 V70 及 XC70 汽车与 263 名驾驶人参与了该项目的研究。2012 年沃尔沃汽车公司开发的有效避免追尾和撞车事故的系统在此次现场性能测试 FOT 中获得最高评价。研究结果表明,配备有沃尔沃自适应巡航控制及防撞预警功能的汽车,可有效将其与高速公路上前方行驶车辆发生碰撞的可能性降低 42%。

本次欧洲 FOT 项目所用的沃尔沃车型分析主要采用五种技术解决方案,分别为自适应巡航控制系统、碰撞预警系统(Crash Warning,CW)、盲点信息系统(Blind Spot Information System,BLIS)、车道偏离警示系统以及驾驶人安全警示系统(DAC)。其中,车道偏离警示系统帮助驾驶人保持在车道一侧合适的位置。如果车辆无合理原因穿越其中一条车道标志线,如没使用指示灯车辆开始变道的时候,车道偏离警告系统将会发出声音警告。车速为 65km/h 以上时开始工作,如图 2.21 所示。

图 2.21　沃尔沃的车道偏离警示系统

5. 韩国

STAR(Steering Assist & Robust)系统主要由车道识别传感器、横摆角速度传感器、前转向执行器和控制器组成。车道识别传感器主要由黑白摄像机和图像处理部件组成,摄像头安装在驾驶室后视镜处,指向前方车道,主要功能是识别车道标志线、道路曲率半径、侧向偏移和航向角。横摆角速度传感器的主要功能是检测车辆的横摆角速度。前转向执行器主要由液压动力转向机构组成,主要功能是根据控制器指令对转向机构施加一定大小的力矩,使转向盘转动一定的角度。控制器的主要功能是计算当前车辆的实际行驶轨迹和预期行驶轨迹这两种轨迹的偏差,必要时发出警告指令和转向执行器控制指令。

纵观国外车道偏离警示技术发展现状,主流的系统供应商有 Iteris、Infiniti 和 Mobileye 三家。其中,美国 Iteris 公司研制的车道偏离警示系统在载货汽车上应用广泛。

2.3.2 国内研究进展

在我国,该领域的研究与发达国家相比存在一定的差距。我国在开展智能车辆自主导航、汽车安全辅助驾驶以及智能交通等领域技术的研究过程中,对基于视觉的车道标志线识别和跟踪方法也进行了一些研究。

吉林大学交通学院智能车辆课题组自 2003 年以来深入开展了车道偏离预警系统的研究,目前已经完成车道偏离预警仪的集成化,并且已经完成长距离路面试验及中试,现正积极推进该系统的产品化进程。

该课题组对基于视觉的车道偏离预警系统进行了系统、深入的研究。针对不同光照条件下的道路图像特点,采用不同的图像预处理方法,利用 Hough 变换或线性回归方法提取出车道标志线参数,采用建立梯形感兴趣区域(Region of Interest,ROI)的办法实现对车道标识线的快速、准确的跟踪。利用道路重建的方法以去除透视投影的影响,在重建图像中,针对不同光照条件下的重建图像特点,采用不同的图像预处理方法,利用 Hough 变换实现重建图像中车道标识线的识别,建立平行的感兴趣区域的方法实现重建图像中对车道标识线的快速、准确跟踪。建立车辆在当前车道中位置参数、方向参数及车道宽度估计模型,在此基础上,建立车道偏离预警模型。长途道路试验证明,该模型能准确实现车道偏离预警功能。

此外,还设计了一种合理的光照模式分类器,使其能根据道路图像的某些特征自适应地将其划分为不同的光照模式类别,然后根据分类结果,程序自动调用相应的图像处理和跟踪算法来对车道标识线进行识别和跟踪。道路光照模式分类器在整个车道偏离预警系统中起着重要的作用,性能优良的道路光照模式分类器将进一步完善车道偏离预警系统,使其在实用化、产品化的道路上更进一步。

同时,该课题组又研究了基于 DSPC64xx 的车道偏离预警系统。该系统基于德国 VCSBC4018 智能照相机这一平台,将逆变电源输出端及继电器一端与智能照相机的输出信号接口连接;图像信息采集、车道标识线识别与跟踪、车辆方向参数估计、车辆位置参数估计、车道宽度估计和车道偏离警告决策等六模块嵌于智能照相机的内部芯片中;智能照相机经安装支架,固定于车辆驾驶室的前风窗玻璃内。

由于 VC 智能照相机是一种集图像采集、处理和输出的自动化设备,与传统照相机的主要区别是强大的数据运算和工业控制能力,因此可以在脱离计算机的情况下,独立完成各种面向图像的工业应用。所以这种尝试达到了硬件体积小、处理速度快。路试试验表明,该设备成像效果好,而且可以编程控制增益、快门与光圈,是未来发展的一种趋势。但是由于处理器能力高一点的智能照相机价格昂贵,考虑到成本因素,投入实际应用还有一定的困难。

吉林大学汽车动态模拟国家重点实验室基于驾驶人方向与速度综合控制的最优预瞄加速度模型,将稳态预瞄动态校正假说应用于高速汽车车道偏离预警系统的研究。通过摄像机标定获取摄像机内部参数和外部参数,建立了车体坐标系下的可行区域;在图像坐标系下通过建立感兴趣区域来减少计算量；曲线拟合采用了稳健参数估计技术 LMedSquare 算法进行曲线拟合，克服了最小二乘法拟合的不稳定性。根据图像特征实现了对驾驶人平缓换道行为的自动识别，建立了基于驾驶人稳态预瞄的车道偏离预警算法。考虑车辆横向距离安全性，并建立相应的模糊评价指标，实现了车道偏离预警功能。

国防科技大学针对道路结构的特点，分析了世界坐标系中标志线的详细特征，设计了专用的标志线检测算子；针对性地研究了图像的质量变化，提出了对标志线增强及分段阈值化处理方法。参考道路的建设规范，分析了道路的结构模型，提出了一种道路宽度信息估计方法，根据这一结果，设计了搜索模板以实现对标志线的跟踪，并通过道路模型对跟踪结果进行了修正，使得提取结果具有高可靠性。

基于 DSP 技术的嵌入式车道偏离报警系统是由东南大学开发的基于单目视觉前视系统，由模/数转化及解码电路模块、缓冲电路模块、媒体处理器 DSP 电路模块、编码及数-模转换电路模块等模块组成。该系统通过车载摄像头采集被跟踪车道线的模拟视频信号，经解码生成数字信号码流缓冲后送到高速媒体处理器 DSP 的视频接口，然后由视频处理模块对数字视频信号进行车道特征值的提取，最后将处理后的视频信号送编码及数/模转换电路输出显示。

电子科技大学以 DSP 为核心的实时处理平台，负责实时检测与识别车道，以及车道偏离量的计算。采用非标定照相机测量车道的左、右方向角而实现报警功能。但仅对模型车进行了实验，并没有做实际道路实验。

在产品化方面，厦门金龙公司从 2010 年开始在行业内率先开展车道偏离报警系统的自主研发。金龙车道偏离报警系统主要功能部件包括智能摄像头、LDWS 控制器、LDWS 翘板开关，如图 2.22 所示。通过选装振动靠垫，可实现车道偏离报警的声音、振动等多种提醒方式。为使系统正常工作，车辆必须安装龙翼系统（KL‐988 金龙车载计算机信息系统），主要目的在于通过龙翼系统接收车辆运行参数（车速、转向、制动信号等），有效降低系统的误报率，系统工作原理如图 2.23 所示。

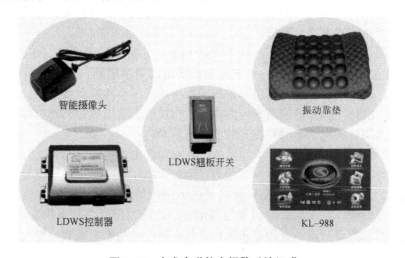

图 2.22　金龙车道偏离报警系统组成

智能摄像头根据 LDWS 控制器配置的系统参数进行图像分析，识别前方道路图像中交通标线信息，并将识别结果通过 CAN 总线发送回控制器；LDWS 控制器采集 KL‐988

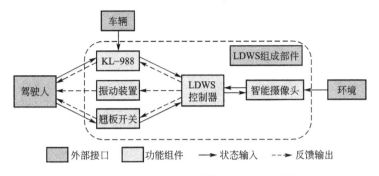

图 2.23　金龙车道偏离报警系统工作原理图

与翘板开关的用户配置信息，结合智能摄像头的识别结果做出车道偏离决策，并将报警信息告知驾驶人，如图 2.24 所示。

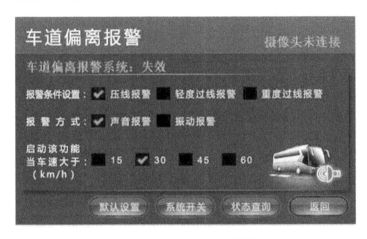

图 2.24　KL-988 集成界面

当系统检测到车辆即将越过报警临界线时，将通过多种报警方式提醒驾驶人，包括：视觉——翘板开关下方红色工作指示灯闪烁提示；听觉——扬声器根据车辆偏离方向发出"注意，车辆左边（右边）压线"的语音提醒；触觉——在选装振动靠垫的情况下，触发报警的同时振动靠垫会发出振动提示。

目前，国内外汽车车道偏离预警系统及算法的研究大致具有以下特点。

(1) 通过预测未来一定时间范围内车辆行驶轨迹的方法来预测车辆偏离车道的时间，对于时间小于一定阈值的，则认为该车辆将发生车道偏离。

(2) 对于车辆的行驶轨迹主要有三种形式假设。第一种假设是假设车辆的侧向运动和纵向运动均是匀速直线运动，因此车辆的行驶轨迹为直线；第二种假设是假设车辆的侧向运动和纵向运动为匀加速运动，因此车辆的行驶轨迹为曲线；第三种假设是假设车辆的运动是跟踪车道曲线的曲率变化而变化的，因此车辆的行驶轨迹与车道曲线的形式是一致的。

(3) 无论何种轨迹预测方式，其算法在预测计算过程中都采用了车辆的航向角不变的假设，忽略了航向角对车辆行驶轨迹曲率变化的影响。

2.4 基于视觉的车道线检测方法

基于视觉的车道偏离预警系统大都依赖于道路中的车道标识线或道路边界信息。如何快速、准确地提取出道路中车道标识线或道路边界信息是该类系统必须解决的关键问题。

在过去的十多年里，有些国家已经成功开发了一些基于视觉的道路识别和跟踪系统。开发这些系统的主要目的是为在高速公路或其他结构化道路上车辆的自主导航提供基础。其中，具有代表性的系统有 LOIS (Likelihood of Image Shape)系统、GOLD(Generic Obstacle and Lane Detection)系统、RALPH(Rapidly Adapting Lateral Position Handler)系统等。

LOIS 系统由美国密歇根州立大学人工智能实验室开发。该系统利用一种可变形的模板技术，将道路曲率以及车辆在车道中的位置确定转化为多维参数空间的最优化问题。

GOLD 系统由意大利帕尔玛大学开发，采用立体视觉技术，利用定位道路表面油漆上的具有结构特征的车道标识线来检测车道，由于其重组图像和立体视觉处理过程中计算量非常大，因而该系统设计了复杂的并行 SIMD 硬件结构以达到实时运行的目的。

RALPH 系统由美国卡内基梅隆大学机器人学院开发，该系统首先对输入图像进行再采样并进行逆透射变换，确定道路的曲率，然后计算车辆偏离车道中心的距离。该系统在假设道路表面为平面的基础上，利用跟踪道路的平行线方法，提高了车道标识线识别算法的鲁棒性。

近年来，国内外一些学者又提出了很多基于视觉的道路边界和车道标识线识别方法。概括地说，道路边界及车道标识线识别方法基本上可归结为基于特征的识别方法、基于模型的识别方法及视觉与其他传感器融合的方法。

2.4.1 基于特征的识别方法

基于特征的识别方法主要是结合道路图像的一些特征(如颜色特征、灰度梯度特征等)，从所获取的图像中识别出道路边界或车道标识线。基于特征的车道线识别算法中的特征主要可以分为灰度特征和彩色特征。

基于灰度特征的识别方法是从车辆前方的序列灰度图像中，利用道路边界及车道标识线的灰度特征而完成的对道路边界及车道标识线的识别。基于彩色特征的识别方法是利用从获取的序列彩色图像中，根据道路及车道标识线的特殊色彩特征来完成对道路边界及车道标识线的识别。目前应用较多的是基于灰度特征的识别方法。

1. 基于灰度特征的识别方法

一般来说，基于特征的检测方法还是在于传统的边缘检测方法，利用车道线与道路的颜色反差来决定车道的边缘，从而最终决定车道线。基于特征的检测算法包括两个部分：特征提取和特征聚合。首先分析道路图像，确定选择哪些特征；然后利用这些特征进行图像分割；最后根据一定的准则将分割结果组合成直观的道路表达。

例如，Alberto Broggi 提出的对 GOLD 系统的车道线检测算法的改进中，首先定义了一些可能成为车道线的特征，通过对图像进行分析，把满足所定义特征的车道线作为候选车道线,之后对这些候选线条进行进一步的分析,包括连接、拟和等,最终得到完整的车道线。

Andrew H. S. Lai 等提出利用对线条的长度和方向进行聚类分析的方法进行车道线检测与分析。算法开始时使用 Sobel 算子对图像中的边缘进行检测,之后进行直线的拟和,得到一系列的边界线段,通过对这些线段的长度和方向进行聚类,把这些线段进行连接,形成车道线。

陆建业、杨明等利用市内交通环境中车道边缘具有平行的线性特征作为进行道路检测的主要依据。该算法利用提取出来的成对的特征线集合(a Set of the Feature Lines-in-Pairs, FLPs),建立尽可能匹配的线性道路模型。该算法基于线性化参数的道路模型,采用一个 Kalman 滤波跟踪程序检测每个 FLPs,利用退火诊断技术从所有的 FLPs 中估计出道路模型参数,再利用另一个 Kalman 滤波器逐帧跟踪道路边界,从而得到更精确、更稳定的检测结果。

Yuji Otsuka、Shoji Muramatsu 利用车道标识线具有向扩张中心(the Focus of Expansion, FOE)聚焦、当道路边界存在时大部分朝向扩张中心的边缘点都位于道路边界的特征,提出了一种能识别多种车道标识线形状(白线、凸起的人行道标志等)的基于边缘的道路识别方法。该方法先是选取较低的域值利用零交叉技术获得边缘图像,得到边缘点的位置及方向,然后利用道路标志线向扩张中心聚焦的特点对边缘图像进行去噪处理,最后对去噪图像进行直方图分析,采用 Hough 变换得到两条直线,其中心线即为估计的车道标识线。该方法对光照变化、阴影等具有较强的鲁棒性,但对曲线车道的识别比较困难。

R. Turchetto 等利用图像中在道路边界处具有较大的高度梯度值和亮度梯度值的特征,针对市内道路环境,主要依靠光度测量和立体视觉获得的距离信息定位道路边缘。该方法利用立体视觉系统提供的环境空间信息,在弱透视投影的情况下,在像平面中道路边界的两个边缘可以作为平行线考虑。试验证明,基于亮度梯度值相关性和高度一致性的评判标准具有很好的定位结果。

Elisabeth Agren 利用车道标识线与车道部分的亮度值差异特性来进行车道标识线识别,其识别过程分为以下三步。

(1) 预处理:先利用低通滤波器维纳滤波器(Wiener Filter)进行滤波,然后利用非线性滤波器中值滤波(Median Filter)进行滤波。

(2) 利用 Hough 变换检测车道标识线。

(3) 车道标识线跟踪:初始化感兴趣区域(AOI)为图像下半部分,当用前面的步骤检测到道路标识线,则其位置就确定了下一帧图像中 AOI 的位置,同时,为了减少不必要的计算,算法将利用图像的灰度信息将不含可见道路标识的图像帧抛弃。

Axel Gern 等融合了两种不同的道路特征进行道路识别。其核心是首先利用传统的几何特征方法识别、跟踪白色车道标识线,然后根据时间序列下道路平行结构的相关性,计算水平方向的光流,将道路上具有平行结构的边界(如涂油轨迹、防撞护栏等)作为特征进行估计。这样可以在不利的气候条件下比较精确地估计道路结构和车辆在道路中的位置。该方法主要由以下三部分组成。①利用几何特征进行道路识别;②利用光流进行道路识别;③利用联合 Kalman 滤波进行特征融合,得到道路边界。采用这种方法提高了车辆相对于车道的偏转角估计的稳定性以及车道曲率参数估计的精确度。

2. 基于彩色特征的识别方法

基于彩色特征的识别方法是利用从获取的序列彩色图像中，根据道路及车道标识线的特殊色彩特征来完成对道路边界及车道标识线的识别。

程洪、郑南宁等提出了基于局部统计特征和主元分析的道路识别方法。该方法将色度与图像的局部统计特征相结合来实现道路识别。该算法首先用广义 Hebbian 算法训练主元神经网络，然后将局部统计特征和像素的 RGB 分量作为主元神经网络的原始输入，通过主元神经网络得到特征矢量，利用 K-2 均值分类器对其进行聚类，最后根据参考区域识别道路。

Bin Ran、Henry 等提出了基于视频序列彩色图像的道路边界识别方法。该方法将 RGB 颜色空间转化为 HSV(色调(Hue)、饱和度(Saturation)、亮度(Value))颜色空间，采用模板技术，对彩色图像进行分割。在分割时主要利用了这样两个特征：①图像下部的大部分区域为道路区域；②道路区域具有类似一致的颜色。该方法利用了图像的色彩信息来指导分割和消除阴影，同时采用了 Hough 变换来检测道路边界。该算法不管道路是否具有油漆白色道路标志线，也不论道路是直线还是曲线都可以应用。该算法的不足之处是计算速度较慢，道路检测速度为 2s/帧左右。

基于特征的车道线识别方法的优点在于能适应道路形状，同时检测时处理速度快，但是当道路图像复杂时，边缘检测还需要很多的后续工作来完成对边缘的分析，这会降低系统的实时性；另外，在道路出现阴影和车道线边缘受损的情况时，该方法可能会失效。

2.4.2 基于模型的识别方法

基于模型的道路边界及车道标识线识别方法主要是针对结构化道路具有相对规则的标记，根据其形状建立相应的曲线模型，采用不同的识别技术(Hough 变换、模板匹配技术、神经网络技术等)来对道路边界及车道标识线进行识别。

1. 基于 2D 道路图像模型的识别方法

利用 2D 道路图像模型进行道路识别的方法通常采用的道路图像模型有直线模型、多项式曲线模型、样条曲线模型以及双曲线模型等。与采用 3D 模型的方法相比，该方法更便于采用，且不需要精确的标定或知道车辆的自身参数。其不利之处是很难对车辆位置进行估计。

目前最常用的道路几何模型是直线道路模型，如 ARGO 系统、NavLab 系统都采用了直线道路模型。徐友春提出了一种基于全局直线道路模型进行道路边界识别的方法，其道路边界约束假设如下：①视野内的道路区域位于同一平面内；②道路的左、右边界相互平行，即道路的宽度不变；③道路边界具有一般连续性，即边界的间断不超出整个 CCD 视野的 1/3。在直线道路边界的约束下，道路边界的识别是从预处理(不包括二值化处理)后的道路图像中找到最可能的边界直线。

重庆大学的周欣、黄席樾等提出了一种基于单目视觉的车道标识线二维重建方法，其基本思想是根据车道标识线灰度和几何特征建立约束方程，进而跟踪、提取车道标识线，并用二维模型进行重建。为了突出特征和提高实时性，该方法仅对车道标识线的边缘进行处理。车道标识线用一般的算法进行边缘提取，并通过判断其连通性和形状来得到最终标识线；在重建标识线二维模型时，通过记录特征点在图像上位置的变化可以判断车道的大致形态，然后用 Hough 变换的直线模型进行直道重建，用双曲线模型来进行弯道二维重建。

Yue Wang 等利用样条曲线对车道标识线进行了检测和跟踪。其算法利用二维的道路模型，将检测左、右两车道标识线的问题转化为利用先验知识求取道路中心线的问题，再结合所选的道路模型，将道路中心线的检测问题转为求取样条曲线的控制点的问题。该方法采用 CHEVP(Canny/Hough Estimation of Vanishing Points)算法来确定 B-Snake 曲线的原始位置，然后利用最小平均方差(Minimum Mean Square Error，MMSE)算法更新 B-Snake 曲线的控制点。该方法的优点是对图像采集过程中噪声、阴影及光照的变化具有很好的鲁棒性，对有、无明确标识线的道路识别都具有较好的适用能力。

基于模型的车道线识别方法可以有效地克服路面污染、阴影、光照不均等外界环境的影响。但是当道路不符合预先假设时，模型会失效，因此模型的选择很关键。试验中发现，由于直线模型相对简单，因此可以提高系统的实时性；即使在遇到曲线道路的情况下，用直线模型也不影响预警功能。

当采用直线道路模型后，接下来的工作就是要运用车道线识别技术来提取车道线。目前基于直线道路模型的车道线识别算法主要运用 Hough 变换来提取车道线。试验中发现，Hough 变换作为一种经典的直线提取方法，鲁棒性强，即使是破损的或者污染的路面，都能准确识别出车道线。

近年来，为了更准确地描述道路形状，人们提出了曲线道路模型。常用的弯道模型有同心圆曲线模型、二次曲线模型、抛物线模型、双曲线模型、直线-抛物线模型、线性双曲线模型、广义曲线模型、回旋曲线模型、样条曲线模型、圆锥曲线模型和分段曲率模型等。德国 UBM 大学和 Daimler-Benz 研究小组以回旋曲线(Chlothoid)模型来拟合图像中的车道标志线。其优点在于只要知道两个参数就可以描述整个车道的位置，同时可方便地计算车道边缘距离。在 MOSFET 自动车辆系统中，车道线以抛物线来进行拟合，采用简单的 Hough 变换来完成匹配过程。也有人采用多项式来描述道路形状，如俄亥俄州立大学的智能交通研究中心采用多项式(Polynomial)来描述车道曲线。新加坡南洋工业大学机电工程系的 Yue Wang 等采用 Catmull-Rom 样条曲线来拟合道路形状。另外，还有一些系统采用了通用的道路模型(Generic Model Road)。例如，ROMA 视觉系统采用一个基于轮廓的动态模型(Contour Based Model)，该模型的特点在于系统只需处理路面图像的小部分，从而保证系统的实时性。国内重庆大学的刘涛等则对高速公路弯道的识别做了一定的研究工作，他们研究了一种可以识别左、右转弯的算法。该算法主要是把区域增长和最小二乘法结合起来进行弯道的识别，算法得到的结果是可以识别左弯、右弯以及直道的情况。

2. 基于 3D 道路图像模型的识别方法

利用 3D 道路图像模型进行道路边界识别主要采用道路模型参数和车辆在道路中的位置参数的 3D 道路边界模型，进而确定图像中的道路边界位置。这种模型主要用于对距离的分析不是要求很高的没有标识的道路识别。采用 3D 模型的方法的主要缺点是模型比较简单或噪声强度比较大时，识别精度比较低；模型比较复杂时，模型的更新比较困难。

Roland Chapuis、Jean Laneurit 设计的道路跟踪系统利用 3D 模型识别当前图像中的道路边缘。该 3D 模型可以提供很精确的 3D 参数(车辆位置、车轮转角、道路曲率)估计。

其中提出的道路跟踪器算法可以识别高速公路上的车道边缘，计算单独的 3D 参数，如车辆的侧向位置、转向角和俯仰角、车道宽度和水平的曲率。采用的道路边界识别方法主要是基于：①图像中道路边界模型；②感兴趣区域的建立；③一侧道路边界的识别有助于另一侧边界的识别。

目前，基于三维模型的目标检测技术越来越受到人们的重视，三维领域的检测往往以目标的定位为基础。近年来，针对高速公路的弯道检测，有人提出了基于回旋曲线的三维车道线模型。如同济大学建立了路面的三维数学模型，并且该模型与摄像机内参数联系构成摄像机采集图像的三维数学模型，该算法突破了以往一些系统将道路看作一个平面的二维模型的局限。通过建立二维图像和三维模型之间的线段匹配对弯道车道线进行定位及识别，由于引进了车道线三维形状的先验知识，因此比基于二维模型的方法更为准确和可靠。这是一个新兴的方向，但目前在该领域使用的单一的边缘检测方法使得该方法的鲁棒性还有待提高。

2.4.3　基于视觉与其他传感器融合的方法

基于视觉与其他传感器融合的道路边界与车道标识识别方法目前是一个研究热点，这种方法通过融合多传感器感知到的道路信息，利用多种图像特征对道路进行识别。

Tsai-Hong Hong 等利用激光传感器采集图像获得车辆前方的距离信息，采用彩色摄像机与激光传感器联合感知道路表面和定位道路边界。感知信息用于不断地更新内在的道路表面的世界模型，该世界模型用于预测下一步道路位置并将各传感器的注意力集中在各自图像的对应区域。该世界模型还根据当前的任务和获得的感知信息，选取最合适的道路边界定位和跟踪算法。规划器利用来自世界模型的信息为车辆确定最佳行驶路径。该方法在不同的道路上（有标线的柏油路、土路、沙石路等）利用了道路的不同特征（世界模型中的平坦性、感知区域内的平坦性、彩色图像的彩色信息以及纹理特征等）进行了试验验证。试验车辆在自动驾驶状态下在公路上车速可达到 60km/h，在非结构化道路上白天可达到 35km/h，晚上或恶劣的天气环境下可达到 15km/h。

Romuald Aufrere 等采用多传感器融合技术检测道路边界。其采用的主要传感器包括线扫描激光测距仪、车辆状态估计器、摄像机和激光扫描仪等。这些传感器同时探测和跟踪车辆周边一定范围内的物体，用以尽量消除对周边环境的错误感知。其道路边界识别方法主要由三个模块组成：第一个模块精确定位道路边界上的一点；第二个模块利用车辆状态信息跟踪车辆旁边道路边界点的位置；第三个模块利用第二个模块的跟踪，在序列图像中初始化道路边界的搜索位置，以实现对车辆前方道路边界的跟踪。

2.5　车道偏离预警模型

预警模型是汽车车道偏离预警系统的核心，主要功能是判别车辆状态和驾驶人状态，是决定发出告警的关键所在。最简单的汽车车道偏离检测方法就是只要车辆的任何一个部分超出车道线时，就认为有危险，立即触发警报。然而这种方法往往可能产生很大的错误警报率，而且这种驾驶人出界之后再报警的方法预留的反应时间很短，几乎没有预测性，使得驾驶人感到很被动。

目前在车道偏离预警领域,常用的预警模型主要分为以下几种:CCP(Cars Current Position)模型,主要基于车辆在车道中的当前位置;FOD(Future Offset Difference)模型,主要基于车辆在路面上未来偏离量的不同;TLC(Time to Lane Crossing)模型,主要基于车辆在路面上未来穿越车道的时间;KBIRS(Knowledge‐Based Interpretation of Road Scenes)模型,主要基于道路场景感知。

2.5.1 CCP 模型

最简单的检测车辆偏离行驶车道的方法就是判断车辆在车道中的当前位置。车辆在车道中的位置参数可由车道检测和识别算法得到,令 y_0 表示车辆中心线相对于车道中心线的距离,通常情况下车辆与车道大致平行,当前车辆的宽度设为 b_c,那么当前车辆前轮相对于车道线左右边界的距离 Δy 可由式(2-1)求出:

$$\Delta y = \begin{cases} \dfrac{b}{2} - \left(y_0 + \dfrac{b_c}{2}\right) \\ \dfrac{b}{2} + \left(y_0 - \dfrac{b_c}{2}\right) \end{cases} \quad (2-1)$$

式中,b 为通过车道线检测算法得到的当前车道的宽度,该值可以参考我国高速公路参数规范确定。

在式(2-1)中,上式表示车辆相对于车道左边界的位置,下式表示车辆相对于右边界的偏移量。

车辆偏离的具体判断过程为:当 $\Delta y>0$ 时,表明车辆没有超出两边边界线,仍在车道内,这时不用发出偏离警告。当左、右两侧任一偏离 $\Delta y<0$ 时,表明车辆已横越车道需发出偏离告警,如图2.25所示。白线表示车辆相对于道路(黑线)的当前位置,本图中示例演示车辆刚好越过左边界。

CCP 模型对于预警意义不大,因为此时车辆已经发生车道偏离的现象。这个问题可以这样解决,假设一条宽度比实际车道窄一点的虚拟车道,当车辆偏离该虚拟车道时就对驾驶预警,从而给驾驶人一个提前量。当然,这样会

图 2.25 检查车辆的当前位置 CCP

发生一些不必要的警告,从而导致那些习惯占据整个车道的驾驶人无法接受该系统。

2.5.2 FOD 模型

FOD 模型主要在基于驾驶人驾车行为习惯的基础上,引入了驾驶人自然转向偏移量作为模型参数,设立了虚拟车道线和真实车道线。虚拟车道线的设计主要考虑了驾驶人自然转向时习惯的偏移量。当然如果驾驶人没有这种转向偏离的习惯,则虚拟车道线与真实车道线重合。FOD 模型车辆发生偏离的告警条件为:$L'_p > V$,其中 L'_p 为车辆转向时可能偏向的位置,V 为虚拟车道线的边界位置,具体模型公式如下:

$$L'_p = L_p + TL_v \quad (2-2)$$

式中，L_v 为车辆向两边偏离时的横向速度；L_p 为车辆相对于两侧车道线边界的距离；T 为估计车辆发生偏离的时间，其计算公式如下：

$$\frac{V-x}{L_v}=T \tag{2-3}$$

式中，x 为车辆将要发生偏离告警的点。

2.5.3 TLC 模型

TLC 模型是目前汽车车道偏离预警系统采用最多的模型。TLC 的思想是计算车辆在预测轨迹上触碰车道边界的时间，根据这一时间来判断车辆是否触界。TLC 模型的提出主要是基于为了能尽可能早地判断出车辆可能发生的车道偏离。该模型主要依据车辆当前的运行状态来推测一定时间以后车辆运行的假设模型，以判断车辆可能发生偏离的时间。

根据车辆运动模型的假设不同，相应的方法也不相同，其模型主要分为以下两种情况。

第一种情况是假定车辆行驶方向保持不变，如图 2.26 所示，B_{lane} 为车道线宽度，B_{car} 为车辆宽度，v 为车辆行驶速度，那么其运动模型可以描述为如下方程：

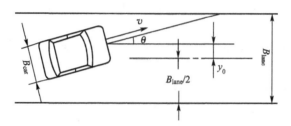

图 2.26 行驶方向不变的 TLC 预警示意

$$y(l)=y_0+\theta l \tag{2-4}$$

式中，l 为车道目前已经行驶的距离；θ 为车辆行驶方向相对于车道线的偏向角；y_0 为当前时刻车辆相对于车道中心线的横向偏离距离；$y(l)$ 为车辆已经行驶 l 距离时，车辆总的横向偏离量。

第二种情况是车辆行驶时转向盘转角保持不变，如图 2.27 所示，这时其运动模型可以描述如下：

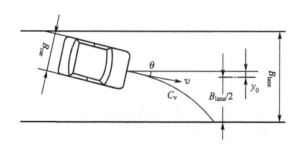

图 2.27 转向盘转角不变的 TLC 预警示意

$$y(l)=y_0+\theta l+c_v l^2 \tag{2-5}$$

式中，c_v 为当前车道线的曲率，可以根据转角 θ 计算得到。

以上两种情况下都涉及车道中心线,在这里车辆左右车轮对应的方程可描述为

$$\begin{cases} y_l(l) = y(l) + \frac{1}{2}b_c \\ y_r(l) = y(l) + \frac{1}{2}b_c \end{cases} \quad (2-6)$$

式中,下标 l、r 分别对应于车辆的左、右车轮;b_c 为当前车道宽度。由此可以得到车辆将要穿越车道边界的距离,就是车辆行驶曲线和相应车轮边界曲线的交点。而这个距离和车辆行驶速度的比值就是当前车辆偏离的 TLC 值,设定 TLC 值的门限,根据 TLC 值是否超过门限就可以决定是否有必要产生警告。

TLC 算法主要有三种方式:一阶 TLC 算法、二阶 TLC 算法和基于运动学的 TLC 算法。

一阶 TLC 算法是考虑了车辆行驶轨迹的最简单方法。该方法是用车辆的侧向位置和侧向速度来预测车辆前轮超过道路边界的时间,并设置阈值。若该时间小于预先设置的阈值则产生报警。其触发报警的条件为

$$\frac{y(l)}{v_l} < t_{th} \quad (2-7)$$

式中,$y(l)$ 为前轮外侧距道路边界的距离;v_l 为车辆的侧向速度;t_{th} 为时间阈值。

一阶 TLC 算法的假设条件是侧向速度短时间内是常量以及车体与道路之间的偏角也是常量。该算法在数值计算上具有一定的稳定性,相对于其他两种算法而言,使用的变量相对易测,变量 v_l 可以通过侧向位移的变化得到,但是在侧向速度由位移计算导出的前提下,因为位移有误差,速度也必然出现误差,这样可能会放大侧向速度的误差,而且这种侧向速度在短时间内不变的假设有可能不正确,这是由驾驶人的转向和道路的情况决定的。

二阶 TLC 算法与一阶 TLC 算法思想基本相同,不同的是对车辆运动轨迹的建模。二阶算法除了考虑侧向位置和侧向速度以外,还用侧向加速度对车辆运动进行建模,其触发警报的条件为

$$\frac{-v_l + \sqrt{v_l^2 + 2a_1 y(l)}}{a_1} < t_{th} \quad (2-8)$$

式中,$y(l)$ 为前轮外侧距道路边界的距离;v_l 为车辆的侧向速度;t_{th} 为时间阈值;a_1 为汽车的侧向加速度。当 a_1 趋近于 0 时,二阶 TLC 算法与一阶 TLC 算法完全相同。

二阶 TLC 算法的假设条件是车辆的侧向加速度在一段时间内是常数,即车辆的运动轨迹曲率为常数。该算法在车辆向道路边界加速运动时,能够比一阶 TLC 算法更早触发警报,但是其稳定性不好,侧向位置所引起的误差可能会被放大更多,如果想要加强稳定性就需要使用更多侧向位置的数据,这样会增加执行时间。

基于运动学的算法以车辆运动学和道路模型为基础,综合考虑了车辆的侧偏角、横摆角速度和前向速度,从而来预测车辆的触界时间。设 C_v 和 C_r 分别表示车辆运行轨迹曲率和道路曲率,V 为前行速度,ω 为车辆的横摆角速度,R_{re} 为车辆相对于道路的曲率半径,t_c 为车辆前轮外沿触界的时间,θ 为车辆侧偏角,$y(l)$ 为车辆前轮距道路边界的距离,则

$$y(l) = V\tan\theta \cdot t_c + \frac{1}{2}a_1 t_c^2 \quad (2-9)$$

$$a_1 = \frac{V^2}{R_{re}} \quad (2-10)$$

$$R_{re}=\frac{1}{C_r-C_v} \quad (2-11)$$

$$C_v=\frac{V}{\omega} \quad (2-12)$$

由式(2-6)~式(2-9)推导得出，车辆的触界时间为

$$t_c=\frac{-V\tan\theta+\sqrt{V^2\tan^2\theta+2V^2 y(l)\left(C_r-\frac{\omega}{V}\right)}}{V^2\left(C_r-\frac{\omega}{V}\right)} \quad (2-13)$$

因此，基于运动学 TLC 算法的触发报警条件为

$$t_c<t_{th} \quad (2-14)$$

基于运动学的 TLC 算法的假设前提是前方道路和车辆的行驶轨迹曲率都恒定不变，但实际上并非如此。在弯道入口处通常采用回旋曲线，曲率是变化的，驾驶人转动转向盘时该假设是不成立的。其优点在于在弯道时可以更早地发生报警，从而留给驾驶人的反应时间更多，计算得出的 TLC 也比上述两种方法更为准确。其缺点是对传感器的要求很高，特别是对于一些参数的测量，如侧偏角，非常困难。目前广泛采用的前视摄像机很难达到精度要求，尤其是该算法中采用侧偏角和道路曲率的差别，很难通过前视摄像机单独得到道路曲率。

2.5.4 KBIRS 模型

KBIRS 模型主要基于对自然场景的感知，该模型目前仅仅作为一种理论观点，在对车辆偏离预警系统的研究中还有诸多不足。这种模型的具体实现方法为：通过分析车载摄像机拍摄的道路图像，在熟悉物体大致形状的基础上，分析物体是否存在。采用这种模型，当车辆左右发生大范围偏移时，场景感知会发生剧烈变化，在这种情况下，就有必要发出偏离预警。

通过对上述基于车道偏离预警模型的分析可以看出，基于车道偏离预警模型的方法是通过从图像中提取有用信息作为特征量的，即通常是测量车辆在车道中的位置，依靠精确定位车道线来获取车辆与车道边界的间距，然后与各种偏离模型进行对比分析，判断是否有必要产生预警。

2.5.5 基于横向距离安全性的车道偏离评价

前面叙述了驾驶人方向与速度综合控制最优预瞄加速度模型的基本原理及结构，并重点阐述了驾驶人稳态预瞄动态校正假说的内容。根据预期轨迹点相对于车道线的横向距离的安全性来判断车辆是否发生车道偏离。

在考虑车辆与车道之间的相对距离时，将车辆简化为具有四个角点的矩形刚体。因此，预期轨迹点与车道线之间的横向距离就转化为角点至车道线之间的距离。如图 2.28 所示，预期轨迹点至左车道线的横向距离由车辆左侧两个角点至左车道线的横向距离组成，至右车道线的横向距离由车辆右侧两个角点至右车道线之间的横向距离组成。

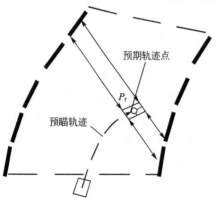

图 2.28 预期轨迹点与车道曲线的相对距离

基于以上因素,提出车辆至左侧车道横向距离的安全性、车辆至右侧车道横向距离的安全性两个基本的模糊评价指标,描述车道偏离预警系统如何通过车辆预期轨迹点相对于车道横向距离的安全性来评价车辆是否发生车道偏离,并建立了相应的隶属度函数。

考虑到所选取的隶属度函数形式应尽可能充分地表示出对上述各种决策影响因素的理解,同时再结合多种模糊隶属度函数形式(如S形、三角形、正态分布形等)的仿真分析,选用单极性Sigmoid函数作为隶属函数形式来描述评价指标。Sigmoid函数的形式一般如下:

$$r = \frac{1}{1 - \exp(-a(x-c))} \quad (2-15)$$

式中,系数a决定函数方向:$a>0$,函数朝向右方,$a<0$,函数朝向左方;系数c为隶属度函数值r等于0.5时所对应的自变量x值。

车道偏离预警算法是应用上述建立的模糊决策评价指标,对预瞄出的预期轨迹点的安全性进行评价,以判断车辆是否发生车道偏离。

通常驾驶人在考虑车辆是否会偏离车道时,会考虑汽车左边两个角点距道路左边界的距离、汽车右边两个角点距道路右边界的距离。如果这两项距离中任何一项小于安全距离,则必然增加车辆偏离车道的可能性。

综上所述,基于驾驶人方向与速度综合控制的最优预瞄加速度模型所建立的车道偏离决策算法是利用行车信息感知模块获得的车辆状态信息,对车辆的未来运动进行预瞄,计算预期轨迹点相对车道边界的距离,确定建立的安全性评价指标,并根据其数值判断车辆是否发生车道偏离。

信息感知模块检测到的数据主要包括当前时刻的汽车状态量及当前车辆可行驶区域等,这些数据处理后作为车道偏离预警系统稳态预瞄模块的输入,经过未来运动稳态预瞄,得到车辆的预期轨迹点及其对应的车辆状态,并直接作为预瞄评价模块的输入,预瞄评价模块对预期轨迹点的横向距离安全性进行评价,最后判断车辆是否偏离车道,如图2.29所示。

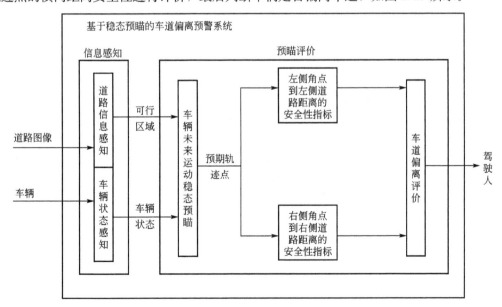

图2.29 基于驾驶人稳态预瞄的车道偏离预警系统基本框图

2.6 基于视觉的车道偏离预警系统的实现

根据前面介绍的基于视觉的车道偏离预警系统的组成和工作原理,本节结合具体实例,介绍一种基于视觉的车道偏离预警系统的实现过程。

2.6.1 道路图像预处理

1. 图像的去噪原理

去噪的作用是去除图像中的噪声,提高图像的可视性。

在实际图像的采集、获取以及传输过程中,经常会受到噪声的污染。例如,如果噪声是通过照片扫描得到的,那么胶卷的损坏、其上的灰尘以及扫描过程中的磨损都可以引起噪声;或者图像直接来源于数字设备,则从设备中获取数据时也有可能引起噪声;图像数据的电子传输也可以引起噪声。一般数字图像系统中的常见噪声主要有高斯噪声(主要由阻性元器件内部产生)、椒盐噪声(主要是图像切割引起的黑图像上的白点噪声或光电转换过程中产生的泊松噪声)等。由于噪声感染的存在,一些图像信号可能会失真,甚至变得"面目全非"。这给路径识别带来很大的难度,因此,必须对含噪图像进行处理,改善图像的质量,尽可能地使图像中的道路特征能够清晰地呈现。

1) 线性平滑滤波

线性低通滤波器是常用的线性平滑滤波器。实现这种滤波器的方法也称为邻域平均法。邻域平均法是一种局部空间域处理的算法,这种方法的基本思想是用几个像素灰度的平均值来代替像素的灰度。假定有一副 N 像素×N 像素的图像 $f(x, y)$,平滑处理后得到一副图像 $g(x, y)$。$g(x, y)$ 由式(2-16)决定:

$$g(x,y)=\frac{1}{M}\sum_{(m,n\in S)}f(m, n) \quad (2-16)$$

式中,x, $y=0$, 1, 2, …, $N-1$;S 是 (x, y) 点邻域中点的坐标集合,但其中不包括 (x, y) 点;M 是集合内坐标点的总数。式(2-16)说明,平滑后的图像 $g(x, y)$ 中的每个像素的灰度值均由包含在 (x, y) 的预定邻域中的 $f(x, y)$ 的几个像素的灰度值的平均值来决定。一种常见的平滑算法是将原图中一个像素的灰度值和它周围邻近八个像素的灰度值相加,然后将求得的平均值(除以 9)作为新图像中该像素的灰度值。我们用如下模板来执行该操作:

$$\frac{1}{9}\begin{bmatrix} 1 & 1 & 1 \\ 1 & 1 & 1 \\ 1 & 1 & 1 \end{bmatrix} \quad (2-17)$$

同理,可得 5×5 的模板,如下所示:

$$\frac{1}{25}\begin{bmatrix} 1 & 1 & 1 & 1 & 1 \\ 1 & 1 & 1 & 1 & 1 \\ 1 & 1 & 1 & 1 & 1 \\ 1 & 1 & 1 & 1 & 1 \\ 1 & 1 & 1 & 1 & 1 \end{bmatrix} \quad (2-18)$$

通常模板不允许移出边界，因此处理后的图像会比原图小。对于边界上无法进行模板操作的点，我们的做法是复制原图的灰度值，不再进行任何其他的处理。

另外，Wiener 滤波器也是经典的线性降噪滤波器。Wiener 滤波是一种在平稳条件下采用最小均方误差准则得出的最佳滤波准则，该方法就是寻找一个最佳的线性滤波器，使得均方误差最理想。其实质是解维纳-霍夫(Wiener - Hoof)方程。

Wiener 滤波器首先估计出像素的局部矩阵均值和方差：

$$\mu = \frac{1}{MN} \sum_{n_1,n_2 \in \eta} a(n_1, n_2) \tag{2-19}$$

$$\sigma^2 = \frac{1}{MN} \sum_{n_1,n_2 \in \eta} a(n_1, n_2) - \mu^2 \tag{2-20}$$

式中，η 是图像中每个像素 $M \times N$ 的领域，利用 Wiener 滤波器估计出其灰度值：

$$b(n_1, n_2) = \mu + \frac{\sigma^2 - v^2}{\sigma^2}(a(n_1, n_2) - \mu) \tag{2-21}$$

式中，v^2 是整幅图像的方差，它根据图像的局部方差来调整滤波器的输出，当局部方差大时，滤波器的效果较弱，反之，滤波器的效果较强，是一种自适应滤波器。

2) 非线性平滑滤波

非线性滤波的常用方法是中值滤波，是由 Turky 于 1971 年提出的。基本原理是把数字图像或数字序列中一点的值用该点的一个邻域中的各点值的中值代替。中值的定义如下：

一组数 $x_2, x_3, \cdots, x_n$，把 n 个数按值的大小顺序排列 $x_{i1} \leqslant x_{i2} \leqslant x_{i3} \leqslant \cdots \leqslant x_{in}$

$$Y = \text{Med}\{x_1, x_2, x_3, \cdots, x_n\} = \begin{cases} x_{i(\frac{n+1}{2})} & n \text{ 为奇数} \\ \frac{1}{2}[x_{i(\frac{n}{2})} + x_{i(\frac{n}{2}+1)}] & n \text{ 为偶数} \end{cases} \tag{2-22}$$

式中，Y 称为序列 $x_2, x_3, \cdots, x_n$ 的中值。把一个点的特定长度或形状的邻域称作窗口。在一维情形下，中值滤波器是一个含有奇数个像素的滑动窗口，窗口正中间那个像素的值用窗口内各像素的中值代替。设输入序列为 $\{x_i, i \in I\}$，I 为自然数集合或子集，窗口长度为 n，则滤波器输出为

$$y_i = \text{Med}\{x_i\} = \text{Med}\{x_{i-u}, \cdots, x_i, x_{i+u}\} \tag{2-23}$$

式中，$i \in I$，$u = (n-1)/2$。

中值滤波的概念很容易推广到二维，此时可以利用某种形式的二维窗口。设 $\{x_{ij}, (i,j) \in I^2\}$，表示数字图像的各点的灰度值，滤波器窗口为 A 的二维中值滤波可定义为

$$y_{ij} = \text{Med}_A\{x_{ij}\} = \text{Med}\{x_{i+j,j+s}, (r, s) \in A, (i,j) \in I^2\} \tag{2-24}$$

二维中值滤波可以取方形，也可以取近似圆形或者十字形。

中值滤波是非线性运算，因此对于随机性质的噪声输入，数学分析是相当复杂的。由大量实验可得，对于零均值正态分布的噪声输入，中值滤波输出噪声与输入噪声的密度分布有关，输出噪声方差与输入噪声密度函数的平方成反比。对随机噪声的抑制能力，中值滤波性能要比均值滤波差些。但对于脉冲干扰来讲，特别是脉冲宽度较小、相聚较远的窄脉冲，中值滤波是很有效的。

2. 图像的去噪处理常用方法效果对比

1) 均值滤波

均值滤波也称线性滤波，主要思想为邻域平均法，即用几个像素灰度的平均值来代替

每个像素的灰度。它把每个像素都用周围的八个像素来做均值操作。有效抑制加性噪声，可以平滑图像，速度快，算法简单。但是无法去掉噪声，只能微弱地减弱它，很容易引起图像模糊，可以对其进行改进，主要方法是避开对景物边缘的平滑处理。

下面用实例来观察一下它的去噪效果，如图 2.30 所示。

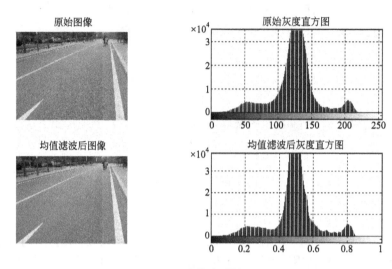

图 2.30　均值滤波效果图

2）中值滤波

中值滤波属于非线性滤波，它是基于排序统计理论的一种能有效抑制噪声平滑滤波的信号处理技术。常把某一特定的噪声近似为零而保留信号的重要特征，一定程度上克服了线性滤波的不足。但中值滤波对均匀分布的噪声和高斯噪声进行滤波时，滤波性能较差，且拖尾越短，其滤波能力越差。它是一种典型的低通滤波器，主要目的是在保护图像边缘的同时去除噪声。中值滤波的特点是首先确定一个以某个像素为中心点的邻域，一般为方形邻域，也可以为圆形、十字形等，然后将邻域中各像素的灰度值排序，取其中间值作为中心像素灰度的新值，这里领域被称为窗口，当窗口移动时，利用中值滤波可以对图像进行平滑处理。它对去除椒盐噪声很有效，但是也存在缺点，即对所有像素采用一致的处理，在滤除噪声的同时有可能改变真正的像素点的值，从而引入误差。

下面用实例来说明中值滤波的效果，如图 2.31 所示。

3）自适应滤波

自适应滤波就是利用前一时刻已获得的滤波器参数等结果，自动调节现时刻的滤波器参数，以适应信号和噪声未知或随时间变化的统计特性，从而实现最优滤波。它是现代信号处理技术的重要组成部分，对复杂信号的处理具有独特的功能。自适应滤波器在信号处理中属于随机信号处理的范畴。对于随机数字信号的滤波处理，通常有 Wiener 滤波器、Kalman 滤波器和自适应滤波器。Wiener 滤波器的权系数是固定的，适用于平稳随机信号；Kalman 滤波器的权系数是可变的，适用于非平稳随机信号。但是，只有在对信号和噪声的统计特性已知的情况下，这两种滤波器才能获得最优滤波。

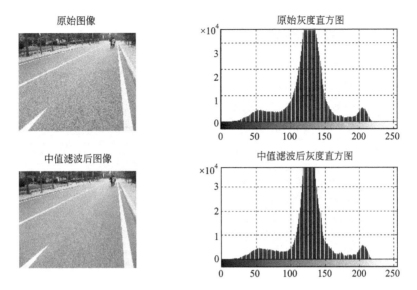

图 2.31　中值滤波效果图

自适应滤波效果如图 2.32 所示。

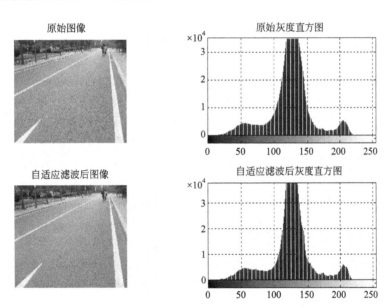

图 2.32　自适应滤波效果图

下面我们将三种方法整合在一起，将它们对原始图像的滤波效果进行对比，如图 2.33 所示。

首先是均值滤波，可以清楚地看到去噪效果十分明显，图像变得更加平滑，但是仔细观察就可以发现，在边缘部分，颜色深浅的对比逐渐变弱，尤其是图像上方的景物部分，逐步变得模糊。

中值滤波与均值滤波的相似之处在于，每个像素的值由输入图像中对应像素邻域内

原始图像

均值滤波后的图像

中值滤波后的图像

Wiener滤波后的图像

图 2.33　三种滤波方法对比

的像素值确定。不同的是，均值滤波是根据输入图像中对应像素的邻域内的像素值的均值确定输出图像中对应像素的值，而中值滤波是根据中值来确定的。中值对异常值的敏感性比均值的小，所以，中值滤波器可以在不减小图像对比度的情况下剔除这些异常值。

中值滤波去除椒盐噪声效果最好，而 Wiener 滤波去除噪声效果则较差。中值滤波去除椒盐噪声效果明显是因为椒盐噪声只在画面上的部分点随机出现，而中值滤波根据数据排序，将未被污染的点代替噪声点的值的概率较大，所以抑制效果好。对点、线和尖顶较多的图像不宜采用中值滤波，因为一些细节点可能被当成噪声点。

自适应 Wiener 滤波常常能获得比线性滤波更好的效果。它可以保留图像的边界和其他高频部分。

综合考虑各项效果，选择中值滤波的方法进行图像的去噪处理。

2.6.2　基于 Zernike 矩的车道标识线识别方法

车道标识线的准确识别与跟踪是基于机器视觉的车道偏离预警系统的基础和前提。车道标识线的大部分识别方法在正常光照条件下具有较好的识别准确率，但存在的主要问题就是识别算法的实时性不能很好地满足车道偏离预警的需要。

如何针对正常光照条件下的道路图像特点，寻求一种识别可靠性高、耗时尽可能少的车道标识线识别算法，对于车道偏离预警系统而言显得非常重要。

在正常光照条件下，CCD 摄像机采集的道路图像中车道标识线与路面的对比度较大，地面部分图像整体灰度值比较均匀，如图 2.34 所示。这里采用一种基于 Zernike 矩的车道标识线识别的识别方法。

1. 车道标识线模型的建立

通过对道路图像中车道标识线特征的分析，在高速公路上车道标识线可以近似作为直

图 2.34　正常光照条件下的道路图

线处理。因此，文中采用的车道标识线模型为直线模型。

在图 2.35 所示的图像平面坐标系中，左、右车道标识线模型如式(2-25)所示：

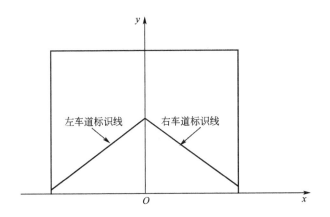

图 2.35　图像平面坐标系

$$\begin{cases} y = k\_left \times x + b\_left \\ y = k\_right \times x + b\_right \end{cases} \tag{2-25}$$

式中，k_left、b_left 分别代表左车道标识线的斜率和在 y 轴上截距；k_right、b_right 分别代表右车道标识线的斜率和在 y 轴上截距。

因此，车道标识线识别问题就可以转化为在图像中具有一定特征的直线检测问题。车道标识线识别的目的就是得到表征左、右车道标识线的参数：k_left、b_left、k_right 和 b_right。

2. 基于 Zernike 矩的直线检测原理

目前采用较多的直线检测方法是 Hough 变换，其优点是对噪声不敏感，能较好地处理图像中物体局部被遮挡和覆盖的情况，但是该变换需要对原图像进行边缘提取，然后把边缘点集映射到参数空间进行投票，由于其将图像空间映射到参数空间时采用一对多的映射和穷尽搜索，因而其计算和空间的复杂性都很高，其边缘提取和参数空间投票是两个分离的过程，从而增加了直线检测的时间。

采用基于 Zernike 矩的直线提取算法得到车道标识线边界直线,该直线提取算法在一个局部、动态坐标系中提取边缘点的同时,计算其边缘点所在直线的参数,从而确定直线,并将其变换到图像坐标系中,同时在参数空间投票,然后取阈值提取直线。由于边缘点与直线参数之间一一映射,因而运算速度快,同时该算法具有亚像素边缘检测的能力,提取的直线更加精确。

图像的 n 阶 m 次的 Zernike 矩被定义为

$$Z_{nm} = \frac{n+1}{\pi} \iint_{x^2+y^2 \leqslant 1} f(x,y) V_{nm}^*(\rho,\theta) \mathrm{d}x \mathrm{d}y \tag{2-26}$$

式中,$V_{nm}(\rho,\theta) = R_{nm}(\rho) \mathrm{e}^{\mathrm{j}m\theta}$ 是积分核函数,$V_{nm}^*(\rho,\theta)$ 是 $V_{nm}(\rho,\theta)$ 的共轭;$R_{nm}(\rho)$ 如下:

$$R_{nm}(\rho) = \sum_{i=0}^{(n-|m|)/2} \frac{(-1)^i (n-i)! \rho^{n-2i}}{i! \left(\frac{n+|m|}{2}-i\right)! \left(\frac{n-|m|}{2}-i\right)!} \tag{2-27}$$

式中,$n \geqslant 0$,$n-|m|$ 为非负偶数。很容易证明,V_{nm} 是正交的。如果图像沿逆时针方向旋转 ϕ 角,设旋转前后图像的 Zernike 矩分别为 Z_{nm} 和 Z'_{nm},则由定义可以证明两者之间有如下关系:

$$Z_{nm} = Z'_{nm} \mathrm{e}^{\mathrm{j}m\phi} \tag{2-28}$$

可以得出图像旋转前后 Zernike 矩的模不变,只是相角发生变化,这个性质被称为旋转不变性。对于数字图像而言,图像的 n 阶 m 次的 Zernike 矩被定义为

$$Z_{nm} = \frac{n+1}{\pi} \sum_{x_i} \sum_{y_i} f(x_i, y_i) h_{Z_{nm}}(x_i, y_i), \quad x^2+y^2 \leqslant 1 \tag{2-29}$$

其中:

$$h_{Z_{nm}}(x_i, y_i) = \int_{x-\frac{\Delta x}{2}}^{x+\frac{\Delta x}{2}} \int_{y-\frac{\Delta y}{2}}^{y+\frac{\Delta y}{2}} V_{nm}^*(\rho,\theta) \mathrm{d}x \mathrm{d}y$$

根据 Zernike 矩的定义可知,计算图像的 Zernike 矩就是利用核函数对图像加权在单位圆上积分。这里建立两个坐标系:图像坐标系和局部坐标系(单位圆所在坐标系)。考虑阶跃边缘情况,提取直线的原理图如图 2.36 所示。

在图 2.36 中,$x'o'y'$ 为图像坐标系,其坐标原点在图像的左上角;xoy 为单位圆坐标系,其原点在某个像素点 (x_s, y_s) 上,则两个坐标系的关系为

$$\begin{bmatrix} x' \\ y' \end{bmatrix} = \begin{bmatrix} 1 & 0 \\ 0 & -1 \end{bmatrix} \begin{bmatrix} x \\ y \end{bmatrix} + \begin{bmatrix} x_s \\ y_s \end{bmatrix} \tag{2-30}$$

对边缘建立理想阶跃模型,L 为边缘所在直线,其在 xoy 坐标系中的方程为

$$l = x\cos\theta + y\sin\theta \tag{2-31}$$

设背景和目标的灰度值分别为 t 和 $t+r$,其中 r 为阶跃幅度。设 L 在坐标系 $x'o'y'$ 中的方程为

$$l' = x'\cos\theta' + y'\sin\theta' \tag{2-32}$$

将式(2-30)代入式(2-31)可得

$$l + x_s\cos\theta - y_s\sin\theta = x'\cos(-\theta) + y'\sin(-\theta) \tag{2-33}$$

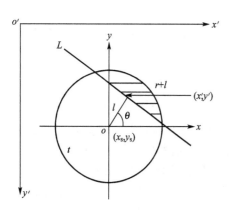

图 2.36 理想阶跃边缘模型

将式(2-32)与式(2-33)相比得到

$$\begin{cases} l' = l + x_s\cos\theta - y_s\sin\theta \\ \theta' = -\theta \end{cases} \quad (2-34)$$

由此可以看出，如果求出该直线方程的参数(l, θ)，并利用式(2-34)将其转换到$x'o'y'$坐标系中的参数，从而建立边缘点与直线参数之间的一一映射关系。

将图像顺时针旋转θ角，这时图2.36中的边缘直线L垂直x轴。设旋转后的图像为$f'(x, y)$，则式(2-35)成立。

$$\iint_{x^2+y^2\leqslant 1} f'(x,y)y\mathrm{d}x\mathrm{d}y = 0 \quad (2-35)$$

对于Z_{11}和Z_{20}，它们对应的积分核函数分别为$V_{11}=x+\mathrm{j}y$、$V_{20}=2x^2+2y^2-1$。如果用Z'_{11}和Z'_{20}表示图像旋转后的Zernike矩，那么根据旋转不变性，旋转前后Zernike矩之间的关系为

$$\begin{cases} Z'_{11} = Z_{11}\mathrm{e}^{\mathrm{j}\theta} \\ Z'_{20} = Z_{20} \end{cases} \quad (2-36)$$

因为式(2-35)是Z'_{11}的虚部，因此有

$$\mathrm{Im}[Z'_{11}] = \sin\theta\mathrm{Re}[Z_{11}] - \cos\theta\mathrm{Im}[Z_{11}] \quad (2-37)$$

所以就有

$$\theta = \arctan\left[\frac{\mathrm{Im}(Z_{11})}{\mathrm{Re}(Z_{11})}\right] \quad (2-38)$$

经过进一步的推导可以得出

$$Z'_{11} = \iint_{x^2+y^2\leqslant 1} f'(x,y)(x-\mathrm{j}y)\mathrm{d}x\mathrm{d}y = \frac{2}{3}r(1-l^2)^{\frac{3}{2}} \quad (2-39)$$

$$Z'_{20} = \iint_{x^2+y^2\leqslant 1} f'(x,y)(2x^2+2y^2-1)\mathrm{d}x\mathrm{d}y$$

$$= \frac{2}{3}lr(1-l^2)^{\frac{3}{2}} \quad (2-40)$$

联立式(2-38)和式(2-39)并结合式(2-35)可以得到

$$l = Z'_{20}/Z'_{11} \quad (2-41)$$

这样就求解了直线L在xoy坐标系中的方程，同时可以得到边缘亚像素级坐标计算公式为

$$\begin{bmatrix} x' \\ y' \end{bmatrix} = \begin{bmatrix} x_s \\ y_s \end{bmatrix} + l\begin{bmatrix} \cos\theta \\ \sin\theta \end{bmatrix} \quad (2-42)$$

式中，(x', y')是边缘点在$x'o'y'$坐标系中的亚像素坐标。因此根据Z_{11}和Z_{20}，利用坐标变换建立了亚像素边缘点(x', y')与对应的直线参数之间的一一映射关系。Z_{11}和Z_{20}是通过模板在图像上卷积计算出来的。其中Z_{11}的模板分为实部和虚部两部分，并用Z_{11}的模表示边缘强度。在算法中采用两个阈值：边缘强度阈值τ和距离阈值δ。当且仅当$|Z_{11}|\geqslant\tau$、$l\leqslant\delta=\sqrt{2}/2$时为边缘点，并计算$(l', \theta')$，这样在检测边缘点的同时便可计算出对应的直线参数，不需要专门进行边缘提取建立边缘点集。

首先按照式(2-29)计算出用于进行直线检测时所需的计算Zernike矩的几个模板：

ReW_{11}、ImW_{11}和W_{20},其中ReW_{11}、ImW_{11}分别用于计算图像的Z_{11}的实部和虚部,W_{20}用于计算图像的Z_{20}。然后按照以下的步骤进行直线检测。

(1) 用$M \times M$的模板ReW_{11}、ImW_{11}对以像素(x, y)为中心的$M \times M$领域加权求和,得到ReZ_{11}和ImZ_{11},按式(2-43)计算出边缘强度$|Z_{11}|$。

$$|Z_{11}| = \sqrt{[Re(Z_{11})]^2 + [Im(Z_{11})]^2} \qquad (2-43)$$

(2) 若$|Z_{11}| < T$(T为统计出的边缘强度阈值),则判断该点为非边缘点,返回步骤(1)对下一像素点进行计算。若$|Z_{11}| > T$,则利用$M \times M$模板W_{20}对以像素(x, y)为中心的$M \times M$领域加权求和,得到Z_{20},计算出$l = |Z_{20}|/|Z_{11}|$。

(3) 若$l \geq \frac{\sqrt{2}}{M}$,返回步骤(1),计算下一个像素点。若$l < \frac{\sqrt{2}}{M}$,则检测出一个边缘点。

(4) 利用式(2-38)计算出θ,然后根据式(2-42)得到当前点的亚像素级坐标(x', y')。

(5) 根据式(2-34)计算出当前点的(l', θ')。

(6) 对图像进行遍历,得到每个边缘点所对应的(l', θ')。在参数空间设计一个具有动态链表结构的参数单元集,取阈值Δl、$\Delta \theta$。当$|l'_1 - l'_2| \leq \Delta l$、$|\theta'_1 - \theta'_2| \leq \Delta \theta$时为一直线上的点,对相应的参数单元投票;当条件不满足时,将新的参数加入链表。完成参数空间投票后,对参数空间取阈值确定直线。

3. 基于Zernike矩的车道标识线识别

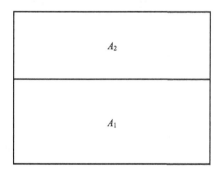

图 2.37 图像分区示意图

经过对车载CCD获取的道路图像进行分析,根据其对车道标识线识别的重要程度将图像按图 2.37 划分为两个区域:处理区域A_1(图像底部 7/12),以及不考虑区域A_2(图像顶部 5/12)。由于CCD安装时其光轴与地面平行,车道标识线主要集中在区域A_1中。

1) 车道标识线特征点的提取

车道标识线特征点就是图像中每扫描行上表征车道标识中心的点,得到车道标识线特征点后利用线性回归技术就可以得到车道标识线的参数。

首先利用基于Zernike矩对图像进行车道标识线直线边缘检测,得到边缘图像。然后将该边缘图像均分为左、右两个子图像。分别在左、右两半图像中进行左侧车道标识线特征点提取和右侧车道标识线特征点提取。

在特征点提取的过程中主要用到了车道标识线的两个特征,以左车道标识线为例:

①在同一扫描行上具有两个边界点,其θ符号正好相反,左侧边界点为负,右侧为正。

②两个边界点之间具有一定的间隔。利用这两个特征就可以得到同一扫描行上的左车道标识线的左、右两个边界点,然后取其均值为左车道标识线特征点。对于右侧车道标识线,其特征点的提取方法原理同上。

图 2.38 为提取的车道标识线特征点示意图,从图中可以看出,该方法能较好地提取出车道标识线特征点。

 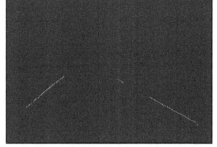

(a) 原始图像　　　　　　　　　　(b) 提取的车道标识线特征点

图 2.38　提取的车道标识线特征点示意图

2) 车道标识线的识别

在进行左(右)侧车道标识线识别时,仅处理图像左(右)一侧的区域。在各自检测区域,利用上述方法得到一系列道路标识特征点,然后采用线性回归技术就可以得到车道标识线参数。

2.6.3　基于建立梯形感兴趣区域的车道标识线跟踪

车道标识线跟踪主要是针对 CCD 摄像机采集的序列图像而言的,其实质也是一种车道标识线识别方法。与初始的车道标识线识别方法不同的是,在进行当前帧图像中车道标识线识别时,将前一帧图像中识别出的车道标识线参数作为先验知识,利用一定的约束规则以期达到减少识别时间的目的。

目前,车道标识线跟踪方法应用较多的有基于感兴趣区域的方法、Kalman 预测跟踪方法以及将感兴趣区域方法与 Kalman 预测跟踪方法相融合的方法等。综合考虑到识别精度和识别算法时间的需要,采用基于建立感兴趣区域的方法来实现车道标识线的跟踪。

在进行车道标识线的跟踪时,由于图像采集速度很快(最高可以达到 100 帧/s),相邻两帧图像中车道标识线的位置不会发生突变。为此,采用建立感兴趣区域的方法,在感兴趣区域内利用车道标识线识别方法进行识别。考虑到由于投影投射影响,图像底部与图像中央部分的车道标识线偏离的距离会有所不同,在建立感兴趣区域时,不采用与前一帧中识别出的车道标识线平行的感兴趣区域的方法,而是建立一个非平行的感兴趣区域。采用各感兴趣区域顶部宽度为 20 像素,下部宽度为 30 像素。

其感兴趣区域的建立如图 2.39 所示:实线表示前一帧图像中识别出的车道标识线,虚线在图像中所夹区域为建立的感兴趣区域,A_l 和 A_r 分别为左、右感兴趣区域。

感兴趣区域法在试验中表现出较好的效果,但当处于严重干扰,如道路中行车或其他物体将车道标识线遮挡很严重,或者由于自身车辆剧烈颠簸等情况下,算法会产生较大误差,甚至失效。在实际应用中,为保证车道标识线跟踪算法在出现较大误差或失效的情况下能及时恢复对车道标识线的正确识别,应首先检测算法是否失效,以便启动道路标识线重新识别模块。判定跟踪算法失效的方法如下。

当连续 5 次检测出任何一侧车道标识线特征点数低于某一阈值或当前帧的道路信息与上一帧相比发生了突变(假定车道标识线的倾角变化量不应超过 5°,截距的变化量不应超过 5 像素,(否则认为道路信息发生突变)时,即认为算法失效。此时应启动初始识别算法，即重新在整帧图像中识别车道标识线，重新确定感兴趣区域，从而恢复车道标识线的正确识别，算法流程图如图 2.40 所示。

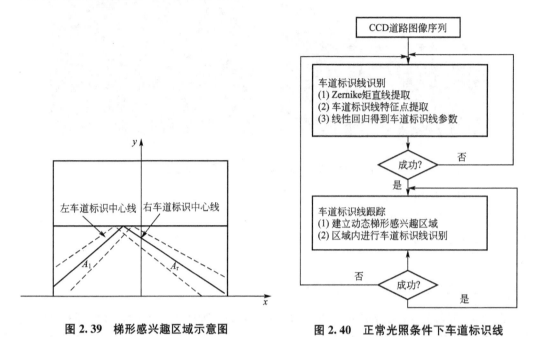

图 2.39　梯形感兴趣区域示意图

图 2.40　正常光照条件下车道标识线的识别与跟踪流程图

2.6.4　车道偏离预警模型的建立

通过对现有不同的车道偏离预警规则的比较，再结合具体的应用所需，采用的车道偏离预警规则主要是基于车辆在当前车道中的横向位置以及方向参数来确立的。

如图 2.41 所示，建立实际道路坐标系。与左、右车道标识线平行且与左、右车道标识线距离相等的直线为 y 轴，其正向为车辆头部所对应的方向。以过车辆前轮轮轴中心点 P、与 y 轴垂直的直线为 x 轴。x 轴与 y 轴的交点为坐标原点 O。

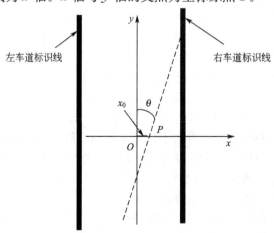

图 2.41　车辆在当前车道中的位置参数示意图

车辆在车道中的横向位置参数 x_0 是指车辆前轮轮轴中心点 P 点的 x 坐标值，单位为 mm。P 点在 y 轴右侧时，x_0 为正；P 点在 y 轴左侧时，x_0 为负。

车辆在车道中的方向参数是指 y 轴与车辆纵向中轴线方向夹角为 θ，单位为 (°)。当车头右偏时，θ 为正值；车头左偏时，θ 为负值。

参数 x_0 和 θ 可由提取出的车道标识线参数结合车载 CCD 的一些参数信息经过一些变换得到，具体方法在后面有详细的叙述。

在得到车辆在当前车道中的位置参数和方向参数后，建立如下的预警触发模型。

当满足式(2-44)时，触发车道偏离预警，偏离方向向右偏。

$$\begin{cases} \theta > 0, \quad \theta > \theta_0 \\ x_0 + \dfrac{b}{2}\cos\theta \geqslant x_1 \end{cases} \quad (2-44)$$

当满足式(2-45)时，触发车道偏离预警，偏离方向向左偏。

$$\begin{cases} \theta < 0, \quad |\theta| > \theta_0 \\ x_0 - \dfrac{b}{2}\cos\theta \leqslant -x_1 \end{cases} \quad (2-45)$$

式中，b 为车辆宽度；θ_0 为事先设定好的一个阈值，这里取 1°；x_1 为设定的报警临界线距 y 轴的距离，目前该值的设定严格说来没有很好的理论指导，大多采用试验方法确定。文中根据不同的车辆类型，分别利用不同的公式设定。

当为小轿车时，x_1 的值按照式(2-46)选定。

$$x_1 = \dfrac{w}{2} - 200 \quad (2-46)$$

当为货车或大客车时，x_1 的值按照式(2-47)选定。

$$x_1 = \dfrac{w}{2} + 100 \quad (2-47)$$

式中，w 为车道宽度(mm)，其值可以根据车道标识线参数计算出来。

车道偏离预警警告原理图如图 2.42 所示，当检测到车辆前轮达到临界报警线时，系统就触发偏离预警警告。

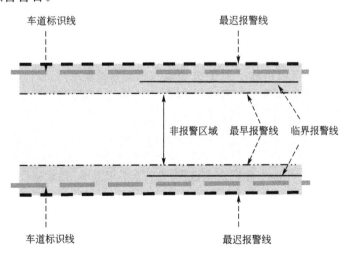

图 2.42 车道偏离预警警告原理图

在图 2.42 中,临界报警线设置在最早报警线与最迟报警线之间;最早报警线指的是报警临界点变化范围的最内侧边界线;最迟报警线指的是报警临界点变化范围的最外侧边界线;非报警区域指的是车道内左、右两侧的最早报警线之间的区域。当系统检测到自身车辆在车道中的位置位于报警临界点的附近一定区域内,系统在抑止请求无效的前提下,发出警告信息。抑止请求指的是驾驶人的一种请求或系统具有的一种功能,即禁止系统在探测到即将发生的车道偏离后发出警告。

1. 车辆在当前车道中位置、方向参数以及车道宽度的获取

利用提取出的车载 CCD 摄像机实时采集的道路图像中的车道标识线参数信息,结合已知的 CCD 参数,可以确定出车辆在当前车道中的位置、方向参数以及车道宽度信息。

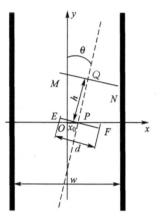

图 2.43 车辆坐标系示意图

如图 2.43 所示,建立车辆动态坐标系。以与左、右车道标识线平行且与左、右车道标识线距离相等的直线为 y 轴,以车辆头部所对应的方向为其正向。以过车辆前轮轮轴中心点 P、与 y 轴垂直的直线为 x 轴。x 轴与 y 轴的交点为坐标原点 O。

在图 2.43 中,点 E、F 分别代表车辆的左、右前轮,其轮距为 d(mm);车道宽度为 w(mm),直线 MN 代表车辆前方 CCD 有效视野中距车最近的部分;直线 MN 与前轮轮轴之间的距离为 h(mm),直线 MN 与 y 轴交点为 M。

前面已经求出左、右车道标识线参数融合识别结果分别为 (k_{l0}, b_{l0}) 和 (k_{r0}, b_{r0})。将该融合识别结果转换为重建图像中后,可以得到重建图像中左、右车道标识线参数分别为 (k_left, b_left) 和 (k_right, b_right)。利用这些参数,结合 CCD 安装高度以及 CCD 靶面尺寸和镜头的焦距等参数,可以求出车辆在当前车道中位置参数 x_0、方向参数 θ 以及当前车道宽度 w。

2. 方向参数估计

车辆在当前车道中的方向参数 θ 值可以按照式(2-48)计算得出。

$$\theta = \left[-\arctan\left(kn \times \frac{k\_left + k\_right}{2}\right)\right] \times \frac{180}{\pi} \quad (2-48)$$

式中,kn 为转换系数,表示重建图像中纵坐标与横坐标之间的一种比例关系,该参数与 CCD 靶面尺寸、原始图像和重建图像大小以及原始图像中重建区域的高度有关。当原始图像与重建图像大小相等时,kn 的计算公式见式(2-49)。

$$kn = \frac{(W\_image)^2 \times \mu_x}{f \times (H\_image + 2 \times y_0)} \quad (2-49)$$

式中,H_image 和 W_image 分别为重建图像的高度和宽度(像素);f 为 CCD 镜头焦距(mm);μ_x 为 CCD 靶面在宽度方向上的像素尺寸(mm);y_0 表示在拍摄系统坐标系中,进行逆投影变换时,在原始图像中重建区域内 y 坐标的极大值(像素),这里为 -15。

3. 当前车道宽度估计

当 CCD 安装高度、俯仰角、偏转角、其内部参数以及镜头参数确定以后,在重建图

像中车道宽度(单位为像素)与实际的道路宽度(单位为 mm)之间的比例系数 λ 可以看作常数。利用式(2-50)可以求出 λ 值,其单位为 mm/像素。

$$\lambda = \frac{h \times \mu_x}{|y_0| \times \mu_y} \tag{2-50}$$

式中,μ_x 和 μ_y 分别表示 CCD 靶面在宽度和高度方向上的像素尺寸(mm);h 为 CCD 安装高度(mm);y_0 值的选取见式(2-49)的说明。

当采用的 CCD 其 $\mu_x = \mu_y$ 时,式(2-50)可简化为

$$\lambda = \frac{h}{|y_0|} \tag{2-51}$$

利用得到的 λ 值以及 θ 值,通过式(2-52)就可以求出实际的道路宽度 w(单位为 mm)。

$$w = \lambda \times \left| \frac{b\_left}{k\_left} - \frac{b\_right}{k\_right} \right| \times \cos\theta \tag{2-52}$$

4. 位置参数估计

要想求出 x_0,有必要先计算出线段 QM 的长度 $|QM|$,根据三角几何关系,可以推出 $|QM|$ 的计算公式为

$$|QM| = \left(W\_image - \frac{b\_right}{k\_right} - \frac{b\_left}{k\_left} \right) \times \frac{\lambda}{2} \tag{2-53}$$

式中,W_image 为图像宽度(像素);λ 为比例系数(mm/像素),其计算见式(2-50)。在得到了线段长度 $|QM|$ 和方向参数 θ 后,利用式(2-54)就能求出车辆在车道中的横向位置 x_0(单位为 mm)。

$$x_0 = |QM| \times \cos\theta - h \times \sin\theta \tag{2-54}$$

2.7 未来展望

目前,车道偏离预警系统的研究主要集中在基于视觉传感器解决方案上。大多数方法在解决一些特定环境下的道路边界或车道标识线识别问题上具有很好的效果,但它们或多或少具有一定的局限性。为了使开发的道路识别系统具有很强的鲁棒性,就必须使系统对车道标识线的形状、道路环境的改变、光照的变化、阴影以及相互遮挡等造成的信息闭塞等具有不敏感性。目前,基于视觉的前方道路边界及车道标识的识别还存在着一些技术难点,主要体现在以下几个方面。

(1) 光照变化和阴影遮挡情况下进行有效的道路边界及车道标识线的识别。

(2) 市内交通环境中道路边界及车道标识线的检测。目前,很少有注意力集中在市内交通环境中的道路感知问题,而市内交通环境由于车道标识线不是很清晰、道路几何特征比较随意、道路曲率比较苛刻以及众多的"弱势"交通参与者(自行车、行人等)而变得特别复杂,利用机器视觉技术实现比较理想的道路感知就变得特别困难。

(3) 恶劣的气候环境中(雨、雪天气)道路边界及车道标识线的识别。在恶劣气候环境中,道路车道标识与路面的反差比较小,同时由于视距的急剧减少,会导致某些车道参数的错误估计,从而使现有的很多车道识别系统在恶劣的驾驶环境中(雨、雪天气)会遇到

问题。

（4）非结构化道路的识别。目前，有很多学者将研究重点转向非结构化道路的识别，目的是解决乡村道路识别的问题。由于非结构化道路不规则以及很少有明显的车道标识线，在大多数这种道路图像中，路面与背景区别并不特别明显，这就为非结构化道路的识别带来了很大的困难。

目前，研究各种鲁棒性强、能适应各种天气条件、克服光照变化以及阴影条件的影响的车道偏离评价算法是所有基于视觉的车道偏离预警系统的发展趋势。

1. 车道偏离预警技术研究的主要意义是什么？
2. 道路图像预处理方法有哪些？
3. 比较分析几种典型的车道偏离预警模型的优缺点。
4. 车道偏离预警系统应该满足哪些技术要求？
5. 基于视觉的车道线检测方法有哪些？
6. 自行用照相机采集一幅道路图像，采用图像处理的方法检测出当前车道线。

第 3 章
汽车安全车距预警技术

教学提示

从高速公路事故的主要形态来看，由于驾驶人未保持足够行车间距，导致尾随相撞的事故较多，是高速公路主要事故形态之一。为了减少类似交通事故的发生，汽车安全车距预警能够实时检测与识别前方车辆，判断本车与前车的距离，计算判断追尾的可能性，并在必要时进行预警报警，提醒驾驶人通过控制车速与前方目标保持安全距离，提醒驾驶人存在的潜在车辆追尾的交通事故，从而使驾驶人能及时做出正确处理，对减少类似车辆追尾碰撞的交通事故有着重要的意义。

教学目标

通过本章内容的学习，应该掌握汽车安全车距预警技术的研究意义，了解国内外研究现状及取得的成果，掌握几种典型的基于视觉传感器的前方车辆探测与跟踪方法，了解几种经典的安全车距预警模型，了解典型基于视觉传感器的安全车距预警系统实现过程，了解该项技术的未来方向和发展趋势。

导入案例

为了减少追尾事故的发生,很多研究机构都在进行汽车追尾防碰撞预警系统的研发,该系统是一种旨在提高汽车主动安全性的辅助驾驶装置。通过检测汽车自身的车速、与其他汽车(或障碍物)之间的间距等,可计算判断追尾的可能性,必要时进行预警报警,提醒驾驶人通过控制车速与前方目标保持安全距离。如果情况紧急,装有预警系统的汽车还可以自动采取制动措施,以尽可能地避免发生追尾事故。

Mobileye 是汽车安全辅助驾驶技术的领导者,通过预防发生碰撞和降低碰撞的严重程度来推动安全驾驶。该公司总部位于荷兰,在美国、以色列、塞浦路斯和日本设有办事处,并且在美国和以色列设有研发部门。2012 年 2 月北京校车展上 Mobileye 公司展示了其智能行车预警系统。该预警系统可以快速识别前方状况,识别碰撞对象,不间断地计算车距和车速,实时准确判断可能发生的碰撞情况,并及时给驾驶人提供声音和视觉报警信号,使驾驶人集中注意力,避免交通事故的发生。国外的著名车队,以及众多汽车品牌如大众、奔驰、宝马、沃尔沃、福特等都已经引进了该项技术,沃尔沃 XC60 和宝马新 5 系、7 系的安全预警系统都是 Mobileye 公司的技术,而且很多国家在客车、公交车、货车等方面也在广泛应用。

C2-270 智能行车预警系统是该公司的成功应用的最新产品,如图 3.01 所示。系统采用 Mobileye 的 MIPS-Based EyeQ2 TM 视觉芯片,前碰撞预警(Front Collision Warning, FCW)是 Mobileye C2-270™智能行车预警系统的 6 大功能之一。当可能与前方车辆发生碰撞时,FCW 将在发生碰撞前最多 2.7s 发出警报,提醒驾驶人警惕即将发生的与前方车辆或摩托车的追尾碰撞。Mobileye C2-270 能够根据两车之间的距离和相对速度计算出碰撞时间,FCW 在系统开启时处于运作状态,车速在 0~200km/h 时起效,FCW 声音警报为一连串高音量蜂鸣。

图 3.01 Mobileye 前碰撞预警 FCW 系统

3.1 引 言

道路交通事故多发生在高等级公路上,2010 年我国发生在公路上的道路交通事故总数为 124,953 起,占总数的 56.9%;导致 46,534 人死亡,占总数的 71.35%;受伤人数达 139,007 人,占总数的 58.6%。根据历年来我国道路交通事故的统计数据来看,高速公路、一、二级公路及其他等级公路上发生的道路交通事故较多,导致严重的人员伤亡,如表 3-1 所示。从表 3-1 中可以看出,我国二、三级公路交通事故死亡人数仍占大多数,但与往年相比呈现下降的趋势,而高速公路死亡人数上升幅度较大。图 3.1 为高速公路、二级和三级公路交通事故死亡人数所占比例变化趋势。

表 3-1 2006—2010 年公路交通事故死亡人数

	2006年		2007年		2008年		2009年		2010年		合计	
	数量	占总数	数量	占总数	数量	占总数	数量	占总数	数量	占总数	数量	占总数
总数	89,455	100%	81,649	100%	73,484	100%	67,759	100%	65,225	100%	377,572	100%
公路小计	67,476	7.43%	60,271	73.82%	53,693	73.07%	48,871	72.13%	46,534	71.34%	276,845	73.32%
高速公路	6,647	7.43%	6,030	7.39%	6,042	8.22%	6,028	8.90%	6,300	9.66%	31,047	8.22%
一级公路	8,668	9.69%	7,611	9.32%	6,877	9.36%	6,110	9.02%	6,012	9.22%	35,278	9.34%
二级公路	24,251	27.11%	21,899	26.82%	18,943	25.78%	17,605	25.98%	16,454	25.23%	99,152	26.26%
三级公路	16,379	18.31%	14,372	17.60%	12,544	17.07%	10,817	15.96%	9,965	15.28%	64,077	16.97%
四级公路	6,566	7.34%	6,098	7.47%	5,563	7.57%	4,872	7.19%	4,581	7.02%	27,680	7.33%
等外公路	4,965	5.55%	4,261	5.22%	3,724	5.07%	3,439	5.08%	3,222	4.94%	19,611	5.19%

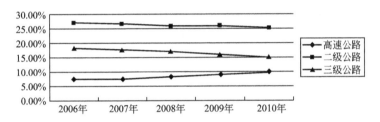

图 3.1 高速公路、二级和三级公路交通事故死亡人数所占比例变化趋势

随着我国高速公路通车里程的增加，发生在高速公路的道路交通事故上升较快，并带来严重的人员伤亡和财产损失，如表 3-2 和图 3.2 所示。

表 3-2 1994—2010 年高速公路交通事故统计表

	事故起数		死亡人数		受伤人数		直接财产损失/元		通车里程/km
	数量	占总数	数量	占总数	数量	占总数	数量	占总数	
1994	2,877	1.14%	538	0.81%	1,157	0.78%	59,396,775	4.45%	1,603
1995	4,590	1.69%	616	0.86%	1,600	1.00%	81,989,194	5.38%	2,141
1996	6,797	2.40%	864	1.20%	2,215	1.30%	126,003,005	7.30%	3,422
1997	9,036	3.00%	1,182	1.60%	3,190	1.70%	169,225,635	9.20%	4,771
1998	10,574	3.05%	1,487	1.91%	4,034	1.81%	176,756,241	9.16%	8,733
1999	12,634	3.06%	1,687	2.02%	4,921	1.72%	218,773,863	10.30%	11,605
2000	16,916	2.74%	2,162	2.30%	6,442	1.54%	263,088,659	9.86%	16,314
2001	24,565	3.25%	3,147	2.97%	9,978	1.83%	400,900,146	12.98%	19,437
2002	29,611	3.83%	3,927	3.59%	12,253	2.18%	521,927,829	15.70%	25,130
2003	36,257	5.43%	5,269	5.05%	14,867	3.01%	698,180,193	20.72%	29,745

(续)

	事故起数		死亡人数		受伤人数		直接财产损失/元		通车里程/km
	数量	占总数	数量	占总数	数量	占总数	数量	占总数	
2004	24,466	4.72%	6,235	5.82%	15,213	3.16%	578,015,734	24,17%	34,288
2005	18,168	4.04%	6,407	6.49%	15,681	3.34%	508,928,269	27.01%	41,005
2006	14,432	3.81%	6,647	7.43%	17,116	3.97%	469,211,510	31.50%	45,339
2007	12,364	3.78%	6,030	7.39%	14,628	3.85%	365,416,067	30.48%	53,913
2008	10,848	4.09%	6,042	8.22%	13,768	4.52%	336,381,386	33.31%	60,302
2009	9,147	3.84%	6,028	8.90%	12,780	4.65%	293,495,799	32.10%	65,056
2010	9,700	4.42%	6,300	9.66%	13,739	5.41%	315,895,723	35.10%	74,113

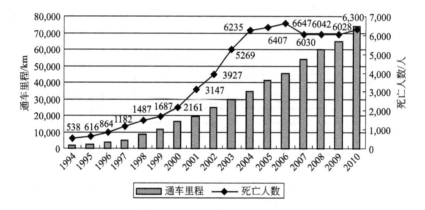

图 3.2 1994—2010 年高速公路交通事故死亡人数

高速公路是全封闭、多车道、具有中央分隔带、全立体交叉、集中管理、控制出入、多种安全服务设施配套齐全的高标准汽车专用公路。高速公路具有行驶速度高、通行能力大等特点,一旦发生事故,后果较为严重。近年来我国高速公路通车里程快速增长,高速公路上的车流量和车辆密度增加,尤其是我国实行重大节假日免收小型客车通行费的政策,高速公路出行越来越成为人们的首选途径。

从高速公路事故发生的主要原因来看,驾驶人超速行驶、疲劳驾驶、违法超车、未保持安全车距等违法行为肇事成为事故的主要原因。从事故的主要形态来看,由于驾驶人未保持足够行车间距,导致尾随相撞的事故较多,是高速公路主要事故形态之一,带来将近一半的损失和人员伤亡。2010 年共发生 3,918 起尾随相撞(即追尾事故)交通事故,导致 2,681 人死亡、5,992 人受伤,分别占总数的 42.72% 和 43.61%,带来 1.5 亿的直接财产损失,占总数的 47.7%,其事故比例明显高于一般公路。图 3.3 是 2010 年高速公路事故主要形态统计表。

尾随相撞是指事故车辆在道路上行驶过程中,因为驾驶人违章或者驾驶过失导致其正面部与其他机动车尾部发生接触的交通事故。追尾碰撞的实质就是指,车辆在行驶过程中,由于种种原因,本车驾驶人没有与前车保持安全车距行驶,当前车已经进入制动状

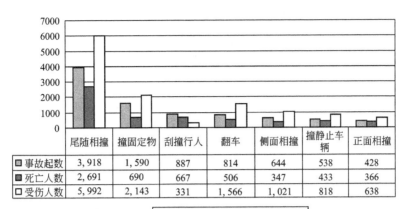

图 3.3　2010 年高速公路事故主要形态统计表

态，驾驶人没有及时采取措施，等发现时，两车间距已小于本车制动所需的最小距离，从而导致后车撞上前车，造成追尾事故。

高速公路不仅是交通现代化的重要标志，也是一个国家现代化的重要标志。高速公路如何进行安全管理，减少交通事故，日益成为全社会共同关注的重大问题。据有关资料研究表明，若在潜在交通事故发生前提前 1.5s 给驾驶人发出警报，则可避免 90% 的类似交通事故。因此，为了减少类似交通事故的发生，加强追尾事故的深度分析，特别是高速公路上追尾事故的研究，研究一种道路上对前方车辆能实时检测与识别并能进行安全车距预警的系统，提醒驾驶人存在的潜在车辆追尾的交通事故，从而使驾驶人能及时做出正确处理，对减少类似车辆追尾碰撞的交通事故有着重大的意义。

3.2　安全车距预警技术研究进展

为了减少追尾事故的发生，很多研究机构都在进行汽车追尾预警系统的研发，该系统是一种旨在提高汽车主动安全性的辅助驾驶装置。通过检测汽车自身的车速、与其他汽车（或障碍物）之间的间距等，可计算判断追尾的可能性，必要时进行预警报警，提醒驾驶人通过控制车速与前方目标保持安全距离。如果情况紧急，装有预警系统的汽车还可以自动采取制动措施，以尽可能地避免发生追尾事故。目前，国内外研究人员主要从车辆追尾预警、安全车距保持以及辅助制动等方面开展系统的研究、开发、改进和应用，期望减少车辆发生追尾的事故，同时针对驾驶人的不良驾驶习惯、道路条件、环境因素等提出并应用相应的管理措施和法律规范等强制手段。

3.2.1　国外研究进展

1. 日本

对车辆追尾事故预防的研究起源于日本。自 20 世纪 70 年代开始，日本最先进行了汽车碰撞系统的研究。90 年代，由日本运输省为主导，制定了先进安全汽车（Advanced Safety Vehicle，ASV）的研究计划，涉及四大领域，40 余项研究开发项目：预防安全技术、事故回避技术、碰撞安全技术、防止撞车灾害扩大技术。日本在 Smart Way 计划（智能公路计划）中，提出要在车辆上采用诸如车道保持、十字路口防撞、行人避让和车距保持等智能车辆技术。2003 年，日本已经开始实施这个示范计划，到 2015 年将在日本全国范围内实施 Smart Way 计划。

鉴于日本国内交通事故居高不下的事实，日本政府颁布了"交通安全基本法"，并且各地可以根据法律制定实施相应的"交通安全基本计划"，将重点放在改善道路交通条件上，并强调严格加强管理，强化交通安全教育。

1999 年，日本三菱公司引入一套新的驾驶人预警系统，它可以进行车辆离道报警，并借助机器视觉监视车辆侧面和后面的交通情况。本田公司、丰田公司和日产公司也各自在先进安全性车辆计划中发展了行车安全子系统，包括车辆定位系统、前车距离控制系统、自动制动系统、障碍报警系统、驾驶人打盹报警系统和夜间行人报警。

本田的碰撞缓解制动系统（Collision Mitigation Brake System，CMBS）最初研发始于 2003 年，最初装备在美版雅阁，随后开始在讴歌的部分车型上（包括 RL、MDX 和 ZDX）装备。其主要原理是，当毫米波雷达探测到前方行驶的车辆，判断有追尾的危险时用警报的方式提醒驾驶人，继续接近前车时轻轻制动，以身体感受进行警告。当判断出难以避免追尾时，CMBS 会采取强烈制动措施，和驾驶人自身的制动一起降低追尾车速，以便有效地帮助驾驶人避免和降低一旦追尾时的损伤。CMBS 主要组成部分如图 3.4 所示。

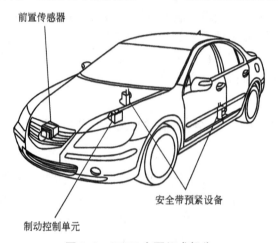

图 3.4　CMBS 主要组成部分

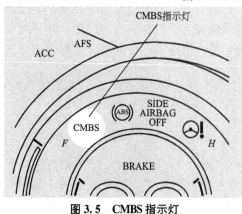

图 3.5　CMBS 指示灯

当驾驶者所在车辆的车速高于 10 英里时，CMBS 启动，通过车头的传感器探测与前车之间的距离，当系统认为有可能导致追尾时，除提醒驾驶者和制动之外，也会自动收紧安全带（E-Pretensioner 系统），确保对前排乘客的约束作用。同时，在车辆自动制动时，也会点亮制动灯，提示后车保持安全距离。当本车与前车车速的差距小于 10 英里时，这套系统将不起作用。CMBS 指示灯如图 3.5 所示。

本田在2011法兰克福车展上推出了欧版第九代思域,除了更为动感的前脸和掀背式造型设计之外,它已经装备了CMBS,可以有效提高车辆的行车安全性。

丰田的预碰撞安全系统(Pre-Collision System,PCS)如图3.6所示。凭借在电子技术方面的优势,丰田不仅是最早将预碰撞安全系统装备在量产车上的品牌之一,而且一直都处于世界领先水平。丰田的预碰撞安全系统最早出现在2003年,装备在雷克萨斯LX和RX车型上。这套系统的传感器是装在车头的一个毫米波雷达。该雷达能自动探测前方障碍物,测算出发生碰撞的可能性。若系统判断碰撞的可能性很大,则会发出警报声,提示驾驶人规避。此时其他主动安全设备也将被整合起来,制动辅助(BA)会进入准备状态,协助驾驶人给车辆制动。

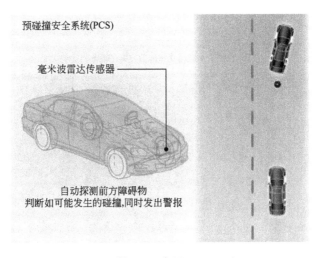

图3.6 丰田PCS

2006年,丰田对PCS再度进行了改进,新系统被称为APCS(Advanced Pre-Collision System),如图3.7所示。除增加了双透镜摄像头之外,新系统改善了前置雷达的精度,可以探测更小的"软"目标(如动物或者行人),新加入的近红外系统让APCS在夜间也能工作。此外,新系统可以与主动悬架和可变齿比转向联动,在危险来临时增加减振器的支撑力,同时放大转向的比例以规避危险。

图3.7 丰田APCS

日产汽车的 Q50 配备了利用毫米波雷达识别因前方车辆而看不到的前方状况，从而避免碰撞的安全驾驶辅助系统；还配备了两个单眼摄像头，分别用于检测车道和控制远光灯，如图 3.8 所示。

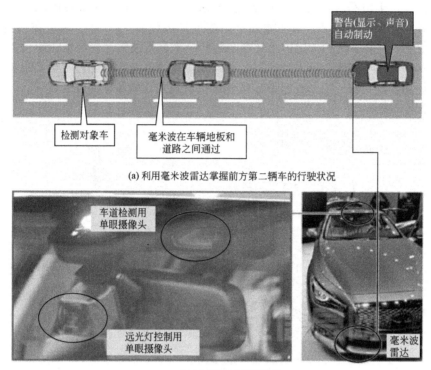

图 3.8　配备安全驾驶辅助系统及两个单眼摄像头的日产汽车 Q50

Q50 的安全驾驶辅助系统中也导入了新技术，即通过毫米波雷达识别因前方车辆遮挡而看不到的前方状况，从而避免碰撞。当前方第二辆车的速度很慢或紧急减速时，除了存在与前方车辆一同追尾的危险外，若前方车辆突然变更车道，还存在与前方第二辆车撞上的危险。

为了避免出现这种情况，新技术利用 70GHz 频带的毫米波雷达监测与前方第二辆车之间的车距和相对速度。当有碰撞危险时，通过显示和声音提醒驾驶人注意，必要时进行制动。毫米波在前方车辆地板与行驶道路之间通过。

2. 美国

美国的一些研究者指出，在 1994 年发生的超过半数以上的追尾碰撞事故，都能由碰撞预警系统来预防。人们通过追尾防碰撞预警系统可以使驾驶人的反应时间缩短，采取比较正确的操作，能够使追尾事故降低一半以上。由美国联邦公路局、AASH-TO、各州运输部、汽车工业联盟、ITS American 等组成的特殊联合机构美国车路协同系统(Vehicle Infrastructure Integration，VII)通过信息与通信技术实现汽车与道路设施的集成，并以道路设施为基础。

VII 计划主要包括智能车辆先导(IVI)计划、车辆安全通信(VSC)计划、增强型数字地图(ED-Map)计划等,并且通过美国通信委员会(FCC)为车路通信专门分配了5.9GHz的专用短程通信(DSRC)频段,为驾驶人提供安全辅助控制。最近美国交通部(USDOT)将VII更名为IntelliDrive,更加强调了交通安全的重要性。IntelliDrive为美国道路交通提供了更好的安全和效率,它通过开发和集成各种车载和路侧设备以及通信技术,使得驾驶者在驾驶中能够做出更好和更安全的决策。

美国的IVI计划与通用汽车公司合作,发展一套自动碰撞预警/防撞系统并开发相关的试验系统。通用汽车公司研发的预警系统能够在两车相隔距离处于危险情况时自动发出警报,从而避免追尾事故发生。该预警系统名为"车对车"(V2V),主要利用卫星导航系统精确定位车辆所处方位,并通过无线网络把所得信息传送到距离300m以内的车辆上。当预警系统发现危险情况时,能够发出警报声和闪光,同时还能振动驾驶人座椅以避免车祸发生。此外,系统还可以自动制动,但车辆仍由驾驶人完全掌控。该系统不仅能够最大限度减少驾驶人因处于车辆盲区而看不到其他车辆带来的危险,还能够防止因能见度低、道路曲折或注意力不集中导致的追尾事故。

同时,V2V系统还能够提示前方有停靠车辆,以避免相撞。当转弯处有停靠车辆时,预警系统甚至比当场车辆知道得还早。前方有车辆紧急停车时,系统会发出警报。

美国国家交通安全委员会(NTSB)建议,为了有效提高道路安全性,政府应该要求所有汽车制造商把最新的防碰撞技术作为新车的标准配备,如车道偏离警告、前方碰撞警告、自适应巡航控制、自动制动以及电子稳定控制等,这样有望把致命的高速公路事故数量减半。这些技术应该被广泛使用在乘用车辆和商用车辆中。

随着无线通信技术的发展,利用通信技术解决道路交通遇到的问题越来越成为可能。美国联邦通信委员会正计划增加Wi-Fi频谱,以支持汽车间防碰撞安全通信技术项目的研发。该防碰撞系统可以分析汽车运行中的数据,如速度、方向变化并自动与附近车辆进行通信,在即将碰撞时采取措施避免灾难发生。目前密歇根州有3,000辆汽车正在接受该项技术的测试。

美国Delphi公司基于雷达和视频的数据融合开发了前碰撞预警(Front Collision Warning,FCW)系统,系统监视本车和前方行车路径上的车辆之间的相对距离和速度,综合驾驶人的其他操控行为,如制动、节气门等信息,评估碰撞危险程度,并在必要时对驾驶人进行告警,如图3.9所示。雷达和视频的数据融合,增加了系统的精度,减少误报警。系统提供告警图标的闪烁的可视告警、电动安全带和声音告警。

图3.9 FCW系统

同时，其碰撞缓解系统(图3.10)监视目标车辆并且测量其距离、相对速度、将要发生碰撞的时间以及所需的制动距离，当检测到碰撞危险时，系统发命令让制动预张紧；当系统检测到碰撞将要发生时，通过辅助制动(ABA)，或自动制动(AB)来紧急制动。

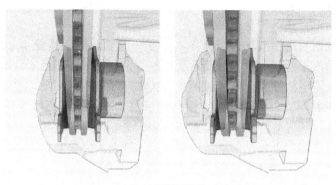

(a) 制动预张紧

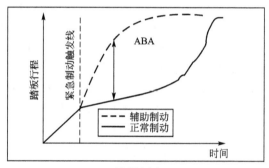

(b) 辅助制动力

图 3.10 碰撞缓解系统

3. 欧盟

欧洲开放基金资助进行驾驶人的监测、道路环境的感知、视觉增强、汽车车距控制以及传感器融合方面的研究。例如，欧盟的 PreVENT 项目，主要利用先进的信息、通信和定位技术，开发自主式和协调式主动安全系统，降低事故发生率和减小事故严重性。

沃尔沃在预碰撞安全系统方面开展碰撞警告和自动制动(Collision Warning with Auto Brake，CWAB)系统，最早运用在 2006 年的沃尔沃 S80 轿车上，目前已应用于沃尔沃 XC60、沃尔沃 S60 和沃尔沃 V60 三款车型上。沃尔沃 CWAB 系统以摄像头、雷达同时侦测，雷达负责侦测车辆前方 150m 内的范围，摄影镜头则负责前方 55m 内的车辆动态，如图 3.11 所示。其工作原理是通过车头部的雷达监测前方交通状况。如果安全车距不足，存在发生碰撞的危险，前风窗玻璃上会投射出警示信号，提示驾驶人立即制动，同时制动卡钳会推动制动片接近制动盘，但并不会施加制动力，而是为驾驶人的制

图 3.11 沃尔沃推出的 CWAB 系统

动动作提供最快的反应速度。

2007年系统进行了升级,增加了自动制动功能。当驾驶人对警示没有反应时,系统检测到与前车的碰撞已经在所难免,这时车辆会自动实施制动。最终的效果是,车辆会以一个相对较低的速度与前车发生碰撞。其工作流程是:紧急情况发生→警示声响→红色信号闪烁→驾驶人踩下制动踏板制动/启动自动制动功能→汽车停止,30km/h以下实现避免碰撞,30km/h以上能够减轻碰撞。

2012年,由欧洲28家公司和组织机构联合开展的欧洲大型车路协同道路运行测试项目(Field Operational Tests,FOT)研究项目报告指出,沃尔沃汽车公司开发的有效避免追尾和撞车事故的系统获得最高评价。研究结果表明,配备有沃尔沃自适应巡航控制及防撞预警功能的汽车,可有效将其与高速公路上前方行驶车辆发生碰撞的可能性降低42%。

本次欧洲FOT项目所用的沃尔沃车型分析主要采用五种技术解决方案,分别为自适应巡航控制(ACC)系统、碰撞预警(CW)系统、盲点信息系统(BLIS)、车道偏离警示(LDW)系统以及驾驶人安全警示控制(DAC)系统。

测试报告显示,80%的驾驶人使用自适应巡航控制系统后,行车更舒适、便捷,94%的驾驶人认为该系统使行车更安全。另外,70%的驾驶人认为碰撞预警系统提高了行车安全性。对于其他三种系统的应用,参加测试的驾驶人也都给予积极的肯定。

德国博世(Bosch)公司提供的数据表明,在追尾事故中有80%~90%是乘用车的追尾,轿车追尾大卡车的事例层出不穷,研究和使用乘用车防止追尾的安全装置与措施已成当务之急。在博世的紧急制动预警系统中,针对驾驶者在追尾前的三种行为——因过于紧张没有采取任何措施的无制动行为(占31%)、因制动力不强导致的局部制动行为(占49%)以及因制动过晚而采取的完全制动行为(占20%),博世公司给出了三种不同的应对措施——自动紧急制动系统(AEB,可自动制动减慢车速,减轻碰撞强度)、紧急制动辅助系统(EBA,伴随驾驶者的制动行为进行目的性制动)和碰撞预警系统(PCW,发出影音警报或紧急制动提醒)。

博世提供的交通事故研究数据表明,以驾驶安全辅助系统从干预最弱到最强的碰撞预警系统、紧急制动辅助系统和自动紧急制动系统为例,在驾驶人昏昏欲睡的状态下,碰撞预警系统可避免1%的追尾事故,紧急制动辅助系统可避免21%的追尾事故,自动紧急制动系统可避免64%的追尾事故;在驾驶人状态最好的情况下,追尾事故的避免率分别为74%、76%和85%;在驾驶人状态正常的情况下(占比例最大并且最为常见),追尾事故的避免率分别为38%、55%和72%。

奔驰汽车公司和劳伦斯电子公司联合研制的汽车防撞报警系统,探测距离为150m,该系统目前已经得到应用。奔驰600S型轿车上安装的距离自动控制雷达,可以在40~160km/h速度范围内自动调节车速,确定与前车的距离。奔驰汽车公司开发了PRE-SAFE(安全预警)系统,以尽可能降低碰撞所带来的伤害。PRE-SAFE系统(图3.12)一旦监测到车辆即将发生碰撞,就会在200ms内被激活。该系统会预先收紧安全带、自动调整前排乘客座椅,并关闭所有车窗和天窗,防止发生碰撞时产生的异物飞入车内。

Daimler-Chrysler公司的防撞系统在车辆以32.18km/h的速度行驶条件下,车辆停驶的距离为2.54m。在Daimler公司的驾驶安全辅助系统中,与无辅助系统时相比,其限距控制系统(DTR)与制动辅助系统(BAS)可避免9%的事故,降低16%的事故严重性;增强型限距控制系统(DTRPlus)与增强型制动辅助系统(BASPlus)可避免20%的事故,降低

图 3.12 PRE-SAFE 系统

25%的事故严重性；增强型限距控制系统与增强型制动辅助系统在普通公路和高速公路上应用，则可避免 37%的事故，并降低 31%的事故严重性。因此，Daimler 公司的增强型限距控制系统被认为在城郊普通公路和高速公路上行驶时有效。

4. 以色列

图 3.13 前碰撞预警系统

前碰撞预警（图 3.13）是 Mobileye C2-270 智能行车预警系统的 6 大功能之一。当可能与前方车辆发生碰撞时，前碰撞预警系统将在发生碰撞前最多 2.7s 发出警报，提醒驾驶人警惕即将发生的与前方车辆或摩托车的追尾碰撞。Mobileye C2-270 能够根据两车之间的距离和相对速度计算出碰撞时间，前碰撞预警系统在系统开启时处于运作状态，车速在 0～200km/h 时起效。前碰撞预警系统声音警报为一连串高音量蜂鸣。

3.2.2 国内研究进展

在 20 世纪 90 年代以前，我国在交通运输领域研究较少。随着我国经济的发展，自 90 年代中期以来，交通运输领域的问题逐渐被我国科学家和技术人员所关注，逐渐跟随国际上的智能交通系统(ITS)的发展。

随着交通智能系统的发展，我国科技人员在车辆防追尾碰撞方面同样进行了大量的研究，如清华大学的汽车安全与节能国家重点实验室采用了激光雷达和毫米波雷达实现道路上本车前方的车辆探测。吉林大学研制开发出具有障碍物识别功能的室外视觉导航智能车，该型智能车利用视觉和激光雷达融合技术实现本车前方车辆探测及车距保持等控制功能。裴玉龙等综合考虑人、车、路因素，分析了不同条件下的车辆安全跟驰距离，并建立了车辆防追尾碰撞的车速控制模型。航天工业总公司 8358 所激光研究室采用窄脉冲半导体激光测距技术，所开发的汽车防撞装置作用距离大于 30m，测距精度小于 1m，但仍然存在一些关键性技术问题未解决，而且价格偏高。许洪国等认为应从人、车和环境三个方面研究交通安全技术，从主动上和被动上避免车辆追尾事故的发生。侯志祥等应用 ANFIS

（自适应神经模糊推理系统），建立了高速公路汽车追尾概率模型与临界安全车距模型，通过计算得到不同的行车间距及车速差时的汽车追尾概率。研究结果经过实时校正后，可用于实际中的追尾碰撞预测。该概率预测模型与临界安全车距模型的建立，为高速公路车辆追尾碰撞的研究提供了一个新的研究思路，对缓解严峻的交通事故行驶具有重要意义。

上海汽车电子工程中心研制的 SAE-100 型毫米波防碰撞雷达系统样机，采用零差 FMCW 体制，工作频率为 35GHz，测距范围大于 100m，测速范围大于 100km/h。系统采用了增益为 26dB 的小型喇叭天线、发射功率 40mW 的波导结构前端，以及先进的 DSP 数据处理技术。整个系统由上下两部分构成：上面部分包括天线、前端和中频放大模块，输出信号为经过放大了的中频信号；下面部分为数据处理和显示报警模块，可以显示目标距离和相对运动速度。当目标距离小于 100m 时，根据距离的不同可以用三种不同的音调进行报警。

江苏赛博电子有限公司研制成功的汽车雷达防撞系统采用 38GHz 毫米波技术和高速 DSP 数字信号处理器。监视前向车道上静止的和行驶的车辆，提供 20 个目标的距离和接近速度数据判断潜在碰撞危险目标，虚警率为 1‰，最小探测距离为 1m。当汽车在前方 200m 距离范围内，发生潜在追尾碰撞时，能自动发出报警信号，并根据不同的危险情况发出相应的声光警报。

综上所述，国内外的车辆安全距离测量一般采用雷达测距、超声波测距、激光测距和视觉测距的方法。但是这些车距方法都存在着不同的缺点，雷达测距受相互间电磁波干扰严重，超声波测距测量距离比较短，激光测距对器件和信号的处理要求高，而且这些测量方法都没有运用到高速运动状态下的远距离测量。同时，国内外虽然有很多关于机器视觉测距的研究，但都没有将机器视觉测距应用到现实生产生活当中。

3.3 前方车辆检测方法

前方车辆检测是判断安全车距的前提，车辆探测的准确与否不仅决定了测距的准确性，而且决定了是否能够及时发现一些潜在的交通事故。近年来，在国内外 ITS 以及 IV 研究领域中，关于前方车辆的探测与跟踪方法的研究，已提出了许多算法和实施手段。如利用车辆的线性几何特征信息、车辆对称性，或者采用特殊的硬件，如彩色 CCD 和双目 CCD 的计算机视觉的方法。此外，还有基于光流的方法、模板匹配的方法、利用神经网络训练的方法，以及多传感器信息融合的方法等。

3.3.1 基于单目视觉的车辆识别

目前，利用单目视觉采用灰度图像对前方车辆识别的研究最为广泛。其主要原因在于 CCD 摄像机的性能能够满足实时性要求且价格合理。此外，随着模式识别和图像处理与分析理论的不断成熟，车辆识别成为可能。而且随着计算机技术的不断发展，车辆识别算法的实时性也得到了提高。

车辆检测的主要方法一般都需依靠有关车辆特征的一些信息，即利用一些先验的知识，如车辆的形状，以及车高与车宽的比例等作为检测车辆边缘的约束条件。通常采用 Sobel 或 Canny 算子对图像进行边缘增强处理，从而获得一些包含车辆信息的水平和垂直边缘。而如何在这些边缘中找出属于车辆的边缘,以便确定车辆存在的区域,或判断是否有车辆存在,不同的文献提出了不同的方法。经归纳主要有以下几种方法。

1. 利用边缘特征作为约束条件的方法

利用边缘特征作为约束条件的方法就是在车辆的识别过程中多次使用滤波,而每次滤波都以车辆的边缘特征等先验知识作为约束条件。例如,采用基于最近的原则,将通过 Sobel 算子获得的水平和垂直的边缘分成几个八连通边缘区域。然后利用对车辆结构特征的先验知识作为约束条件,将属于车辆的边缘从背景中分割出来。在此基础上又采用 Rank 滤波器对八连通边缘区域进行进一步处理。处理结果是将那些接近本车的边缘区域保留下来,而远离本车的边缘区域被滤掉。Rank 滤波器的实质就是利用排序的规则,判断前方车辆与本车之间的距离远近。此时,假设图像的底部就是本车的位置,通过计算每个边缘区域的中心点距图像底部的垂直偏移量,将所有的垂直偏移量由小到大进行排列,并选取一定域值进行比较。若大于该域值,则认为该目标离本车较远,不对本车构成威胁,因此将其滤除,反之保留。

经过 Rank 滤波器滤波后的图像,仍然会存在一些噪声,如道路边缘或阴影等。为此可利用道路边缘的先验知识,采用基于 Hough 变换的线性滤波器将这些噪声去除。剩下的边缘区域在基于车辆宽高比率的条件约束下,建立一些矩形区域,从而在图像中将车辆区域标识出来。

车辆一旦被检测出后,将对其进行跟踪,监测其位置及移动的速度以便提供防碰撞警报。利用前幅图像所获得车辆信息对车辆的跟踪方法,在对当前图像处理时,采用基于欧氏距离、边缘密度以及车辆区域内像素密度的误差平方和(SSD)三个准则,依次对可能的车辆区域进行匹配,从而准确地检测出前方车辆。同时,采用车辆聚类的算法减少跟踪算法的运行时间,这将保证仅仅对前方最接近本车的车辆进行跟踪。

这种多滤波算法往往其组成的每个算法都比较简单,但只要组织合理,就会达到较好的识别效果。该算法不受道路条件的约束,具有较强的鲁棒性。

2. 基于模板匹配的方法

基于模板匹配的方法通常是获取大量不同道路环境、不同类型的车辆图像,然后利用基于灰度信息的方法建立车辆特征模板。用这些模板与待识别图像进行匹配,寻找与模板相似的特征区域,即为被检测的车辆。但是,在实际使用中,为了提高匹配速度,往往要建立一些感兴趣区域。感兴趣区域可分为两种情况考虑:一种是对从后方超越本车的车辆的识别;另一种是对前方出现的不断接近的车辆的识别。

对于第一种情况,可利用后方车辆超越本车时,会造成图像左侧灰度信息发生突变这一条件,对车辆进行检测。在正常情况下,图像中路面的灰度信息在相邻几帧图像中没有显著变化。但是,当有车辆超越时,会造成图像左侧或右侧区域的灰度信息在连续几帧内出现大的变化。当这种变化量超出设定的阈值时,则考虑可能有车辆出现。此时,利用预先制作的模板对灰度变化区域进行匹配,并依据匹配的相关系数来确定是否有车辆存在。

而对于前方出现的车辆,则采用了基于车辆特征的方法。首先,利用提取的水平边缘和垂直边缘,在一定约束条件下,分割出可能属于车辆的边缘。然后对整幅图像进行搜索,寻找并分割出可能的车辆区域。在此基础上,对每个候选区域分别进行水平方向投影和垂直方向投影,求出每个方向上的最大的灰度值。将最大灰度值的一半作为搜索车辆的阈值，分别从左到右，从右到左，从上到下，从下到上进行扫描，从而进一步确定目标潜在的矩形区域，该区域即为感兴趣区域。感兴趣区域的建立大大地缩短了匹配的时间，使算法的实时性得到了提高。一旦车辆被识别出来，其在图像中所占据的大小和位置信息将被用来进行跟踪处理，以便及时调整跟踪窗口的位置和尺寸。同时，为减少跟踪算法的运行时间，可每隔几帧进行一次模板匹配，并能保证跟踪的可靠性。

通常，采用灰度模板匹配的图像跟踪方法是根据图像灰度分布与模板的相似度来判定跟踪点的。如果运动目标的姿态产生变化，即除了平移之外还有旋转和尺度的变化时，模板匹配的相似度就会下降，从而导致跟踪稳定程度降低，甚至完全丢失目标。为了提高跟踪稳定程度，需要根据目标的变化信息重建模板图像。当跟踪的目标较大时，这种像素级的模板重建计算量很大，并且需要使用插值方法计算图像非整数坐标位置处的像素灰度。另外，这种方法也很容易受到背景变化的干扰。如果选取目标自身的某种特征或几种特征的组合进行跟踪，而且这些特征又不随目标的平移、旋转和尺度的变化而变化，那么就可以很好地解决以上问题。

目前，小波理论的发展和广泛应用为解决上述问题提供了理论指导。如美国内华达州立大学的视觉实验室提出利用 Gabor 小波对平移、旋转和尺度变化不敏感的特点，对本车前方的运动车辆进行特征提取。其中 Gabor 小波可看做二维空间的高斯函数。通过改变函数中的方向因子和尺度因子，可获得一系列的小波。用这些小波函数对每个灰度图像的子窗口分别进行卷积，卷积的结果为可表示车辆特征的三个参数：均值、标准偏差和相位差。对所有卷积后的参数利用统计的方法形成一个一维的特征向量。该特征向量将作为训练支持向量机(Support Vector Machine，SVM)分类器的输入。在实际使用时，可通过训练后的 SVMs 分类器对前方车辆进行检测和跟踪。

3. 基于运动目标距离不变的采样法

采用基于运动目标距离不变的采样法来识别前方多车道的车辆，其思想是：道路平面上的运动目标距摄像机越远，则在图像中所占的像素越少。同样，现实中互相平行的道路边界，在图像中却是相交的。以上这些现象主要是由透视投影变换造成的。实际上，现实中运动目标不会因远近而大小不一。为消除这种影响，德国慕尼黑大学的一所研究机构提出了一种称为采样的方法对道路进行重建。具体方法为：首先，要确定本车的车道线或其他车道。然后，对图像中的每个车道，由下向上在水平方向上进行采样，采样规则如式(3-1)所示：

$$\omega = \frac{W}{n-1} \tag{3-1}$$

式中，ω 表示每行采样点的间距；W 表示在特定行上的车道的宽度；n 表示每行采样点的个数。

在采样过程中，要考察每行采样点间以及相邻两行采样点的灰度变化。若灰度量变化超过设定的阈值，则此行及其以后的数行采样点在水平方向和垂直方向的间隔不变。这样就形成了数个包含车辆信息的采样图像。然后，对每个采样图像应用一般的车辆检测方法进行处理，便可将车辆检测出来。

这种采样法实际上就是建立车辆的感兴趣区域。并且，由于间隔采样使识别处理时的像素减少，因此大大加快了运算速度。但是，采样法也抛弃了大量的像素，致使无法获得车辆的细节信息或容易造成误判。

4. 基于对称性的方法

基于对称性的方法是利用车辆具有较强的对称性特征来实现车辆检测的。通常，使用该方法需要建立感兴趣区域。如利用车道线作为约束条件，把车辆局限在车道线内。然后，对感兴趣区域内的像素做基于灰度的对称性检测。为保证检测的可靠性，还可进行基于边缘的对称性检测。通过对称性检测可获得车辆的对称轴以及车辆的宽度。利用透视投影变换的特点，通过先验的知识可获取车辆底部的边界。最后，依据车辆的高宽比，确定车辆存在的矩形区域，完成车辆的识别。这种方法在使用时存在一个缺陷，即对于灰度均匀的路面情况，此时的灰度对称性通常比车辆后部区域的对称性要高，因此容易发生误判。

5. 基于纹理特征的方法

纹理是图像分析中一个非常重要的特征。对于图像处理领域而言，图像纹理一般是指由大量或多或少相似的纹理元或模式组成的一种结构。其中，用粗糙性来描述图像纹理是一种常用的方法。粗糙性的大小与局部结构的空间重复周期有关，周期大的粗糙度大，周期小的粗糙度小。由于分形维数是估计表面粗糙度的一个重要参数。用基于布朗运动的分形维计算方法检测前方车辆的原理是：对于一些自然物体，如天空、山、树木等背景的分形维数较小，一般小于 1.6；而人造物如汽车等的边缘分形维数较大，大于 2.0。另外，对于水平边缘和垂直边缘，其水平方向和垂直方向的分形维数等于 0。利用以上三个分形维参数便可确定图像中可能的车辆区域。

目前，基于单目视觉的灰度图像进行车辆识别的研究最为广泛，所涉及的算法也较多。由于算法相对简单，因此具有较强的实时性。一般每帧处理的时间在 20~100ms 之间。但是，单目视觉也有其缺点，容易受外界环境如光照的变化、阴影以及气候等因素的影响，使其识别的可靠性下降。而且，单目视觉无法准确地测距。因此，如何进一步提高单目视觉识别车辆的可靠性和鲁棒性，将是我们面临的新课题。

3.3.2 基于立体视觉技术的车辆识别

立体视觉是计算机被动测距方法中最重要的距离感知技术。它直接模拟了人类视觉处理景物的方式，可以在多种条件下灵活地测量景物的立体信息。其作用是其他计算机视觉方法所不能取代的。对它的研究，无论是从视觉生理的角度还是在工程应用中都具有十分重要的意义。

立体视觉的基本原理是从两个（或多个）视点观察同一景物，以获取在不同视角下的感知图像。通过三角测量原理计算图像像素间的位置偏差（即视差）来获取景物的三维信息，这一过程与人类视觉的立体感知过程是类似的。虽然单目视觉也可以对前方车辆进行识别与跟踪。但是，单目视觉不能准确地获得前方车辆的距离信息。而立体视觉由于能够获得图像的深度信息，因此在车辆前方障碍物探测的研究领域中得到了一定程度的应用。

目前，利用立体视觉对前方车辆进行探测研究时，主要有两种方法。一种是首先采用单目视觉对车辆进行识别和跟踪，而立体视觉主要用来测距和对已识别的目标进行验证。在该方法中，利用立体视觉对图像进行三维重建。首先，采用适当的分割算法，如自适应线性滤波算法对左右两副图像中的边缘进行分割。然后，采用动态规划方法对左右两幅图像的边缘点进行匹配。在匹配时，将左右图像同一扫描线上的匹配特征分别等效为动态规划的阶段与状态。通过在二维规划平面上搜索最佳路径得到最优的匹配，将场景模型描绘成相互连接的边缘线段，由此获得一幅具有深度信息的边缘图像。由于边缘图像不仅包含车辆边缘，同时还包含道路边缘以及其他人造物体的边缘等众多信息，为了将属于车辆的边缘提取出来，以扫描线间的边缘视差连续性以及边缘线段的倾斜角度为判别准则，将属于车辆的边缘分离出来，这样便实现了对车辆的距离测量。同时，通过对单目视觉检测出的目标区域进行匹配，来验证该目标是否为车辆。

立体视觉对前方车辆检测的另一种方法是利用 v 方向视差（v-Disparity）图的算法来识别并区分前方车辆。该方法首先利用立体视觉匹配技术建立视差图，并对该视差图进行改进以减少误匹配。在此基础上对改进的视差图沿图像坐标系中的 v 坐标轴方向（纵坐标）由上至下逐行扫描，累加具有相同视差值的像素点的个数，由此建立了一幅 v 方向上的视差图。通过在视差图中采用基于灰度图像中的直线提取方法，如 Hough 变换等，从 v 方向视差图中提取出一些直线信息。这些直线信息包含了代表道路的直线和道路上车辆的直线。代表车辆的直线一般是竖直的，因此可将车辆从背景中提取出来。一旦车辆被检测出来，为进一步区分车辆的类型，如是轿车还是卡车，可采用基于车辆高度不同这一特征，或者基于车辆区域像素灰度值的数量多少为判断准则，将已识别车辆进一步区分为轿车和卡车。

虽然立体视觉能较好地获得距离信息，但无论是从视觉生理的角度，还是从实际应用方面来看，现有的立体视觉技术还处在十分不成熟的阶段。立体匹配作为立体视觉的核心，在理论上和技术上都存在着很多问题。例如，如何选择合理的匹配特征，以克服匹配准确性与恢复视差全面性间的矛盾；如何选择有效的匹配准则和算法结构，以解决存在严重灰度失真、几何畸变（透视、旋转、缩放等）、噪声干扰、特殊结构（平坦区域、重复相似结构等）及遮挡景物的匹配问题等。因此，用立体视觉技术识别车辆前方障碍物还有待于进一步深入研究。而目前，大量的研究主要集中在单目视觉领域。

3.3.3 基于彩色图像的车辆识别

由于彩色图像含有丰富的信息，在图像处理和模式识别领域中被广泛采用。虽然对彩色图像的处理和分析的实时性较差，但是在对实时性要求不高及环境复杂的情况下，可以获得比灰度图像更多的信息和较好的处理效果，因此在安全辅助驾驶的研究领域中，如非结构化道路的识别、驾驶人行为检测、运动目标的识别等研究方面，同样被广泛采用。

利用彩色图像对前方运动车辆进行检测，其一般方法为：首先，对图像进行初始分割，初始分割一般由颜色量化和聚类来完成。通常，为了使算法对于颜色距离的定义符合人的视觉特征，选择 LUV 颜色空间，其颜色距离的度量使用欧式距离。对颜色量化首先要确定其量化的数目，一般可将一幅图像分成几个子窗口，对每个窗口计算其颜色的粗糙度，并计算整幅图像的平均颜色的粗糙度，然后经过相关的计算，便可确定颜色量化的数目。之后，采用 VQ（矢量量化）的方法对像素在颜色空间内进行划分，完成颜色量化。

量化以后在颜色空间内被划分在同一类别的像素并不一定属于同一区域，为此需要对图像进行分割。对彩色图像的分割，既可以通过在颜色空间内划分的像素来完成（如 K-Mean 或者模糊 C-Mean 等聚类方法），也可以通过在空间上划分像素来完成（如利用图像区域的边缘，或者区域之间的连接和相似性，进行区域生长和区域合并的分割方法）。而实际应用表明，融合多种信息更有利于取得合理的分割效果。在目标分割的基础上，为实现对目标的运动估计，通常可采用光流法，也可运用 Kalman 滤波对每个分割后的区域进行预测，并画出每个区域的运动轨迹，然后依据区域相邻和轨迹相似两个准则进行区域合并。

运动目标提取需要满足以下两个判断准则，即区域运动轨迹的长度最小和可靠性测度最小。前一个准则可将相对摄像机较远的目标区域或者相对摄像机静止的目标区域排除；后一个准则将不同区域但属于同一类的目标排除（如路面或天空）。这里，可靠性测度与目标区域的一致性有关，一致性越高则可靠性测度越小。对于运动目标，其可靠性测度较高，由此可检测出前方运动的车辆。

运用彩色图像检测前方运动的目标，由于算法的复杂性使其实时性较差，一般整个处理时间大约为 1s。但是，这种处理方法信息量丰富，并可实现对多种运动目标同时进行识别和跟踪，尤其是相对摄像机横向运动的物体，如摩托车或者行人等也能很好地被检测出来。

3.3.4 非视觉传感器在车辆检测中的应用

除了采用基于视觉方法对前方车辆进行检测和跟踪外，其他的一些传感器，如红外传感器和雷达传感器等由于逐渐在商品化，因此一些研究机构也试图利用这些传感器，在车辆检测领域做些尝试。如意大利帕尔玛大学 A. Broggi 教授提出采用红外传感器对前方车辆进行检测、跟踪以及距离估计。红外传感器的优点是不受天气和光照条件的影响，对车辆的识别不依靠车辆的颜色或者纹理特征，而且对阴影等噪声不敏感。其缺点是在炎热或阳光充足的情况下识别会受到严重干扰。

此外采用毫米波雷达传感器和里程计相融合的方法也可实现对运动目标进行检测和跟踪。通常，毫米波雷达传感器用来形成距离图像，里程计对本车位置进行估计。在此基础上，结合实时定位和绘图算法（SLAM）对复杂场景中的运动目标如车辆、行人等进行检测和跟踪。

激光雷达传感器也可实现对目标的检测，尤其是具有二维扫描成像的激光雷达，不仅可以识别目标，而且能够获得目标的三维信息。但是这种传感器实时性差，不适合高速行驶的车辆检测。

3.3.5 采用多传感器融合方法的车辆识别

应用于车辆安全方面的传感器进行信息获取，除满足实时性的要求外，更要满足可靠性的要求。然而迄今为止，没有任何一种传感器能保证在任何情况下提供完全可靠的信息。采用多传感器信息融合技术，则在复杂工作环境下，有效克服单一传感器信息获取的局限性，从而导致工作可靠性降低的缺点。因此，近年来传感器信息融合技术在车辆安全保障研究领域受到越来越多的重视，应用日益广泛。

目前，在车辆检测领域中主要有两种融合技术：视觉与激光传感器的融合以及视觉与毫米波雷达传感器的融合。

采用视觉与激光相融合的技术对本车道前方车辆进行探测与跟踪，一方面要建立基于机器视觉的前方车辆目标检测方法，该方法通过基于目标的边界及灰度信息熵等特征，对目标进行初步探测，建立目标的感兴趣区，并依据对称性测度对目标进行确认，在此基础上,利用线性预测方法实现目标跟踪;另一方面利用激光雷达所成水平方向的一维距离图像,根据目标在图像中的特征,利用距离图像分割和区域生长技术,进行前方车辆目标检测。为提高目标检测的可靠性,通常利用基于最小风险 Bayes 原理的分布式信息融合方法,对来自机器视觉和激光雷达的局部检测结果进行融合。在对前方车辆的车距测量中,采用基于 Kalman 滤波原理的距离数据融合估计方法,对来自机器视觉和激光雷达的距离数据进行融合估计,减少了距离数据的噪声,提高了其可靠性与准确性。

采用视觉与毫米波雷达相融合的技术识别并跟踪前方车辆时,除可利用上述的融合方法外,还可采用神经网络的方法。该方法是将视觉获得的车辆特征信息,如车辆后部边界、尾灯、转向灯以及车牌等信息,与雷达获得的距离信息一同作为神经网络的输入,采用基于推理的算法将上述信息进行融合处理,由此可产生多个识别的目标区域,实现对前方多车辆的检测和跟踪。

虽然多传感器融合能够提高车辆识别的可靠性,但其缺点是一些非视觉传感器的价格非常昂贵,不利于近期的产品化开发。

3.4 前方车距测量方法

安全车距预警系统作为汽车安全辅助驾驶的重要组成部分,长期以来一直受到高度重视。一些国家研究了可实用化的车载设备,这些车载设备在计算机的控制下,通过声音、图像等方式向驾驶人提供辅助驾驶信息,并可以自动或半自动控制车辆,从而有效地防止事故的发生。其中测距技术是实现安全车距预警的关键。目前,运用于汽车测距主要有以下四种方法:超声波测距方法、毫米波雷达测距方法、激光测距方法和视觉测距方法。

3.4.1 超声波测距方法

1. 测距原理

超声波是指振动频率在 20kHz 以上的机械波。超声波穿透性较强,具有一定的方向性,传输过程中衰减较小,反射能力较强。

超声波测距仪一般由超声波发射器、接收器和信号处理装置三大部分组成。超声波作为一种特殊的声波,具有声波传输的基本物理特性,超声波测距就是利用超声波在空气中的传播速度为已知,测量超声波在发射后遇到障碍物反射回来的时间,根据发射和接收的时间差计算出发射点到障碍物的实际距离。

超声波测距原理有两种方式:共振式和脉冲反射式。脉冲反射式超声波发射器不断发出一系列连续的脉冲(如 40kHz 的超声波),并给测量逻辑电路提供一个短脉冲。超声波接收器则在接收到所发射超声波被障碍物反射回来的反射波后,也向测量逻辑电路提供一个短脉冲,再利用双稳电路把上述两个短脉冲转化为一个方波脉冲。方波脉冲的宽度即为两个短脉冲之间的时间间隔。测量这个方波脉冲宽度就可以确定发射器与探测物之间的距离。

脉冲反射式超声波测距原理如图 3.14 所示。

图 3.14 中被测距离为 H,两探头中心距离的一半用 M 表示,超声波单程所走过的距

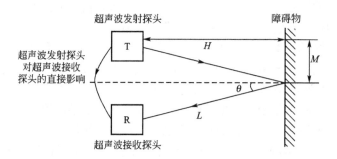

图 3.14 脉冲反射式超声波测距原理图

离用 L 表示,由几何关系可得:

$$H = L\cos\theta \tag{3-2}$$

$$\theta = \arctan(M/H) \tag{3-3}$$

将式(3-3)代入式(3-2),可得

$$H = L\cos[\arctan(M/H)] \tag{3-4}$$

在整个传播过程中,超声波所走过的距离为

$$2L = vt \tag{3-5}$$

式中,v 为超声波的传播速度;t 为传播时间,即超声波从发射到接收的时间。

将式(3-5)代入式(3-4)可得

$$H = \frac{1}{2}vt\cos[\arctan(M/H)] \tag{3-6}$$

当被测距离 H 远远大于 M 时,$\cos[\arctan(M/H)] \approx 1$,于是式(3-6)变为

$$H = \frac{1}{2}vt \tag{3-7}$$

由此可见,要想测得距离 H,只要测得超声波的传播时间 t 即可。超声波在空气中的传播速度为 340m/s,根据计时器记录的时间 t,就可以计算出发射点距障碍物的距离 s,即 $s = 340t/2$。

2. 性能特点

超声波测距仪原理简单,制作方便,成本比较低。但其作为高速行驶车辆上的测速传感仪不可取,主要有两个方面的原因:一是超声波的速度受外界温度等因素影响较大,无法实现精确测距;二是由于超声波能量是与距离的二次方成正比而衰减的,只适用于较短距离的测量。目前国内外一般的超声波测距仪的理想测量距离为 4~5m,因此,超声波测距主要应用于倒车提醒、建筑工地、工业现场等的距离测量。虽然目前的测距量程上能达到百米,但测量的精度往往只能达到厘米数量级。

3.4.2 毫米波雷达测距方法

1. 测距原理

雷达是通过测试发射脉冲和目标回波之间的时间差来测量目标距离的。雷达的工作原理与超声波的反射类似,差别在于其所使用波的频率比超声波高。但与超声波相比,雷达使用的电磁波波长短,可缩小从天线辐射的电磁波射束角幅度,减少由于不需要的反射所

引起的误动作和干扰。另外，由于多普勒频移大，相对速度的测量精度高。

毫米波雷达系统通过天线向外发射一列连续调频毫米波，并接收目标的反射信号。发射波的频率随时间按调制电压的规律变化。一般调制信号为三角波信号。反射波与发射波的形状相同，只是在时间上有一个延迟，发射信号与反射信号在某一时刻的频率差即为混频输出的中频信号频率，且目标距离与前端输出的中频信号频率成正比。如果反射信号来自一个相对运动的目标，则反射信号中包括一个由目标的相对运动所引起的多普勒频移。根据多普勒原理就可以计算出目标距离和目标相对运动速度。

2. 性能特点

毫米波防撞雷达系统有调频连续波(FMCW)雷达和脉冲雷达两种。对于脉冲雷达系统，当目标距离很近时，发射脉冲和接收脉冲之间的时间差非常小，这就要求系统采用高速信号处理技术，近距离脉冲雷达系统就变得十分复杂，成本也大幅上升。因而汽车毫米波雷达防撞系统常采用结构简单、成本较低、适合做近距离探测的调频连续波雷达体制。

射频收发前端是雷达系统的核心部件。国内外已经对前端进行了大量深入研究，并取得了长足的进展。已经研制出各种结构的前端，主要包括波导结构前端、微带结构前端以及前端的单片集成。国内研制的射频前端主要是波导结构前端、一个典型的射频前端主要包括线性 VCO、环行器和平衡混频器三部分。前端混频输出的中频信号经过中频放大送至后级数据处理部分。数据处理部分的基本目标是消除不必要信号(如杂波)和干扰信号，并对经过中频放大的混频信号进行处理，从信号频谱中提取目标距离和速度等信息。

毫米波的工作频率介于微波和光之间，波长为 1～10mm，因此兼有两者的优点。它具有以下主要特点。

(1) 极宽的带宽。通常认为毫米波频率范围为 26.5～300GHz，带宽高达 273.5GHz。超过从直流到微波全部带宽的 10 倍。即使考虑大气吸收，在大气中传播时只能使用四个主要窗口，但这四个窗口的总带宽也可达 135GHz，为微波以下各波段带宽之和的 5 倍。这在频率资源紧张的今天无疑极具吸引力。

(2) 波束窄。在相同天线尺寸下毫米波的波束要比微波的波束窄得多。例如，一个 12cm 的天线，在 9.4GHz 时波束宽度为 18°，而 94GHz 时波束宽度仅 1.8°。因此可以分辨相距更近的小目标或者更为清晰地观察目标的细节。

(3) 与激光相比，毫米波的传播受气候的影响要小得多，可以认为具有全天候特性。

(4) 和微波相比，毫米波元器件的尺寸要小得多。因此毫米波系统更容易小型化。

(5) 与光学式相比，它不易受对象表面形状和颜色的影响；另外，它受雨、雪、雾、阳光、污尘的干扰小。

3. 研究进展

国外对车用雷达的研究开始比较早，在以德国、美国、日本、法国等为代表的主要发达国家内展开。汽车电子技术、嵌入式技术以及信号处理技术的发展，推动了车用雷达的研制与应用，世界各国掀起了研发车用雷达的热潮。

车用毫米波雷达的研究始于 20 世纪 60 年代。典型代表是德国 ADC 公司生产的 ASR100 毫米波雷达。它采用脉冲测距方式，奔驰、日产、福特等汽车公司广泛开发的汽车主动防撞系统以及自适应巡航系统多采用该款雷达。日本丰田公司与 Denso 公司、三菱公司合作开发的电子扫描式毫米波雷达，采用调频连续波测距方式，结构紧凑、抗干扰性能好。它是世界上第一款采用先进的相控阵技术的车用雷达。与机械扫描雷达相比，相控阵雷达的天线无需转动，波束扫描更加灵活，对目标识别的性能优异。

法国 AutoCruise 公司是由 Thales 公司与美国 TRW 公司联合成立的，专门从事车用毫米波雷达的研制与生产。该公司生产的 AC10 和 AC20 毫米波雷达，采用单片微波集成电路(Monolithic Microwave Integrated Circuits，MMIC)制造，性能卓越、角度大、精度高，可自动对同一物体进行识别，无需进行后续信号识别处理。另外，美国 EatonVord 公司所生产的 EVT-200、EVT-300 车用全天候防撞击报警系统就采用了这两款雷达。此后几年间，该防撞系统已经在美国的 5,000 辆大型卡车上装配使用。该公司还与日立公司联合开发了 60.5GHz 连续波调频雷达，探测范围为 1～120m，相对速度范围为 0.4～180km/h，探测方位角为水平方向±6°、垂直方向 4°，雷达功率为 19W。

美国 Delphi 公司从 1999 年开始生产雷达，到目前在全世界已安装的雷达总数超过了百万个。现在 Delphi 全新推出电子扫描雷达(Electronically Scanning Radar，ESR)，汽车市场得益于 ESR，基于雷达的安全和保障系统不再昂贵。多模式 ESR(图 3.15)综合宽视角中距离和窄视角长距离于一体，使得单个雷达可适用于多个安全系统，包括自动巡航控制、间隔距离报警、前方碰撞告警和制动支持等。早期的系统使用多波束机械扫描或者几个固定重叠波束来实现诸如自动巡航控制(ACC)。单个 ESR 可提供中距离宽覆盖范围和高分辨率长距离功能，中距离宽视角不仅可以发现邻近车道侧向切入的车辆，而且可以识别交叉在大车间的车辆和行人。长距离可提供精确的距离和速度数据，强大的目标区分能力，最多可识别 64 个目标。Delphi 公司生产的高级 ESR 采用可靠的固态技术，一流的性能、封装和耐久性，提供给客户高性价比的前向探测雷达。ESR 输出的测量数据精确，其应用功能包括自动巡航控制、前向碰撞告警、制动支持和间隔距离报警等。

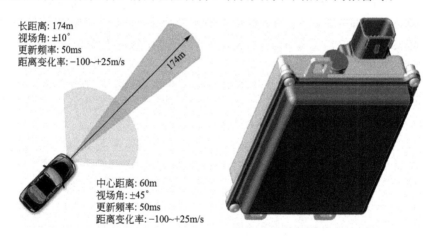

图 3.15　多模式 ESR

日立公司最近开发出两种体积更小的车载毫米波雷达，使用 76GHz 频段，检测距离最长达 200m。用于进行长距离(检测范围为 1～127m)检测的毫米波雷达，尺寸为 100mm×80mm×30mm(横×纵×厚)。与原来的机型相比，模块的厚度和体积大约分别减至原来的 1/3 和 1/4。另外，用于进行短距离(检测范围为 0.1～25m)检测的毫米波雷达主要通过改进天线，将检测角度从长距离检测雷达的±15°扩大到了±35°。

2006 年 9 月，丰田汽车公司在雷克萨斯品牌旗舰轿车 LS460 发布会上详细介绍了车辆前方障碍物识别功能和后方车辆识别功能中使用的毫米波雷达。该雷达使用 76GHz 频段的毫米波，前方用的毫米波雷达左右方向的识别角为 ±10°，配置在前格栅雷克萨斯车标后面，毫米波束利用 9 频道天线以电气方式进行扫描。用于后方车辆识别的毫米波雷达其左右方向的识别角高达 ±15°，对进入 30m 距离内的后方车辆进行识别，毫米波束使用 3 频道天线以电子方式进行扫描。由于以电子方式对毫米波束进行扫描，因此毫米波雷达的纵深尺寸也变小，毫米波雷达的投影面积仅为烟盒大小。

2008 年，博世公司发表了采用 SiGe 技术的第三代长距离毫米波雷达（Long Range Rader，LRR3），如图 3.16 所示。此次开发的毫米波雷达由 77GHz 频带的 MMIC 芯片组、4 根贴片天线以及专用 ASIC 构成。芯片组由发送和接收用的两个芯片组成，两芯片均使用了 SiGe 技术。毫米波雷达的可检测距离为 0.5～250m。检测角度范围在 30m 远处为 30°。LRR 传感器可以同时探测到包括车辆和固定物体在内的多达 32 个物体。

据欧盟法规规定，2013 年 11 月起，大部分总重超过 3.5t 的新注册重型商用车型将强制安装自动紧急制动系统和车道偏离警告系统。这些辅助功能系统将在驾驶人紧急制动时提供辅助，在偏离车道时向驾驶人

图 3.16　博世第三代长距离雷达传感器 LRR3

发出警告，帮助商用车驾驶人安全抵达目的地。博世新型中距离雷达传感器在 77GHz 频段进行探测。相比传统的 24GHz 雷达传感器，77GHz 雷达传感器功能更加强劲，其目标识别率是 24GHz 雷达传感器的 3 倍，测速和测距的精准率提高了 3～5 倍。新型传感器设计更为紧凑，采用在全球范围内永久分配给汽车雷达装配的 77GHz 频段。由传感器返回的测量数据可以帮助驾驶人了解与前车的距离，通过与视频信号的结合，可以探测发生追尾碰撞的危险，并通过 ESP 触发安全、自动的紧急制动过程，将发生事故的可能性和严重程度降至最低，如图 3.17 所示。博世为轻型载货汽车和重型载货汽车分别提供能够适

图 3.17　雷达传感器帮助车辆控制与前车的距离

用于 12V 和 24V 电压系统的传感器，新型中距离雷达传感器计划于 2013 年实现量产。国外几个主要公司的典型毫米波雷达产品技术指标见表 3-3。

表 3-3 国外几个主要公司的典型毫米波雷达产品技术指标

性能参数	德国大众	瑞典 Celsies tech	美国 VORAD	日本 Eaton VORAD	英国	德国博世 LRR3	美国 Delphi（长距离）
发射频率/GHz	77	77	77	60.5	77	77	76
方式	FMCW	FMCW	FMCW	FMCW	FMCW	FMCW	FMCW
作用距离/m	150	200	100	120	100	250	175
相对距离精度/m	1	0.3	0.2	±0.3	0.5	±0.1	±0.5
相对速度/(km/h)	−80~+240	−360~+360	未述及	0.4~180	未述及	−270~+216	−360~+90
相对速度精度/(km/h)	2.5	未述及	未述及	1.8	1.5	±0.4	±0.43
扫描速率/Hz	33	10	未述及	未述及	20	12.5	20

3.4.3 激光测距方法

1. 测距原理

激光测距仪是利用激光对目标的距离进行准确测定的仪器。激光测距仪在工作时向目标射出一束很细的激光，由光电元件接收目标反射的激光束，由计时器测定激光束从发射到接收的时间，计算出从观测者到目标的距离。

目前使用的激光测距仪有两种工作原理，即脉冲测距法和相位测距法。

脉冲计数测距原理是在激光器发出光脉冲的同时，计数器开始工作，当光从目标返回测距仪的接收装置时，就迅速将计数器的"门"关闭，控制计数器停止计数。从计数器所记的脉冲个数，就可以得出所测量的距离。该方式对计数器的要求很高，并且距离越短，误差也就越大。脉冲法测距精度大多为米的量级。激光脉冲测距仪的简化结构如图 3.18 所示。

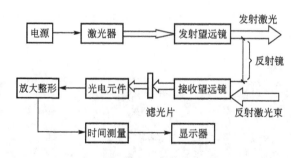

图 3.18 激光脉冲测距仪的简化结构

相位测距原理是测距仪由光源发出光强度按某一频率 f 变化的正弦调制光波。光波的强度变化规律与调制的驱动电源的变化完全相同，射出的光波到达被测目标，目标把入射光线反射回去，而且保证反射光方向与入射光方向完全一致。在仪器的接收端获得调制光波的回波，经光电转换后得到与接收到的光波调制波频率和相位完全相同的电信号，此电信号经过放大后与光源的驱动电压相比较，测得两个正弦电压的相位差。根据所测相位差就可算出所测距离。

相位测距与脉冲测距的主要区别：

（1）调制方式不同，脉冲测距调制激光器产生巨脉冲，相位测距调制激光器产生强度成余弦变化的连续波。

（2）信号处理方式不同，脉冲测距用开关电路高频脉冲计数，测量内外光路产生的两个脉冲之间相距的时间；相位测距通过比较主振信号与返回信号之间的相位差，来计算光线从测距仪到被测点传播往返的时间。

近年来，激光测距的另一个分支发展很快，这就是成像式激光雷达。成像式激光雷达又可分为扫描成像激光雷达和非扫描成像激光雷达。扫描成像激光雷达把激光雷达同二维光学扫描镜结合起来，利用扫描器控制出射激光的方向，通过对整个视场进行逐点扫描测量，即可获得视场内目标的三维信息；但扫描成像激光雷达普遍存在成像速度过慢的问题，这有待于软、硬件的进一步改善。非扫描成像式激光雷达将光源发出的经过强度调制的激光经分束器系统分为多束光后沿不同方向射出，照射待测区域。被测物体表面散射的光经微通道图像增强板（MCP）混频输出后，由面阵CCD等二维成像器接收，CCD每个像元的输出信号提供了相应成像区域的距离信息。利用信息融合技术即可重建三维图像。由于非扫描成像激光雷达测点数目大大减少，从而提高了系统三维成像速度，但此项技术尚未成熟，不能达到应用水平。

2. 研究进展

激光测距具有结构简单、体积小、质量轻、效率高、功耗低、可靠性高、价格低廉等特点。与其他测距方式相比，其测距精度较高，受环境影响小。激光雷达的研究始于20世纪70年代，早期汽车防撞系统前向探测传感器大多采用的是激光雷达。

日本先后研制了单光束激光雷达、一维扫描式激光雷达、二维扫描式激光雷达。丰田汽车公司与Denso公司合作开发的二维扫描式激光雷达通过将激光雷达扫描回来的图像在竖直方向上进行分割，初步实现了对目标车辆上下坡道的判别与跟踪。该雷达不仅对动静态物体具有很强的辨识能力，而且对在转弯、上下坡情况下也具有很高的分辨能力，可分辨路标、车辆、交通标志、车道线，减少在车辆上下坡时引起的目标丢失。

德国在激光测距仪研究方面处于世界领先水平，如德国的IBEO和SICK公司。德国的IBEO公司自1998年成立以来，一直专注于车载激光扫描仪的研发，其独特的技术为汽车提供一系列驾驶辅助功能，他们的目标是追求汽车驾驶零事故。2000年开发成功第一代多层激光测距仪原型MOTIV，2005年开发的集成式激光测距仪ALASCA XT将测距范围从80m提高到200m，如图3.19所示。ALASCA XT激光扫描仪具有240°的宽视角、0.3~200m的探测距离、绝对安全的1等级激光，技术参数见表3-4。该产品可以在恶劣天气环境中工作，具有精确的目标物识别功能，适合各种汽车安全驾驶辅助功能的开发。2007年，IBEO公司开发新型激光扫描仪，型号

图3.19 激光测距仪 ALASCA XT

为"the ibeo LUX",如图 3.20 所示。该传感器专为提高道路安全和舒适而设计,能够提供 360°的障碍探测能力。其特征为在所有天气下的坚固性。它提供周围环境中物体的相关特点的综合描述数据。

表 3-4 ALASCA XT 技术参数

	ALASCA XT	IBEO LUX
扫描频率/Hz	12.5(或 25)	12.5/25.0/50.0
水平视角	240°FOV	110°FOV(2 层)/85°FOV(4 层)
垂直视角	3.2°FOV	3.2°FOV
距离范围/m	0.3～200	50～200
分辨率	4cm,角度为 0.1°～1°	4cm,角度为 0.125°～0.8°
扫描技术	每脉冲 4 层水平同步	每脉冲 4 层水平同步
激光等级	1 级	1 级
天气性能	多次回波 多点目标	适合所有天气

图 3.20　IBEO LUX

目前,IBEO 确立了全球激光扫描技术的领导地位,拥有 80 多项保护专利,计划在全球批量生产的汽车上装备这种激光扫描仪,以加强安全性和便利性。

2010 年,法国汽车零部件集成系统与模块供应商 Valeo 与德国 IBEO 公司签署了合作协议,双方将在激光扫描科技领域展开合作。双方进行合作后,Valeo 将可以获得 IBEO 的激光扫描技术,并将该技术改进后大规模应用于汽车智能驾驶系统。激光扫描技术将补充 Valeo 自身拥有的雷达、超声波、红外线和视觉感应系统。Valeo 和 IBEO 将合作开发激光扫描产品,Valeo 负责将这些产品应用于智能驾驶系统并出售给车企,以提高驾驶的安全性和舒适性。

此外,国际上德国 Sick、奥地利 Riegl、德国 IGI、英国 3D Laser Mapping、德国 Kubid、ArcTron、PHOCAD、加拿大 Arius3D 等提供二维和三维激光扫描仪、车载激光扫描仪系统、机载激光雷达系统以及相应的软件和技术服务。

3.4.4　视觉测距方法

在人们接收的信息中,有 65%的信息来自视觉,而摄像机作为机器视觉手段,可获得交通环境中的大量信息,如交通标志、交通信号、路面标记和车辆等。利用计算机视觉技术处理智能交通问题算法柔性大、适应能力强,有着广阔的应用前景。在利用视觉技术获得三维信息方面,通常有单目系统和双目系统两种。

单目方法采用单幅图像根据摄像机的焦距和事先确定的参数来估算深度信息。一个单目系统的成功方案是从视频长序列中采用特征匹配和光流技术估算三维参数。双目视觉测距系统利用人的双目视觉原理,采用间隔固定的两台摄像机同时对同一景物成像,通过对这两幅图像进行计算机分析和处理,确定视野中每个物体的三维坐标。

利用计算机视觉技术测距,不仅具有较高的精度,而且可以在测距的过程中利用采集图像中包含的大量信息,实现其他辅助驾驶功能,如车道状态的估计,道路上行驶车辆的识别,交通标志和信号的识别,牌照识别、车辆偏离车道中心的偏离程度等。随着计算机硬件的计算能力提高,计算机视觉技术在 ITS 领域中的应用已基本达到实时处理的要求,更加推动了 ITS 的研究发展。

鉴于视觉技术在智能交通中具有广阔的发展前景,而且目前计算机硬件水平已能够保证图像处理的实时性要求,此外视觉传感器价格合理,易于产品化。

1. 单目视觉测距模型

为了求出当前时刻车辆目标相对于车辆的距离,需要建立起特定坐标系下的 2D 图像平面与 3D 空间的映射关系。这种映射关系的建立势必要利用某些先验知识或假定。本文在进行图像平面与道路平面的几何映射时,采用了以下先验知识和假定。

(1) 道路平面假设:假设车辆前方视野内道路在一个平面内。

(2) 摄像机光轴与地面平行,即在 3D 空间中 Y 值保持不变,在此令 $Y=Y_0$。

在图 3.21 所示的拍摄系统坐标系中,在 $O\text{-}XYZ$ 空间中路面上一点 $P(X,Y,Z)$ 与其在图像平面上对应点 $p(x,y)$ 之间,存在式(3-8)所示的映射关系。

$$\begin{cases} x=f\times\dfrac{X}{Z} \\ y=f\times\dfrac{Y_0}{Z} \end{cases} \Rightarrow \begin{cases} \lim\limits_{Z\to\infty}x=\lim\limits_{Z\to\infty}\left(f\times\dfrac{X}{Z}\right)=0 \\ \lim\limits_{Z\to\infty}y=\lim\limits_{Z\to\infty}\left(f\times\dfrac{Y_0}{Z}\right)=0 \end{cases} \quad (3-8)$$

$$\begin{cases} Z=f\times\dfrac{Y_0}{y} \\ X=\dfrac{Z\times x}{f} \end{cases} \quad (3-9)$$

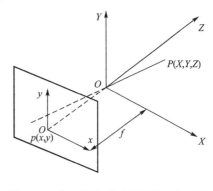

图 3.21 像平面与道路平面的几何映射

由式(3-8)可知,当 Z 趋于无穷大时,路面上的点在图像中所成的点对应于图像的中心点,即当摄像机光轴与地面平行,且道路基本上为平面时,道路的消失点位于图像平面的原点(0,0),而且路面区域位于图像下半平面。

基于单目视觉的图像采集是将客观世界的三维场景投影到 CCD 摄像机的二维像平面(CCD 光敏矩阵表面)上,这个投影变换可以用图 3.22 所示的基于小孔成像原理的单目视觉测距几何模型来描述。

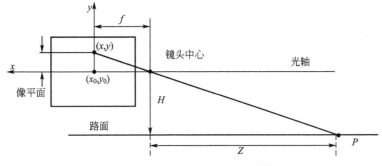

图 3.22 单目视觉测距几何模型

在图 3.22，点 P 表示路面上的某点，(x_0, y_0) 为光轴与像平面的交点，作为像平面坐标系的原点，一般取 $(0, 0)$，(x, y) 为路面上一点 P 在像平面上的投影坐标。则根据几何关系得到点 P 与镜头中心的纵向距离 Z 的计算公式如下：

$$Z = \frac{Hf}{y - y_0} \tag{3-10}$$

式中：f 为 CCD 的有效焦距，属于内部参数；H 为 CCD 的安装高度，可以直接通过测量得到。

在式(3-10)中，H 可以直接通过测量得到，f、y 是未知的。f 是 CCD 摄像机的有效焦距，属于内部参数；y 是目标点在 CCD 像平面上的投影坐标在 y 轴方向上的分量，称为像平面坐标，单位是 mm。

2. 双目视觉测距模型

双目立体视觉是机器视觉的一种重要形式，它是基于视差原理并由多幅图像获取物体三维几何信息的方法。双目立体视觉系统一般由双摄像机从不同角度同时获得被测物的两幅数字图像，或由单摄像机在不同时刻从不同角度获得被测物的两幅数字图像，并基于视差原理恢复出物体的三维几何信息，重建物体三维轮廓及位置。图 3.23 为双目视觉测距几何模型。其中，基线距 B = 两摄像机的投影中心连线的距离；摄像机焦距为 f。

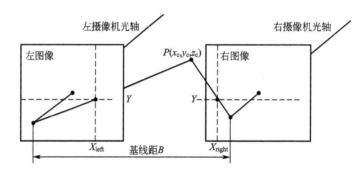

图 3.23 双目视觉测距几何模型

设两摄像机在同一时刻观看空间物体的同一特征点 $P(x_c, y_c, z_c)$，分别在左图像和右图像上获取了点 P 的图像，它们的图像坐标分别为 $p_{\text{left}} = (X_{\text{left}}, Y_{\text{left}})$，$p_{\text{right}} = (X_{\text{right}}, Y_{\text{right}})$。

现两摄像机的图像在同一个平面上，则特征点 P 的图像坐标 Y 坐标相同，即 $Y_{\text{left}} = Y_{\text{right}} = Y$，则由三角几何关系得到

$$\begin{cases} X_{\text{left}} = f \dfrac{x_c}{z_c} \\ X_{\text{right}} = f \dfrac{(x_c - B)}{z_c} \\ Y = f \dfrac{y_c}{z_c} \end{cases} \tag{3-11}$$

视差定义为某一点在两幅图像中相应点的位置，则视差为 $\text{Disparity} = X_{\text{left}} - X_{\text{right}}$。由此可计算出特征点 P 在摄像机坐标系下的三维坐标

$$\begin{cases} x_c = \dfrac{BX_{\text{left}}}{\text{Disparity}} \\ y_c = \dfrac{BY}{\text{Disparity}} \\ z_c = \dfrac{Bf}{\text{Disparity}} \end{cases} \quad (3-12)$$

因此,左摄像机像面上的任意一点只要能在右摄像机像面上找到对应的匹配点,就可以确定出该点的三维坐标。这种方法是完全的点对点运算,像面上所有点只要存在相应的匹配点,就可以参与上述运算,从而获取其对应的三维坐标。因此,要想实现双目视觉的距离测量,需要完成以下几个步骤。

(1) 图像获取。可有不同位置关系(一直线上、一平面上、立体分布)获取同一时刻左、右摄像机图像。

(2) 摄像机标定。确定空间坐标系中物体点同它在图像平面上像点之间的对应关系。

① 内部参数:摄像机内部几何、光学参数。

② 外部参数:摄像机坐标系与世界坐标系的转换。

(3) 图像预处理和特征提取。

预处理:主要包括图像对比度的增强、随机噪声的去除、滤波和图像的增强、伪彩色处理等。

特征提取:常用的匹配特征,主要有点状特征、线状特征和区域特征等。

(4) 立体匹配。根据对所选特征的计算,建立特征之间的对应关系,将同一个空间物理点在不同图像中的映像点对应起来。立体匹配由3个基本的步骤组成:首先,从立体图像对中的一幅图像如左图上选择与实际物理结构相应的图像特征;然后在另一幅图像如右图中确定出同一物理结构的对应图像特征;最后确定这两个特征之间的相对位置,得到视差。其中的第2步是实现匹配的关键。

(5) 距离确定。通过立体匹配得到视差图像之后,便可以确定距离图像,并恢复场景的三维信息。表3-5是以上介绍各种车距测量方法的性能比较。

表3-5 各种距离探测技术的性能比较

性能指标 \ 技术	超声波	激光	机器视觉	毫米波雷达
长距离探测能力	低	强	强	强
目标识别能力	低	一般	强	一般
避免虚警能力	低	一般	一般	强
黑暗的穿透能力	强	强	低	强
恶劣天气的穿透能力	低	低	低	强
硬件低成本可能性	高	一般	低	高
信号处理低成本可能性	高	高	低	高
温度稳定性	差	好	好	好
灰尘/烟雾笼罩时传感器性能	一般	差	差	好

3.5 安全车距预警模型

安全距离模型有很多种，各种模型都是在一定的假设条件下分析计算得到的，然而由于实际路况的复杂，安全车距受到多个因素的影响，在实际操作过程当中并不是一成不变的。

3.5.1 安全距离

1. 安全距离的概念

安全行车间距（简称安全车距）是指在同一条车道上，同向行驶前、后两车间的距离（后车车头与前车车尾间的距离），保持既不发生追尾事故，又不降低道路通行能力的适当距离。如果前、后两车行车间距保持在此距离以上，则不会发生追尾碰撞类交通事故。《中华人民共和国道路交通安全法》针对安全车距的规定是，机动车在高速公路上行驶，车速超过100km/h时，安全车距为100m以上；车速低于100km/h时，最小安全车距不得少于50m。

临界安全车距是指为保证安全而两车之间必须保持的最小行车间距。临界安全车距的提出丰富了安全车距的内涵。在针对交通安全的研究中，临界安全车距通过对不同种类车辆之间的速度差别、制动能力的差别以及各种突发事故发生条件下的考虑，得出一个更具有参考性的安全距离，为驾驶人提供了相对更可靠的数据参考，也为进一步的交通安全研究和辅助软件开发提供支持。

在我国，高速公路既限制最低车速（60km/h），又限制最高车速（120km/h），加之高速公路本身的结构特点，使行车速度可控制在一定的范围内，又排除了横向交通的干扰，一般把这种交通条件称为理想的交通条件，即在同一条车道上，同向行驶的车辆以相同的速度连续不断地行驶，各车辆之间保持着一定的车头间距，构成了一种稳定交通流。如果跟随车辆的车头间距过小，则容易发生追尾碰撞事故；如果车头间距过大，又会影响道路的通行能力。

在车辆识别和距离测量的基础上，需要确定一种科学的安全车距的计量方法，同时考虑车、路和人的相互关系，寻找一种合理的安全车距预警规则，根据实际测得的车间距离和理论计算得到的安全距离进行比较，确定安全状态并在危险时触发警告，提醒驾驶人减速行驶或制动。

2. 安全车距的影响因素

驾驶人在行驶的过程中，一般按照自己的驾驶经验来确定安全车距，将车距始终保持在安全车距范围之内。但是，由于车速、驾驶人技能、道路条件、交通环境等因素的影响，驾驶人会对车距产生错误的判断，没有与前车保持足够的安全车距，从而导致追尾等交通事故的发生。

首先是驾驶人对安全车距的直接影响。驾驶人对车辆周围环境信息的判断主要来自于驾驶人的眼睛。驾驶人的眼睛是保证行车安全的重要感觉器官，眼睛的视觉特性与交通安全有着密切的关系。在行车过车中，驾驶人观察环境中的物体是相对运动的，驾驶人的动视力会随着相对速度的提高而降低。动视力的下降会导致驾驶人对道路标志、车间距的判断失误。尤其对于在高速公路上行车的驾驶人,随着车速的提高,其辨识能力明显减弱。另外,由于汽车运行中的停车、会车和超车都需要有足够能见度的视距。汽车运行速度越高,需要的停车视距、会车视距和超车视距就越长,从而需要保证更长的能见度距离。

其次,路面对行车的安全车距影响也较大。道路中的几何线形设计、结构和性能也会对驾驶人能否保持安全车距产生重要的影响,使得驾驶人的驾驶行为产生偏差,如道路几何线形设计不合理、行车视距不足等。如果道路的附着性能发生了变化,其制动距离也将受到影响。雨路、泥泞路、雪路,特别是结冰的路面,其附着性能大大下降,使制动距离比正常路面增加1~6倍。

行车环境的好坏也直接影响安全车距,环境中影响安全车距判定的重要因素是气候条件和地理环境。在遇风雨雪雾天气、阴暗天气、夜间、黄昏等情况时,驾驶人的视线会受到影响,使中枢神经疲劳,感觉迟钝,知觉降低。在遇高温天气时,驾驶人肌肉心跳加快,体力减弱,无精打采,心情烦躁,大脑皮层抑制性增强,应变能力下降,操作灵活性减弱;在遇低温天气时,驾驶人肌肉收缩,精神紧张,行动笨拙。因此,遇到以上几种恶劣的天气条件时,则应降低车速,适当加大跟车距离。

最后是车辆的制动性能对安全车距的影响。制动距离是衡量一款车的制动性能的关键性参数之一。制动距离是车辆处于某一时速时,从开始制动到完全静止所行驶的路程;是汽车在一定的初速度下,从驾驶人急踩制动踏板开始,到汽车完全停住为止所驶过的距离。制动距离包括反应距离和制动距离两个部分。制动距离越小,汽车的制动性能越好。由于它对比直观,因此成为广泛采纳的评价制动效能的指标。正确掌握汽车制动距离对保障行车安全起着十分重要的作用。

3.5.2 临界安全车距分析

1. 汽车制动过程分析

前面的分析中提到,安全车距随着行车速度、行车环境、驾驶人和系统反应时间及前、后车的制动性能等因素的变化而变化。通常情况下,当跟随车(本车)驾驶人及时发现前车制动信息灯亮,随之制动,直至停车需要经过三个阶段(图3.24),即本车驾驶人制动反应时间t_r、车辆制动协调时间t_b(包括消除各铰链和轴承间间隙的时间以及制动器摩擦片完全贴靠在制动盘上的时间t_{bd}和制动减速度从零增加到恒定值的时间t_{bz}。以上时间由车辆制动系统的性能来决定)和持续制

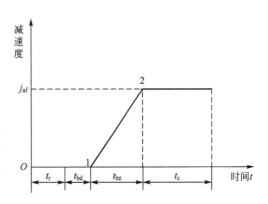

图3.24 车辆制动过程减速度变化曲线

动时间t_c(由车辆的制动力参数j_a求出)。分别求出行驶的距离为L_r、L_b和L_c。

如果不考虑其他影响因素,这里L_r为

$$L_r = v_{start} \times t_r \quad (3-13)$$

式中,L_r为本车在驾驶人制动反应时间内行驶距离(m);v_{start}为本车制动前的初速度

(m/s)，可由车载测速装置获取；t_r 为本车驾驶人制动反应时间，一般为 0.3～1s。

制动协调时间 t_b 通常可以看作由制动传递延迟时间 t_{bd}（一般很小）和制动力增长时间 t_{bz} 组成。一般对于液压制动系统，t_b 为 150～300ms；对于气压制动系统，中型汽车不大于 500ms，大型汽车不大于 600ms，汽车拖带挂车或半挂车，不大于其牵引车最大允许值再加 200ms 的时间。

首先，求出 t_b 时间内两个不同阶段行驶距离：在 t_{bz} 时间内，车辆做变减速运动，从图 3.24 中可以得到每一时刻所对应的加速度为

$$j_a = \frac{j_{af}}{t_{bz}} t \tag{3-14}$$

速度为

$$v = v_{start} - \int \frac{j_{af}}{t_{bz}} t \, dt = v_{start} - \frac{j_{af}}{2 t_{bz}} t^2 \tag{3-15}$$

经过积分变换可求得该段时间内所行驶距离为

$$L_{bz} = \int_0^{t_{bz}} v \, dt = v_{start} t_{bz} - \frac{j_{af} t_{bz}^2}{6} \tag{3-16}$$

式中，L_{bz} 为本车在制动力增长时间内所行驶的距离(m)；j_{af} 为本车制动减速度，一般对于滚动压印为 7.47～8.40m/s²，抱死滑移为 6.86～7.84m/s²。

而在制动传递延迟时间 t_{bd} 内，汽车以制动前的初速度匀速 v_{start} 运动，因此所行驶的距离为

$$L_{bd} = v_{start} t_{bd} \tag{3-17}$$

式中，L_{bd} 为本车在制动传递延迟时间内行驶的距离(m)。

所以时间 t_b 内本车所走的距离为

$$L_b = L_{bd} + L_{bz} \tag{3-18}$$

在持续制动时间 t_c 内，加速度为定值，令 t_c 时间段的初始速度为 v_c，则在恒减速度阶段的速度为

$$v = v_c - j_{af} \int dt = v_c - j_{af} t_c \tag{3-19}$$

由于 v_c 也是 t_{bz} 阶段末尾时的速度，因此有

$$v_c = v_{start} - \frac{j_{af}}{2} t_{bz} \tag{3-20}$$

联立上面两个公式，考虑在 t_c 阶段末本车速度应减为 0，为此可求得 t_c 为

$$t_c = \frac{v_{start}}{j_{af}} - \frac{t_{bz}}{2} \tag{3-21}$$

这里根据匀加速运动规律，则本车在 t_c 阶段所行驶的距离为

$$L_c = \int_0^{t_c} v \, dt = \frac{v_c^2}{2 j_{af}} = \frac{v_{start}^2}{2 j_{af}} - \frac{v_{start} t_{bz}}{2} + \frac{j_{af} b_{bz}^2}{8} \tag{3-22}$$

最终本车的制动行驶距离为

$$L = L_r + L_b + L_c \tag{3-23}$$

将式(3-13)、式(3-18)和式(3-22)代入式(3-23)，略去二次微量化简得

$$L = v_{start} t_r + v_{start} t_{bd} + v_{start} t_{bz} - \frac{j_{af} t_{bz}^2}{6} + \frac{v_{start}^2}{2 j_{af}} - \frac{v_{start} t_{bz}}{2} + \frac{j_{af} t_{bz}^2}{8}$$

$$= v_{start}(t_r+t_b) + \frac{v_{start}^2}{2j_{af}} - \left(\frac{v_{start}t_{bz}}{2} + \frac{j_{af}t_{bz}^2}{24}\right) \tag{3-24}$$

为了简化起见，令 $t=t_r+t_b$，因 t_{bz} 仅为零点几秒，其 1/2 倍及二次方会更小，故等式中的后两项可忽略不计。这里称 t 为制动操作反应时间，它包括驾驶人的制动反应时间和制动协调时间。此时，本车的制动行驶距离公式简化为

$$L_f = v_{start}t + \frac{v_{start}^2}{2j_{af}} \tag{3-25}$$

2. 临界安全车距的计算

根据前方引导车的行驶状态（图 3.25），可以按下面三种情况考虑本车的安全车距报警距离。其中 L_s 为前后车之间的安全行车距离，L_p 和 L_f 分别为在本车制动过程中前车和本车所行驶的距离。L_0 为本车速度减为零时或与前车速度相等时两车之间距离。

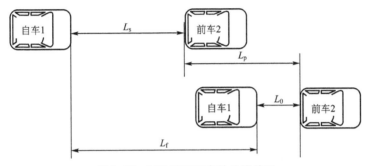

图 3.25 制动前后两车的位置关系

（1）前方引导车处于静止情况。此时前车行驶距离为 0，即 $L_p=0$，则安全预警车距为

$$L_s = L_f + L_0 = v_{start}t + \frac{v_{start}^2}{2j_{af}} + L_0 \tag{3-26}$$

式中，L_0 为最小安全车距，即保证停车后引导车与本车之间的最低要求的距离，也称为基本安全距离，一般大于 3m。

（2）前方引导车匀速行驶，本车车速高于前方车辆行驶速度情况。此时，在本车减速至与前方车辆速度相等时这段时间内，前后两车走过的距离分两种情况考虑。

① 两车相对速度较小时，这时本车可能在 t_{bz} 时间段内某一时间位置 t'_{bz} 就可能减小到与前车车速相同，此时本车走过的距离为

$$L_f = v_{start}t_r + v_{start}t_{bd} + v_{start}t'_{bz} - \frac{j_{af}t'^2_{bz}}{6} \tag{3-27}$$

前方车辆走过的距离为

$$L_p = (t_r + t_{bd} + t'_{bz})v_{pstart} \tag{3-28}$$

则安全预警距离为

$$\begin{aligned} L_s &= v_{start}t_r + v_{start}t_{bd} + v_{start}t'_{bz} - \frac{j_{af}t'^2_{bz}}{6} - (t_r + r_{bd} + t'_{bz})v_{pstart} + L_0 \\ &= (t_r + r_{bd} + t'_{bz})(v_{start} - v_{pstart}) - \frac{j_{af}t'^2_{bz}}{6} + L_0 \\ &= v_{rel}(t_r + r_{bd} + t'_{bz}) - \frac{j_{af}t'^2_{bz}}{6} + L_0 \end{aligned} \tag{3-29}$$

式中，v_{rel} 为两车的相对速度。

② 两车相对速度较大时，此时本车将达到最大减速度并可能持续一段时间才能将车速减到与前车车速一致，此时本车走过的距离为

$$L_f = v_{start}t + \frac{v_{rel}^2}{2j_{af}} \quad (3-30)$$

前车走过距离为

$$L_p = \left(t_r + t_b + \frac{v_{rel}}{j_{af}}\right)v_{pstart} \quad (3-31)$$

则安全预警距离为

$$L_s = v_{rel}(t_r + t_b) + \frac{3v_{rel}^2}{2j_{af}} - \frac{v_{start}v_{rel}}{j_{af}} + L_0 = v_{rel}t + \frac{3v_{rel}^2}{2j_{af}} - \frac{v_{start}v_{rel}}{j_{af}} + L_0 \quad (3-32)$$

（3）前方引导车突然减速情况。此时引导车的制动距离为

$$L_p = \frac{v_{pstart}^2}{2j_{ap}} \quad (3-33)$$

式中，j_{ap}为引导车制动减速度。

本车的制动距离为非安全制动距离，则行车安全预警距离为

$$L_s = L_f - L_p + L_0 \quad (3-34)$$

将式（3-30）和式（3-33）代入式（3-34）化简得

$$L_s = v_{start}t + \frac{v_{start}^2}{2j_{af}} - \frac{v_{pstart}^2}{2j_{ap}} + L_0 \quad (3-35)$$

3.5.3 典型安全距离预警模型

在国外，基于高速公路上的行车安全距离预警模型的研究已取得一些成果，下面介绍几种具有代表性的安全距离预警系统模型、汽车主动避撞系统中的报警方法及其关键技术研究。

1. 马自达模型

马自达公司研制的 CW/CA 系统中的模型建立思想是：当跟随车的传感器发现前车减速时，开始向安全车距警报系统发送信息。当前后车辆间距离低于跟随车的制动距离时，系统向制动器发出指令，跟随车开始减速，最后与前车速度均减到零时，此时两车之间的距离为 5m。模型中系统延迟时间和本车减速时间两个参数是通过大量试验测定的，另外前后两车的制动减速度是根据路面情况设定的。该模型中前后两车的制动减速度分别取了不同值，充分考虑了跟随车的减速性能不如前车的减速性能这种不利的情况。

马自达制动报警距离计算模型如下：

$$d_s = \frac{1}{2}\left(\frac{v_1^2}{a_1} - \frac{(v_1 - v_{rel})^2}{a_2}\right) + v_1 t_1 + v_{rel} t_2 + d_0 \quad (3-36)$$

式中，v_1 为本车车速(m/s)；v_{rel} 为前后两车相对速度(m/s)；a_1 为本车制动减速度，$a_1 = 6 \text{m/s}^2$；a_2 为前车制动减速度，$a_2 = 8 \text{m/s}^2$；t_1 为车辆减速时间，$t_1 = 0.1\text{s}$；t_2 为系统延迟时间，$t_2 = 0.6\text{s}$；d_0 为停车后前后车之间的距离，$d_0 = 5\text{m}$；d_s 为制动报警距离(m)。

上述模型计算的是最小安全距离。在实际应用中，当两车距离接近这个距离时，系统将发出报警，即在距离小于 $d_s + \varepsilon$ 时驾驶人收到报警信号，ε 是报警时车辆需行驶的距离；当两车距离小于 d_s 时，系统启动制动装置。图 3.26 是马自达模型本车速度、相对速度和

安全距离关系图。

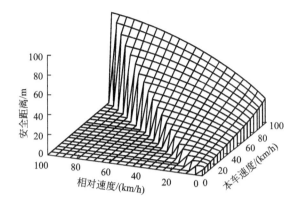

图 3.26　马自达模型自由速度、相对速度和安全距离关系

2. 本田模型

本田公司研制的汽车防撞系统采用的是两次报警方式。第一次报警称作提醒报警，第二次报警称作制动报警。本田模型的提醒报警距离的确定是先对驾驶人进行多次试验得到大量数据，然后对这些数据进行回归分析最终得出安全距离的计算公式。该试验的方法是：当汽车接近一个障碍物时，驾驶人被告知要进行转向盘的操作（在 CA 系统的指令下），当距离小于驾驶人应该开始操作转向盘的距离时开始报警。在极度危险状况下，驾驶人可能来不及踩制动踏板而采取操作转向盘的措施，故该报警距离实际上就是驾驶人在开始操作转向盘时离前车的安全距离。制动报警距离计算公式中的制动时间 t_2 也是通过试验获得的。当前后两车之间的距离小于提醒报警距离时系统发出第一次报警；第二次报警则根据前车的运动状态分别考虑两种情况，一种是在制动时间末前车速度不为零，后车完全停止，两车间没有安全距离；另一种是在制动时间末前后两车速度均为零。

本田提醒报警距离计算模型：

$$v_{rel}=v_1-v_2,\quad d_w=2.2v_{rel}+6.2 \tag{3-37}$$

本田制动报警距离计算模型：

$$\begin{aligned}d_{b1}&=v_{rel}t_2+a_1t_1t_2-\frac{1}{2}a_1t_1^2\quad\left(当\frac{v_2}{a_2}\geqslant t_2\text{ 时}\right)\\ d_{b2}&=v_1t_2-\frac{1}{2}a_1(t_2-t_1)^2-\frac{v_2^2}{2a_2}\quad\left(当\frac{v_2}{a_2}<t_2\text{ 时}\right)\end{aligned} \tag{3-38}$$

式中，v_1 为本车速度（m/s）；v_2 为前车速度（m/s）；v_{rel} 为相对速度（m/s）；a_1 为本车制动减速度，$a_1=7.8\text{m/s}^2$；a_2 为前车制动减速度，$a_2=7.8\text{m/s}^2$；t_1 为系统延迟时间，$t_1=0.5\text{s}$；t_2 为制动时间，$t_2=1.5\text{s}$；d_b 为制动报警距离（m）；d_w 为提醒报警距离（m）。

图 3.27 是本田模型本车速度、相对速度和安全距离的关系。

3. 加利福尼亚大学贝克利分校的改进模型

加利福尼亚大学贝克利分校的改进模型也是采用两次报警方式，提醒报警距离的计算沿用马自达模型，不同的是将前后车的制动减速度取为相等的值。这是因为马自达模型计算出来的是一个保守的制动报警距离，它可以保证驾驶人不会在危险时刻听到报警而慌

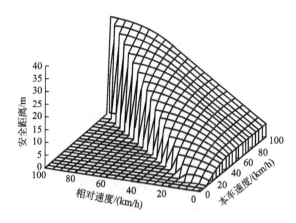

图 3.27 本田模型本车速度、相对速度和安全距离的关系

乱。制动报警距离的计算采用的是非保守方法，这样不会影响驾驶人的正常操作。

改进模型的制动报警距离计算方法是：前车减速时，装有 CW/CA 系统的后车继续以相同的速度行驶直到两车碰撞，令碰撞时间等于整个报警的延迟时间（人＋系统），这样计算出来的两车距离就是制动报警距离。当两车实际车间距离小于制动报警距离时，后车装备的 CW/CA 系统就会自动制动该车。

改进算法提醒报警距离计算模型：

$$d_w = \frac{1}{2}\left(\frac{v_1^2}{a_1} - \frac{(v_1-v_{rel})^2}{a_2}\right) + v_1(t_1+t_2) + d_0 \tag{3-39}$$

改进算法制动报警距离计算模型：

$$d_b = v_{rel}(t_1+t_2) + \frac{1}{2}a_2(t_1+t_2)^2 \tag{3-40}$$

式中，v_1 为本车速度（m/s）；v_{rel} 为相对速度（m/s）；a_1 为本车制动减速度，$a_1=6m/s^2$；a_2 为本车制动减速度，$a_2=6m/s^2$；t_1 为系统延迟时间，$t_1=0.2s$；t_2 为驾驶人反应时间，$t_2=1s$；d_b 为制动报警距离（m）；d_w 为提醒报警距离（m）。

图 3.28 是改进算法的本车速度、相对速度和安全距离的关系图。

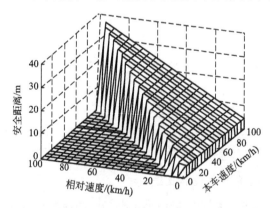

图 3.28 改进算法的本车速度、相对速度和安全距离的关系

本田模型和马自达模型都是基于车间时距的安全距离模型，适用于车辆以较低的相对

速度跟随行驶，建模时对道路交通效率的因素考虑较多，对较大相对速度时的安全性考虑较少，所以该模型在相对速度较高时由于计算的安全距离偏小，不能保证行车安全。马自达模型的安全距离设定是保守型的，因此误警率高，容易丧失驾驶人对系统的信任；本田模型的安全距离设定是非保守型的，但是容易导致报警不及时。在车辆间有较大的相对速度时，由于模型未考虑驾驶人实际感觉应当保持的车间距离还与相对速度有关这一因素，判断的结果不符合驾驶人的主观感觉。

加利福尼亚大学贝克利分校改进算法的模型则综合考虑了两者的优点，使得其实用性及有效性都得到显著提高。改进算法集合了上述两个模型的优点，通过设定可靠的报警距离和有效的极限报警距离来提高整个算法的实用性。这样可以在减少对驾驶人造成干扰的同时提高整个系统的工作效率，尽可能地避免误警和虚惊。但是，由于该算法在设定极限制动距离时是以两车相撞为基准点进行考虑的，因此，极限报警距离的设定其实没有多大效果。

4. 驾驶人预瞄安全距离模型

在正常驾驶行为中，驾驶人的差异所造成的行为区别是各种各样的，其中最主要区别体现在不同驾驶人的对突发信息的判断时间上的差异。一般影响其判断时间可以分为三个部分：驾驶人生理状态、驾驶人心理状态及驾驶人业务能力。只有模型算法较好的符合驾驶人的避撞特性，才能提高系统的接受度。基于驾驶人驾驶特点的安全距离模型、完善的安全距离模型应当考虑路面和驾驶人特性。例如，韩国汉阳大学的研究采用轮胎路面附着系数的估计模型估计出轮胎的路面附着系数，以此确定安全距离。

驾驶人预瞄安全距离模型在模型建立和参数取值时考虑了驾驶人的主观感觉因素，但在前方车辆制动的避撞系统典型工况下，预瞄模型的加速度固定，导致模型的判断结果不符合驾驶人的主观感受。在实际行车时，驾驶人总是要对车辆的运行进行预测，以决定当前的操作，日本的研究人员以这种行为为基础建立了驾驶人预瞄安全距离模型。

针对此问题，吉林大学针对汽车直线行驶工况，将驾驶人对安全的考虑主要体现在以当前速度是否可以确保本车与前方行进的汽车、行人或障碍物等保持安全车距。将驾驶人在轨迹决策中对行车安全考虑定义为驾驶安全性评价指标，并用前方行进车辆及障碍物等与预期轨迹决策点之间距离为驾驶安全性评价指标的特征值来描述，建立了驾驶人最优预瞄纵向加速度模型。清华大学以驾驶人车间距保持目的假设为基础建立了一种新型汽车主动避撞安全距离模型，通过驾驶人试验获得了反映驾驶人驾驶特点的模型参数。

驾驶人预瞄安全距离模型指的就是驾驶人期望保持的最小车间距离，定义为以驾驶人主观感觉为依据确定的安全距离，表示如下：

$$d_s = -v_{rel}t_g - \frac{a_f t_g^2}{2} + x_{\lim} \tag{3-41}$$

式中，v_{rel}为相对速度(m/s)；t_g为驾驶人的预估时间，在预估时间内本车是匀速行驶的；a_f为前方目标车的加速度（大于零表示目标车加速，小于零表示目标车减速）；$x_{\lim}$为表示驾驶人主观感觉的界限车间距离。

可以认为$x_{\lim}$由两部分组成：一部分是驾驶人按照他所期望的相对减速度消除本车与目标车辆的相对速度需要的距离，设为d_{br}；另一部分是消除本车与目标车辆的相对速度后本车与目标车间仍要保持的距离，设为d_{fl}。很明显d_{br}中起决定作用的参数是减速度

δ_a、δ_a 和 d_{f1} 这两个参数都和驾驶人的习惯经验相关，原则上应该通过试验来确定。

3.6 基于视觉的安全车距预警系统的实现

图 3.29 是基于视觉的安全车距预警系统算法简易流程图。通过分析视觉传感器获取的车辆前方道路环境图像，对前方车辆进行识别与跟踪。如果有车辆被识别出来，则根据车辆与路面垂直投影交线位置，利用测距模型实现距离测量。同时利用速度估计，结合操作界面上的路面状况选择（道路的摩擦系数），根据安全车距预警模型和预警规则实现预警功能，一旦存在追尾可能时，能够及时给予驾驶人主动预警，是减少公路交通事故行之有效的技术措施。

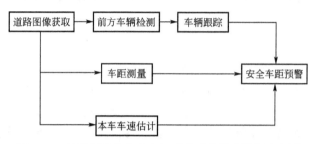

图 3.29 基于视觉的安全车距预警系统算法简易流程图

3.6.1 基于多特征融合的前方车辆检测

1. 基于阴影的感兴趣区域获取

通过对大量的车辆图片分析，发现在日光条件下，车辆总会存在一块暗区域（为便于以后论述这里统称为车辆阴影区域），如图 3.30 所示。通常这些阴影区域是由车辆在地面上的阴影、车辆左右后轮轮胎以及车辆的后保险杠等部分组成。有时由于光线照射的影响，整个车辆都表现出较暗的特征。

图 3.30 不同环境下车辆的阴影区域

上述这些车辆所具有的阴影区域，是将车辆从背景中分离出来的一种可利用的有效特征。通过对这些阴影区域的检测，可初步获得车辆存在的感兴趣区域，这将为下一步车辆的准确识别、定位和跟踪奠定了基础。

通常，路面上的灰度分布较为均匀，而车辆阴影区域的像素值也具有相似性，但两者的灰度值却存在差异，即车辆阴影区域的灰度值要低于路面的平均灰度值。

为尽量消除一些噪声的干扰，同时在路面较暗的情况下能将车辆阴影区域分割出来，经观察发现车辆阴影区域的灰度值大多数情况比树木阴影的灰度值低，因此可认为车辆阴影区域的灰度值在整个路面图像中处于最小值范围。为此，本文在图像中建立了一个虚拟的三角形道路区域，如图 3.31 所示。由于 CCD 摄像机水平安装，路面远处消失点一般在图像高度方向的中间位置附近。这里设定图像坐标系的原点位置在图像的左下角，因此三角形的顶点坐标确定为（Width/2，Height/2），其他两点坐标分别为（0，0），（Width，0）。在此三角形区域内，利用一个矩形探测窗口遍历整个区域，并求取每一个位置时探测窗口内的灰度均值和均方差。探测窗口大小的选择依据了可识别的较远距离处车辆在图片中阴影区域面积的大小。这里选

图 3.31 探测区域的确定

择探测窗口大小为 20 像素×5 像素（宽×高）。最终选取的阈值由最小的灰度均值和其对应的均方差确定，具体计算公式如下：

$$Threshold_p = mean + Variance_{mean} \quad (3-42)$$

式中，mean 表示探测窗口遍历整个三角形区域后其中最小的灰度均值；$Variance_{mean}$ 表示探测窗口取最小灰度均值时所对应的均方差。

若仅以灰度均值作为分割阈值，则针对该探测窗口内的区域只有一半的像素点被分割出来，从而使分割出来的车辆阴影区域不完整。为此将均方差的信息融入阈值的选取中，这样可将探测窗口内大部分像素点分割出来，同时又会避免灰度值过高的噪声点被分割到目标区域中。

图 3.32 为按照此阈值 $Threshold_p$ 分割方法对原始图像进行分割的结果。

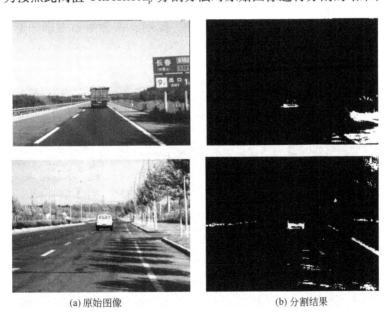

(a) 原始图像 (b) 分割结果

图 3.32 按照车辆阴影灰度最小原则选取阈值的分割结果

在分割后的车辆阴影区域的二值化图像中，经常会出现车辆的阴影区域与周围一些噪

声区域连为一体，或者车辆的阴影区域边界有不连续的情况。此外，由于分割算法本身的局限性，会使分割出来的车辆阴影区域内部出现空穴。以上这些问题，不利于车辆阴影区域特征的提取和识别。因此，将分割后的车辆阴影区域与背景噪声尽可能分离出来，采用两次开运算和一次闭运算将不同目标区域分开，同时将目标本身断开的部位连接上。经过区域增长，可将所有背景像素合并成一个连通区域，而那些被白色目标包围的黑色空穴区域，将同目标一样被赋予白的颜色。这样，就实现了目标区域内部空穴的填充。图 3.33 为对图 3.32 中的车辆阴影区域的二值化图像进行形态学处理和空穴填充的结果。

(a) 未处理的二值化图像

(b) 形态学处理后的结果

(c) 空穴填充后的结果

图 3.33　形态学处理和空穴填充的结果

为了实现车辆阴影区域的识别，本文利用前面提到的四个形状描述子和矩形度来描述阴影的特征。同时，利用基于方差测度的几何性判据确定每个特征对车辆阴影区域识别贡献的大小，从中选出判据较大的特征作为最终的分类依据。

图 3.34 为利用前面提出的车辆阴影区域分割及识别方法对几种不同道路环境下的车辆阴影的识别结果。通过对大量的不同环境的车辆图片进行测试，该方法基本能够消除树木阴影或路面上的黑渍对车辆阴影识别的影响。同时，该方法对车辆阴影识别的可靠性很高。

图 3.34　几种不同道路环境下的车辆阴影识别结果

2. 基于多特征融合的感兴趣区域确认

通过对车辆图像进行阴影区域的提取与分析，我们能够获得可能的车辆阴影区域在图像中的位置。这些位置信息为我们提供了车辆存在的可能区域，即感兴趣区域。但同时，由于光照条件和道路环境的千变万化，不可避免将会有一些非车辆的阴影区域被当作车辆阴影检测出来。为了进一步确认这些已建立的感兴趣区域是否对应真正的车辆区域，采用车辆的其他一些特征来进行验证是必须的。

1) 纹理特征提取

通常，真正存在车辆的区域一般具有较强的纹理特征，如车辆的风窗玻璃、后保险杠以及车牌等。而一些噪声，如路面上树木的阴影或道路的黑渍，其灰度分布一般比较均匀，纹理特征并不明显。因此，可采用计算感兴趣区域内图像纹理特征确认该区域是否为车辆区域。

通常对纹理图像的描述可以用空间自相关函数来表征，还可以使用傅里叶功率法、联合概率矩阵法和灰度差分统计法等。为了更好地区分车辆和噪声的纹理特征，我们采用了广义分形维数。其定义如下：

$$D(q) = \begin{cases} \dfrac{1}{1-q} \lim\limits_{\varepsilon \to 0} \log[N(q,\varepsilon)]/\log\varepsilon, & q \neq 1 \\ -\lim\limits_{\varepsilon \to 0} \left(\dfrac{\sum_i \mu_i \log\mu_i}{\log\varepsilon} \right), & q = 1 \end{cases} \quad (3-43)$$

式中，$\mu_i = N_i/N$，N_i 为在第 i 个盒子所包含的像素个数，N 为所有盒子包含的像素总数。

在图像应用领域中，分形维数应用思想如下：

假设一幅图像的大小为 $M \times M$，并被划分为 $s \times s$（其中 $M/s \geqslant s \geqslant 1$，$s$ 是整数）大小的子图像，那么 $r = s/M$。把图像看作三维空间 (x, y, z)，其中 (x, y) 表示图像像素的二维位置，z 表示灰度值。(x, y) 平面被划分为 $s \times s$ 大小的网格，在每一个网格处 z 方向有一列 $s \times s \times s$ 大小的小立方体。假如在第 $(i, j)^{\text{th}}$ 个网格处灰度的最小值和最大值分别是第 k^{th} 个和第 l^{th} 个小立方体处，那么第 $(i, j)^{\text{th}}$ 个网格处的小立方体数目为

$$n_r(i, j) = l^{\text{th}} - k^{\text{th}} + 1$$

如图 3.35 所示，整个图像内的网格处的小立方体总数为

$$N_r = \sum_{i,j} n_r(i, j) \quad (3-44)$$

根据式 (3-44) 计算出的不同 r 值对应的 N_r 值，则式 (3-45) 成立：

$$\mu_r(i, j) = \dfrac{n_r(i, j)}{N_r}$$

$$\chi(q, r) = \sum_{i, j} [\mu_r(i, j)]^q$$

$$(q-1)D(q) = \lim_{r \to 0} \dfrac{\lg\chi(q, r)}{\lg r}, \; q \neq 1$$

$$(3-45)$$

根据式 (3-45) 的三个计算式，利用最小二乘法求集 $(\lg(\chi(q, r)), \lg(r))$ 线性回归线的斜率，即为该目标图像的分形维数 D。这里 q 为阶次，取 $q = 2$。

图 3.36 为对一幅有车辆的图像进行分形维数计算分析。计算方法为：利用一个 20×20 大小的窗口遍历整幅图像，计算每个位置时窗口内图像的分形维数，并将其作为该像素位置处的分形维数。其中图 3.36(b) 为采用普通计盒子维数求取方法获取的分形维数三维曲面图，从该曲面图中可以看出没有明显突出的峰值。图 3.36(c) 为采用广义分形维数方法获

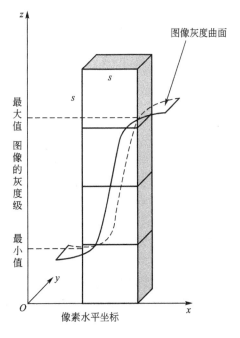

图 3.35　分形维数的示意图

得的三维曲面图，其中最为突出的尖峰位置基本为车辆存在的区域。由此可见，采用广义分形维数后使车辆区域的纹理特征更为突出。图 3.36(d)为在图 3.36(c)分形维数分析基础上选取最大分形维数的 0.8 倍作为阈值对图像处理的结果。可以看出车辆区域能被提取出来。

(a) 原始车辆图片

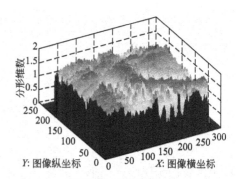
(b) 普通盒子维数曲面

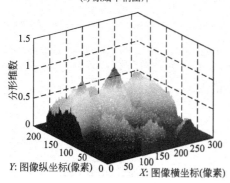
(c) 广义分形维曲面

(d) 按维数大小对车辆识别结果

图 3.36 分形维的分析过程

在实际进行分形维数计算时，是在前面车辆阴影识别的基础上完成的。首先，划分出一个需要进行分形维数求取的车辆候选区域。该区域的底边界为当前获得的车辆阴影位置，区域的宽度为阴影宽度的 1.2 倍，区域的高度为阴影宽度的 1.4 倍，区域的底边界中心与阴影中心重合。这样，分形维数的计算仅仅在可能存在的车辆区域内进行，避免了在整个图像中遍历搜索带来的运算量过大的问题。图 3.37 为对部分车辆样本和带有阴影的路面样本计算分形维数的结果，样本图下面的数据即为分形维数值。通过分形维数的计算结果可以看出车辆的分形维数一般大于 1.2，而非车辆的分形维数一般小于 1.2。因此该数值可以作为初步判断感兴趣区域纹理特征强弱的依据。但是有时由于车辆区域的灰度分布较为均匀，如第一幅车辆样本，此时其分形维数较小，因此我们还需要利用车辆的其他特征进一步加以判断。

2) 边缘特征提取

通常，车辆区域存在许多明显的边缘特征，如后风窗玻璃、后保险杠以及车牌等边缘。这些边缘特征对于车辆区域的定位和作为判决依据非常有用。

通常单一的边缘检测方法只能从某一方面反映图像的边缘信息，近年来信息科学领域发展起来的信息融合技术综合各种手段获得有用信息，从而能有效地提高信息的可信度。

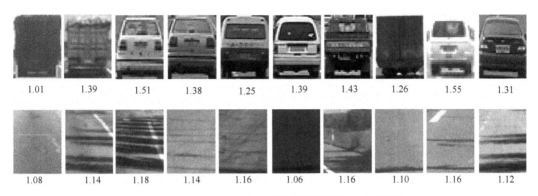

图 3.37　车辆图像和带有阴影的路面图像的分形维数

经过形态学梯度运算后提取出的边缘能抑制掉图像中的大部分噪声，然而由于图像的真实边缘常常与许多噪声点混杂在一起，在抑制噪声的过程中也失去了许多细节边缘部分。而 Log 边缘检测算子采用基于二阶导数过零点的边缘检测技术，因此能得到比较完整连续的边缘，但在对含噪声图像的处理中一些边缘通常被噪声淹没，以至于给图像分割、目标识别等后续处理带来很大的困难。本文融合形态学边缘检测方法与 Log 边缘检测算子两种方法提取的边缘图像信息，摒弃了无用的噪声点，保留有用的真实边缘，最终得到令人满意的边缘。

设形态学梯度和 Log 算子得到的边缘图像分别为 E_1 和 E_2，在融合过程中利用以下两个原则。

(1) 考虑到 E_1 中只有较少的噪声点，因此可以用 E_1 的图像信息来剔除 E_2 中的噪声点。具体做法为：E_2 中的一个边缘像素点如果在 E_1 中以此点相同位置的点为中心的 3×3 邻域内有 N（N 为设定的阈值）个像素点不为零，则保留此点作为有效的边缘点；否则就认为是噪声点而被摒弃。

(2) 由于 E_1 的水平边缘短且不连续，而 E_2 的水平边缘较长且连续，为此，有必要保留 E_2 中的长水平边缘。通常对于 E_1 中真正的边缘点，在 E_2 中同样位置附近必然有长边缘存在。因此，在 E_2 中以 E_1 中水平边缘线段的中心点为中心，建立一个大小为 $1.5w\times5$ 的矩形窗口（其中 w 为 E_1 中水平线段的长度）。在该矩形窗口内计算每行边缘点的个数，若它大于设定阈值 w，就认为该行水平边缘为必须保留的边缘点。图 3.38 为融合边缘检测算子边缘提取的处理结果。

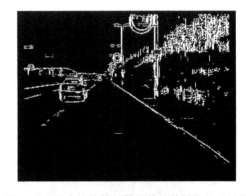

图 3.38　融合边缘检测算子的边缘提取处理结果

在实际进行边缘提取时，仅仅在车辆感兴趣区域内进行。车辆感兴趣区域的大小和位置与前面纹理特征提取时建立的区域一致。

通过上面的边缘提取过程，不难发现车辆区域内部一般会存在许多水平边缘。即便某些情况下车辆内部边缘信息并不丰富，但通过观察车辆边缘图像可以看出，在车辆底边缘左右上方一定会存在垂直的边缘。因此，上述这些边缘特征可以作为车辆感兴趣区域是否为包含真正车辆区域的一个判断依据。

这里，水平边缘和垂直边缘特征可用下列方程表示：

$$V_1(i) = \sum_{j=Y_d}^{Y_d+HY_1+\Delta x^*} \sum_{i=Y_1-\Delta x} Ev(i,j), \quad V_2(i) = \sum_{j=Y_d}^{Y_d+H} \sum_{i=Y_r-\Delta x^*}^{Y_r+\Delta x} Ev(i,j) \quad (3-46)$$

$$E_v = \frac{1}{2H}[\max(V_1(i)) + \max(V_2(i))] i \in [Y_1-\Delta x, Y_1+\Delta x^*] \cap [Y_r-\Delta x^*, Y_r+\Delta x]$$

$$E_h = \frac{1}{H(Y_r-Y_1+1)}\left(\sum_{i=Y_1}^{Y_r}\sum_{j=Y_d}^{Y_d+H} Eh(i,j)\right) \quad (3-47)$$

式中，Y_d、Y_1和Y_r分别表示已识别车辆阴影的底边界、左边界和右边界；$Ev(i,j)$表示垂直边界图像，$Eh(i,j)$表示水平边界图像，$V_1(i)$和$V_2(i)$分别表示左右两侧垂直边缘的垂直投影量。$H=(Y_r-Y_1)\times 1.4$，即阴影宽度的1.4倍；$\Delta x=5$，$\Delta x^*=(Y_r-Y_1)/3$。E_v表示左右两侧最大的垂直边缘相对感兴趣区域高度所占的比例，该值越大说明垂直边缘比较突出。E_h表示在感兴趣区域内水平边缘的密度及每段水平边缘相对感兴趣区域宽度所占的比例；水平边缘数目越多，长度越大则该值越高。

最终的边缘特征用下面的方程表述：

$$E_{\text{edge}} = \frac{E_v + E_h}{2} \quad (3-48)$$

下面分析一下车辆边缘特征与非车辆边缘特征的差异。图3.39(a)中车辆图像中的方框区域为依据检测出的阴影位置建立的车辆感兴趣区域，其中感兴趣区域2为误检测出的车辆阴影区域。图3.39(b)上排两幅图像为感兴趣区域1的水平及垂直边缘图像，下排两幅图像为感兴趣区域2的水平及垂直边缘图像。根据式(3-48)获取两个感兴趣区域的边缘特征分别为$E_1=0.15$和$E_2=0.06$，由此可见车辆的边缘特征值高于非车辆区域的边缘特征值。

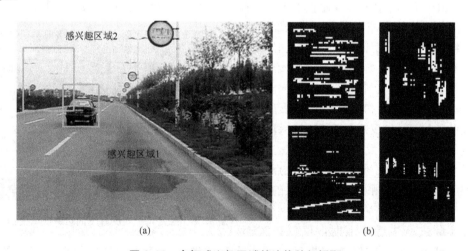

图3.39 车辆感兴趣区域的边缘特征提取

图3.40为对50幅车辆图片利用阴影方法初步建立车辆的感兴趣区域后，对感兴趣区域内的不同类型的车辆及非车辆区域进行边缘特征分析的数据曲线。

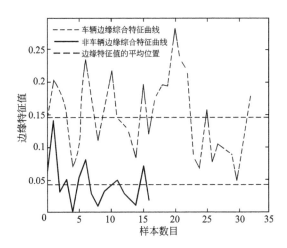

图 3.40　车辆感兴趣区域的边缘特征曲线分析比较

通过对图 3.40 中曲线进行分析，车辆区域的平均综合边缘特征值为 0.1485，非车辆区域的平均综合边缘特征值为 0.0421，车辆区域的边缘特征值是非车辆边缘特征值的 3.5 倍，可见它们之间的边缘特征差异是比较明显的。其中，在非车辆区域中边缘特征值超过 0.06 的区域个数为 4 个，最大的特征值为 0.14，通过对原始图像分析，发现这种情况一般是由路边的防护栏或标识牌引起的。而对于车辆区域，边缘特征小于 0.1 的区域有 7 个，这主要是由于前方车辆距离本车较远，而且其区域灰度分布比较均匀，同时由于光照的影响使其边缘比较模糊，因此边缘特征并不明显。但是这种情况下车辆阴影的矩形特征比较明显。

3）对称性特征提取

通常，车辆区域具有较强的对称性特征，该特征也可以作为验证车辆的手段之一。由于车辆具有较强的垂直边缘特征，且两侧的垂直边缘具有一定的对称性，为此，本文的对称性测度的计算是在车辆的垂直边缘基础上进行的。

在计算感兴趣区域的对称性测度时，首先在高度方向上将感兴趣区域内垂直边缘图像中所有边缘点按列累加。此外，考虑车辆的水平方向的中心对称轴应与其阴影区域的中间位置相近，这样我们仅仅需要在该中间位置左右较小范围进行计算，从而减少了计算量。如图 3.41(a)所示，实线框为车辆阴影区域，虚线框为建立的车辆感兴趣区域，直线 p 为阴影区域的中间位置，p_l 和 p_r 为在车辆感兴趣区域内计算对称性测度时对称轴的左右移动范围。图 3.41(b)为对左侧图像的垂直边缘图像计算对称性测度得出的曲线。由图 3.41(b)可以看出，在车辆的中间位置附近对称性测度最大，接近 0.8，由此说明车辆具有较强的边缘对称性。

4）多特征信息的融合

前面我们在车辆阴影识别的基础上，建立了一些车辆感兴趣区域，并对这些区域进行纹理特征、边缘特征和对称性特征的计算分析。由于在某些情况下利用每个特征单独进行车辆验证可靠性较低，因此有必要将几种特征进行融合，以增强车辆识别的可靠性。

由于本文研究的内容是车辆识别，因此其类别只有两类：车辆类和非车辆类。参与类别判决的特征有三个，依据模式识别的相关理论，判决边界应为一个平面函数。为此，车

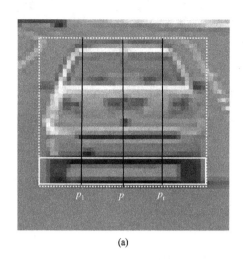 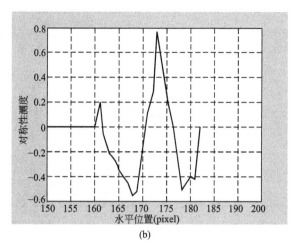

图 3.41　车辆对称性测度的分析与计算

辆识别的判决函数定义如式(3-49)所示：

$$d(x)=\omega_1 x_{\text{texture}}+\omega_2 x_{\text{edge}}+\omega_3 x_{\text{symmetry}} \tag{3-49}$$

式中，x_{texture} 为纹理特征，考虑实际计算得到的目标的纹理特征值均小于 2，为此，这里做了归一化处理，即 $x_{\text{texture}}=D/2$，D 为计算得到的分形维数。x_{edge} 为边缘特征，x_{symmetey} 为边缘对称性特征。$\omega_i(i=1,2,3)$ 为权值。这里的关键是如何确定权值。

在这三个特征中，如果光照条件不同，则车辆的边缘特征和灰度信息也不同，因此每个特征对车辆判断的贡献也是变化的。为此，这里采用前面所述的可分性判据的方法。通过样本模板计算每种特征的可分性判据大小，判据大说明在车辆识别过程中该特征贡献大，其权值也应该较大。根据公式可计算出三种特征的可分性判据分别为

$$J_{\text{texture}}=2.055338,\quad J_{\text{edge}}=2.414854,\quad J_{\text{symmetry}}=5.732881$$

对上面计算出的可分性判据进行归一化，将归一化的结果作为特征权值，则有 $\omega_1=0.20$，$\omega_2=0.24$，$\omega_3=0.56$。

最终车辆判决依据是：如果 $d(x) \geqslant d'$ 则判决为车辆区域，否则为非车辆区域。阈值 d' 可通过大量的图像测试获得。通过试验分析，选取 $d'=0.4$，能够保证车辆识别的可靠性。

3. 利用边缘信息进行车辆定位

在获得车辆边缘的前提下，便可实现对车辆边界的确定。由于车辆的底边缘为前面已经检测出的车辆阴影位置，因此，在此位置之上可实现对车辆左右位置的确定。这里采用对车辆垂直边缘进行垂直投影。通常，在垂直边缘图像中，车辆左右两侧边缘较为突出。因此在垂直投影图中，可以找出最大垂直投影值，以最大投影值的一半作为寻找左右边界的判决条件，即分别由感兴趣区域中间位置向左右方向搜索，当遇到垂直边缘投影值满足判决条件时即认为找到了左右边界。但在某些情况，特别是对于轿车类型的车辆，其垂直边缘有时并不是非常明显，如图 3.42 中的车辆右侧边缘，从垂直边缘投影图中可以看出其右侧没有明显峰值，为此较合理的左右边缘定位可按下述思路进行：

$$\begin{cases} V(x) = \sum_{y=Y_d}^{Y_d+H} E_v = (x, y) \\ X_l = \arg\max V(x), \quad x \in (X_{yl} - (X_{yr} - X_{yl})/3, X_{yl} + (X_{yr} - X_{yl})/3) \\ X_r = \arg\max V(x), \quad x \in (X_{yr} - (X_{yr} - X_{yl})/3, X_{yr} + (X_{yr} - X_{yl})/3) \end{cases}$$
(3-50)

式中，$E_v(x, y)$ 为垂直边缘；$V(x)$ 为垂直边缘在垂直方向上边缘点的累加值；y_d 为已获得的车辆阴影的底边界；X_{yl} 和 X_{yr} 为阴影的左右边界，$H = X_{yr} - X_{yl}$ 即为阴影的宽度。

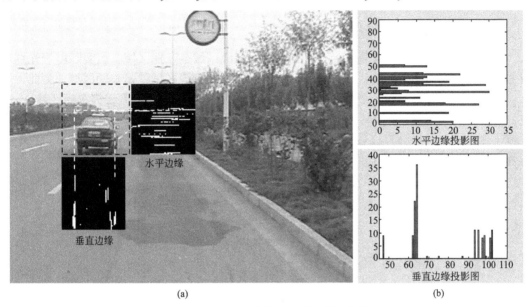

图 3.42 利用边缘信息对车辆进行定位

上边界的确定利用了车辆的水平边缘信息。一般情况，在已经确定的左右边界区域内对这些水平边缘进行水平投影，并找出水平投影的最大值，然后在图像中车辆候选区域的位置处，从上到下寻找投影值满足大于最大值 1/2 的位置，该位置即为对应的车辆上边界。但是有时由于受道路周围环境的影响，在车辆上方有连续的自然边界，这样的边界将影响车辆上边界的确定。为此，本文利用下述方法实现上边界的确定。

（1）对左侧垂直边缘进行水平投影：

$$H_l(y) = \sum_{y=Y_d}^{Y_d+1.5H} E_v(x, y)(X_l - \Delta x \leqslant x \leqslant X_l - \Delta x)$$

（2）如果 $H_l(y) = 0(y = Y_d + H)$，则由此位置向下寻找 y_l 满足 $H_l(y_l) > 0$，同时 $H_l(y_l + 1) = 0$；否则由此位置向上寻找 y_l 满足 $H_l(y_l) > 0$，同时 $H_l(y_l + 1) = 0$。

（3）对右侧垂直边缘进行水平投影：

$$H_r(y) = \sum_{y=Y_d}^{Y_d+1.5H} E_v(x, y)(X_r - \Delta x \leqslant x \leqslant X_r - \Delta x)$$

（4）如果 $H_r(y) = 0(y = Y_d + H)$，则由此位置向下寻找 y_r 满足 $H_r(y_r) > 0$，同时 $H_r(y_r + 1) = 0$；否则由此位置向上寻找 y_r 满足 $H_r(y_r) > 0$，同时 $H_r(y_r + 1) = 0$。

（5）找出左右垂直边缘中边缘点最高的位置 $y_{zh} = \max(y_l, y_r)$。

(6) 对水平边缘进行水平投影：

$$H(y) = \sum_{x=X_l}^{X_r} E_h(x, y) (Y_d \leqslant y \leqslant Y_d + 1.5H)$$

(7) 找出水平投影最大值 H_{max}，然后在 $(y_{zh} \leqslant y \leqslant Y_d + 1.5Y)$ 范围内寻找 y_t 使得 $H(y_t) \geqslant H_{max}/2$ 停止搜索，则 y_t 即为车辆边界。

这里取 $\Delta x = 2$。

根据上面所述的车辆边界搜索方法，对图 3.42(a)中的车辆感兴趣区域（黑色虚线框所示）内的车辆区域进行边界定位，定位结果为图中感兴趣区域内的白色虚线框。

4. 基于序列图像 NMI 特征的车辆验证

经过上述方法确定的车辆区域，基本能够保证该区域是车辆区域。但实际由于光照和背景环境等复杂因素的影响，在某些情况并不能完全保证该区域就是车辆区域。为此，本文又提出了利用序列图像，根据车辆区域的 NMI 特征来判断该区域是否为车辆区域。

归一化转动惯量（Normalized Moment of Inertia，NMI）特征具有良好的平移、旋转和缩放不变性，并且这种方法具有计算量小、误差小以及不同物体区分度高等特点，对于实时性要求较高的目标识别与跟踪具有良好的应用效果。其定义如式(3-51)所示。

$$\text{NMI} = \frac{\sqrt{\sum_{x=1}^{M}\sum_{y=1}^{N}[(x-cx)^2+(y-cy)^2]f(x,y)}}{\sum_{x=1}^{M}\sum_{y=1}^{N}(x,y)} \quad (3-51)$$

式中，(cx, xy) 为图像的质心，其定义如下：

$$cx = \frac{\sum_{x=1}^{M}\sum_{y=1}^{N} x \times f(x,y)}{\sum_{x=1}^{M}\sum_{y=1}^{N} f(x,y)}, \quad cy = \frac{\sum_{x=1}^{M}\sum_{y=1}^{N} y \times f(x,y)}{\sum_{x=1}^{M}\sum_{y=1}^{N} f(x,y)} \quad (3-52)$$

在车辆的验证过程中，如果该区域存在车辆，则在连续采集的几幅图像中，车辆区域的 NMI 特征变化并不明显。若该区域不存在车辆，则该区域的 NMI 特征变化较大，为此需将该区域的相关信息剔除不进行跟踪。图 3.43 为连续 5 帧的序列图像，对其中的白色车辆求取其 NMI 特征，见表 3-6。图 3.44 为连续跟踪的车辆序列图像中按时间顺序随机抽取 5 帧图像，对其中的车辆求取 NMI 特征，结果见表 3-6。

图 3.43　连续 5 帧的序列图像

表 3-6　序列图像中车辆目标的 NMI 特征求取结果

图像	连续 5 帧序列图像					随即抽取 5 帧图像				
NMI 特征	0.03	0.03	0.03	0.03	0.03	0.08	0.08	0.08	0.08	0.08

图 3.44　随即抽取 5 帧图像

通过表 3-6 可以看出在序列图像中对于同一个跟踪目标其 NMI 特征值基本不变，因此该特征可以用于在跟踪过程中对车辆进一步确认。

图 3.45 是基于多特征融合的前方车辆检测算法流程图，图 3.46 是实验结果。

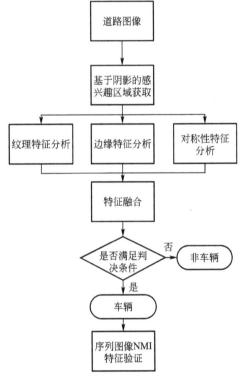

图 3.45　车辆识别算法流程图

图 3.46　不同光照情况下的车辆识别结果

3.6.2　基于目标特征和 Kalman 滤波的车辆跟踪

目标跟踪，就是在事先不了解目标运动信息的条件下，通过来自信息源的数据，实时估计出目标的运动状态,从而实现对目标的跟踪。

动态图像多目标跟踪是计算机视觉的一个重要方面。基于目标特征的跟踪算法是一种重要的跟踪算法,在目标和背景对比度较大的情况下使用,跟踪精度很高。利用特征跟踪算法,在目标匹配中,通常采用最近邻法、全邻域法。其采用的代价函数通常仅利用每个目标质心的位置信息,即考虑待跟踪目标与下一帧每个目标统计目标质心的欧氏距离,距离最小的两个目标认为是同一个目标。这种方法较少考虑目标自身的特征属性和每个目标运动状况,易出现目标的错误跟踪。

1. 算法基本思想

本文的跟踪算法可划分为两大模块:预测模块和目标位置更新模块。预测模块的功能是利用已知的图像目标运动信息,预测未来帧中目标的可能存在范围;目标位置更新模块则针对相邻帧间运动目标的变化,利用特征值计算代价函数值,求出当前帧中运动目标(已被跟踪目标)在下一帧中的对应后继目标,建立关联关系,并更新已被跟踪运动目标的"目标链"。

本文采用的代价函数表达式如下:

$$V(i,j) = \alpha H(i,j) + \beta A(i,j) \tag{3-53}$$

其中:

$$H(i,j) = \frac{|\bar{G}_t^i - \bar{G}_{t+1}^j|}{\text{Max}_n |\bar{G}_t^i - \bar{G}_{t+1}^n|} \quad (H(i,j) \in [0,1]) \tag{3-54}$$

$$A(i,j) = \frac{|S_t^i - S_{t+1}^j|}{\text{Max}_n |S_t^i - S_{t+1}^n|} \quad (S_t^i = h_t^i \times w_t^i, A(i,j) \in [0,1]) \tag{3-55}$$

式中,$\bar{G}_t^i$、h_t^i、w_t^i、S_t^i 分别是图像序列第 t 帧第 i 个运动目标的外接矩形窗口内目标区域的平均边缘梯度、外接矩形窗口的高度、宽度以及面积;n 表示在第 $t+1$ 帧图像上经过 Kalman 滤波预测的目标可能范围内需要匹配的次数,该值可由 Kalman 滤波过程中的误差协方差矩阵得到;$H(i,j)$ 反映了第 t 帧上的第 i 个目标与第 $t+1$ 帧上的第 j 个可能目标区域平均边缘梯度的变化程度;$A(i,j)$ 反映了第 t 帧上的第 i 个目标与第 $t+1$ 帧上的第 j 个可能目标区域面积的变化程度。$H(i,j)$ 和 $A(i,j)$ 进行了归一化处理。代价函数越小,两个目标对应关系的可能性越大。其中 α,β 为经验值,二者之和为 1,这里取 $\alpha = \beta = 0.5$。

根据第 t 帧第 i 个目标的特征值作为 Kalman 滤波的输入参数,得到它的预测值,算出需要探测的区域。然后在第 $t+1$ 帧指定预测区域中搜索,依次计算目标 i 与 $t+1$ 帧搜索区域中各个可能目标的代价函数值,找出最小值(假设目标 j 与 i 的代价函数值最小),则说明目标 j 是 i 的后续,更新该目标的特征值作为下次 Kalman 滤波器的输入。

2. Kalman 滤波算法描述

基于 Kalman 滤波的车辆跟踪方法可以表述如下:第 t 帧图像被获取,然后处理得到车辆区域质心的位置。在每一帧图像中,车辆的状态可以用其质心的位置、速度和外界矩形窗口的大小来表示。假设 (x_t, y_t) 代表车辆区域质心点在第 t 帧图像的像素位置,$(\Delta x_t, \Delta y_t)$ 分别代表车辆质心点在第 t 帧图像中 x 和 y 方向的变化率。(h_t, w_t) 是目标外接矩形窗口的长度和宽度,$(\Delta h_t, \Delta w_t)$ 是目标外接矩形窗口的长度和宽度的变化率。因此,在

第 t 帧图像中车辆的状态向量可以表示为
$$\boldsymbol{X}_t = (x_t, \ y_t, \ \Delta x_t, \ \Delta y_t, \ h_t, \ w_t, \ \Delta h_t, \ \Delta w_t)^{\mathrm{T}}$$

根据 Kalman 滤波理论，在第 $t+1$ 帧图像，车辆的状态向量 $\boldsymbol{X}_{t+1}$，线性相关于当前状态 $\boldsymbol{X}_t$，系统状态方程如下：
$$\boldsymbol{X}_{t+1} = \boldsymbol{\Phi}_{t+1|t}\boldsymbol{X}_t + \boldsymbol{W}_t \tag{3-56}$$

式中，$\boldsymbol{\Phi}_{t+1|t}$ 是从 t 到 $t+1$ 时刻的一步状态转移矩阵，$n\times n$ 维；$\boldsymbol{W}_t$ 代表状态的随机干扰（白噪声）的随机向量，$n\times 1$ 维，通常服从零均值高斯分布 $\boldsymbol{W}_t \propto N(0, Q)$。

假设相邻两帧图像中车辆区域变化较小，从而可以考虑帧与帧之间运动恒定，状态转移矩阵可以表示如下：

$$\boldsymbol{A}_t = \begin{bmatrix} 1 & 0 & 0 & 0 & 1 & 0 & 0 & 0 \\ 0 & 1 & 0 & 0 & 0 & 1 & 0 & 0 \\ 0 & 0 & 1 & 0 & 0 & 0 & 1 & 0 \\ 0 & 0 & 0 & 1 & 0 & 0 & 0 & 1 \\ 0 & 0 & 0 & 0 & 1 & 0 & 0 & 0 \\ 0 & 0 & 0 & 0 & 0 & 1 & 0 & 0 \\ 0 & 0 & 0 & 0 & 0 & 0 & 1 & 0 \\ 0 & 0 & 0 & 0 & 0 & 0 & 0 & 1 \end{bmatrix}$$

进一步假设观测向量 $\boldsymbol{Y}_t$，在第 t 帧图像中车辆位置的估计值。因此，Kalman 滤波的测量方程表示如下：
$$\boldsymbol{Y}_t = \boldsymbol{H}_t\boldsymbol{X}_t + \boldsymbol{V}_t \tag{3-57}$$

式中，矩阵 $\boldsymbol{H}_t$ 表示 t 时刻的测量矩阵，$m\times n$ 维；$\boldsymbol{V}_t$ 代表观测噪声向量，$m\times 1$ 维，通常服从零均值高斯分布 $\boldsymbol{V}_t \propto N(0, R)$。其中 $\boldsymbol{Y}_t$、$\boldsymbol{H}_t$ 可以用式（3-58）表示：

$$\boldsymbol{Y}_t = [x_t, \ y_t, \ h_t, \ w_t]^{\mathrm{T}}, \quad \boldsymbol{H}_t = \begin{bmatrix} 1 & 0 & 0 & 0 & 0 & 0 & 0 & 0 \\ 0 & 1 & 0 & 0 & 0 & 0 & 0 & 0 \\ 0 & 0 & 1 & 0 & 0 & 0 & 0 & 0 \\ 0 & 0 & 0 & 1 & 0 & 0 & 0 & 0 \end{bmatrix} \tag{3-58}$$

观测即搜索协方差矩阵 $\hat{\boldsymbol{P}}_{t+1}$ 所确定的区域来找到第 $t+1$ 帧图像的观测值，即 $\boldsymbol{Y}_{t+1}$，并融合预测估计产生最终状态估计值，使搜索区域自动根据 $\hat{\boldsymbol{P}}_{t+1}$ 来变化。

为了方便下面的讨论，本文定义一些变量。假设 $\hat{\boldsymbol{X}}_{t+1}$ 代表在第 $t+1$ 帧图像从系统状态方程得到的状态估计值，该估计值表示先验状态估计值。$\boldsymbol{X}_{t+1}$ 不同于 $\hat{\boldsymbol{X}}_{t+1}$，它是利用系统状态方程(3-56)和测量方程(3-57)得到的估计值，该估计值表示后验状态估计值。假设 $\hat{\boldsymbol{P}}_{t+1}$ 和 $\boldsymbol{P}_{t+1}$ 分别是状态估计值 $\hat{\boldsymbol{X}}_{t+1}$ 和 $\boldsymbol{X}_{t+1}$ 的协方差矩阵，它们表示先验状态估计值和后验状态估计值相应的不确定性。因此，Kalman 滤波的目标是给定 $\boldsymbol{X}_t$、$\boldsymbol{P}_t$、$\boldsymbol{Y}_t$，利用系统状态方程和测量方程来估计得到 $\boldsymbol{X}_t$ 和 $\boldsymbol{P}_{t+1}$。用于状态预测和更新的 Kalman 滤波算法总结如下。

1) 状态预测

给定当前状态 $\boldsymbol{X}_t$ 和协方差矩阵 $\boldsymbol{P}_t$，状态预测包括两个步骤：得到状态先验值 $\hat{\boldsymbol{X}}_{t+1}$ 和误差协方程矩阵估计值 $\hat{\boldsymbol{P}}_{t+1}$，可用式（3-59）表示：

$$\hat{X}_{t+1} = \Phi_{t+1|t} X_t \tag{3-59}$$

$$\hat{P}_{t+1} = \Phi_{t+1|t} P_t \Phi_{t+1|t}^T + Q_t \tag{3-60}$$

式中，$Q_t = E(W_t W_t^T)$。

2）状态更新

给定先验估计值 $\hat{X}_{t+1}$ 和它的协方差矩阵 $\hat{P}_{t+1}$，在 $\hat{P}_{t+1}$ 确定的区域得到的当前测量值 Y_{t+1}。状态值更新可以得到后验状态估计值和它的协方差矩阵。测量值更新的首要任务是计算 Kalman 增益 K_{t+1}，通过式（3-61）计算得到：

$$K_{t+1} = \frac{\hat{P}_{t+1} H_t^T}{H_t \hat{P}_{t+1} H_t^T + R_t} \tag{3-61}$$

式中，$R_t = E(V_t V_t^T)$。增益矩阵 K_{t+1} 可解释为决定测量值 Y_{t+1} 和预测值 $H_t \hat{X}_{t+1}$ 对后验状态估计值 X_{t+1} 贡献的加权系数值。接着通过处理得到测量值 Y_{t+1}，然后结合该测量值和系统状态方程得到后验状态估计值 X_{t+1}，可通过式（3-62）计算：

$$X_{t+1} = \hat{X}_{t+1} + K_{t+1}(Y_{t+1} - H_t \hat{X}_{t+1}) \tag{3-62}$$

最后通过式（3-63）得到后验误差协方差矩阵估计值：

$$P_{t+1} = (I - K_{t+1} H_t) \hat{P}_{t+1} \tag{3-63}$$

式中：I 为单位矩阵。

为了应用 Kalman 滤波跟踪车辆，必须要获得初值。首先，必须确定初始状态。在连续三帧图像成功地实现车辆识别定位后开始进行 Kalman 滤波跟踪。假设三帧图像是第 t、$t+1$ 和 $t+2$ 帧。初始状态向量 X_0 可表示为

$$x_0 = \frac{1}{3}\sum_{t=1}^{3} x_t, \quad y_0 = \frac{1}{3}\sum_{t=1}^{3} y_t, \quad \Delta x_0 = \frac{1}{2}\sum_{t=2}^{3}(x_t - x_{t-1}), \quad \Delta y_0 = \frac{1}{2}\sum_{t=2}^{3}(y_t - y_{t-1})$$

$$h_0 = \frac{1}{3}\sum_{t=1}^{3} h_t, \quad w_0 = \frac{1}{3}\sum_{t=1}^{3} w_t, \quad \Delta h_0 = \frac{1}{2}\sum_{t=2}^{3}(h_t - h_{t-1}), \quad \Delta w_0 = \frac{1}{2}\sum_{t=2}^{3}(w_t - w_{t-1})$$

$$\tag{3-64}$$

此外需要定义初始状态 X_0 相应的协方差矩阵 P_0。由于 P_t 随着获取更多的图像反复更新，为此可以给它一个较大的初值。假设预测位置在 x 和 y 方向上离真实位置具有 ± 10 像素误差，在 x 和 y 方向上速度离真实速度有 ± 5 像素误差，外接矩形窗口的长度和宽度与是实际目标外接矩形窗口的长宽的误差有 ± 5 像素，长宽的变化率有 ± 3 像素误差。由此，误差协方差矩阵 P_0 可定义为

$$P_0 = \begin{bmatrix} 100 & 0 & 0 & 0 & 0 & 0 & 0 & 0 \\ 0 & 100 & 0 & 0 & 0 & 0 & 0 & 0 \\ 0 & 0 & 25 & 0 & 0 & 0 & 0 & 0 \\ 0 & 0 & 0 & 25 & 0 & 0 & 0 & 0 \\ 0 & 0 & 0 & 0 & 25 & 0 & 0 & 0 \\ 0 & 0 & 0 & 0 & 0 & 25 & 0 & 0 \\ 0 & 0 & 0 & 0 & 0 & 0 & 9 & 0 \\ 0 & 0 & 0 & 0 & 0 & 0 & 0 & 9 \end{bmatrix} \tag{3-65}$$

除了 X_0 和 P_0，还需要估计系统状态方程和测量方程的误差协方差矩阵 Q 和 R。基于车辆运动的观察，可以认为系统状态噪声如下：在 x 和 y 方向上系统定位误差的标准偏差是 5 像素，由此进一步认为速度的标准偏差为每帧 2 像素。而目标外界矩形窗口的长宽的标准偏差为 3 像素，其变化率为 1 像素。因此，状态噪声协方差矩阵可以表示如下：

$$Q = \begin{bmatrix} 25 & 0 & 0 & 0 & 0 & 0 & 0 & 0 \\ 0 & 25 & 0 & 0 & 0 & 0 & 0 & 0 \\ 0 & 0 & 4 & 0 & 0 & 0 & 0 & 0 \\ 0 & 0 & 0 & 4 & 0 & 0 & 0 & 0 \\ 0 & 0 & 0 & 0 & 9 & 0 & 0 & 0 \\ 0 & 0 & 0 & 0 & 0 & 9 & 0 & 0 \\ 0 & 0 & 0 & 0 & 0 & 0 & 1 & 0 \\ 0 & 0 & 0 & 0 & 0 & 0 & 0 & 1 \end{bmatrix} \quad (3-66)$$

类似地，定义测量方程在 x 和 y 方向上的标准偏差为 3 像素，因此

$$R = \begin{bmatrix} 9 & 0 & 0 & 0 \\ 0 & 9 & 0 & 0 \\ 0 & 0 & 4 & 0 \\ 0 & 0 & 0 & 4 \end{bmatrix} \quad (3-67)$$

利用上述的状态预测和更新方程以及初始条件，每一帧图像状态向量和相应的协方差矩阵被估计。

3. 跟踪算法步骤

在初始几帧图像获得目标的区域和位置后，在后续的图像中跟踪窗口的质心位置和大小由上一帧图像中目标的状态预测决定。如果当前图像是第一帧，那么图像中识别出的目标全部作为新出现目标，并为每个目标建立一个目标跟踪链。如果当前图像是第 k 帧，第 $k-1$ 帧图像如果有 n 个目标，那么就有 n 个目标跟踪窗口。如果经过目标重新识别发现当前帧中的某个目标没有落入已建立的任一目标跟踪窗口中，则认为是新的目标，为此将增加新的跟踪窗口。

数据关联是目标跟踪的核心部分。在接收后续第 k 帧图像时，则对当前第 i 个目标跟踪链，利用其目标跟踪链中的特征值启动 Kalman 滤波预测搜索匹配范围，计算目标 i 与第 k 帧对应跟踪窗口内所有可能目标的代价函数值，并找出其中最小值（设找到与目标 j 代价函数值最小），再判断目标 i 与目标 j 的质心距离 D 与 λ 的大小，λ 为设定的阈值，这里取 $\lambda=5$。距离 D 定义如下：

$$D(i, j) = \sqrt{(X_t^i - X_{t+1}^j)^2 + (Y_t^i - Y_{t+1}^j)^2} \quad (3-68)$$

(1) 如果 $D \leqslant \lambda$，则目标 j 为目标 i 的后续，将目标 j 的特征值替代目标链 i 的值，并对该目标 j 做标记。

(2) 如果 $D \leqslant \lambda$，则说明目标 i 在第 k 帧没有后续目标，这可能有两种情况：一种是由于路面的不平整导致本车发生较大振动，使目标在图像中的位置发生很大变化。另一种可能是目标距离本车太远，导致目标的信息量变小，从而使匹配的目标是虚假目标。

当对所有被跟踪目标进行匹配后，如果全部目标都被跟踪，则说明该帧上所有目标与前帧目标全部建立了后续关系，即建立了相关的目标跟踪链。

(3) 转向第 $k+1$ 帧的处理，处理过程如(1)、(2)，直至图像序列处理结束。

利用上述的跟踪方法，本文在高速公路进行了实车跟踪试验，如图 3.47 所示。试验证明该算法的跟踪率可达 95% 以上。

图 3.47　车辆跟踪过程按时间顺序抽取的部分图片

3.6.3 基于单目视觉的前方车距测量与本车车速估计

1. 测距模型选择与实现

对于基于小孔成像原理的测距模型,测距需要已知物体的实际尺寸,这样的条件显然是无法满足的,故这种方法虽然简单但不宜采用。序列图像测距模型只能获取相对距离变化的信息,不能得到绝对的前方车距,这种方法可用于目标跟踪过程中获取相对距离信息。采用基于单帧静态图像的测距模型可以满足安全车距预警系统中前方车辆测距要求。

在式(3-10)中,H 可以直接通过测量得到,y_0 一般取 0,f、y 是未知的。f 是 CCD 摄像机的有效焦距,属于内部参数,y 是目标点在 CCD 像平面上的投影坐标在 y 轴方向上的分量,称为像平面坐标,单位是 mm。但是数字图像由计算机内的存储器存放,而我们通过图像处理只能获得目标点在计算机内存中的坐标,称为帧存坐标(u, v),单位是像素,如图 3.48 所示。因此要将计算机内存中的帧存坐标转换到像平面坐标系统中。图中 $O_1(u_0, v_0)$ 是 CCD 摄像机光轴与像平面交点(x_0, y_0)的帧存坐标,该点一般位于帧存图像的中心处,但由于摄像机制造、安装等原因,也会有些偏差,因此需要对其进行标定。设帧存坐标中的一个像素对应于像平面在 x 轴与 y 轴方向上的物理尺寸分别为 dx、dy,一般 dx、dy 表示 CCD 光电耦合元件的尺寸大小,可通过 CCD 摄像机的性能参数表中获得。根据以上分析则有如下变换关系:

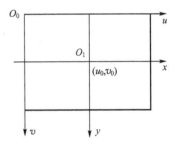

图 3.48 帧存坐标和投影坐标变换

$$u = \frac{x}{dx} + u_0, \quad v = \frac{y}{dy} + v_0 \tag{3-69}$$

在式(3-69)中,v 可由图像处理获得,计算 y 需要预先确定 v_0 和 dy 的值。因此为计算式(3-10),摄像机参数 f、v_0 必不可少,这就需要进行摄像机参数的标定。

在机器视觉中,摄像机参数分为内部参数和外部参数,内部参数确定了摄像机内部的几何特征和光学特征,不随摄像机的移动而改变;外部参数确定了摄像机像平面相对于世界坐标系统的三维位置和朝向,摄像机移动后,需重新进行标定。由于计算所需要的参数均为内部参数,因此只要在离线状态下标定出摄像机的内部参数,就可以在车辆运动过程中进行前方车距的实时测量。

2. 求取前方车辆距离

由式(3-69)可得

$$\begin{cases} x = (u - u_0)dx \\ y = (v - v_0)dy \end{cases} \tag{3-70}$$

式中,u、v 由图像处理得到。

$$x_0 = y_0 = 0 \tag{3-71}$$

将式(3-70)和式(3-71)代入式(3-9)得

$$d = ha_y / (v - v_0) \tag{3-72}$$

可见,不必分别求出有效焦距 f 和像素对应的物理尺寸 dy,因为计算公式中只需要二者的比值 a_y。但是该测距模型需要预先知道摄像机距离地面的高度 h,由于 CCD 摄像机的安装高度针对不同类型的车辆是变化的,即使对同一车辆而言每次安装时高度也会发生变化。为此本文对测距模型根据如下假设进行了改进。

(1) 摄像机安装要求其光轴与地面平行。

(2) 利用道路上的段状分道线自动实现 h 的测量。

具体原理如图 3.49 所示,O 为 CCD 摄像机镜头中心,O_1 为成像平面中心,坐标为 (0,0)。直线 O_1O 为摄像机光轴,与地面平行。线段 O_1O 为摄像机的焦距,大小为 f。P_1、P_2 为地面上段状分道线的两个端点,且 P_1、P_2 平行于 O_1O。$p_1(x_1,y_1)$ 和 $p_2(x_2,y_2)$ 分别为 P_1 和 P_2 的两个成像点。OC 为摄像机到地面的距离,其大小为 h。则根据式(3-72)得到 P_1、P_2 点与镜头中心的水平距离 d_1、d_2 的计算公式如下:

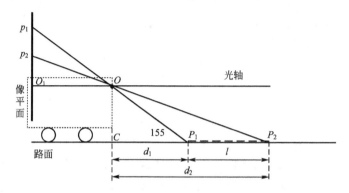

图 3.49 摄像机标定几何模型

$$d_1 = ha_y/(v_1-v_0), \quad d_2 = ha_y/(v_2-v_0) \tag{3-73}$$

由于段状分道线长度 P_1P_2 是可知的,且 $P_1P_2=d_2-d_1=l$,因此可求得

$$h = l(v_2-v_0)(v_1-v_0)/[(v_1-v_2)a_y]$$

$$d = l(v_2-v_0)(v_1-v_0)/[(v_1-v_2)(v-v_0)a_y] \tag{3-74}$$

当通过标定获得内部参数 $a_y=591.26$ 和 $v_0 \approx 118$ 后,这里计算机帧存图像的大小为 320 像素×240 像素,利用式(3-74)便可求得图像平面上任意一像点所对应的空间点距摄像机的纵向距离。这里 $l=6m$。

标定过程及路试试验时,CCD 摄像机选择的镜头焦距为 12mm,根据上面的摄像机内部参数的标定及测距模型,画出了图像纵坐标与按测距模型计算得到的距离的关系曲线,如图 3.50 所示。

从图 3.50 可以看出,图像纵坐标在 0~100 像素范围内,相邻几行像素对应的测量距离差异比较小,因此,在此范围内距离测量的误差较小。而当图像的纵坐标接近 120 像素时,即靠近图像中路面消失点位置附近时,距离变化幅度较大,则测量误差也变大。但实际进行车辆识别和测距时,车辆在图像中的纵坐标位置在 0~100 像素范围内,在该范围内距离测量误差小。

3. 基于单目视觉的本车车速估计

由于安全车距预警模型与本车当前的行驶速度有关,为此需要获取本车车速。目前,获取本车车速的方法很多,如利用测速传感器或车辆本车的测速机构,虽然这些方法能够获得较精确的车速,但需要对车辆一些电路进行改造或由于利用了测速传感器而增加了安

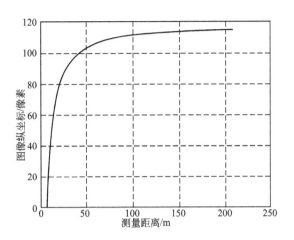

图 3.50 图像纵坐标与测量距离关系曲线

全车距预警系统的成本,这将不利于该系统的推广。为此,本文考虑安全车距预警时并不需要本车车速非常精确,因此提出了利用图像信息来获取本车车速。

由于车辆经常在不同的车道线内行驶,因此,车行道分界线在图像中的位置也是变化的。一般车行道分界线位于道路中间位置,考虑车辆在道路上横向位置变化,则车行道分界线可能在图像中左侧或右侧位置出现。为此,只需要考虑区域 1 和 2,如图 3.51(a)所示。此外,为了消除噪声对标识线志别的影响,同时提高运算速度,这里,仅对车道线左右一定宽度的条状区域内完成车行道分界线的分割与识别。图 3.51(b)为对感兴趣区域内标志线分割的结果。

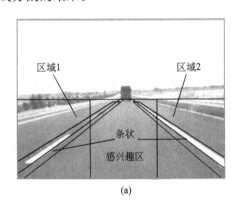

(a)

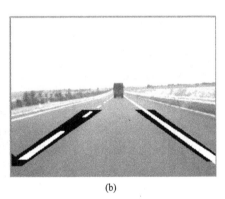

(b)

图 3.51 车道线感兴趣区域的建立和分割结果

由于车行道分界线是白色虚线段,而车行道边界线通常是连续的白色直线,为将它们区分开,通过测量区域 1 和区域 2 内所检测出的车道标志线的长度,便可以判断出哪个区域内的目标是车行道分界线。这里采用了向下垂直投影法测量标志线的投影宽度作为判断依据。

图 3.52 中上部分为分割后的道路标志线,下部分为只对区域 1 和区域 2 内的二值化图像进行

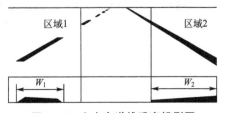

图 3.52 左右车道线垂直投影图

垂直向下投影的结果。根据投影图就可以确定出每个区域内道路标志线的投影宽度 W_1 和 W_2。一般对于车行道分界线，如区域 1 内标志线，其投影宽度 W_1 小于区域 1 的宽度，而对于车行道边界线如区域 2 内标志线，一般其宽度 W_2 基本等于区域 2 的宽度。根据此特征，就可以提取出车行道分界线。

在实现了对车行道分界线识别的基础上，通过对序列图像中一段车行道分界线进行跟踪，并记录其通过指定区域所用时间，则利用式(3-75)可以计算出本车当前的大致车速。

$$v = \frac{L}{T} \qquad (3-75)$$

式中，L 表示一段车行道分界线的长度(m)；T 表示车行道分界线完全从图像中指定区域消失所需时间。

具体步骤如下：
(1) 对区域 1 和区域 2 的图像进行处理和分析，判断出车行道分界线属于哪个区域。
(2) 实时检测和跟踪车行道分界线，判断车行道分界线是否完全进入检测区域内。
(3) 当车道标志线完全进入检测区域后，记下此时标志线的下边界在图像中的位置，该位置作为计时标记，同时启动计时器开始计时。
(4) 当车行道分界线的上边界达到图像中计时标记位置附近时，停止计时。该段时间即为一段车行道分界线在图像中通过指定位置所需要的时间。
(5) 利用速度计算公式获得当前车速。

图 3.53 为依据序列图像对一段车行道分界线检测和跟踪结果，其中检测区域中间的白线为计时标记线。对一段车行道分界线完全经过计时标记线用了 375ms，而一段车行道分界线长度根据交通标线设定的标准为 6m，则根据速度计算公式可获得当前车速约为 57.6km/h。

图 3.53　车行道标志线识别跟踪的序列图像

3.6.4　基于安全度的安全车距预警模型

车辆在高速公路行驶时，应当考虑前车突然减速的情况，为此，本文中的安全车距预警模型可初步简化如下两种情况。

前方车辆静止或前方有障碍物以及本车车速高于前车车速且相差较大时：

$$L_s = L_f + L_0 = v_{rel}t + \frac{v_{rel}^2}{2j_{af}} + L_0 \quad (3-76)$$

前车减速时：

$$L_s = v_{start}t + \frac{v_{start}^2}{2j_{af}} - \frac{v_{pstart}^2}{2j_{ap}} + L_0 \quad (3-77)$$

通过以上分析，对于安全车距预警系统只要能实时获取车间距离、两车相对速度和本车车速3个主要参数，便可根据式(3-76)和式(3-77)两种预警模型进行安全车距预警。但是在实际应用时，选择采用哪种预警模型是一个比较困难的问题。这主要是由于我们无法及时准确获得前方车辆的运行状态。考虑式(3-77)所对应的模型能适合更恶劣的情况，利用该模型计算出来的安全距离，对于前方车辆静止或前方有障碍物以及本车车速高于前车车速且相差较大时的情况而言，虽然有些保守，但能保证车辆的绝对安全。主要将以式(3-77)所对应的模型作为安全车距预警模型。

这里，按照车辆行驶时发生追尾事故的可能程度来划分车辆行驶的安全度。令本车和引导车的实际距离等于按式(3-77)计算的临界安全车距时的安全度设为0.6，本车和引导车的距离小于临界安全车距时的安全度为0~0.6之间的某个值，本车和引导车的距离大于临界安全车距时的安全度为0.6~1之间的某个值。

计算汽车行驶安全度的前提：

(1) 当两车的间距为5m时，安全度值为0；

(2) 当两车的间距为无穷大时，安全度值为1；

(3) 当两车的间距为临界安全车距时，安全度值为0.6；

(4) 安全度S和车距L_d与车距L_s的比值γ满足单调递增的函数关系，这里L_s通过安全车距预警模型计算得到，L_d是按第6章介绍的测距模型计算得到的实际车间距离；

(5) 安全度的取值应尽量符合人们日常对安全与危险的习惯性认识。

根据以上五点要求，这里规定：

(1) 当γ位于0到1区间时，安全度S与γ成正比关系；

(2) 当γ位于1到3区间时，安全度S与γ也成正比关系，但斜率与前者不一样；

(3) 当γ位于3到无穷大区间时，安全度S单调递增且其增速不断减小；

(4) 当$L_d = L_s$即$\gamma = 1$时，要求安全度S为0.6，此时发出危险报警信号；

(5) 当$L_d = L_s + \Delta L$同时$1 < \gamma < 3$时，要求安全度S为0.65，此时发出提醒报警信号。

ΔL的确定基于以下考虑：根据有关资料表明，若在潜在的交通事故发生前提前1s给驾驶人发出警告，则可避免90%类似的交通事故。为此这里ΔL为1s中内车辆以当前行驶速度走过的距离。

依据以上的规定，同时考虑安全度的计算模型应能适合不同道路条件，这里主要考虑路面干燥、路面潮湿和路面有积雪三种路况，最终确定的安全度模型表达式如下：

$$S = \begin{cases} 0.6 \times \gamma & (0 < \gamma \leqslant 1) \\ k \times \gamma + b & (1 < \gamma \leqslant 3) \\ 1 - \alpha \times \gamma^\beta & (\gamma > 3) \end{cases} \quad (3-78)$$

这里，按照一般条件、不利条件和最不利条件，模型中的系数 k 和 b 分别取值为 $k=0.05$、0.1、0.15 和 $b=0.55$、0.45、0.5，模型中的参数 $\alpha=8.1$、3.12、0.9，$\beta=-3$、-2.5、-2。根据上述模型画出图 3.54 所示曲线。

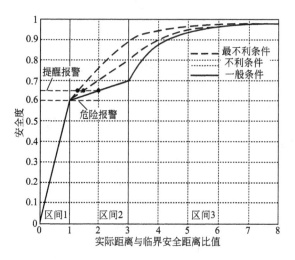

图 3.54　安全度与距离比值的关系曲线

从图 3.54 中可以看出，在区间 1 中曲线线性增长，该段的安全度低于 0.6，因此属于不安全区域。在区间 2，根据道路条件不同，安全度的增长幅度有所不同。这主要是满足在安全度为 0.65 时，根据对应的 γ 值，所计算得出距离基本为该速度下的临界安全距离与 1s 车辆走过的距离之和，此时应采取提醒报警。如对于一般条件，在 $S=0.65$ 时 $\gamma \approx 2$，假设当前车速为 80km/h，在液压制动情况下临界安全距离为 $L_s=21.5$m，而 1s 车辆走过距离为 22.2m，因此 $L_d \approx 22.2+21.5=43.7(\text{m})$，此时根据式(3-77)换算得到的 $L_d=43$m，由此可见在安全度为 0.65 时进行提醒报警相当于实际车距达到临界安全距离前提前 1s 警告。

基于以上分析，最终的安全车距预警功能将根据路面的状况，按照路面干燥、路面潮湿和路面有雪设定三种安全度标准，同时根据驾驶人对安全度的认识，可适当调节提醒预警时的安全度值。上述这些状态由驾驶人根据实际情况进行选择。

3.7　未来展望

近年来由于电子技术和传感器技术的飞跃发展，相关技术日新月异，尤其是信息产业的迅速发展，使得研制高度信息化的智能车辆具有了良好基础。人们越来越认识到，利用先进技术辅助汽车驾驶者对影响公路交通安全的人、车、路等环境进行实时监控和报警对防止汽车碰撞事故的发生具有重要的现实意义。未来汽车安全车距预警系统应该解决的问题和发展趋势如下。

（1）提高前方车辆检测的可靠性和环境适应性。目前开展的前方车辆检测工作主要集中在白天正常光照条件下，而对于一些恶劣的光线环境，如黄昏时段，车辆的一些特征并不明显，而且此时车辆尾灯并没有开启。为此，需要研究非正常光照条件下的车辆识别的方法，并保证算法识别的可靠性。

（2）开发低成本的安全车距预警系统。视觉传感器在检测前方车辆方面要比其他非视觉传感器更有优势，而且成本较低，但是不能提供精确的车距信息，而与其他传感器结合势必会提高系统的成本，同时算法的实时性很难达到车载系统的要求。

（3）建立更加合理的安全车距预警模型。安全车距预警模型应该结合驾驶人因素和车辆状态参数信息，同时通过不同类型的驾驶人对该预警模型的实际效能进行检验，以便根据反馈的信息进行模型修正。

（4）与其他系统的集成。随着汽车安全技术涉及的范围越来越广、越来越细，现代汽车正朝着更加智能化、自动化和信息化的机电一体化方向发展。安全车距预警系统应该同时结合车道偏离预警、行人防碰撞预警、制动辅助系统等其他安全辅助驾驶系统，采用智能型传感器、快速响应的执行器、高性能电控单元、先进的控制策略、无线通信等技术以提高车辆的主动安全性能，是车辆从被动防撞减少伤害逐步向主动避撞减少事故方向发展。

1. 基于视觉传感器的车辆检测主要利用哪些典型特征？
2. 有哪些传感器能够实现前方车距测量，各有什么优缺点？
3. 什么是安全距离？有哪些影响因素？
4. 实现基于视觉传感器的安全车距预警需要完成哪些功能？
5. 分析比较国内外典型安全车距预警模型的优缺点。
6. 自行用照相机采集一幅道路环境图像，采用图像处理的方法检测出前方最近车辆。

第 4 章
行人防碰撞预警技术

教学提示

  行人是道路交通系统的主要参与者，为了实现行人防碰撞系统的主动预警，有效地保护行人的安全，利用传感器技术来探测车辆前方的行人，判断行人距离本车的距离以及本车对行人构成的危险程度。在可能危险情况下，及时警告驾驶人可能与车辆邻近的行人发生碰撞，对车辆前方行人进行检测与防碰撞预警已成汽车安全辅助驾驶领域中备受关注的前沿方向。

教学目标

  通过本章内容的学习，应该了解目前行人主动保护和被动保护措施及应用情况，掌握汽车与行人碰撞事故特点，了解行人防碰撞预警技术的国内外研究现状及取得的研究成果，掌握几种典型的行人检测方法，了解基于视觉传感器的行人防碰撞预警系统的实现过程，了解该项技术的未来方向和发展趋势。

导入案例

2013年5月6日至12日是第二个联合国全球道路安全周，其主题是"行人安全"，以提醒公众：行人是在道路上面临死亡、受伤和残疾风险的一个主要群体。世界卫生组织5月2日就此发布媒体通报，敦促各国政府采取切实行动，有效改善和加强行人安全，以实现2011—2020年道路安全行动十年拯救500万人生命的目标。

随着近几十年来个人机动交通工具的普及，行人正面临更大的死亡、伤害和残疾风险，尤其是儿童和老人。此外，绝大多数交通事故死亡都发生在中低收入国家，它们面临着迅速机动化带来的额外挑战，必须额外关注行人安全问题。世界卫生组织发布的有关"全球道路安全周"的通报指出，全世界每年因为道路交通事故而死亡的人数虽然整体呈下降趋势，从2009年首次公布"全球道路安全现状报告"时的130多万人下降至目前的每年近124万人，但其中22%的受害者即超过27万人都是行人。由此可见，行人是最脆弱的道路使用者群体。但是，多年来他们的需求却一直在交通规划政策制定过程中被忽视。世界卫生组织表示，在第二个全球道路安全周到来之际，全世界必须聚焦行人安全问题，让行走和骑车更安全，保护行人免受高速交通工具的伤害。

为使我们的世界更加适于步行，有很多事情可以做，例如为所有行人提供安全、可靠和便捷的设施。然而，没有任何一种措施能充分解决各类环境中行人所面临的各种风险。最有效的办法是管理车辆速度；利用人行道将行人与其他交通隔开；增加行人的能见度；以及保证所有道路使用者采取负责的行为。围绕这些措施制定相应法律、加强执法并确保与其他交通方式的联系，以拯救生命。

在汽车安全辅助驾驶技术行人保护方面，主要是根据传感器的行人检测结果，当发现车辆前方存在行人并处于危险状态时能给予主动预警，及时警告驾驶人车辆可能与前方的行人发生碰撞危险，并在危急时刻对车辆进行接管，如通过声音、图像等向驾驶人提供车辆周围的障碍物信息，配合自动或半自动智能控制系统，采取紧急制动或者转向避碰等措施来减少碰撞事故的发生。如沃尔沃的碰撞警告和自动制动CWAB系统，具有全力自动制动功能的行人安全保护功能，如图4.01所示，系统通过基于雷达和摄像头的系统探测车前的行人，如果有人走入汽车的行进路线即会发出警告，如果驾驶人未能及时做出反应，系统会自动全力制动。在车速小于30km/h时，可使汽车避免与行人相撞，在较高的车速下，则尽可能在发生碰撞前减小车速。

图4.01　沃尔沃自动制动行人保护系统

4.1 引　言

行人是道路交通的主要参与者，为了有效地保护行人的安全，及时警告驾驶人可能与车辆邻近的行人发生碰撞，对车辆前方行人进行检测与防碰撞预警已成汽车安全辅助驾驶领域中备受关注的前沿方向。特别是在城市交通环境中，对行人的检测能及时地警告驾驶人可能与车辆邻近的障碍物尤其是行人发生碰撞。

在道路交通事故中，汽车与行人碰撞是主要事故类型之一，也是导致行人伤亡的主要因素。从伤亡人员交通方式分析看，摩托车驾驶人、自行车骑车人和行人伤亡严重，由于自行车骑车人和行人在交通事故中常常处于弱势地位，一旦与车辆发生交通事故，很容易受到伤害。在日本，2007 年交通事故导致 6,639 人死亡，其中行人死亡人数约占整个交通事故死亡总数的 32%。据美国高速公路安全管理局 NHTSA 数据显示，2010 年全美由于交通事故导致 3.2 万人死亡，其中行人死亡人数达 4,378 人，占总死亡人数的 13%。表 4-1 美国 2001—2011 年间道路交通事故导致行人死亡人数统计情况，图 4.1 是其变化趋势。

表 4-1　美国 2001—2011 年间道路交通事故导致行人死亡人数统计情况

年份	总死亡人数	行人死亡人数	百分比（%）
2001	42,196	4,901	12
2002	43,005	4,851	11
2003	42,884	4,774	11
2004	42,836	4,675	11
2005	43,510	4,892	11
2006	42,708	4,795	11
2007	41,259	4,699	11
2008	37,423	4,414	12
2009	33,883	4,109	12
2010	32,999	4,302	13
2011	32,367	4,432	14

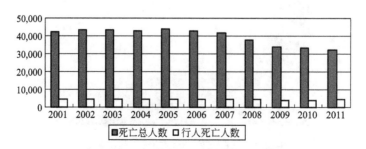

图 4.1　道路交通事故导致行人死亡人数情况

从表 4-1 中可以看出，尽管美国采取有效措施提高道路交通安全，使得道路交通事故导致的总死亡人数降低，但是行人死亡人数变化不大，所占比例甚至有所增加。

再来看国内的情况，2010 年我国因交通事故导致行人死亡的人数为 16,281 人，占交通事故死亡总人数的 25.0%，行人受伤人数为 44,629 人，占总受伤人数的 17.6%。从事故伤亡人员情况来看，行人死亡和受伤人数比例是仅次于机动车驾驶人的比例，如图 4.2 所示。

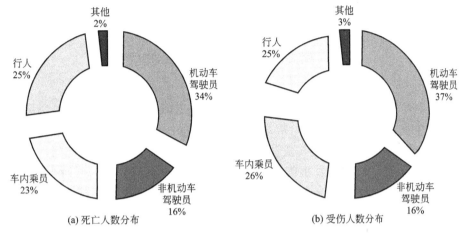

图 4.2 2010 年道路交通事故伤亡人员交通方式

与一些发达国家相比，由于我国的交通模式大都在混合交通模式下，导致我国的交通死亡原因和伤害模式与高收入国家极不相同。换句话说，国外的交通事故大多是车撞车，而我国很多是车撞人。发达国家死于交通事故的大多是车内的乘客，而我国更多的是行人、骑自行车或骑摩托车者。相对于驾驶人和乘员而言，行人、骑自行车人及其他等弱势交通参与者在交通事故中的伤亡情况相当严重。据世界卫生组织统计，每年死于道路交通事故者中的行人、自行车、电动自行车或摩托车使用者占总数的 46%。图 4.3 是近年来我国与美国、欧盟等道路交通事故中行人死亡数据的比较。

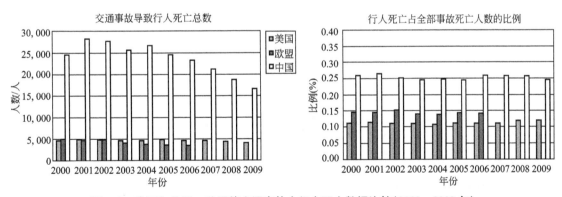

图 4.3 我国与美国、欧盟等交通事故中行人死亡数据比较（2000—2009 年）

由图 4.3 可以看出，行人在交通事故中的伤亡人数和死亡率均占有较大比例。由于我国道路交通情况复杂，人、车并行情况多，是以混合交通为主的国家，使得行人安全问题愈加突出，行人成为仅次于驾驶人的优先保护对象。为了有效地保护行人，除制定与实施相应的法规外，还需要提高汽车的安全性能。

综上所述，利用传感器技术来探测车辆前方的障碍物，包括行人、车辆以及自行车等，并进行安全预警，及时警告驾驶人可能与潜在的障碍物发生碰撞，减少这类碰撞交通事故发生的损失和人员伤亡。如果驾驶人没有及时采取有效的措施来避免与行人等障碍物发生碰撞，可以采取自动驾驶功能接替驾驶人避免这种紧急状况的发生，如通过车上安装的自动转向和自动制动功能接替驾驶人实现自动转向或制动，对减少或避免车辆与行人发生碰撞事故有着重大的意义。

4.2 汽车与行人碰撞事故特点

为有效保护行人的安全，欧洲试验车辆委员会(EEVC)曾对欧盟各国的交通事故进行了长达22年的调查与分析，根据对汽车与行人碰撞事故特点的研究结果来制定严格的汽车碰撞法规。美国国家公路交通安全管理局(NHTSA)成立了统计分析部门，其事故报告分析系统(FARS)每年对全美发生的交通事故进行统计分析，并专门对行人伤亡的原因、年龄分布、时间以及地点分布等进行了分析。我国公安部交通管理局每年对外发布道路交通事故统计年报，对交通事故的伤亡人员交通方式、责任者、时间以及地域等方面进行统计分析。统计结果表明，汽车与行人碰撞事故主要有以下特点。

1. 碰撞形式

汽车与行人可能发生碰撞的形式主要有两种：一种是汽车正面与行人发生碰撞，这是最常见也是最危险的一种碰撞形式，对行人造成的伤害最大。据统计，行人与汽车前部发生碰撞占所有碰撞位置的78%，所以车辆前部的形状和刚度是减轻碰撞伤害程度的重要参数。这也是各国在制定汽车碰撞法规及标准时，均将汽车与行人发生正面碰撞作为试验对象，并规定对行人碰撞时技术要求和试验方法。另外一种是汽车侧面与行人发生刮擦，这种碰撞车辆对行人造成的直接伤害很小，在行人倒地时，头部或身体的其他部位容易造成摔伤，但危险的是可能被汽车碾压，造成致命的伤害。

2. 碰撞速度

欧洲试验车辆委员会的研究表明，有2/3的汽车与行人碰撞事故中行人与车辆间的碰撞速度小于40km/h。欧洲NCAP的行人碰撞法规2003/102/EC是对行人安全保护碰撞试验最为严格的评价体系，该法规第二阶段对行人头部碰撞试验车速由35km/h提高到40km/h，这是根据目前欧洲的道路交通情况和汽车安全保护技术所采取的试验方法。我国国家标准GB/T 24550—2009《汽车对行人的碰撞保护》规定碰撞时车辆以40km/h的速度正常行驶。

3. 分布规律

统计表明，汽车与行人碰撞事故在市区内发生的概率较大；而在行人伤亡人数中，年长者和男性人员死亡的概率要大；在时间分布上，周末要比正常工作日行人伤亡率高；在天气条件恶劣、光照条件不好的情况下容易出现行人碰撞及伤亡事故。美国国家公路交通安全管理局的统计分析部门对2010年行人伤亡统计表明，大约有73%的行人碰撞伤亡是发生在市区内，在这些事故中，发生在没有交叉路口位置的事故占79%、夜晚条件下占

68%；69%的死亡行人是男性；65岁以上行人死亡人数占总死亡人数的19%，受伤人数约占11%。如表4-2和图4.4所示。

表4-2 行人死亡分布特点

统计项目		行人死亡百分比		
		2008	2009	2010
事故地点	农村	28%	28%	27%
	城市	72%	72%	73%
道路形式	交叉口	24%	25%	21%
	非交叉口	76%	75%	79%
天气	晴天/多云	89%	89%	88%
	雨天	8%	9%	9%
	雪天	1%	1%	1%
	雾天	1%	1%	1%
时间	白天	30%	31%	32%
	夜间	70%	69%	68%
性别	女性	30%	31%	32%
	男性	70%	69%	68%

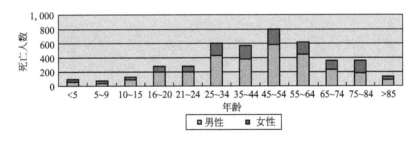

图4.4 死亡人员中性别分布

从图4.5可以看出，将近一半(48%)的导致行人死亡的交通事故发生在周五、周六和周日，分布占16%、17%和15%。而从时间段来看，2/3的行人死亡是发生在下午和晚上。

4. 受伤部位

对行人受伤区域的统计表明，头部和下肢是最容易受伤的两个部位，其次是胸部、腹部、脊椎以及上肢。行人受伤区域与汽车的某些特定部位有直接关系。

行人头部损伤通常是由于头部与汽车发动机罩或风窗玻璃发生碰撞后造成，损伤的表现形式有头皮损伤、颅骨骨折和颅脑损伤。头皮损伤表现为头顶部和后枕部的椭圆形挫伤或皮下出血，有时也会伴有多处因风窗玻璃破裂口刺伤所致的微小挫裂创。颅骨骨折包括开放性骨折、闭合性骨折。其中，颅骨开放性骨折常常是由于车轮重压或车体猛烈撞击后

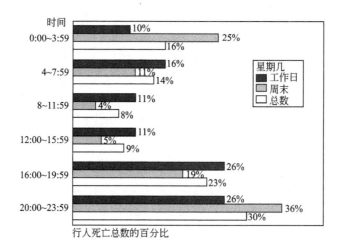

图 4.5 行人死亡比例占时间的分布

引起的,表现为颅骨片状粉碎、头颅变形、头皮开裂、脑组织外流等现象。颅骨闭合性骨折常常是由于行人受到直接碰撞或跌扑造成的,这种骨折多数表现为裂纹或线状骨折,常伴有皮下溢血或血肿。闭合性颅骨骨折除会在着力部位产生外,还经常在着力部位的对侧形成对。

行人胸部损伤主要由胸部与车头发动机罩撞击形成,表现为皮肤的擦挫伤和内脏器官损伤。直接撞击胸部引起的胸廓压缩会导致多发性肋骨骨折,断骨向内刺破内脏和血管,引起血胸。由于胸部的粘弹性,高速冲击在较小的压缩变形下产生的压力波也会引起心脏震荡和肺挫伤。特别是当胸部受压时,肺内压力突然升高,使肺组织产生挫伤,引起肺水肿及出血。

行人下肢损伤主要是由于下肢与汽车保险杠或发动机罩前缘发生碰撞后造成,其表现形式包括骨折、韧带撕裂、肌腱损伤等。对于下肢各部分而言,由于在事故中接触的部位不同,导致其受伤形式各不相同:膝部的侧向弯曲和剪切变形会引起的膝关节骨折和韧带撕裂;小腿的损伤机理是过大的剪切力、轴向力和弯折力矩引起的胫骨、腓骨骨折;大腿内侧—外侧方向的弯折是引起股骨骨折的主要原因。据统计,行人下肢撞击保险杠、大腿撞击发动机罩缘常导致下肢损伤,大约 3/4 的小腿受伤和 40% 以上的膝盖受伤是与保险杠碰撞造成的。

4.3 行人保护与防碰撞预警技术研究进展

4.3.1 被动安全行人保护研究进展

汽车被动安全技术研究是为了在事故发生时,最大可能地保护车辆内部乘员及外部人员,使直接损失降到最小,主要包括碰撞安全技术、碰撞后伤害减轻与防护技术等。相对于车内乘员来说,行人与车辆发生碰撞时,其与车辆的相对位置和运动状态远比车内乘员复杂得多,更具有不确定性。为了实现汽车被动安全中对行人的保护,避免或减轻对行人造成的伤害,需要从交通事故流行病学和生物力学、事故再现分析理论等进行综合研究,优化改进汽车车身设计以及减少汽车前部车体的刚度,尽可能使碰撞力在较大范围内分布。

1. 主要研究方法

被动安全行人保护的研究主要通过碰撞试验和计算机仿真数学模型来模拟和再现汽车与行人碰撞事故,从中寻找碰撞事故的规律,进而探索有效保护行人的方法。

1) 碰撞试验研究

目前,汽车与行人碰撞试验主要有两种方法:一种是利用行人各子系统冲击器与实车或者汽车部件进行碰撞试验;另外一种是以假人模型与实车进行碰撞试验。

行人各子系统冲击器是指模拟人体关键部位的仿生碰撞器,主要用于与汽车前部结构进行碰撞试验,以预测真实人车碰撞事故中的损伤情况。常用的行人子系统模型包括头部模型、大腿模型和考虑膝关节在内的下肢模型,有针对性地对人体的头部、下肢等容易受到伤害的部位进行研究,用来评价车体不同部位与人体的发生碰撞时对人体的损伤情况。

欧洲试验车辆委员会的碰撞试验主要包括:成人或儿童头部模块和发动机罩上表面的碰撞试验,主要测量头部损伤值 HIC;腿部模块和保险杠的碰撞试验,对于高保险杠的车辆还应该专门进行大腿模块与保险杠的碰撞试验,主要测量膝关节弯曲角度、膝关节剪切变形和小腿上部加速度等参数;大腿模块和发动机罩前缘的碰撞试验,主要测量碰撞力和弯矩。碰撞试验设定的速度为 40km/h。与欧洲略有不同,日本将行人保护作为 J-NCAP 的独立评价项目,其《行人头部保护标准》法规只评价行人的头部伤害。图 4.6 是头部碰撞的试验规范示意图。

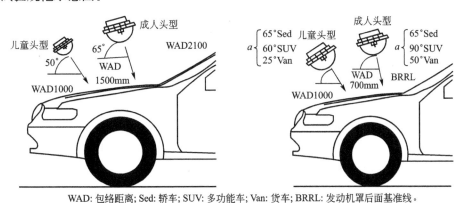

WAD: 包络距离; Sed: 轿车; SUV: 多功能车; Van: 货车; BRRL: 发动机罩后面基准线。

(a) 欧洲NCAP行人头部碰撞试验要求　　　　　(b) 日本J-NCAP行人头部碰撞试验要求

图 4.6　行人头部碰撞试验要求

2) 假人模型

利用假人模型与实车进行碰撞试验的方法能比较全面真实地再现各种碰撞事故,从而获得人体各部位的损伤机理和承受极限等重要数据。目前,欧洲和日本正在开发生物拟合性能较好的假人。1998 年,日本本田公司开发出可再现事故中人体行为的假人模型,相继开发了三代假人模型,在高度模拟解析人体行人和伤害的同时,开发出头部、颈部等内置式伤害监测器。2009 年本田公司开发的第三代行人假人"POLAR Ⅲ"着眼于在 SUV 和微型厢式车等车身较高的车辆撞击行人的事故中,保护行人易受伤的腰部和大腿部。同年，广汽本田公司第八代雅阁轿车利用该假人模型在中国汽车技术研究中心进行了实车碰撞试验，开启我国首例行人保护碰撞试验，如图4.7所示。

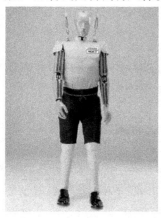

(a) 第三代假人"POLAR Ⅲ"　　　　　　　(b) 国内首次行人保护碰撞试验现场

图4.7　本田公司开发的假人模型在国内进行首次行人保护碰撞试验

3）计算机仿真模拟

计算机仿真模拟的方法是利用行人和车辆模型再现各种碰撞事故，获取碰撞过程中人体的运动和身体各部位的受力情况，并对其进行运动学、动力学分析，从而得到人体与车辆发生碰撞时的损伤机理，寻求减轻人体损伤的解决方案。为适应不同载荷环境，使虚拟行人模型能符合人体的各项生物力学特性，利用计算机建立的数字化行人模型必须具有很高的计算效率，能提供必要的输出作为损伤指标的计算依据。按照建模方法来分，行人模型主要有多刚体行人模型和有限元行人模型两种。

多刚体行人模型用集中质量代替人体的主要环节，通过动力学铰链实现各部分的连接，集中质量上附着描述人体几何外形的椭球面，以模拟人体与周围环境之间的相互作用。为了保证假人的生物逼真性，质量参数、铰链特性和椭球面接触特性均根据人体生物力学试验获得。多刚体假人模型具有计算效率高、鲁棒性强、建模简单等优势，常用的建模软件有荷兰TNO公司开发的MADYMO软件和美国Calspan公司开发的CAL3D软件。图4.8(a)是利用MADYMO软件建立的多刚体行人模型。

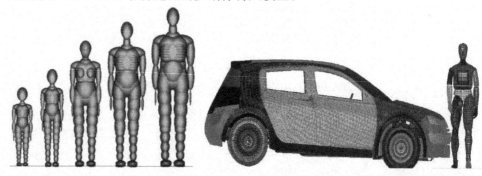

(a) 利用MADYMO建立的多刚体行人模型　　　　　　(b) THUMS有限元行人模型

图4.8　利用计算机建立的数字化行人模型

有限元行人模型利用有限元网格离散人体组织。理论上来说，有限元网格划分得越细，模型考虑得越复杂，越可以精确地了解行人不同身体部位的伤害情况，从而更准确地评价车辆在行人保护方面的性能。但是有限元人体模型的建立十分复杂，涉及生物力学和人机工程学等领域的复杂理论和试验数据，工作量很大，而且计算时间也相对较长。常用的建模软件有美国 LSTC 公司的 LS-DYNA3D 软件和法国 ESI 公司的 PAM-CRASH 软件，图 4.8(b)是日本丰田开发的 THUMS 有限元人体模型。

近年来，我国也在汽车与行人碰撞事故的数字化再现方面进行了相关研究，取得一些有价值的研究成果。例如，清华大学进行车辆与行人碰撞事故再现，研究摩擦系数、行人抛射角度等不确定因素的影响；吉林大学利用 PC-Crash 建立行人与汽车碰撞模型，研究车速与行人抛距的关系；湖南大学着重分析了事故过程中的人体各部分的动力学响应；上海交通大学从运动分析和人体损伤的角度重构人车碰撞事故全过程；江苏大学基于 PC-Crash 软件建立行人与汽车碰撞模型，仿真分析事故发生后人体头部与车体前部碰撞点的分布规律。

在行人与汽车碰撞研究方法中，假人模型与实车碰撞试验最能反映碰撞事故的实际情况，但试验成本高，无法重复再现。基于计算机仿真技术，可以全面、深入研究并揭示汽车与行人碰撞运动学和动力学规律，为汽车与行人碰撞安全性研究提供全面、充分的基础数据，节约研究时间和经费。

2. 主要应用系统

各大汽车厂商为了达到严格的行人保护碰撞规范，尽可能降低事故对行人的伤害，采取不同措施和技术对汽车进行改进设计，针对汽车保险杠、发动机罩、安全气囊等方面，加速了一些被动式行人保护技术的应用，如碰撞缓冲防护系统、主动防护发动机罩以及行人安全气囊等。

1) 碰撞缓冲防护系统

对于最基本的行人保护技术，主要涉及车身吸能材料的应用，如吸能保险杠、软性的引擎盖材料、前照灯及附件无锐角等。其中，在发动机舱盖段面上采用缓冲结构设计，则是目前国内汽车厂商较为常见的做法。一般情况下，保险杠是人车碰撞过程中最先碰到的部件，也是造成腿部骨折的主要原因。欧洲试验车辆委员会研究表明，轿车前端发动机盖外端采用光滑圆角设计以及采取降低保险杠高度等措施可以减少行人损伤的严重程度。为获得对行人的保护，新开发的保险杠大多采用高密度泡沫材料或新的设计结构，通过泡沫的弹性或结构的变形吸能性，可以控制对腿部的冲击过程，减小撞击力量，从而有效地保障行人的膝、腿免受严重伤害。

本田雅阁的车身结构采用了其最新的高级兼容性车身设计技术(ACE)，前部多边形框架式结构设计提高了碰撞事故中对撞击能量的吸收效果，提高了其安全性能，减轻车内外人员所受伤害。此外，其发动机罩、发动机铰链、翼子板等均采用了吸收撞击能量的构造，在发生碰撞时，配备在发动机盖末端的铰链将带动发动机盖下沉，产生缓冲空间，同时发动机盖及翼子板吸收撞击能量，能够有效保证行人头部安全；保险杠等部位采用了碰撞吸能材料，可降低对行人腿部的冲击，如图 4.9 所示。福特公司通过改进保险杠技术，以减少对腿部的伤害，在适当的地方将配置多件高密度泡沫材料，通过车前照灯灯罩的可变形结构，使其具有吸收冲力的特性，其目的是减小冲撞时施加于行人腿部的冲击力，同时减少车前照灯玻璃破碎时可能引起的腿部受伤风险。

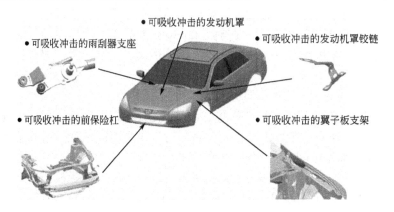

图 4.9　本田行人碰撞缓冲保护系统

2) 主动防护发动机罩系统

除了汽车保险杠之外，发动机罩的前缘和发动机罩本身在碰撞过程中是造成行人大腿及骨盆处伤害和头部伤害的另一主要因素。利用发动机盖弹升技术，使发动机在汽车发生碰撞时瞬间鼓起，使人体不是碰撞在坚硬车壳上，而是碰撞在柔性与圆滑的表面上。在检测到撞人之后，车辆就会自动启动发动机盖弹升控制模块，车内配备的弹射装置便可瞬间将发动机罩提高，相当于在人落下时在下面垫了气垫。

主动防护发动机罩能够使发动机在汽车发生碰撞时瞬间鼓起，使得人体不是碰撞在坚硬车壳上，而是碰撞在柔性与圆滑的表面上。统计分析表明，为了达到保护行人的目的，发动机罩本身要有 5～7.5cm 的变形量，通过变形吸收冲击能量以减少对行人大腿部和头部的伤害。

目前，类似技术在本田讴歌 RL 和 TL，捷豹 XF、日产 GTR、350Z 和 Skyline、英菲尼迪 G37、雪铁龙 C6 等车型上广泛应用。例如，宝马 5 系采用主动式发动机罩技术，当发生汽车与行人碰撞事故时可降低行人头部与发动机罩下面的结构发生硬接触受伤的风险；福特公司在全新的捷豹 XK 上使用的爆发式行人撞击发动机盖抬升系统（PDBS），借助于安装在发动机盖下面的弹药，当车辆撞击行人的瞬间，通过燃爆弹的爆破作用力，以 0.03s 的速度瞬间，高达 50 倍于重力加速度，把 18kg 的发动机盖弹起数英寸，并使发动机与发动机盖保持 65mm 的空隙，使被撞行人有足够的缓冲空间，如图 4.10 所示。除了这套系统之外，还辅之以一套被动缓冲系统作为补充。这种设计意在通过使用可压碎泡沫和塑料遮盖物来减轻对行人腿部的伤害。

日产汽车公司推出的发动机罩弹升技术依据前保险杠内的碰撞传感器，如果检测到碰撞到行人，车辆就会自动启动发动机罩弹升控制模块，以减小碰撞时对行人造成的伤害。奔驰新 E 级轿车的弹起式发动机盖，可弹起 50mm，通过前保险杠感应器，使用弹簧产生上弹力，利用电磁螺线管开锁，弹起后驾驶者可以自行关闭发动机盖，系统自动复原。

3) 行人安全气囊系统

车外行人安全气囊系统是以气囊为碰撞缓冲装置，为避免人体撞击汽车的前风窗玻璃，发动机罩以及前风窗玻璃附近设置安全气囊，两者配合使用。发动机盖气囊在保险杠上方紧靠保险杠处开始展开。碰撞前由一个碰撞预警传感器激发，50～75μs 内完成充气。

(a) 发动机罩抬升系统演示　　　　　　　　(b) 在0.03s内形成撞击缓冲区

图 4.10　福特的行人保护发动机罩抬升系统

充气后的安全气囊在两个前照灯之间的部位展开，由保险杠顶面向上伸展到发动机盖表面以上，保证了儿童头部和成人腿部的安全。

车外行人安全气囊共有两种，一是发动机罩气囊，二是周围安全气囊，两者配合使用可减少最常见的行人伤亡事故。图 4.11 为丰田 360°安全气囊系统。发动机罩气囊位于保险杠的上方，紧靠保险杠处开始展开。气囊的折叠模式和断面设计保证了气囊展开时能与汽车前端的轮廓相合，以保证儿童头部和成人腿部的安全。前围气囊系统的作用则是提供二次碰撞保护，防止行人被甩到发动机罩后部后被前窗底部碰伤。

图 4.11　日本丰田 360°安全气囊系统

在目前的被动式行人保护系统中，应用广泛的是碰撞缓冲防护系统，主动防护发动机罩系统和行人安全气囊系统一般应用于一些高档的汽车上。

4.3.2　主动安全行人保护研究进展

目前，在汽车主动安全行人保护方面，主要根据传感器的行人检测结果，当发现车辆前方存在行人并处于危险状态时能给予主动预警，及时警告驾驶人车辆可能与前方的行人发生碰撞危险，并在危急时刻对车辆进行接管，如通过声音、图像等向驾驶人提供车辆周围的障碍物信息，配合自动或半自动智能控制系统，采取紧急制动或者转向避碰等措施来减少碰撞事故的发生。

1. 制动辅助系统

由于大多数驾驶人在紧急情况下不能迅速而有力地采取制动措施，制动系统的最佳性能不能得到发挥，制动的距离会明显延长。为了降低车辆与行人可能碰撞的速度，如果车辆存在与行人发生碰撞的危险，而驾驶者由于受到惊吓，踩下制动踏板时速度比在控制单元中存储的正常值要大，那么制动辅助系统就自动起作用，建立最大的制动压力，使制动减速度很快上升到最大值。

奔驰 S 系的制动系统是对 PRE-SAFE 预安全系统的进一步提升,辅助紧急转向避让系统可预防行人碰撞的发生。该系统和车辆自适应巡航控制(Adaptive Cruise Control,ACC)系统配合工作,雷达把探测的信号传递给系统的计算机。如果计算机判断出与前面的物体距离迅速缩短,因而在碰撞发生前对车辆自动进行制动,并能与奔驰的制动辅助系统协同工作。制动辅助系统能用图像和声音信号提醒驾驶人发生追尾的风险,并能及时计算出所需制动力大小,一旦制动踏板被踩下,相应的制动力立刻产生。目前预防性安全系统已经普及到 C 级、E 级和 S 级上。

梅赛德斯-奔驰公司最早研制了制动辅助系统,并从 1997 年开始成为所有梅赛德斯-奔驰轿车的标准装配。该系统不仅可避免追尾等碰撞事故,而且也能对行人起到有效的保护作用。根据联邦统计局统计结果显示:制动辅助系统成为梅塞德斯-奔驰的标准装备后,追尾事故的发生频率降到 9.7,即降低 8%。在避免撞击行人方面,没有装备制动辅助系统的梅塞德斯-奔驰轿车发生严重撞击行人事故的比例达到 36.1%,该系统成为标准装备后,该比例降低了 13%。而在其他品牌的汽车上,发生行人死亡和严重受伤的事故在同期内仅降低了 1%。图 4.12 所示为梅塞德斯-奔驰根据国家统计局对 1998—2003 年的无记名 50% 的事故抽样调查结果。

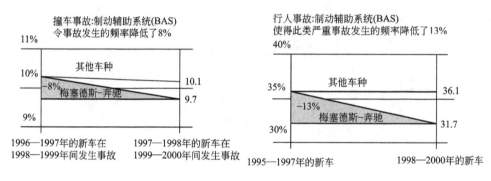

图 4.12 梅塞德斯-奔驰对制动辅助系统的调查结果

2. 智能安全驾驶人辅助系统

智能安全驾驶人辅助系统能为驾驶人提供丰富的车辆周围环境信息,增强驾驶人的视野,驾驶者可以根据实际驾驶环境选择不同的控制模式,有效保障自身行车安全以及车外行人的安全,避免车祸的发生或者将伤害降至最小。该系统包括安全系统、危险预警系统、防撞系统等,涉及传感器技术、通信技术、信息显示技术、驾驶状态监控技术等。这些车载设备包括安装在车身各个部位的传感器、激光雷达、红外线、超声波传感器、盲点探测器等,具有事故监测功能,能随时通过声音、图像等方式向驾驶人提供车辆周围及车辆本身的必要信息,并可以自动或半自动地进行车辆控制,从而有效地防止事故的发生。

目前,在国内部分雷克萨斯的车型、奔驰和沃尔沃的车型上都可以感受到这一系统的智能与先进。

如沃尔沃 S60 装备的自动制动功能的碰撞警示系统(CWAB)可以通过基于雷达和摄像头的系统探测车前的行人,如果有人走入汽车的行进路线即会发出警告,如果驾驶人未能及时做出反应,系统会自动全力制动。在车速小于 30km/h 时,可使汽车避免与行人相撞；在较高的车速下，则尽可能在发生碰撞前减小车速。如果汽车接近行人，前风窗玻璃上首先会亮起红色警示灯，同时鸣响警报声提醒驾驶者。如果碰撞危险进一步增加，辅助紧急制动系统开始作用，减小制动衬块和制动盘之间的距离以缩短制动时间，同时还会增加制动液压，即使驾驶者没有用力踩制动踏板也能进行最有效的制动。如果车辆仍未制动，而系统认为即将发生碰撞，汽车会进行自动制动，最大限度地降低车速。

智能安全驾驶人辅助系统能在紧急情况下对驾驶人进行提醒，并采取自动或半自动方式对车辆进行接管，从而有效防止类似碰撞事故的发生。由于这种智能化安全保护系统的电子化程度高，能主动发现行人与潜在危险，因此，智能安全驾驶人辅助系统是未来汽车安全技术发展的主要方向，目前由于成本较高，只应用于部分高级车辆。

4.3.3 红外夜视辅助系统

红外夜视辅助系统是源自军事用途的汽车辅助驾驶设备。借助夜视系统，驾驶者在夜间或弱光线的驾驶过程中能获得更加清晰的视野，对前方道路上的潜在威胁做出更加准确的预警。夜间行车时，由于车灯照明范围的限制，驾驶人很可能没有发现路边或者前面较远处的行人或者动物，从而导致交通事故。如何改善驾驶人的视野，为驾驶人安全行车提供帮助是主动安全技术领域的一个重要内容。借助夜视系统，驾驶者在夜间或弱光线的驾驶过程中能获得更加清晰的视野，如图4.13所示。夜视系统的原理是将人们肉眼看不见的红外线转化成为可见光。在风窗玻璃内侧，一个小型红外线摄像机可以记录车辆前方的环境，并将其显示在驾驶舱仪表板的显示屏上。

图4.13 红外夜视系统工作示意图

2008年4月上市的丰田皇冠混合动力版配备的一套名为Night View夜视系统，不仅可以识别夜间道路上的车辆情况，还新增加了行人检测功能，更大限度地避免了交通事故的发生。车载计算机系统可以搜寻前方的行人，发现后通过屏幕右下端不断闪烁的人形图标提醒驾驶人前方有行人。目前夜视系统还只能对行人进行检测，但丰田公司希望未来能对动物、骑车人和其他移动物体进行检测。

由于夜视系统需要对路边的行人进行辨识，需要一个处理过程，因此车辆的行驶速度和天气条件成为制约该系统正常发挥的因素，目前该系统只能在车速15～60km/h范围内工作，如果车速太快就来不及对捕捉到的图形进行处理，另外在某些情况下，如大雨天，刮水器工作将对系统造成干扰使其无法对行人进行辨识。

宝马 7 系的红外夜视系统可以在夜间通过热成像技术清楚地显示出道路上或路旁的行人。驾驶者观看中央显示屏，可分辨远处行人的距离位置，对路况做出预判。这套智能的夜视系统拥有行人自动警示功能，当远处有横穿马路的行人时，中央显示屏及抬头显示系统均会亮起黄色的三角警示标识，提醒驾驶者进行避让，如图 4.14 所示。

图 4.14　宝马 7 系夜视辅助系统

目前比较成熟的夜视辅助系统是奔驰 S500 车型配备的 Night View Assist，它采用了创新性的红外技术，进一步降低了车辆在黑暗行驶情况下的事故风险，如图 4.15 所示。借助于两个大功率的红外前照灯，近光时将驾驶人的视野扩展至 150m 以上，且因为使用的是肉眼看不到的红外线，因此不会令迎面车辆中的驾驶人感觉不适。此外，在前车窗内部还安装有红外摄像机，它可记录前方道路的反射影像，并将影像在仪表板中显示出来，因此，无论是行人、骑车人、停驻车辆还是其他障碍物在夜视系统下均清晰可见。

图 4.15　奔驰的夜视系统

奥迪 A8 和 A6 的夜视辅助系统，除了可以让驾驶者看清近光灯照不到的黑暗中的交通标牌、弯道、车辆、障碍物等会造成危险的事物，正确判断出前方道路的情况，还可以通过远红外热成像摄像头捕捉到车辆前方一定范围内的热源（包括人和动物），让驾驶者提前做出反应。在视野良好时，奥迪的夜视辅助系统的作用距离可达约 300m。如果天气恶劣，夜视辅助系统的作用距离明显受限。与此相比，非对称近光灯在相向车道侧的照射距离约为 60m，在靠近路沿侧照射距离约为 120m；即使是远光灯，照射距离也只有约 200m，还是低于夜视辅助系统的作用距离。

在识别人或动物时，由于夜视辅助系统的作用距离比近光灯或远光灯都大，所以就可为驾驶人赢得宝贵的时间，这对避免发生交通事故是非常重要的，如图 4.16 所示。

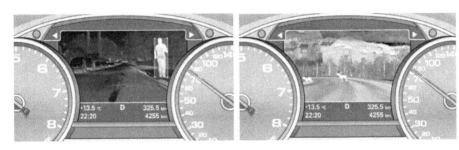

图 4.16 奥迪 A8 红外夜视系统

4.4 行人检测方法

为了实现行人防碰撞系统的主动预警，关键技术之一就是如何通过传感器信息获取并分析出车辆前方的行人，从而判断行人距离本车的距离以及本车对行人构成的危险程度。行人检测技术的关键是及时、准确、可靠地获取环境信息，因此高性能的传感器必不可少。目前各国行人检测技术采用的传感器主要有普通光视觉传感器（立体视觉或单目视觉）、红外传感器、雷达传感器以及多传感器信息融合等，这些传感器可对周边环境进行非接触探测，以获取车辆周边的行人等障碍物信息。

4.4.1 基于视觉传感器的行人检测

视觉传感器是汽车安全技术研究领域常用的一种传感器，与其他传感器相比，具有检测信息量大、性价比高等优点。

基于视觉传感器的行人检测方法实现的基本步骤如下。

（1）通过车载 CCD（单目或多目）对车辆周围的信息进行采集。

（2）对获得的图像进行相应的预处理。

（3）进行图像目标的分类，即在经过预处理的图像中进行行人目标的分类，确定是否存在行人目标。

（4）目标定位与跟踪，即对第三步确定的行人目标进行定位与跟踪。

目前，在国外许多文献中提出了基于机器视觉的行人检测方法，其中常用的方法有基于行人的运动特性、基于形状模型、基于模板匹配以及基于统计分类模式识别等方法。

1. 基于形状模型的方法

由于行人检测是在车辆运动的状态下进行的,这样会带来摄像机的运动,因此背景图像也会发生相应的变化。基于形状模型的行人检测方法避免了由于背景变化和摄像机运动带来的问题,主要依靠行人形状特征来识别行人,因此基于形状的行人检测方法能识别出运动和静止的行人。

意大利帕尔玛(Parma)大学的 Alberto Broggi 教授等在 ARGO 项目中就是利用形态学特征和行人形状的对称性来探测和识别行人的。首先建立一定的假设约束,在单目序列图像中寻找有一定特征的行人,通过一行表示行人头和肩膀的二值模型来搜索头部,并用一个简单的相关函数定位头部所在的位置,最后通过基于立体视觉技术的测距方式来求取行人的底边界,图 4.17 列出了 ARGO 项目中识别行人的双目视觉系统及其检测结果。

(a) 双目视觉系统

(b) 头肩模型

(c) 检测结果

图 4.17 意大利帕尔玛大学的行人检测结果

德国 Daimler-Chrysler 研究中心的 Gavrila 开发的行人检测系统在城市交通助手 UTA 的项目中进行了试验。其所采用的基于形状的行人检测技术主要分为两个步骤。首先是在等级模板匹配过程中应用行人轮廓特征来锁定候选目标,这些模板可以是参考模板的几何变形或感兴趣目标(行人)常表现的形状外观。采用基于距离变换的形状匹配方法,通过等级模板获取目标形状的可变性,并结合形状和参数空间由粗到细的方法,然后在目标分类中根据亮度信息运用径向基函数来验证候选目标。图 4.18 是其采用的等级模板及检测结果。

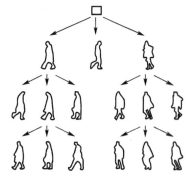
(a) 行人模板

(b) 检测结果

图 4.18 Daimler-Chrysler 的行人模板及检测结果

基于形状模型的行人检测方法主要存在两大难点:一是由于行人是非刚性的物体,其形状信息具有多样性,即使同一个人穿着不同的衣服其形状也会有很大的改变,检测算法就需要考虑其形状的多样性,因此会增加一些不确定性,从而导致计算量的加大;二是由于行人的运动,相对于车辆而言,行人身体的某些部分的信息可能是不完全的,这就无形中增加了基于形状信息行人检测方法的难度。

2. 基于运动特性的方法

运动是检测场景图像中感兴趣区域的重要信息,基于运动特性的行人检测就是利用人体运动的周期性特性来确定图像中的行人。该方法主要针对运动着的行人进行检测分类,不适合检测静止的行人。其中基于光流(Optical Flow)的行人检测方法就是利用行人运动的光流特性来识别行人。

德国 Daimler-Benz 研究中心的研究就是利用行人与像平面平行的方向行走时腿部周期性的运动特征,从彩色序列图像中识别出行人。首先将每幅图像分割成一些子图像并对各像素按颜色/位置特征空间进行聚类,通过在连续的图像中匹配相应的类,并对各类进行跟踪。然后利用一种快速多项式分类器估计基于类形状特征的时间变化来初步选择可能属于人腿的类。最后通过时延神经网络(Time Delay Neural Network)对提取的属于行人腿的类进行训练,从而判断是否存在行人。图 4.19 是其网络结构及用于训练的行人腿模板。

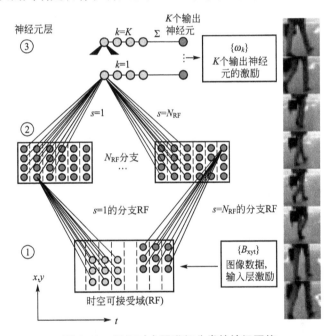

图 4.19 用于对人腿进行分类的神经网络

美国马里兰大学(Maryland)根据人的周期性运动使得其自相关也具有周期性的特点,应用短时傅里叶变换 Hanning 视窗来分析探测目标模板相关性信号。系统首先将 t 时刻图像与在 $t-\tau$ 时刻同样稳定的图像相减,通过选择合适的阈值,得到代表运动目标像素点的映射图。通过跟踪感兴趣的运动目标,计算出目标随着时间变化的自相关特性,再采用时频化方法分析目标是否存在周期性的运动特性将行人识别出来。系统在背景相对均匀的图像中,不管是对于静止还是运动的摄像机都有良好的检测效果。

运用光流特性作为分割方法时,通过探测有一定形状和与光流有相似值的一般特征如颜色等节点,并在序列图像中对它们进行跟踪。如对相同颜色像素值节点运动连贯性进行分析,每个像素有一个可能属于某给定节点可能性的概率,每个运动节点按照运动概率模型进行分类以便后续的行人检测阶段。或者假定行人具有连贯和一致的线性运动，因此在连续图像序列中表现为直线运动路径，只有在序列图像中找到规则的运动轨道，系统才认为找到了行人。也可以通过计算运动区域的残余光流来分析运动实体的刚性和周期性，非刚性的人的运动相比于刚性的车辆运动而言具有较高的平均残余光流，同时它也呈现了周期性的运动特征，据此可以将人区分出来。

基于运动特性的行人检测方法运用行人独有的运动节奏特征或运动模式来检测行人，而且能在摄像机运动的情况下探测到运动目标，但是对于非刚性的行人提取却有一定难度，因为人体各部分运动是不一样的。因此，应用基于运动的行人检测还有一定的局限性：①为了有效地提取出运动节奏特征，要求行人脚或腿是可见的；②识别时需要连续几帧序列图像，这样延误了行人的识别，增加了处理时间；③不能识别静止的行人，特别是当行人有一些复杂的动作如徘徊、转弯和跳跃等时很难进行识别。

3. 基于模板匹配的方法

模板匹配的行人检测方法是通过定义行人形状模型，在图像的各个部位匹配该模型以找到目标。目前常采用基于模型的方法来对行人进行跟踪，建立的行人模型主要有线性模型、轮廓模型以及立体模型等。

线性模型是基于人运动的实质是骨骼的运动，因此可以将身体的各个部分以直线来模拟。Karaulova 等建立了人体运动学的分层模型，用于单目视频序列中人体的跟踪。美国马里兰大学首先应用背景相减法从静止 CCD 获得的图像中自动分割出行人边缘轮廓，得到行人的统计形状模型。然后建立线性点分布模型，利用主分量分析（PCA）来简化维数，找到 8 维变形模型空间。系统的线性行人模型是从训练形状样本中建立紧凑线性形状模型有效的方法，这些点连接成为一个形状向量，所有训练得到的这些形状向量用 Procrustes 形状分析方法进行排列。然后用主分量分析法产生普通形状和一系列这些形状的变化模式。最后结合凝聚跟踪器来获得检测结果，跟踪在轮廓模型参数的高维空间中实现，凝聚跟踪器在准随机点上采样，从而提高了它的鲁棒性。图 4.20 是所建立的可变形行人模板及行人跟踪结果。

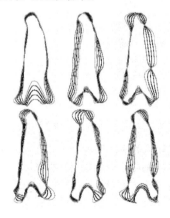
(a) 行人可变形模板

(b) 行人跟踪结果

图 4.20 美国马里兰大学的行人跟踪结果

基于轮廓模型的跟踪思想是利用封闭的曲线轮廓来表达运动目标，并且该轮廓能够自动连续地更新。例如，美国卡内基梅隆大学的 Liang Zhao 根据身体局部形状及其极强的相关性，利用自闭塞的轮廓线或身体局部的侧面轮廓线对行人进行跟踪。美国明尼苏达州大学的 O. Masoud 等利用静止的单目 CCD 对序列灰度图像进行行人跟踪，主要用于在交叉路口行人跟踪控制。系统利用具有一定动态行为简单的矩形匹配来对行人建模，允许行人模型在图像空间中重叠，并在某些特征不存在的情况下仍假设行人模型的存在来解决可能出现行人重叠或遮挡问题。

立体模型主要利用广义锥台、椭圆柱、球等三维模型来描述人体的结构细节，这种模型要求更多的计算参数和匹配过程中更大的计算量。例如，K. Rohr 利用通用圆柱模型来描述行人，目的是想利用该模型来产生人的行走的三维描述。系统假设行人行走方向与像平面平行，并且没有遮挡现象存在。

利用轮廓模型进行跟踪有利于减少计算的复杂度，如果开始能够合理地分开每个运动目标并实现轮廓初始化，即使在部分遮挡存在的情况下也能连续地进行跟踪，然而模型的初始化通常是很困难的。

4. 基于统计分类的方法

在统计分类方法中首先需要考虑的问题是特征的表达。在早期的研究中，人们广泛采用小波分析、Haar-Like 特征来描述图像目标。然而，Haar-Like 特征容易受到目标形态、光照条件及视角的影响。近年来，在目标检测尤其是人体目标检测中，轮廓特征表达受到了重视。例如，Dalal 等提出梯度方向直方图(HOG)特征，利用局部边缘梯度分布特征来表征行人；Wu 等利用手动设定的 Edgelet 特征描绘人体特定部位的轮廓。在分类学习算法中，神经网络、Adaboost 与 SVM 是人们较多采用的分类学习算法。其中，级联分类器的主要优点是检测速度快，SVM 的主要优点是对目标模式变化的鲁棒性。

美国麻省理工大学 AI 实验室的 M. Oren 与 C. Papageorgiou 介绍了一种可训练的目标探测方法，用来探测图像中的相关人体。人体是一个非刚性的目标，并在尺寸、形状、颜色和纹理上有一定程度的可变性。行人检测主要是基于小波模板概念，按照图像中小波相关系数子集定义目标形状的小波模板。由于该模板在颜色和纹理变化时保持不变，可以用来定义诸如行人等目标，小波模板的这种不变性和计算效率使之成为目标探测的一种有效工具。编者通过大量样本的学习，发现直立人体图像经过 Harr 小波变换后的系数有特定的规律，可以用一个模板来表示。他们对图像中每个特定大小的窗口以及该窗口进行一定范围的比例缩放得到的窗口进行 Harr 小波变换，然后利用支持向量机检测变换的结果是否与小波模板匹配，如果匹配成功则认为检测到一个行人，图 4.21 所示为其检测结果。

图 4.21　美国麻省理工大学 AI 实验室行人检测结果

此后,他们又结合基于样本的方法对系统进行改进,在检测窗口的一些特定位置对人体的每个组成部分进行相应的小波模板的匹配,并对这些分量的匹配结果进行总的匹配评价。为了避免重叠现象,系统按照一定等级利用多个分类器分别对手臂、头部和腿进行分类。利用该方法来检测直立人体时,允许行人四肢的相对位置可以有较大的变化。

人工神经网络在行人识别技术中的应用主要是对利用视觉信息探测到的可能含有行人区域进行分类识别。如 Liang Zhao 和 C. Thorpe 首先利用立体视觉进行目标区域分割,然后合并和分离子目标候选图像成为满足行人尺寸和形状约束的子图像,最有将所有探测到的可能含有行人目标的矩形区域输入到 BP 神经网络进行行人的识别。C. Wohler 开发了一套实时探测与跟踪可能包含行人图像区域的立体视觉算法,然后根据行人腿部的典型运动模式应用延时神经网络来对行人进行分类。B. Heisele 将时延神经网络用于实现对行人腿的分类。

日本等采用卷积神经网络(Convolutional Neural Network)训练得到行人检测分类器。卷积神经网络可以避免显式的特征提取,而隐式地直接从训练数据中进行学习,通过结构重组和减少权值将特征提取功能融合进多层感知机(MLP)。系统能够通过自动优化检测过程中的特征来获得高准确度并自动调整网络,网络输入直接为行人样本的灰度图像,图 4.22 是用于检测行人的卷积神经网络的结构及检测结果。

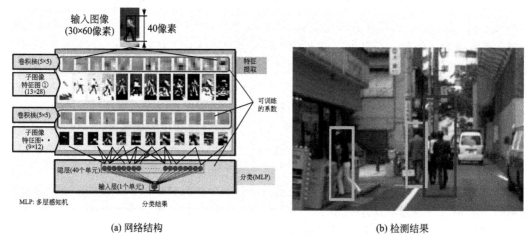

(a) 网络结构　　　　　　　　　　　　　　(b) 检测结果

图 4.22　利用卷积神经网络实现行人的检测

基于统计分类的方法从样本中训练得到行人分类器,利用该分类器遍历图像各窗口进行判别,训练是离线进行的,不占用识别时间;分类器具有鲁棒性。

现有的基于视觉传感器的行人检测系统常用的方法有基于行人的运动特性、基于形状模型、基于模板匹配以及基于统计分类模式识别等方法。表 4-3 是基于视觉传感器不同行人检测方法的比较。

表 4-3　基于视觉传感器不同行人检测方法的比较

方法	原理	优点	缺点
基于运动特性的方法	利用人体运动步态的周期性特性来识别图像中的行人	受颜色、光照等条件的影响较小;能在摄像机运动的情况下探测到运动目标	要求行人脚或腿是可见的;需要连续多帧图像,影响实时性;不能识别静止的行人

(续)

方法	原理	优点	缺点
基于形状模型的方法	通过定义行人的形状模型，在图像的各个部位匹配该模型以找到行人目标	具有明确的模型，可以处理遮挡和姿态问题；利用轮廓模型进行跟踪，有利于减少计算的复杂度	人体模型的建立和求解比较困难，计算复杂度高；模型的初始化困难
基于模板匹配的方法	通过灰度或者轮廓模板来表示行人，通过度量模板与待分类窗口的距离来识别行人	匹配计算方法简单	需要考虑行人姿态的复杂性，需要多个行人模板，匹配时间较长
基于统计分类的方法	通过统计分类的方法从样本中训练得到行人分类器，利用该分类器遍历图像各窗口进行判别	训练是离线进行的，不占用识别时间；分类器具有鲁棒性	识别的准确性受样本的数量和特征提取方法影响较大

近年来，我国对基于视觉传感器的行人检测技术也进行了相关研究，如厦门大学提出基于隐式形状模型的行人检测方法；中国科技大学以及西安交通大学均采用了利用支持向量机的统计分类识别方法；大连理工大学研究了基于支持向量机的行人检测方法；上海交通大学提出了一种 coarse-to-fine 的行人检测方法，将人体建模成各自然部位的组装。

目前，基于视觉传感器的汽车主动安全技术研究遇到的问题是如何提高在一些恶劣环境下的可靠性，避免受光照、天气等条件的影响。另外，视觉传感器无法获得精确的距离信息。随着电子技术的飞速发展，其他一些传感器在汽车上的应用也越来越广泛，为有效保护行人提供良好的技术支撑。

4.4.2 基于红外传感器的行人检测

一般来说，行人的体温要比周围环境温度高，并且他们的热量发射相对于背景来说要高得多。因此，行人在红外图像中呈现更高的灰度值，并与背景形成强烈的对比，使得红外图像适合对行人进行定位。而其他的发热物体与行人有些相似，但是利用行人的形状和外形比例等特征可以进行行人的识别。

美国马里兰大学介绍了一种基于红外图像概率模板的实时行人检测算法，首先根据行人目标比背景物体的发热量高的特点，利用样本行人像素点的亮度均值和标准差计算得到行人亮度阈值，对可能包含行人的区域进行分割。概率模板的建立是对高度相同但姿态和方位不同的行人红外图像经过阈值归一处理后的模板，最后利用这个模板对图像中的目标区域进行匹配以确定是否存在行人。图 4.23 是所建立的行人概率模板及检测的结果。但是由于路边街灯以及行人重叠等因素的影响，系统的误警率比较高。

美国俄亥俄州立大学等利用支持向量机的方法对红外图像中的行人候选区域行人分类，结合 Kalman 预测估计和均值转换(Mean Shift)对行人进行跟踪。意大利帕尔玛大学的 P. Grisler 和德国大众公司利用红外图像中行人与其他背景物之间有明显的热量对称性和外形比例进行行人的定位和识别。

图 4.23　行人概率模板及检测结果

意大利帕尔玛大学的 ARGO 实验室提出了利用红外立体成像对行人进行检测，由于传统的 CCD 摄像机采集的图像易受光照的影响，使对图像中目标的识别变得困难，且在夜晚、雨天或有雾的天气情况下根本无法使用。而红外成像基于行人的体温高于周围的环境温度这一特点，同时依据人体的特殊形状及对称性的特征，可排除其他物体如车辆干扰，利用双目系统同时还能获得行人的距离信息，图 4.24 是其检测结果。

图 4.24　红外立体视觉行人检测结果

红外摄像机可以用在白天或黑天，而且由于没有颜色或强烈的纹理特征使得行人识别更加容易。同样，阴影的影响问题也大大减少。环境高温或强烈的太阳照射，尤其是在炎热的夏天，会减弱行人与周围物体的温度差别，增加识别的难度。相反，在外界环境温度低的情况下，衣服很容易屏蔽人体反射能量，这样只能感知人体的某些部位。另外一个问题就是行人所携带的物体对识别的影响，带来的干扰较大，即使他们在图像中占据的区域小。

4.4.3　基于雷达传感器的行人检测

雷达技术可以得到车辆周围的深度信息，易于解决机器视觉技术在距离信息方面的难题，而且不受天气、阳光等的影响。利用雷达可以可靠地提供车辆周围（尤其是远距离）的车辆、行人等障碍物的深度信息。

利用微波雷达传感器进行车辆周围近距离障碍物探测在一些特殊条件下（如恶劣天气可见度低或恶劣环境影响，如路面结冰、下雪或灰尘等）具有一定的优势。由于人体内含有大量的水分，微波雷达能可靠地区分行人和其他的道路参与者。采用微波雷达技术进行行人探测算法主要是基于对行人特殊反射特征的估计，将行人从其他障碍物进行分离主要是估计雷达信号中这些典型的人体反射信号。

在过去的几年中，国内围绕研究车载雷达系统的探测前方障碍物距离方面做了大量的研究，雷达系统一般与视觉系统共同应用于车辆上，通过两种传感器的融合，可以得到更为准确的道路环境信息。

从 20 世纪 70 年代开始，激光测距传感器就被广泛用于机器人领域，而且已被应用到智能车辆和汽车安全辅助驾驶领域，主要用于障碍物检测、环境三维信息的获取。

德国乌尔姆大学与 IBEO 汽车传感器公司研究开发的 IBEO 激光扫描器可有 180°的视场角（图 4.25），并安装在车辆前方的正中央，这样传感器就能扫描到所有相关的目标。传感器的测量在 40m 范围内至少能达到 5% 的反射率，方位角分辨率为 0.5°，测量精确到 ±5cm(1σ)，扫描频率为 20Hz，这样就能在车辆横向和纵向方向上准确地跟踪所有目标物体。目标物体的速度可以从每次扫描的位置信息中获得。激光扫描器能够准确、快速地测量目标物体的轮廓。通过物体的轮廓，就可以将目标进行分类，如行人、自行车、轿车、载货汽车等。

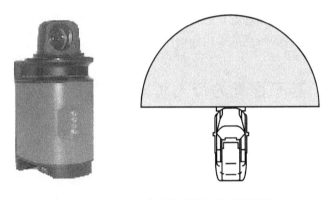

图 4.25 IBEO 激光传感器及其测量范围

4.4.4 基于多传感器信息融合的行人检测

由于采用单一的传感器不能很好地实现行人的检测、测距与跟踪，一些研究项目结合多种传感器的优点来实现行人等障碍物的检测。如法国政府启动的 PAROTO 项目利用 Radar 和红外图像融合的方法实现对前方行人和车辆等障碍物的探测，利用红外信息进行图像分割，然后利用基于特征的方法进行行人的运动分析。这种融合方式的出发点是综合尽可能多的传感器，以获得尽可能好的检测效果。

欧盟先后提出 PROTECTOR 计划（2000.01—2003.03）和 SAVE-U 计划（2002.03—2005.05），目的都是为了保护道路上容易受到伤害的行人或骑自行车人。PROTECTOR 项目采用立体视觉、激光扫描仪和雷达传感器，SAVE-U 项目采用单目彩色摄像机、红外摄像机和雷达等融合的方法来实现车辆前方 5～25m、侧向 1.4～4m 范围内行人的有限保护，各传感器在车上的安装及其融合框图如图 4.26 所示。

美国加利福尼亚大学伯克利分校的 PATH 项目，在公交车上安装不同传感器来实现公交车前方行人的识别，避免公交车与行人发生碰撞事故，所采用的传感器主要有 IBEO 激光雷达、红外传感器、微波雷达以及超声波传感器等。

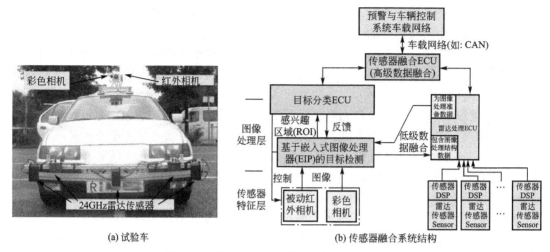

图 4.26 欧盟 SAVE-U 项目的多传感器系统

从长远看,采用多传感器融合是行人检测技术的发展趋势。但是,目前传感器融合方法的应用研究还不深入,传感器融合的优势还没有充分发挥,按照一定融合策略构造传感器阵列以弥补单个传感器的缺陷或提出新的传感器融合方法,是另一重要的研究方向。

4.5　基于视觉的行人防碰撞预警系统的实现

4.5.1　基于部位特征组合的行人检测

图 4.27 给出了基于部分组合特征的行人检测流程图。首先对行人样本进行梯度方向直方图特征提取,并结合查找表 Gentle Adaboost 算法训练得到腿部强分类器,训练过程是离线的,因此并不占用系统的时间。在检测过程中,将分类器训练的参数加载到程序中,采用逐级缩放的方法对待检测图像进行扫描。在定位出行人腿部后,针对候选行人区域用模板匹配的方法进行头部检测,最后将检测结果融合,从而实现行人的识别并进一步排除虚警。行人目标确认后,根据 Wu 对人体部位的定义选取相应的行人躯干部位的高度,由于左右两边的背景存在一些干扰,躯干的宽度调整为 $0.75w$。

1. 基于 HOG 特征优化的腿部检测

1)特征提取

目前,针对 HOG 特征的研究大多集中在整个人体样本上。事实上,针对人体及其典型部位采取何种分类器或者提取何种特征还有待进一步的研究。通过对样本图像分析发现,直立行走的行人姿态的变化主要表现为四肢处 HOG 特征的变化,头部与躯干部分的 HOG 特征则相对稳定。因此,针对行人腿部进行 HOG 特征提取并对其优化来检测行人。

梯度方向直方图如图 4.28 所示,对于一幅待检图像,按照图示的分区策略来提取各区域的 HOG 特征。将一副待检图像分成 N 个单元,称为 cell;由若干个单元可组合成一个块,称为 block。整幅图像由一定数目的块组成,块与块之间允许重叠。通过统计各个块内各单元在各个方向上的梯度分布,即构成了该图像的 HOG 特征。

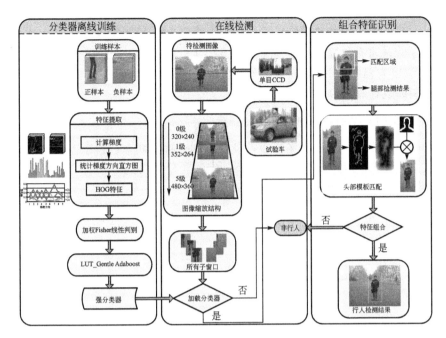

图 4.27 基于部位组合特征的行人检测流程图

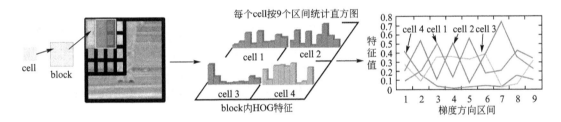

图 4.28 腿部区域 HOG 特征提取示意

通过试验发现将腿部周围背景像素点数由 16 降至 8 时，检测效果无较明显变化；将腿部周围背景全部去掉时，检测效果则出现了明显的降低。可见背景的存在使得腿部显著特征更为突出，增加了对比度，有助于提高检测效果。因此，选择腿部区域窗口像素大小为 64 像素×64 像素，采用 Sobel 算子从样本集中提取所有的 HOG 特征，最终从每个样本中提取出 1386 个 block 的 HOG 特征。

由于行人下半身所在的区域背景通常是路面图像，而腿部占有较大面积，其轮廓边缘比较明显，在某些梯度方向和梯度强度上会出现有一定的峰值，其 HOG 特征与背景差别较大。因此，初始部分针对行人腿部采用 HOG 特征进行检测。定义腿部区域检测窗口大小为 64 像素×64 像素，块的宽度取为 12、24、36、48、64 像素，块的长宽比为 1∶1、1∶2 以及 2∶1，依据所设定的块的宽度以及长宽比便可以确定块的大小。通过多尺寸的特征块的设置，能够更加充分显示腿部轮廓特征，块与块之间重叠的尺度为 4、6、8 像素。采用 Sobel 算子从样本集中提取所有的 HOG 特征，使用积分直方图进行加速，最终从每个样本中提取 1386 个 block 的 HOG 特征。

虽然理论上每个特征都能在不同程度上反映目标的轮廓信息，并且特征维数越高，目标表述就越精确。但经分析发现，在如此多的特征中只有少部分特征对目标的分类起主导作用，其他大部分特征所含有用信息是少量的。通常这些冗余的特征不仅会增加算法的复杂性，使得分类器训练和检测过程都非常耗时，而且会对最终的分类结果产生相反的作用。因此需要从中得到一部分能显著区分正负样本的 HOG 特征。下面采用加权 Fisher 线性判别方法来提取有效 HOG 特征。

2）基于加权 Fisher 线性判别 HOG 特征优化

加权 Fisher 线性判别是将样本多维特征投影到一维直线上，投影方向的选择则是能将各类样本很好地分开，因此该投影过程具有一定的弱分类功能，同时实现特征降维。投影方向的计算如下：

$$\begin{cases} \bar{m} = \dfrac{1}{n\sum\limits_{i=1}^{n} w_i} \sum\limits_{i=1}^{n} w_i \bm{f}(x_i) \\ \bar{\bm{S}} = \dfrac{1}{(n-1)\sum\limits_{i=1}^{n} w_i^2} \sum\limits_{i=1}^{n} w_i^2 (\bm{f}(x_i) - \bar{m})(\bm{f}_i(x_i) - \bar{m})^{\mathrm{T}} \\ a = (\bar{m}^{(1)} - \bar{m}^{(2)})(\bar{S}^{(1)} + \bar{S}^{(2)})^{-1} \end{cases} \quad (4-1)$$

式中，w_i 是第 i 个样本的权重；$\bm{f}(x_i)$ 是样本 i 的特征向量；$\bar{m}$ 是样本类内均值；$\bar{\bm{S}}$ 是样本类内加权协方差矩阵；a 是最佳投影方向。

为了增强弱分类器的表达能力，采用查找表的 Gentle Adaboost 算法。在 Gentle Adaboost 中，弱分类器的输出函数为

$$h(x) = P_w(y=1|x) - P_w(y=-1|x) \quad (4-2)$$

式中，$P_w(y=1|1)$、$P_w(y=-1|x)$ 分别表示特征值为 x 的样本为正样本或负样本的加权概率。

查找表的方法是先将整个样本集的特征值划分为对应的 n 个不相交的子集，对于某个特征值为 x 的样本，其弱分类器的输出表示为它在所属子集中为正样本与负样本的加权概率差。因此，查找表型弱分类器的输出为一个表示置信度的实数值，显然与离散型输出相比，它包含了更多的信息并且更加适用于实际样本的分布情况，能够有效地提高分类器的精度。下面给出查找表型弱分类器的构造过程。

经过加权 Fisher 线性判别后，HOG 特征被降为 1 维，首先将它归一化到 [0，1] 区间，将该区间均匀分成 n 个子区间：

$$\mathrm{bin}_j = [(j-1)/n, j/n], \quad j=1, 2, \cdots, n \quad (4-3)$$

这样，弱分类器可以定义为

$$h(x) = W_j^{+1} - W_j^{-1}, \quad f(x) \in \mathrm{bin}_j \quad (4-4)$$

式中，W_j^{+1}、W_j^{-1} 分别表示正负样本的特征值落在区间 bin_j 内的条件概率，表示为

$$W_j^l = P_w(f(x) \in \mathrm{bin}_j, y=l), \quad l=\pm 1, \quad j=1, 2, \cdots, n \quad (4-5)$$

具体地说，令 D_j^{+1} 和 D_j^{-1} 分别表示第 j 个区间 bin_j 内正负样本权值的总和，则

$$D_j^{\pm 1} = \sum_{f(x_i) \in \mathrm{bin}_j \& y_i = \pm 1} w_i \quad (4-6)$$

则条件概率为

$$P_w(f(x)\in \text{bin}_j,\ y=\pm 1)=\frac{D_j^{\pm 1}}{D_j^{+1}+D_j^{-1}} \tag{4-7}$$

定义函数：

$$\text{Bin}_n^j(u)=\begin{cases}1,\ u\in[(j-1)/n,\ j/n]\\ 0,\ u\notin[(j-1)/n,\ j/n]\end{cases}\ j=1,\ 2,\ \cdots,\ n \tag{4-8}$$

这样基于查找表型 Gentle Adaboost 弱分类器公式可表示为

$$h_{\text{LUT}}(x)=\frac{D_j^1-D_j^{-1}}{D_j^1+D_j^{-1}}\text{Bin}_n^j(f(x)) \tag{4-9}$$

2. 基于模板匹配的头部检测

1) 头部模板建立

人体目标作为一种非刚体目标可能呈现出各种不同姿态，很难用统一的模型对其进行描述。经过分析发现，不管是行人的正面图像还是侧面图像，其肩膀以上的头部轮廓变动性最小，呈现出一定的形状，只需定义不同大小的模板，就能满足匹配的需要。另一方面，行人的头部不易被遮挡，在检测过程中很容易被检测出来，因此模板匹配的方法更适用于行人头部的检测。针对头部轮廓构建了一个"Ω"形位图模板，如图 4.29 所示。

图 4.29 头部轮廓模板

首先通过计算模板亮点得分总数来测试所建头部轮廓模板的可行性，式(4.10)为分数计算方法，即将头部轮廓模板与 Sobel 边缘图像做乘积，将分数计算的最大值视为符合的头部区域来比较。针对大小为 64 像素×128 像素大小的行人样本，采用头部轮廓模板的大小为 32 像素×28 像素。

$$\text{Score}=\max_R \sum_{(x,y)\in R} I_s(x,\ y)\times \text{Mask}(x,\ y) \tag{4-10}$$

式中，$I_s(x,\ y)$ 为 Sobel 边缘图像中待匹配区域 R 的梯度强度；$\text{Mask}(x,\ y)$ 为模板的像素值。

图 4.30 中方框区域为在图像上所找出的最大值区域。可以发现该方法可以正确框选出行人的头部区域，头部轮廓信息在复杂的背景下有着相当高的可行性。因此，将采用"Ω"形位图模板与模板匹配技术来实现头部的检测。

图 4.30 分数计算最大值区域

2) 模板匹配

模板匹配算法可以通过计算模板与待检测窗口的距离变换(Distance Transform，DT)图像的 Chamfer 距离来衡量两者之间的相似程度，转换为 DT 图像的目的是将这种距离测度表示为模板变换参数的平滑函数，一是可以方便快速搜索，二是可以提高匹配精度，三是通过对模板进行简单缩放或者旋转就能实现不同尺度不同方向的匹配。下面首先介绍一下该算法中的距离变换的公式与意义，假设 B 表示一幅二值图像中的特征点集合，则对于该图像中的每一个点 p，其转换公式如下所示：

$$\mathrm{DT}(p) = \min_{p \in B} d(p, q) \tag{4-11}$$

式中，$d(p, q)$ 为 p 到 q 的欧几里得距离。进行距离转换后，图像中每个像素点的值就会变成与其最近的特征点的距离。图 4.31(a)为边缘图像，图 4.31(b)为完成距离转换后的结果，称作 DT 图像。

(a) 边缘图像

(b) DT图像

图 4.31 距离转换结果

在模板匹配之前，首先对待匹配图像进行边缘检测，得到目标边缘的二值图像，然后对边缘图像进行距离转换得到其 DT 图像。在建立好头部模板，以及产生 DT 图像后，匹配过程如图 4.32 所示。匹配的方法即是将头部模板与 DT 图像做卷积(Convolution)，利用头部模板图像 F 中的特征点 f 所在的坐标相对应到 DT 图像中的距离值相加，再求其平均值，即 Chamfer 距离，其公式如下所示：

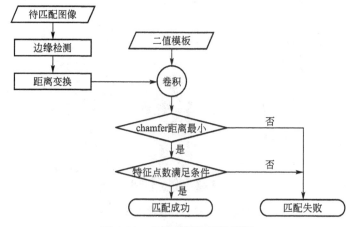

图 4.32 头部模板匹配流程图

$$D(F,\text{DT}) = \frac{1}{F}\sum_{f\in F}\text{DT}(f) \tag{4-12}$$

DT(f)表示 f 对应于 DT 图像的欧几里得距离,取平均值的目的是要对模板的大小进行归一化。如果待匹配的图像中没有头部,则求得的 Chamfer 距离通常会远大于在图像中有头部的 Chamfer 距离,因此选取 Chamfer 距离最小的区域作为头部最优框的大小和位置。此外,当边缘图像的 Chamfer 距离值为检测区域 R 中的最小值时,需再做一次特征点数量上的判断:

$$\sum_{f\in F}1 \geqslant \text{Threshold} \tag{4-13}$$

式(4-13)为边缘图像 F 的面积计算公式,主要目的在于确保不会因为特征点数稀少才使得平均距离很小。因此当上述两个条件同时成立时,图像匹配成功。

3. 部位特征组合的行人检测

在现实道路场景中,分类器的性能往往会受到复杂背景边缘梯度的影响,进而造成误判使得误检率增加,降低了算法的精度。在现有的方法中,多特征融合的方法由于其检测率较高、多场景适应性较好目前应用最多。

在行人检测过程中,分别对腿部和头部输出检测结果之后,如何才能最终确认目标是否为行人呢?显然,只有当头部与腿部同时存在该区域中,才能认为所识别的目标是行人,这就要求对各部位都要有一个较为精确的判定。经过模板匹配,得到的是一个形似头部的区域,还需要进一步对其进行确认。通过分析行人头部与背景的一些差异性特征,从而将头部轮廓的形状特征转化为数值特征并,与支持向量机结合"训练"了一个分类器进行头部识别。另外,通过部位相关性约束限制匹配区域也可以排除一部分虚警。最终要将两种特征的识别结果相融合,正确判断出目标为行人或非行人。

通过观察,行人头部轮廓是一种描述目标全局的特征,它可以粗略感知行人是否存在,而 HOG 特征则偏重于对局部特征详细的描述。特征融合是建立在局部特征存在的基础上,并且通过是否具有头部全局特征来影响局部特征的判断,主要通过调整分类器的分类阈值来实现。

1) 部位约束

虽然模板匹配方法在一定程度上能够检测出人体的头部,但是即使满足匹配条件的区域也会因为受到复杂背景的影响而出现误判。为了提高模板匹配的精度,通过人体部位之间的约束对匹配区域进行了限定。假设对于一个正确检出的行人目标的区域,行人一定位于图像的正中央,而依据人体肢体的相对位置,头部一定不可能在下半部分或者位于图像的左、右边缘。另外,首先对行人的腿部进行了检测,这也在一定程度上为后续的头部检测提供了必要的依据,除了要避免多余背景的干扰,最主要的则是符合头部在图像中的实际位置。根据人体部位的定义,将模板匹配范围限定在腿部检出框上方高为 $0.3h$、宽为 $0.75w$ 的矩形区域。在限定了匹配区域之后,就可以应用模板匹配方法对头部进行检测,如图 4.33 所示。

2) 头部特征转化

经过模板匹配后,能获得一个与行人头部轮廓极为相似的区域,从而在形状上找到了两者的区分。但很难通过单一的阈值去区分行人与非行人 Chamfer 距离间的差异,可以考虑将行人头部的这种形状特征转化为数值来描述。通过观察,有头部的区域轮廓往往类似

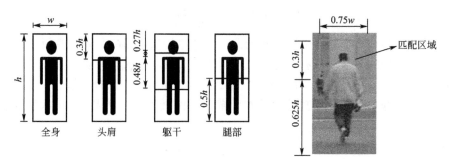

图 4.33 匹配区域示意

于圆形,通过提取轮廓的类圆形特征,将形状特征转化为数值特征,进而对头部匹配的结果在数值上做出精确判断。

针对行人头部的圆形轮廓提取的特征主要包括圆存在性以及边界矩特征,并将其组合共同描述头部,从而将形状特征转化为数值特征。

3) 特征融合

在通过上述圆形特征作为判定模板匹配所产生的候选区域是否为头部之后,最理想的情况是其判定结果与腿部一致,将目标确认为行人。然而实际上会出现两个判定结果不一致的情况,因此可以通过调整分类器的决策阈值,进而产生或宽松或严谨的分类效果来对分类结果进行融合。

图 4.34 为阈值调整示意图。在图 4.34(a)中,当阈值为 0 时,特征点被判定为"-1"的非行人特征,在放宽阈值之后,则该特征点被判定为"$+1$"的行人特征;而图 4.34(b) 的效果则正好相反,通过增加阈值,则将特征点划分得比较严谨,将行人特征视为非行人。

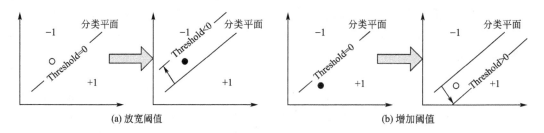

图 4.34 阈值调整示意图

进行头部检测的目的是排除腿部检测产生的虚警,因此阈值调整策略主要以头部轮廓特征是否存在为主要依据。当头部分类器没有检测到头部时,应当采用较为严谨的阈值调整策略,提高腿部分类器的决策值,进而重新对检测出的腿部区域进行判定。但是此方法的前提是头部区域判定十分精确。由于受边缘提取算法的影响,信息的缺失也会使得头部产生误判,为此需要对腿部分类器的决策值进行进一步分析。腿部检测器的决策值越高则其为行人的可能性越大,若腿部分类器的决策值大于所有弱分类器权值的一半,则不进行调整,直接判断腿部分类器分类正确,目标为行人。若腿部分类器的决策值介于 0 与所有弱分类器权值的一半时,说明腿部特征的决策值在一个模棱两可的区域内,因此就要调高分类平面。经过调整之后,再对检测出的腿部区域按照新的分类平面进行重新判断,若判断结果为假,则确定目标为非行人。若腿部判定结果仍然为真,此时反过来对头部分类平面进行宽松的调整,重新对头部做一次判定,如果头部判定结果为真,则可以确定目标为行人。最终,仍然存在一类情况,即腿部判定结果为真而头部判定结果为假,由于特征融合是建立在局部特征存在的基础上,此时判断标准以腿部结果为主,因此直接判定检测结果为行人。

设腿部分类器的决策值为 V_1,头部分类器的决策值为 V_2,初始的分类阈值 $Threshold_1=0$,$Threshold_2=0$,弱分类器的权值之和为 α,根据经验确定腿部阈值调整的区间为 2,头部阈值调整的区间为 0.5。下面给出部位阈值调整的具体步骤。

第 1 步

$$V_1 \geq 0, V_2 < 0 \begin{cases} V_1 \geq \frac{1}{2}\alpha \rightarrow 行人; \\ V_1 < \frac{1}{2}\alpha \rightarrow 不是行人_1 = +2;进行第 2 步 \end{cases}$$

第 2 步

$$\begin{cases} V_1' < 0, V_2 < 0 \rightarrow 不是行人 \\ V_1' \geq 0, V_2 < 0 \rightarrow Threshold_2 = -0.5;进行第 3 步 \end{cases}$$

第 3 步

$$\begin{cases} V_1' \geq 0, V_2' \geq 0 \rightarrow 行人 \\ V_1' \geq 0, V_2' < 0 \rightarrow 行人 \end{cases}$$

4. 试验与分析

1) 数据集

对所提出的部位特征组合行人检测算法进行了仿真实验,程序在 MATLAB 9.0 环境下开发,在 Intel Core 2 的 CPU 以及 2GB 内存的 PC 上运行。所使用的试验数据集共有两个。数据集 1 包含两个行人样本库,一是 MIT 行人数据库,二是课题组自行采集的样本集合,多为城市交通环境下的图像,如图 4.35 所示。由于 MIT 数据库与自行采集的数据库的行人样本比较简单,将其合并为一个,共得到 2,324 个行人样本,2,300 个非行人样本。分别取出其中的 1,500 个用于训练,其余的均为测试样本。数据集 2 由 INRIA 行人库组成。为了适应部位检测算法,将 INRIA 数据库中腿部不存在严重遮挡的行人样本挑选出来。最终训练集挑选出 1,970 张,测试集共 890 张。对于所有样本,截取下半部分归一化为 64 像素×64 像素大小的图片。

2) 腿部分类器测试结果

本试验数据是通过对两个试验数据集进行训练和测试得到的,评价算法的标准采用检测效果和检测时间,检测效果用 ROC 曲线来描述。

针对 Adaboost 中的弱分类器进行了改进,一是采用加权 Fisher 线性判别来代替线性 SVM,从而降低 HOG 特征维数;二是使用查找表型弱分类器替代传统阈值型弱分类器。因此,在试验研究中比较了基于以下三种弱分类器的 Adaboost 算法训练得到的腿部分类器在使用特征的数量上以及检测精度上的差别:线性 SVM、加权 Fisher 线性判别的阈值型弱分类器和加权 Fisher 线性判别的查找表型弱分类器。

图 4.35 训练样本库中部分样本图像

图 4.36 显示了由两个训练集训练得到的强分类器性能，训练集 1 中线性 SVM 所使用的弱分类器达到了 49 个，而加权 Fisher 线性判别所使用的弱分类器只有 15 个，迭代次数大大减少。训练集 2 中由于循环条件的限制，线性 SVM 检测率没有达到 100%，同样加权 Fisher 线性判别所使用的弱分类器减少到了 38 个。可以说加权 Fisher 线性判别不仅解决了每次迭代随机选取部分 HOG 特征的问题，还能提高其分类速度。在训练过程中每一次循环都可以使用全部 1,386 个 HOG 特征，保证初始选取的特征为全局最优，从而降低了迭代次数。从图 4.36 中还可看出基于查找表型弱分类器的收敛速度相对较快，使用更少的特征就能达到目标检测率。

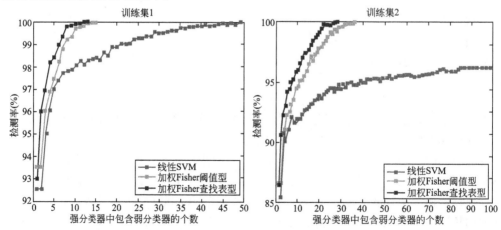

图 4.36 训练得到的强分类器性能比较

图 4.37 比较了不同类型弱分类器形成的强分类器在两个测试集上的检测性能,即 ROC 曲线,可以看出使用查表型弱分类器后的 Adaboost 检测器的精度与阈值型弱分类器相比,精度有所提高,能更进一步优化强分类器,提升检测性能。而由于线性 SVM 特征数较多,因此检测率比其他两种方法稍高。

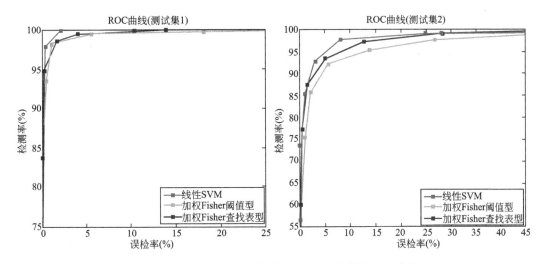

图 4.37 不同弱分类器对腿部区域进行测试的 ROC 曲线

表 4-4 列出了三种不同分类器在不同数据集上的时间消耗及分类性能。从表 4-4 中可以看出加权 Fisher 与查表型弱分类器的分类性能分别达到了 98.64% 和 93.32%,要优于线性 SVM 与加权 Fisher 的阈值型分类器。在时间消耗方面,与线性 SVM 相比,使用加权 Fisher 判别的两种弱分类器的对数据集 1 的训练时间分别减少了 86.37% 和 86.43%,验证了其在运算速度上的巨大优势。单独分析查找表型弱分类器,其检测时间要稍大于简单阈值型弱分类器,主要是由于查找表的方法在实际应用过程中,不仅需要记录查找表的每个区间的系数,还需要记录特征的最大值、最小值。这些都会占用存储空间,同时还会增加一些运算量。

表 4-4 不同弱分类器时间消耗的比较

	时间消耗	线性 SVM	加权 Fisher 与单阈值型	加权 Fisher 与查找表型
数据集 1	检测时间/s	23.10	0.1364	0.2065
	训练时间/s	11750	1836.9	1593.5
	检测率(%)	97.82	98.22	98.64
数据集 2	检测时间/s	80.22	0.1982	0.2257
	训练时间/s	27600	8979.1	9807.9
	检测率(%)	92.64	92.23	93.32

3) 部位特征组合检测试验结果

为了验证部位组合检测方法的有效性,对样本集中的图像进行了处理分析,采用混淆矩阵来评价算法的检测结果,主要比较了所提出的部位组合算法与传统 HOG 的算法在样本集的检测性能，由于采用了积分图像提取梯度方向直方图特征，省略了复杂的三维线性插值步骤，大大缩短了特征提取的时间，因此也对传统 HOG 方法进行了简化，在此称为简化算法，即用积分图像计算特征的方法进行了比较。

图 4.38 和图 4.39 分别给出了三种不同方法在两个测试集的检测结果。可以看出在测试集 1 中，传统 HOG 方法的方法检测率达到了 99.4%，检测结果近乎完美。部位组合算法的检测率也达到了 96.7%，与传统 HOG 方法相比略有下降。而分析简化算法其检测率只有 76.1%，可见省略三维线性插值步骤降低了算法的精度，通过对特征以及分类器进行一系列改进后检测精度明显提高了。在测试集 2 中部位组合方法的检测率相对简化算法却出现了下降，这是因为测试集 2 中的行人头部所处的环境比较复杂，存在很多遮挡情况，这在一定程度上影响了系统的性能，从另一方面来说，采用部位组合方法的检测率主要取决于各部位检测率的乘积，因此会低于整体的检测率。单独分析误检率可以看到部位组合方法比简化算法要好，进一步验证了部位组合算法能够有效排除虚警的优越性。

	正样本	负样本
正样本	710	24
负样本	4	796

(a) 部位组合算法

	正样本	负样本
正样本	730	4
负样本	0	800

(b) 传统HOG算法

	正样本	负样本
正样本	559	175
负样本	180	620

(c) 简化算法

图 4.38　测试集 1 的混淆矩阵

	正样本	负样本
正样本	820	70
负样本	45	861

(a) 部位组合算法

	正样本	负样本
正样本	881	9
负样本	21	885

(b) 传统HOG算法

	正样本	负样本
正样本	849	41
负样本	68	838

(c) 简化算法

图 4.39　测试集 2 的混淆矩阵

图 4.40 给出了部位组合算法对不同道路环境图像的检测结果，第一行为对 INRIA 数据库中图像的测试结果，第二行为室外拍摄的道路图像的测试结果。从检测结果可以看出，部位组合方法对不同道路场景下的行人都能取得比较好的检测效果，对于在单人和多人的情况同样适用。同时也存在一些问题，道路两侧的背景复杂使得算法出现误判，将道路两侧的树木误认为行人目标，复杂背景对边缘提取算法产生影响，使得行人头部定位不准确等。

图 4.40　行人检测算法测试结果

图 4.40　行人检测算法测试结果（续）

4.5.2　基于 Kalman 预测的 Camshift 行人跟踪

待跟踪窗口确定后，采用 Camshift 算法与 Kalman 滤波相结合的方法对行人进行跟踪并获得其运动轨迹，为后续判断其与车辆构成的危险程度提供依据。行人跟踪算法流程图如图 4.41 所示。

1. 行人跟踪方法概述

目前，常见的行人目标跟踪可以分为四类：基于模型的跟踪、基于区域的跟踪、基于轮廓的跟踪和基于特征的跟踪。

1) 基于模型的跟踪

基于模型的跟踪是根据先验知识结合点、线或区域将被跟踪目标拟合成一个几何模型。与使用一般特征的跟踪方法相比，模型具有更大的优势，从另一方面可以将目标跟踪转化为识别问题。

常用的模型是运动目标形状的参数化模型，这种模型可以应用于刚体和非刚体目标的跟踪。如用三次 B 样条去描述汽车的形状，这两种方法都成功地应用到刚性目标的跟踪中。将该方法还可以扩展到非刚性目标的

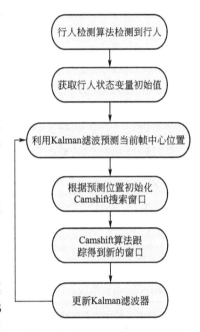

图 4.41　行人跟踪算法流程图

跟踪，使用 3 次 B 样条去模拟行人的外形，同时允许这个样条曲线在一定范围内可以变形，借助于这个方法很好地跟踪运动的行人。

还有学者采用行人的轮廓模型和一个有效的 Condenstation 跟踪器来获得检测结果，通过样本学习得到行人边缘轮廓的点分布模型，跟踪在轮廓模型参数（包括 Euclid 变换参数和变形参数）的高维空间中实现，Condenstation 跟踪器在准随机点上采样，从而提高了它的鲁棒性。

Kamijo S 利用时空马尔科夫随机场模型（S-TMRF 模型）进行行人的检测与跟踪。这种模型是解决时空图像分割的二维 MRF 模型的扩展。它不仅对刚性物体（如车辆），而且能对弹性物体即非刚性物体（如行人）进行有效检测与跟踪，还能有效地解决行人与车辆、行人与行人之间的遮挡问题。

由于目标在运动中会有旋转、大小的变化，固定的模板已经不能满足准确匹配的要求，因此出现了变形模型。1987 年，Kass 等人提出 Snake 主动轮廓模型，这是一种典型

的自由式变形模型,由控制平滑度的轮廓内部能量、吸引轮廓到特定的图像能量和外部约束能量的组合来控制和约束。能量最小化是目标分割和跟踪的原则。为给定一个适合的初始化轮廓,Menet 等人提出了 B-Snake 模型,使轮廓的表达更加有效,更加结构化。

目前主要应用于人体跟踪的模型有三种,分别为线型模型、2D 模型和 3D 模型。由于有先验知识的支持,这种方法在遮挡和干扰时仍具有较好的跟踪效果和鲁棒性。但是也存在一定的缺陷,行人跟踪效果取决于所建立的行人模型,而行人的非刚性及其运动的复杂性使得很难建立统一的行人模型用于实时性和鲁棒性很好的行人跟踪。

2) 基于区域的跟踪

区域跟踪的基本思想是:将被跟踪运动目标区域作为匹配模板,待确定相似性度量准则后,在下一帧图像中匹配并搜索目标图像,当前目标的位置就是相似性度量取最大值时对应的位置。模板可以是利用行人分割结果获得的完整的行人的目标,也可以将行人整体分成头、躯干和四肢等小区域,通过部位的跟踪最终达到跟踪行人整体的目的。这种跟踪方法简单,但如果运动区域的检测效果不好就会使算法失效。

3) 基于轮廓的跟踪

基于轮廓的跟踪算法与区域匹配跟踪算法相类似,不同的是轮廓跟踪算法中的模板表示为目标的边界轮廓,其匹配过程是在二值图像中进行的。因此该方法对目标的描述十分简单、有效,并且能够减少计算复杂度。但是如何获得完整的行人轮廓以及运动过程中轮廓的更新仍然是制约其普遍应用的关键问题。

4) 基于特征的跟踪

基于特征的跟踪方法首先提取出能描绘行人的稳定性特征信息,作为目标描述模型。常用的特征主要有颜色特征、边缘特征、灰度特征,它们不易受噪声、光照等因素的干扰。根据序列图像相邻两帧图像中目标区域变化不大的特点,通过一种或几种相似性度量对目标模型与候选模型进行匹配,满足相似性度量最优的区域即为跟踪目标。该方法具有较好的鲁棒性,当目标出现部分遮挡时,只要特征部分可见,则仍能保持对运动目标的跟踪。另外,对目标尺度、形变和亮度的变化也不敏感。

根据基于区域特征跟踪的思想,提出了一种基于 Camshift 算法和 Kalman 滤波器相结合的跟踪算法,融合了图像的颜色和运动信息以增强算法的鲁棒性。

2. 基于 Kalman 预测的 Camshift 行人跟踪算法

1) Kalman 理论

Kalman 滤波是由美国工程师 R. E. Kalman 于 1960 年提出的最优递推滤波方法。它使用比较简单的递推算法,因而计算量小;所需数据存储量较小,因而实时性好;能根据实际观测到的运动参数不断修正最优估计,因而精度高。在 Kalman 滤波中,假设系统线性已知,系统噪声和测量噪声均为高斯白噪声。那么系统在 k 时刻的状态方程表示如下:

$$X_k = \Phi_{k-1} X_{k-1} + W_{k-1} \tag{4-14}$$

式中,X_k 为 n 维向量,是系统在时刻 k 的状态,是不能够直接知道的量,但是可以知道系统一开始时候的 X_0 的大致平均值的估计和一个初始的协方差阵 P_0。此线性系统的性质是已知的,由 n 阶方阵 Φ_{k-1} 决定,称为状态转移矩阵。W_{k-1} 是未知的激励噪声,是影响线性系统不稳定的运动的因素。它被假设为零均值的高斯白噪声序列,方差阵有可能随时间而变化,因此假设为 Q_k。

系统只能通过每一时刻的一个与状态变量 X_k 有关的观测量 Z_k 来获得有关的信息，它们的关系由下面的观测方程来描述：

$$Z_k = H_k X_k + V_k \tag{4-15}$$

Z_k 的维数为 m，有可能比 X_k 的维数小，也可能比 X_k 的维数大或者相等。H_k 为 $m \times n$ 阶的观测矩阵，是已知的；而 V_k 则是观测噪声，是未知的。如果不是它存在，甚至有可能通过上面的线性方程组直接算出状态变量值，当然是在 $m \geq n$ 且方程有唯一解的情况下。V_k 为零均值高斯白噪声序列，其方差有可能改变，设为 R_x，但也是通过系统分析而已知的。

因此下面要做的事情就是根据接收到的观测值 Z_k 对当时的状态 X_k 进行最优估计，并根据状态方程预测下一时刻的状态，在接收到下一个观测值 Z_{k+1} 时，再结合上一次得到的预测值对新的状态进行新的最优估计，这就叫做 Kalman 滤波。

Kalman 滤波过程可由下列方程表示：

预测方程：

$$\hat{X}_k(-) = \Phi_{k-1} \hat{X}_{k-1}(+) \tag{4-16}$$

滤波器增益：

$$K_k = P_k(-) H_k^T / [H_k P_k(-) H_k^T + R_k] \tag{4-17}$$

其中：

$$P_k(-) = \Phi_{k-1} P_{k-1}(+) \Phi_{k-1}^T + Q_{k-1} \tag{4-18}$$

为预测误差方差阵。

滤波递推方程：

$$\hat{X}_k(+) = \hat{X}_k(-) + K_k [Z_k - H_k \hat{X}_k(-)] \tag{4-19}$$

滤波误差方差阵：

$$P_k(+) = (I - K_k H_k) P_k(-) \tag{4-20}$$

Kalman 滤波的特点是它的递推形式，这对于电子计算机来说滤波特别有利。计算机最优滤波只需要即时的观测值，无需存储以前的观测数据，这可大大节省存储单元。

Kalman 滤波器是由动态过程模型和反馈修正环节组成的。动态过程模型实现预测功能，而反馈修正环节则把增益和残差的乘积作为强制函数作用在模型上。增益 K_k 是为使滤波误差最小而求得的，因此从统计意义上讲，Kalman 滤波具有最优估计的能力。图 4.42 所示为 Kalman 滤波器流程图。

已知：H_k，Φ_{k-1}，$Q_{k-1} = E(W_{k-1} W_{k-1}^T)$，$R_k = E(V_k V_k^T)$。$X(0)$ 的估值 $\hat{X}_0(+)$ 可用均值向量代替，这时 $X(0)$ 的协方差可看作

$$P(0) = E\{[X(0) - E(X(0))][X(0) - E(X(0))]^T\} \tag{4-21}$$

首先从已知条件出发求出增益 $K(k)$，$K(k)$ 是计算中重要的参数。有了 $K(k)$，则 $P_k(-)$、$P_k(+)$ 和 $\hat{X}_k(+)$ 皆可求。

概括起来，Kalman 滤波算法的流程可分为三步。

第一步：在已知 $k-1$ 时刻的最优估计值 $\hat{X}_{k-1}(+)$ 的条件下，用系统状态转移矩阵 Φ_{k-1} 左乘 $\hat{X}_{k-1}(+)$，得到在 $k-1$ 时刻对 k 时刻系统状态向量 X_k 的预测量 $\hat{X}_k(-) = \Phi_{k-1} \hat{X}_{k-1}(+)$；

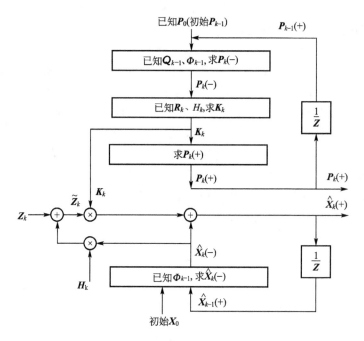

图 4.42 Kalman 滤波器流程图

第二步：用量测矩阵 H_k 左乘以 $\hat{X}_k(-)$，得到在 $k-1$ 时刻对 k 时刻测量数据向量 Z_k 的预测值 $\hat{Z}_k = H_k \hat{X}_k(-)$；再用 Z_k 的实测值减去预测值，得到残差（即新信息），$\tilde{Z}_k = Z_k - H_k \hat{X}_k(-)$；最后用滤波增益矩阵 K_k 乘以 $\tilde{Z}_k$，得到修正变量 $K_k \tilde{Z}_k$；

第三步：把系统状态信号的预测值 $\hat{X}_k(-)$ 加上修正量 $K_k \tilde{Z}_k$，得到系统状态信号的滤波估计值 $\hat{X}_k(+)$。然后，就进入了下一个重复的计算循环。

2) 目标颜色概率分布

由于颜色特征受行人形状变化的影响较小，在目标运动过程中，图像的颜色概率分布也随之变化，可以根据图像的颜色概率分布变化来跟踪目标并调整目标的大小。因此，利用目标颜色概率分布的跟踪算法比较稳定并且还可以解决部分遮挡问题。在机器视觉系统中，序列图像的颜色信息有 RGB 模型和 HSV 模型。RGB 模型使用红、绿、蓝三种基色来描述颜色，对光照亮度的变化也比较敏感，而 HSV 颜色模型使用色度、饱和度、明度来定量地描述颜色，更能直观反映人类观察颜色的结果。由于 HSV 三个分量是独立的，采用反映色彩本质特性的色度分量 H，将目标图像中的每个像素从 RGB 空间转换到 HSV 空间，统计其 H 分量的直方图，通过将直方图反向投影到原图像中，就可以得到目标颜色信息的概率分布。由于剔除了光照明暗给物体颜色带来的直接影响（即明度分量 V），可以提高跟踪算法的稳定性。

首先需要将 H 分量划分成若干个小区间，然后通过统计色度分量落在每个区间内的像素的数量就可以得到颜色直方图。区间的划分方式有很多种，根据计算方法的不同将其分为平均、中值或相交。将颜色空间划分得越细致，则直方图对颜色信息的分辨能力就越强，但区间划分的过大则会加重算法的复杂度。考虑到行人跟踪的实时性以及鲁棒性的要求，在计算时将 H 分量量化为 48 个区间。确定 bin 之后，对 H 分量值进行量化：

$$\text{bin}(x(i,j)) = \left[\frac{x(i,j)}{360/N}\right] \cdot \frac{360}{N} \tag{4-22}$$

式中，$\text{bin}(x(i,j))$ 为图像上的一点 $x(i,j)$ 的量化值；N 为 bin 的值。

像素点经过量化以后，就可以按式(4-23)统计目标的颜色直方图：

$$q_u = \sum_{x(i,j) \in W} \delta[\text{bin}(x(i,j)) - u] \tag{4-23}$$

式中，δ 为 Delta 函数；$u=1,\cdots,m$ 为量化级；q_u 为对应量化级 u 的统计值。

为了消除行人目标上比较小的颜色块，突出目标主要颜色。对得到的颜色直方图进行阈值处理，设直方图的峰值为 $\max(q_u)$，则取阈值 $T=\max(q_u)/\sqrt{2}$，将小于阈值 T 的直方图区域置为 0，即

$$q_u = 0 \, (q_u < \max(q_u)/\sqrt{2}) \tag{4-24}$$

通过将直方图反向投影到原图像中，就可以得到目标颜色信息的概率分布。直方图的反向投影是指将原始图像通过颜色直方图转换到颜色概率分布图像的过程，如式(4-25)所示。

$$\left\{p_u = \min\left(\frac{255}{\max(\hat{q})}\hat{q}_u, \, 255\right)\right\}_{u=1,\cdots,m} \tag{4-25}$$

式(4-25)将直方图的大小从 $[0, \max(q_u)]$ 变为 $[0, 255]$，然后将目标的颜色直方图转化为色度值的概率分布，实现将概率转化为灰度图像的过程，如图 4.43 所示。原始图像的像素用所对应的概率值代替，就得到颜色概率分布图。概率分布图像中的每个像素值表示为输入像素属于使用的直方图的概率。像素值越大，表明该像素点颜色信息在原图像上分布越多；反之，原图像上颜色信息的分布就越少。通过上述三个过程，图像包含的颜色信息在这个投影图上就能够得到充分的描述。

(a) 含有目标的一帧图像

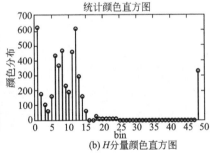
(b) H 分量颜色直方图

(c) 颜色概率分布图

图 4.43 目标颜色直方图及颜色概率分布图

3) Camshift 算法

Camshift 算法是一种基于连续概率分布变化的运动物体跟踪算法，主要根据图像序列中运动物体动态颜色变化来达到跟踪的目的。它以运动目标的颜色概率分布为匹配模板，以 Meanshift 为核心算法，通过核函数对包含目标的区域进行加权平均，并通过不断迭代计算 Meanshift 向量使其收敛于新的窗口位置，实现对运动目标的跟踪，具有快速、高效的特点。跟踪过程中能够根据概率分布的变换情况自动调整搜寻窗口的大小和位置，节省了搜索时间，提高了运算效率和准确性。按照处理过程，算法可分为直方图反向投影统计

颜色概率分布、Meanshift 无参数估计处理过程和自适应调整过程。

在 Meanshift 算法中，目标区域与候选目标区域的大小始终没有变化。而在实际的跟踪过程中，目标的运动会导致其尺度发生变化，如行人由远及近，则目标区域就会越来越大，连续的图像序列之间目标的颜色概率分布也随之变化。因此 Meanshift 算法在寻求最优匹配位置时就会出现偏差，并且误差会越来越大。Camshift 算法则在此基础上进行了改进，在连续的图像序列调用 Meanshift 算法的同时根据颜色概率分布的变化情况重新计算窗口大小，在下一帧视频图像中，用目标当前的位置和大小来初始化搜索窗口，Camshift 算法流程如图 4.44 所示，具体步骤如下。

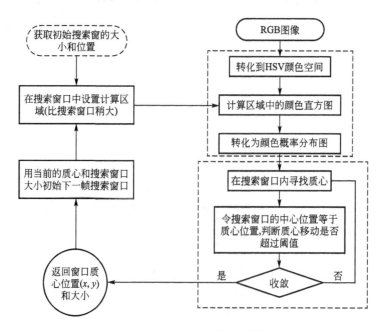

图 4.44 Camshift 算法流程

（1）通过目标检测获取初始搜索窗口。在通常情况下，相邻两帧图像之间同一个目标的位置不会发生显著变化，因此只在运动目标可能出现的区域，也就是比当前搜索窗口大些的区域内计算颜色概率分布图 $I(x,y)$，节省了搜索时间，提高了算法的实时性。

（2）根据颜色概率分布图，计算目标区域颜色特征的零阶距和一阶矩：

$$M_{00}=\sum_{x}\sum_{y}I(x,y), \quad M_{10}=\sum_{x}\sum_{y}xI(x,y), \quad M_{01}=\sum_{x}\sum_{y}yI(x,y) \quad (4-26)$$

式中，(x,y) 为搜索区域像素点的坐标；$I(x,y)$ 为颜色概率分布值。

（3）计算目标区域的质心 (x_c, y_c)：

$$x_c=\frac{M_{10}}{M_{00}}, \quad y_c=\frac{M_{01}}{M_{00}} \quad (4-27)$$

将计算得到的质心位置作为 Meanshift 算法的初始中心位置。在当前帧中运用 Meanshift 算法寻找最优匹配位置直至收敛，算法迭代终止时的质心即为目标中心在这帧图像中的实际位置。

（4）得到目标的质心位置后，根据零阶距重新设置下一帧图像初始搜索窗口的大小：

$$s = 2\sqrt{\frac{M_{00}}{256}} \tag{4-28}$$

Bradski 的 Camshift 算法用椭圆形包围框表示被跟踪的运动目标区域，通过计算二阶距能够得到椭圆区域的长轴、短轴等参数。二阶距为

$$M_{02} = \sum_x \sum_y y^2 I(x,y), \quad M_{20} = \sum_x \sum_y x^2 I(x,y), \quad M_{11} = \sum_x \sum_y xy I(x,y)$$
$$\tag{4-29}$$

目标的长轴和短轴可以按式（4-30）计算：

$$m = \sqrt{\frac{(a+c) + \sqrt{b^2 + (a-c)^2}}{2}}, \quad n = \sqrt{\frac{(a+c) - \sqrt{b^2 + (a-c)^2}}{2}} \tag{4-30}$$

其中：

$$a = \frac{M_{20}}{M_{00}} - x_c^2, \quad b = \frac{M_{11}}{M_{00}} - x_c y_c, \quad c = \frac{M_{02}}{M_{00}} - y_c^2$$

在检测过程中，使用比较直观的矩形框表示行人目标，矩形框的参数是根据 Bradski 的椭圆参数的计算方法演变而来的。假设行人外接矩形的宽度为 b，高为 h。搜索窗口的大小为 $S = bh$，按照椭圆的长轴短轴计算公式，则有

$$\frac{b}{h} = \frac{n}{m}$$

所以

$$b = \sqrt{\frac{n}{m}} \times S, \quad h = \sqrt{\frac{m}{n}} \times S$$

3. 试验与分析

Kalman 滤波分为预测和校正两阶段，运用 Kalman 滤波器根据当前帧目标的中心位置预测下一帧中目标可能出现的位置。首先，根据检测出来的行人目标区域自动初始化跟踪搜索窗口的大小和位置，将窗口的质心位置作为初始观测向量输入滤波器。然后通过 Kalman 滤波预测可以估计并更新目标的位置，在这个新的位置的邻域内进行 Camshift 算法搜索行人目标最佳位置，再将搜索到的最佳位置作为观测信息 Z_k 反馈给 Kalman 滤波器来修正预测估计，进而得到 Kalman 最优估计值 $\hat{X}_k(+)$，将其作为下一帧的初始搜索窗口，算法结构如图 4.45 所示。这样可以加快 Camshift 算法的收敛速度，而且当运动行人遇到遮挡或者大面积类似颜色干扰时，也能进行跟踪，增强了跟踪的鲁棒性。

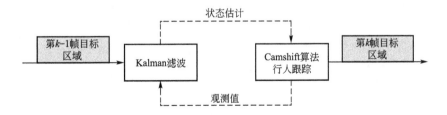

图 4.45 基于 Kalman 预测的 Camshift 算法框图

为了验证行人算法的有效性，以一台奇瑞瑞虎 NCV 汽车改装成的无人驾驶车辆为试验平台，采用 BASLER 公司 Allied Vision 摄像机，并安装于车辆上方的中央位置。计算

机采用研华公司的 IPC-610H，CPU 为 P4 2.5G，内存为 1GB。行人的运动状态参数主要有 k 时刻时行人的位置和速度。在跟踪过程中，每一时刻系统的状态向量表示为行人质心的位置及位置变化率，取系统状态向量和观测向量为

$$X_k = (x_k, y_k, \Delta x_k, \Delta y_k)^T \quad (4-31)$$

$$Z_k = (x_k, y_k)^T \quad (4-32)$$

车辆前方运动行人的速度变化不大，因此在相邻两帧图像中目标区域也不会产生较大的突变，可以认为相邻帧之间运动恒定，目标近似做匀速直线运动，因此有

$$\begin{cases} x_k = x_{k-1} + \mathrm{d}x_{k-1} \\ y_k = y_{k-1} + \mathrm{d}y_{k-1} \\ \mathrm{d}x_k = \mathrm{d}x_{k-1} \\ \mathrm{d}y_k = \mathrm{d}y_{k-1} \end{cases} \quad (4-33)$$

系统状态矩阵 $\boldsymbol{\Phi}$ 和观测矩阵 $\boldsymbol{H}$ 参照 $\boldsymbol{X}_k$ 和 $\boldsymbol{Z}_k$ 可得

$$\boldsymbol{\Phi} = \begin{bmatrix} 1 & 0 & T & 0 \\ 0 & 1 & 0 & T \\ 0 & 0 & 1 & 0 \\ 0 & 0 & 0 & 1 \end{bmatrix} \quad (4-34)$$

式中，T 为采样时间，采样速度按每秒 25 帧计算，T 的取值为 0.04。

$$\boldsymbol{H} = \begin{bmatrix} 1 & 0 & 0 & 0 \\ 0 & 1 & 0 & 0 \end{bmatrix} \quad (4-35)$$

初始化状态噪声协方差矩阵 $\boldsymbol{Q}$、测量噪声协方差矩阵 $\boldsymbol{R}$ 和误差方差矩阵 $\boldsymbol{P}_0$：

$$\begin{cases} \boldsymbol{Q} = \mathrm{diag}(10 \quad 10 \quad 15 \quad 15) \\ \boldsymbol{R} = \mathrm{diag}(0.1 \quad 0.2) \\ \boldsymbol{P}_0 = \mathrm{diag}(1 \quad 1 \quad 1 \quad 1) \end{cases} \quad (4-36)$$

在试验中发现如果将整个行人目标作为初始搜索窗口，腿部的周期性运动会使颜色概率分布产生变化，因此 Camshift 算法在寻求最优匹配位置时就会出现偏差，使得目标跟踪框发散，而且随着行人目标的运动误差会越来越大，如图 4.46 所示。因此，将行人分割为头部、躯干和腿部三部分，在检测阶段根据腿部和头部特征检测整个行人，这也为跟踪时部位的分割提供了依据。图 4.47 为行人整个目标区域以及躯干区域的颜色概率分布分别与各自周围的背景区域的比较，可以看出躯干部位的颜色特征的可分性更好，因此将行人的躯干部位作为跟踪目标的初始搜索窗口。从图 4.48 可以看出，在整个跟踪过程中，目标跟踪框一直收敛于行人目标，改进后的方法克服了上述缺陷。

图 4.46 以整个行人目标为初始搜索窗口的跟踪结果

(a) 含有目标的一帧图像　　　(b) 躯干区域颜色概率分布图　　　(c) 整体目标颜色概率分布图

图 4.47　以躯干区域为初始搜索窗口的颜色概率分布图

图 4.48　以躯干区域为初始搜索窗口的跟踪结果

图 4.49 为车辆静止不动，车辆前方行人向前方运动的过程，该试验场景中的行人

第1帧　　　　　　　　　　　第20帧　　　　　　　　　　　第40帧

第60帧　　　　　　　　　　　第80帧　　　　　　　　　　　第100帧

第120帧　　　　　　　　　　第140帧　　　　　　　　　　第160帧

图 4.49　车辆静止时行人跟踪序列图像

目标数量也是固定的。初始帧检测到两个行人目标，随后各目标一直处于正常跟踪状态。图 4.50 和图 4.51 所示的试验曲线显示了该过程中行人跟踪窗口各个参数的变化过程，包括跟踪窗口中心的运动轨迹及跟踪窗口的宽度和高度。由于试验车始终处于静止状态，因此得到的曲线能够较好地反映出行人运动过程中各个参数的变化。

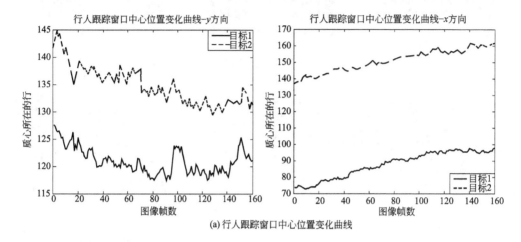

(a) 行人跟踪窗口中心位置变化曲线

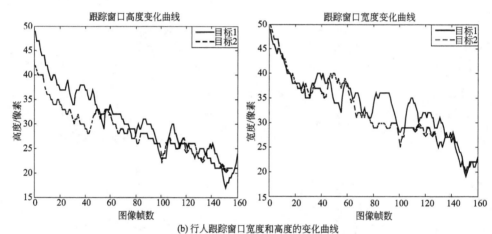

(b) 行人跟踪窗口宽度和高度的变化曲线

图 4.50　车辆静止时行人跟踪窗口各参数的变化

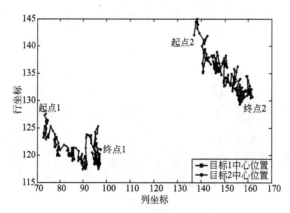

图 4.51　行人目标跟踪中心轨迹

图 4.52 所示为车辆保持低速时跟随前方行人一起向前运动的过程，在车辆运动过程中，车辆前方的行人目标随时变化。初始帧检测到第一个行人，并建立系统目标链，前 210 帧行人目标始终处于正常跟踪状态，随后目标运动到右侧边界，判定目标消失并将其在目标链中剔除。第 318 帧系统再次检测到新的行人目标，新检测出的目标处于不可靠状态，通过之后的跟踪与检测结果，目标处于正常跟踪状态，并将其加入到目标链中。第 432 帧系统检测到第三个行人目标并对其进行跟踪，此后场景中两个行人目标相向运动，直至第 502 帧目标 2 运动到左侧边界，因此将其在目标链中剔除，系统则继续跟踪目标 3 直至结束。图 4.53 为整个运动过程中目标链存储的目标跟踪窗口参数的变化，图 4.54 也给出了目标跟踪窗口中心的轨迹。

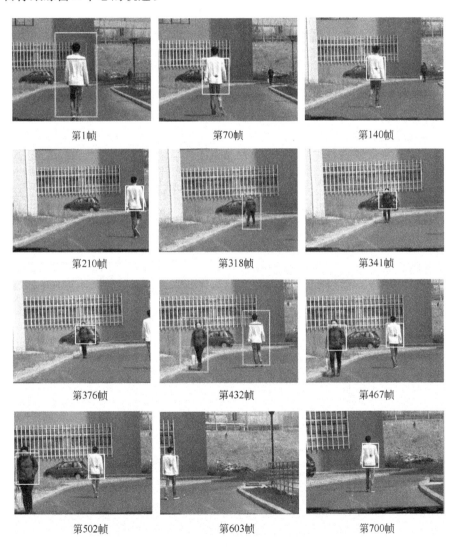

图 4.52 车辆运动时行人跟踪序列图像

最后，在市区道路环境下也进行了试验。该试验场景中的环境相对复杂，对颜色信息产生了很大的干扰，另外车速过快导致目标在场景中停留时间非常短暂，失效情况过多，行人检测系统只对序列图像进行检测。图 4.55 为车辆正常行驶时部位组合行人检测系统

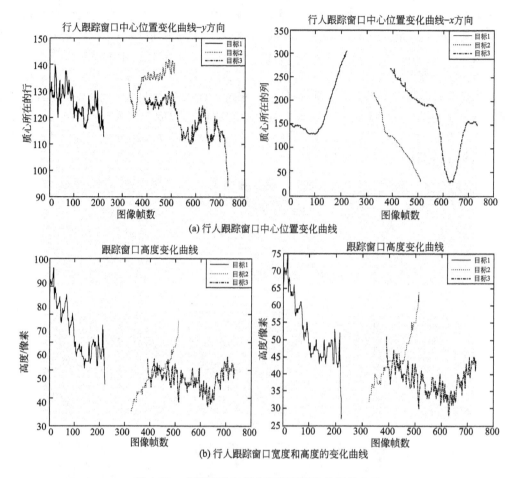

图 4.53 车辆运动时行人跟踪窗口各参数的变化

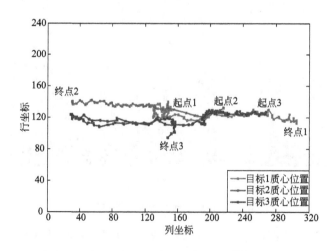

图 4.54 行人目标跟踪中心轨迹

的检测结果。可以看出行人检测算法能够有效地检测出车辆前方一定距离内的行人,而部分行人头部由于受道路两侧复杂背景的干扰检测失效。但总体来说,部位组合的检测结果还是令人满意的。

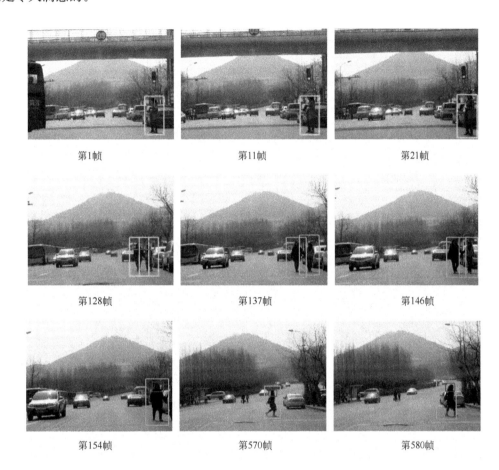

图 4.55　市区道路环境下行人检测结果

4.5.3　基于单目视觉的行人距离估计

为了给驾驶人提供行人防撞预警信号,需要将检测到车辆前方的行人与本车的距离及其运动方向及时通知给驾驶人,尤其是那些朝着本车运动或者横向穿过道路的行人,判断其运动方向对驾驶人采取有效的保护措施提供有力的判断条件。汽车必须凭借一定的设备测量前方障碍物的距离,以便在危急的情况下,通过报警或自动装置进行某项预设的操作(如紧急制动等)来避免因驾驶人疲劳、疏忽、误判等所造成的交通事故。车辆前方行人的距离测量可以通过车上安装的测距传感器来实现,但是这需要增加传感器成本,而且现在市场上能实现测距的传感器,如激光雷达,它们的价格以及性能(如测距范围小等)限制了其进入市场。从技术角度来看,通过雷达和视觉融合的方式来实现距离的测量是一种有效的方法。通过雷达可以提供准确的距离信息,视觉解决雷达更广阔的测距范围。但是,这种系统比较昂贵。

1. 常用的测距方法

随着汽车安全辅助驾驶技术研究的深入，需要采取不同的传感器技术来获取车辆前方障碍物的距离，从而为驾驶人或者车辆实现实时的纵向控制提供必要的输入参数。目前，运用于车载的测距方式主要有四种方式：超声波测距方式、毫米波雷达测距方式、激光测距方式和视觉测距方式。

德国在其 SAVE-U 项目中就是采用 24GHz 微波雷达实现了车辆前方将近 30m 范围行人的测量，如图 4.56 所示。

德国 IBEO 汽车传感器公司研制的多层激光扫描仪，实现了车辆前方行人、车辆，甚至是道路台阶的检测，如图 4.57 所示。

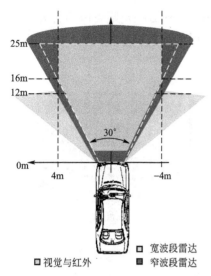

图 4.56 德国 SAVE-U 行人测距范围

图 4.57 多层激光扫描仪进行行人检测及距离测量

鉴于视觉技术在汽车安全辅助驾驶系统中具有广阔发展前景，而且目前计算机硬件水平能够保证图像处理的实时性要求，此外视觉传感器价格合理。为了减少系统成本，提高系统运动实时性，拟采用单目视觉传感器来实现车辆前方行人距离的估计。虽然单目视觉测距技术存在一定的测量误差，但是经相关资料研究表明，人在驾驶车辆时，通常对前方障碍物的距离判断是一个模糊概念，而且距离越远对距离估计的误差越大。

2. 基于视觉的行人距离估计

基于单目视觉的行人距离估计就是利用上面的透视投影变换，根据道路几何关系和检测到的行人的脚与地面接触点所在的位置确定。在图 4.58 所示的行人距离估测示意图中，当确定了车辆前方的行人与地面的接触点 $P(X_1, Y_1, Z_1)$，行人与车辆的纵向距离就可以通过计算得到：

$$Z_1 = \frac{f \times H}{y_1} \tag{4-37}$$

根据计算得到的纵向距离，可获得行人与车辆的横向坐标计算公式：

$$X_1 = \frac{H \times x_1}{y_1} \tag{4-38}$$

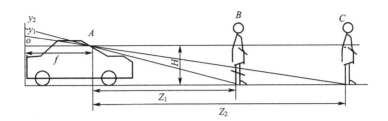

图 4.58 基于单目视觉的行人距离估测示意图

在图 4.59 所示的行人距离估测坐标系中，以 CCD 光轴为估测坐标系的 Z 轴，其正向为车辆头部所对应的方向，以过 CCD 镜头中心且与 Z 轴垂直的直线为 X 轴，以 CCD 镜头中心为坐标原点，则行人的坐标为 $P(X_1, Z_1)$ 就可以由上两式得到。

由上式可知，在计算行人的纵向距离和横向距离时，只需要得到获得的行人矩形底边中心点在图像坐标系中的坐标 $p(x_1, y_1)$ 即可。但是，数字图像通常是由计算机内的存储器存放，而通过图像处理只能获得目标点在计算机内存中的坐标，即帧存坐标 (u, v)，单位是像素，如图 4.60 所示。为此，需要将计算机内存中的帧存坐标转换到图像平面坐标系中的坐标。

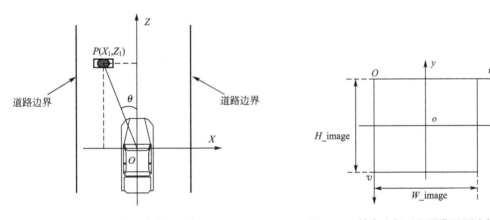

图 4.59 行人距离估测坐标系　　图 4.60 帧存坐标系和图像平面坐标系

在图 4.60 中，uOv 坐标系是帧存坐标系，坐标原点在图像的左上角；xoy 坐标系是图像平面坐标系，原点为摄像机光轴与像平面交点的帧存坐标，在 uOv 坐标系下的坐标为 (u_0, v_0)，在图像的中心点。但是，由于摄像机制造、安装等原因，也会有些偏差，因此有时需要对其进行标定。考虑一定的距离误差不会影响安全距离预警的需要，为此，这里假定该点位于帧存图像的中心处，即取 $u_0 = W\_image/2$，$v_0 = H\_image/2$。设帧存坐标系中的一个像素对应于像平面在 x 轴与 y 轴方向上的物理尺寸分别为 u_x、u_y，一般 u_x、u_y 表示 CCD 光电耦合元件的尺寸大小，可通过 CCD 摄像机的性能参数表获得，则这两个坐标之间的对应关系为

$$\begin{cases} x = (u - u_0) u_x \\ y = (v - v_0) u_y \end{cases} \tag{4-39}$$

式(4-39)中，u 和 v 可由图像处理获得。假设经过行人检测算法得到行人底边中点在图像帧存坐标系中的坐标 (u_1, v_1)，这样就可以利用式(4-39)将该点在图像平面坐标系

中的坐标(x_1,y_1)求出来,进而获得的行人距离本车的纵向距离和横向距离,用式(4-40)表示:

$$\begin{cases} X = \dfrac{H \times (u-u_0)u_x}{(v-v_0)u_y} \\ Z = \dfrac{H \times f}{(v-v_0)u_y} \end{cases} \tag{4-40}$$

4.5.4　行人运动方向的确定

行人与车辆共同组成了整个城市的交通,行人交通通常包括沿道路纵向行走的行人和横向过街的行人。行人交通与车辆交通相互干扰,交通事故大多发生在过街行人身上。据资料分析,横穿行车道时造成的行人死亡事故占行人死亡事故90%以上。分析横穿行车道时造成的行人死亡事故原因,除了与行人对横穿行车道的危险性认识不足外,还与驾驶人的一些人为因素有关。

统计资料表明,将近80%以上的行人死亡交通事故责任者是机动车驾驶人。由此可见,对行人交通安全造成威胁的主要还是驾驶人。从人性本能上说,驾驶人不会故意驾驶车辆碰撞行人,但是由于驾驶人没有注意到前方行人,或对道路两旁的行人的动态观察不够,当遇到行人横穿行车道时往往措手不及。因此很好地判断道路上行人的运动方向,尤其是相对车辆的横向运动,对于保护行人、及时给驾驶人提供警告信息是非常必要的。

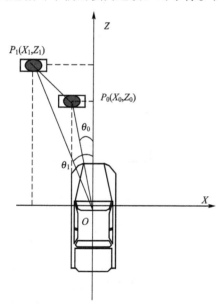

图 4.61　行人运动方向的判断

由于在进行行人检测时,车辆处于一般处于运动,文中所指的行人运动方向是指行人相对于车辆的运动方向。由于行人的速度无法测量,对于行人沿着道路方向背向车辆行走或面向车辆行走,这种情况可以通过行人的纵向距离来判断行人是否处于安全距离以内,从而决定是否开始警报。

对于行人横穿道路的情况,其运动方向的确定可以用下面的方式来确定。假设车辆匀速向正前方行驶,建立图4.61所示的车辆坐标系。以CCD光轴为估测坐标系的Z轴,其正向为车辆头部所对应的方向,以过CCD镜头中心且与Z轴垂直的直线为X轴,以CCD镜头中心为坐标原点。由于安装时CCD光轴中心与车辆纵向中轴线相吻合,因此,Z轴以可以看作车辆的运行方向。

在图4.61中,假设点$P_0(X_0,Z_0)$为当前时刻检测出的行人位置点,其在当前时刻图像坐标系对应的点为$p_0(x_0,y_0)$;点$P_1(X_1,Z_1)$为下一时刻检测出的行人位置点,其在对应时刻图像坐标系中对应点为$p_1(x_1,y_1)$,行人的运动方向用直线OP与Z轴的夹角θ表示。通过三角关系和式(4-40)可以得出θ的计算公式:

$$\theta = \arctan\left(\frac{X}{Z}\right) = \arctan\left(\frac{(u-u_0)u_x}{f}\right) \tag{4-41}$$

式中，f 为摄像机镜头焦距(mm)；u_x 为摄像机靶面在 x 方向的单位像素尺寸(mm)。

从式(4-41)可以看出：得到不同时刻图像中行人坐标值后可以计算出在这段时间内车辆前方行人的横向运动方向。

为了对行人运动方向进行判断，分别对车辆在静止和在运动状态下的情况进行了试验，通过行人检测算法获得行人矩形在图像中的位置，然后将行人矩形底边中点的坐标值 $p(u,v)$ 记录下来，然后计算其运动时与 Z 轴夹角的变化情况。图 4.62 是在车辆静止的情况下，行人由右侧横穿道路时与 Z 轴的夹角变化情况，这样结合序列图像就能大致判断行人朝着哪个方向运动。

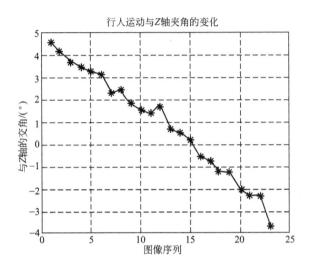

图 4.62 行人由车辆右侧横穿马路时夹角的变化

4.5.5 行人防碰撞预警规则的确定

1. 预警区域划分

对于预防行人的碰撞，最好的方法就是同时对行人和车辆进行预警，以避免碰撞事故的发生或者减轻碰撞事故的损失。对于行人来说，除了可以从提高行人交通安全素质、规范行人的交通行为、改善行人交通安全设施等方面着手外，还可以通过在车辆上采取相应的装置来警告行人，如采用声音或者光信号来警告。

但是对于大多数的道路交通事故而言，如果驾驶人能够提前获得预警，就可以减少碰撞发生的可能性。对驾驶人的预警同样可以通过声音、光学或者触觉信号来实现。如欧洲 SAVE-U 项目中的 Daimler-Chrysler 实验车就是同时采用声音和光报警信号来警告驾驶人，而其 Volkswagen 实验车则采用触觉警告信号，通过振动转向盘或者紧急制动等方式来提示驾驶人。

下面结合视觉传感器所能确定的行人距离车辆的纵向距离以及行人的横向运动方向，针对行人的不同运动方向建立启动预警信号的规则。在车辆前方的行人主要有两种运动趋势，一种是在车辆前方道路区域内做纵向运动，如图 4.63(a)所示，在车辆运动时，这种情况可能是行人朝着车辆运动或者行人静止站立到前方道路上；行人的另外一种运动趋势就是从车辆的左侧或右侧横穿道路的情况，如图 4.63(b)所示。

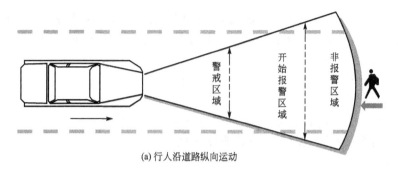

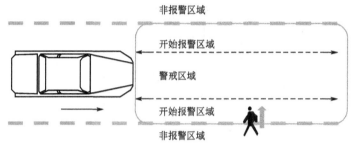

(b) 行人横穿道路的运动

图 4.63　防碰撞行人预警区域的定义

如图 4.63 所示，将车辆前方的道路区域分为非报警区域、开始报警区域及警戒区域。在非报警区域，系统检测是否有行人存在，但不对驾驶人进行预警，直到行人完全出现到图像的检测范围内，这时才进入开始报警区域；在开始报警区域，系统对行人进行跟踪，提示驾驶人前方有行人存在，并对其距本车的距离进行估计，并且判断其运动的方向，当检测到行人的距离小于安全距离，或者行人在车辆前方一倍车宽范围内（对于行人横穿道路的情况）时，则认为行人进入了警戒区域；在警戒区域内，如果驾驶人没有采取措施使车辆减速时，则启动相应的辅助装置，实现车辆的制动或减速，从而避免车辆与行人发生碰撞。

2. 行人横穿碰撞的界限范围

1）减速横穿加速返回

初始条件如图 4.64 所示，行人 B 从②点出发，减速行走到④点，发现 A 车来临加速返回到⑤点，行走速度变化如图 4.65 所示。

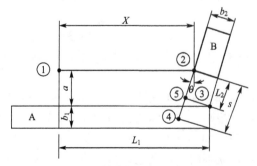

图 4.64　减速横穿加速返回的初始条件

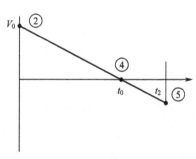

图 4.65　行人的速度变化

由图 4.64 可知，B 的行走速度可表示为

$$V = V_0 - \frac{V_0}{t_0} t \quad (4-42)$$

式中，V 表示行人 B 的行走速度(m/s)；V_0 表示行人 B 行走的初速度(m/s)；t_0 表示行人 B 从②点出发到④点停止所需的时间(s)；t 表示行人 B 的行走时间(s)。

若 B 从②点出发减速行走到④点停止后，又加速返回到⑤点所需的时间为 t_2，而 B 在 t_2 时间内的实际行走距离为 L_2，则有

$$L_2 = \int_0^{t_2} V \mathrm{d}v = \int_0^{t_2} \left(V_0 - \frac{V_0}{t_0} t \right) \mathrm{d}t = V_0 t - \frac{V_0}{2 t_0} t_2^2$$

所以

$$\frac{V_0}{2 t_0} t_2^2 - V_0 t + L_2 = 0$$

$$t_2 = t_0 \left(1 + \sqrt{1 - \frac{2 L_2}{V_0 t}} \right) \quad (4-43)$$

保证行人安全的条件为

$$L_1 - b_2 \cos\theta > V_1 t_1 \quad (4-44)$$

式中，L_1 表示 A 车从初始状态行驶到③点的距离(m)；b_2 表示行人 B 行走所占路面宽度(m)；θ 表示行人 B 行走方向与 A 车行驶方向垂线的夹角；V_1 表示 A 车行驶速度(m/s)。

将式(4-43)代入式(4-44)，可得

$$L_1 - b_2 \cos\theta > V_1 t_0 \left(1 + \sqrt{1 - \frac{2 L_2}{V_0 t}} \right)$$

$$\frac{1}{V_1 t_0} (L_1 - b_2 \cos\theta) - 1 > \sqrt{1 - \frac{2 L_2}{V_0 t}}$$

令 $\frac{1}{V_1}(L_1 - b_2 \cos\theta) = c$，则

$$\left(\frac{c}{t_0} - 1 \right)^2 > 1 - \frac{2 L_2}{V_0 t_0}$$

解得

$$\frac{2 L_2}{V_0 t_0} \cdot \frac{1}{2 - \frac{c}{t_0}} > V_0 \quad (4-45)$$

又因为

$$s = \int_0^{t_0} V \mathrm{d}t = \frac{V_0 t_0}{2}$$

式中，s 为行人 B 从②走到④的距离，则有

$$t_0 = \frac{2s}{V_0} \quad (4-46)$$

将式(4-46)代入式(4-45)，可得

$$\frac{c V_0}{4 \left(1 - \frac{L_2}{c V_0} \right)} > s \quad (4-47)$$

因为

$$c = \frac{1}{V_1}(L_1 - b_2 \cos\theta)$$

$$L_1 = x - L_2 \sin\theta + b_2 \cos\theta$$
$$L_2 = a\sec\theta - b_2 \tan\theta$$

当 $\theta = 0$ 时，$\sec\theta = 1$，$\tan\theta = 0$，$\sin\theta = 0$，$\cos\theta = 1$
$$L_1 = x + b_2, \quad L_2 = a, \quad c = x/V_1$$

则式(4-47)为

$$\frac{xV_0}{4V_1} \cdot \frac{1}{1 - \dfrac{L_2}{cV_0}} > s \tag{4-48}$$

2) 减速再加速横穿

初始条件如图 4.66 所示，行人 B 从②行走到③，瞬间发现 A 车到来，加速通过横道行至④，这时行人 B 的后端通过 A 车行驶路线右侧点⑤后，A 车的前端才到达⑤，即可安全横穿。此时，行人 B 的行走速度仍然如图 4.65 所示，但要减速度和加速度并不相等。

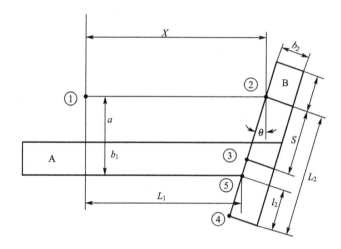

图 4.66 行人减速再加速横穿的初始条件

行人 B 安全横穿的条件可以这样考虑，即行人 B 从②行至④的时间内，A 车尚未到达⑤，也就是行人 B 从②到达④所用的时间 t_2 比 B 车由初始状态到达⑤的时间 t_1 短。

$$t_1 = \frac{L_1}{V_1}$$
$$L_1 = x - (a+b)\tan\theta$$

行人 B 从②到④的行走速度可分为两个阶段，如图 4.67 所示。

第一阶段减速行走速度的表达式为
$$\begin{aligned} V_2 &= V_0 - \beta t \\ &= V_0 - \frac{V_0}{t_0} t \\ &= V_0 \left(1 - \frac{t}{t_0}\right) \end{aligned} \tag{4-49}$$

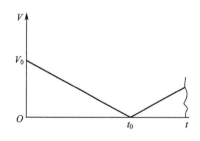

图 4.67 行人的速度变化

式中，V_0 为行人 B 的初速度(m/s)；β 为行人 B 从②到③的减速度，$\beta = V_0/t_0 (\text{m/s}^2)$；$t_0$ 为行人 B 从②到③所需的时间(s)。

第二阶段加速行走速度的表达式为

$$V_2 = a'(t-t_0) \tag{4-50}$$

式中，a' 为行人 B 从③到④的加速度(m/s^2)。

行人 B 从②到④的行走距离 L_2 为

$$L_2 = (a-b)\sec\theta + l_2 \tag{4-51}$$

式中，l_2 表示行人 B 所占的路面长度(m)。

行人 B 从③加速到④的距离 L' 为

$$L' = L_2 - s = \int_{t_0}^{t_2} a'(t-t_0)dt = \int_{t_0}^{t_2} V_2 dt = \frac{a'}{2}(t_2-t_0)^2 \tag{4-52}$$

因为 $s = \dfrac{V_0 t_0}{2}$，$t_0 = \dfrac{2s}{V_0}$，得

$$L' = \frac{a'}{2}\left(t_1 - \frac{2s}{V_0}\right)^2$$

$$t_2 = \sqrt{\frac{2}{a'}(L_2-s)} + \frac{2s}{V_0} \tag{4-53}$$

则保证行人 B 横穿的安全条件为

$$\begin{cases} t_1 > t_2 \\ \dfrac{L_1}{V_1} > \sqrt{\dfrac{2}{a'}(L_2-s)} + \dfrac{2s}{V_0} \end{cases} \tag{4-54}$$

令 $\dfrac{L_1}{V_1} = c$，则

$$c - \frac{2s}{V_0} > \sqrt{\frac{2}{a'}(L_2-s)}$$

把式（4-54）乘方并整理，得到

$$\left(\frac{2s}{V_0}\right)^2 + \left(\frac{2}{a'} - \frac{4c}{V_0}\right)s + c^2 - \frac{2L_2}{a'} > 0 \tag{4-55}$$

求解

$$\begin{bmatrix} s_1 \\ s_2 \end{bmatrix} = \frac{V_0^2}{4}\left[\left(\frac{2c}{V_0} - \frac{1}{a'}\right) \pm \sqrt{\left(\frac{1}{a'} - \frac{2c}{V_0}\right)^2 + \frac{4}{V_0^2}\left(\frac{2L_2}{a'} - c^2\right)}\right] \tag{4-56}$$

当 $\left(\dfrac{1}{a'} - \dfrac{2c}{V_0}\right)^2 + \dfrac{4}{V_0^2}\left(\dfrac{2L_2}{a'} - c^2\right) > 0$ 时，式(4-56)的解为两个实根，且 $s_1 > s_2 > 0$。利用式(4-54)进行图解分析，可得到

$$t_2 = \sqrt{\frac{2}{a'}(L_2-s)} + \frac{2s}{V_0}$$

当 a'、L_2、V_0 已确定的条件下，t_2 的曲线如图 4.68(a)所示，再以 $t_1 = L_1/V_1$ 引直线和 t_2 曲线相交于 s_1 点。所以，s 值大于 s_1 时，才能保证 $t_1 > t_2$，行人横穿才是安全的。若改变 a'、L_2、V_0 的数值，t_2 的曲线变为图 4.68(b)所示的形状时，这时和 t_1 曲线有两个交点(两个根)，当 $s > s_2$ 或 $s > s_1$ 时，行人横穿才安全，而在 $s_2 - s_1$ 的范围内是危险的。

把式(4-56)根号内的式子做进一步整理，得

$$\frac{1}{(a)^2} - \frac{4c}{aV_0} + \frac{4c^2}{V_0^2} + \frac{8L_2}{V_0^2 a'} - \frac{4c^2}{V_0^2} = \frac{4}{V_0 a'}\left(\frac{2L_2}{V_0} - c\right) + \frac{1}{(a')^2}$$

式(4-56)可简化为

$$\begin{bmatrix} s_1 \\ s_2 \end{bmatrix} = \frac{V_0^2}{4a'} \left[\left(\frac{2ca'}{V_0} - 1 \right) \pm \sqrt{1 + \frac{8L_2 a'}{V_0^2} - \frac{4ca'}{V_0}} \right] \qquad (4-57)$$

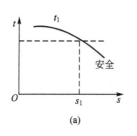
(a)

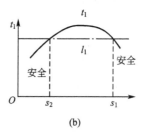
(b)

图 4.68 安全距离 s 的图解法

3) 减速、停留，再以恒速横穿

初始条件如图 4.69 所示，行人 B 先减速从②行走到③处停留 Δt 时间后，再以恒速横穿。其速度变化如图 4.70 所示。

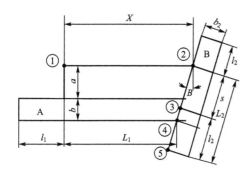

图 4.69 减速、停留，再恒速横穿

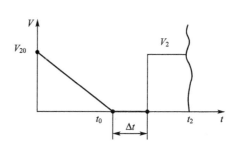

图 4.70 行人 B 的速度变化

A 车从①行驶到④所需的时间 t_1 为

$$t_1 = \frac{L_1}{V_1} = \frac{x - (a+b)\tan\theta}{V_1} \qquad (4-58)$$

行人 B 从②行走到③所需的时间，可用下述方法求得

$$s = \frac{V_{20} t_0}{2}$$

行人 B 从③行走到⑤的距离 L_2' 为

$$L_2' = L_2 - s = \int_{t_0 + \Delta t}^{t_2} V_2' \mathrm{d}t = V_2'(t_2 - y_0 - \Delta t)$$

而

$$\begin{cases} t_0 = 2s/V_{20} \\ L_2' = L_2 - s = V_2'\left(t_2 - \dfrac{2s}{V_{20}} - \Delta t\right) \\ t_2 = \dfrac{L_2 - s}{V_2'} + \dfrac{2s}{V_{20}} + \Delta t \end{cases} \qquad (4-59)$$

若行人 B 从②行至⑤的时间为 t_2，比 A 车从①到达④的时间 t_1 短，即可保证横穿安全。

则

$$\begin{cases} t_1 > t_2 \\ \dfrac{L_1}{V_1} > \dfrac{L_2 - s}{V_2'} + \dfrac{2s}{V_{20}} + \Delta t \end{cases}$$

令 $c = \dfrac{L_1}{V_1}$，则

$$c > \dfrac{L_2 - s}{V_2'} + \dfrac{2s}{V_{20}} + \Delta t$$

故得

$$\dfrac{c - \dfrac{L_2}{V_2'} - \Delta t}{\dfrac{2}{V_{20}} - \dfrac{1}{V_2'}} > s \tag{4-60}$$

计算结果只要式(4-60)左边的数值大于右边的数值，即可保证行人横穿的安全。

以上采用了数学方法对行人横穿交通事故进行了分析。这种分析方法是把横穿的行人分为几种不同的运动规律。实际上，行人的横穿行为有时很复杂，单纯用数学解析法尚存在一定的困难。

在确定安全距离时，由于行人的运动速度相对于车辆的运动速度要低，在这种情况下，行人与车辆的相对速度可以取车辆的速度。在这种情况下，可获得此时的安全距离为

$$L_s = L_f + L_0 = v_{start} t + \dfrac{v_{start}^2}{2 j_{af}} + L_0 \tag{4-61}$$

式中，L_0 为最小安全车距，即保证停车后本车与行人之间的纵向最低要求的距离，也称为基本安全距离；v_{start} 为本车制动前的初速度(m/s)；j_{af} 为本车制动减速度，一般对于滚动压印其为 $7.47 \sim 8.40 \text{m/s}^2$，抱死滑移为 $6.86 \sim 7.84 \text{m/s}^2$；$t$ 为制动操作反应时间，它包括驾驶人的制动反应时间和制动协调时间。

4.6 未来展望

行人保护技术的研究是当前汽车安全技术研究中的重要组成部分，相对于车内驾驶人和乘员来说，行人与车辆的相对位置和运动状态等复杂多变，更具有不确定性。为了更加有效地保障行人等弱势交通参与者的安全，随着汽车安全技术研究的不断深入、传感器及计算机技术的发展，建议针对行人保护开展以下几方面的研究。

(1) 依据各国的道路交通状况、交通事故统计情况制定与实施更加严格的行人保护测试法规和标准，并在新车碰撞试验中增加对汽车主动安全和行人保护方面的测评，以尽快改善汽车的相关性能。

(2) 在汽车被动安全行人保护技术方面，需要采用计算机仿真模拟与行人各子系统冲击试验相结合的方式，或许能在一定程度上代替实车碰撞试验。行人各子系统模块冲击碰撞试验可根据人体的不同部位和不同的试验要求，有针对性地采取不同的方案进行试验，而计算机仿真能模拟不同结构特点车型与行人碰撞的动力学响应过程，比较全面、真实地再现碰撞过程，未来应尽可能用仿真得到的结果来指导实际冲击碰撞试验。

（3）在汽车主动安全行人保护技术方面，如何从传感器信息中检测行人并准确获取行人的运动及距离信息是推广应用行人主动保护系统的关键。从长远看，采用多传感器融合是行人检测技术的发展趋势。但是目前多传感器融合方法的应用研究还不深入，成本也较高，按照一定融合策略构造传感器阵列以弥补单个传感器的缺陷或提出新的传感器融合方法，是下一步的研究方向。

（4）实现汽车安全技术的集成化和智能化。对行人的保护研究，目前大多数从被动保护的角度来展开，只能减轻行人碰撞的伤害程度，不能从根本上解决汽车与行人碰撞问题。汽车主动安全和被动安全是相辅相成、相互补充的，随着技术的进步，越来越多的新型智能化安全装置将出现在现代汽车上，将主动安全技术与被动安全技术进行融合，协同发挥作用，在提高汽车安全性能的同时，能得到更好的行人保护效果。从汽车主动避让行人的主动安全角度，结合目前已经成熟的被动安全技术，进行主动、被动安全集成技术的研究是解决问题的有效途径。

（5）建立更完善的主动避撞控制策略。主动避撞控制技术是预防事故发生的关键，在现有的汽车主动避撞控制系统基础上，建立考虑行人的安全状态判断模型是难点。有针对性地对我国行人运动特性进行分析，建立既考虑道路交通效率、行车安全性，又考虑行人安全且实用的安全状态判断模型，是国内的避撞系统控制技术今后的发展方向。

（6）实现行人保护技术的系统化，将人、汽车和道路作为一个系统来分析研究，让三者相互协调，达到各自性能的最佳匹配。除了提高汽车的安全性能之外，道路附属设施的合理设计与布置，对行人的安全也能起到至关重要的作用，如合理设计行人道、设置行人交通信号与安全岛等。随着车路通信技术的发展与应用，利用路侧传感器检测路面上行人等交通状况，并发布给驾驶人，能在一定程度上拓展驾驶人感知周围环境的空间范围。此外，对于行人等道路参与者来说，提高他们的交通安全意识和安全文化素质，也是交通运输系统安全运行的重要保障。

1. 分析总结汽车与行人碰撞事故的特点。
2. 汽车被动安全中行人保护技术主要有哪些措施？
3. 基于视觉的行人检测方法主要有哪些？
4. 实现行人防碰撞预警系统需要实现哪些功能？
5. 保护行人的安全除了对车辆采取主动与被动安全保护措施之外，能否在道路基础设施等其他方面来考虑采取一定的措施和改进设计？

第 5 章
驾驶人行为与疲劳状态监测技术

教学提示

机动车驾驶人的违法行为是导致发生道路交通事故的主要原因,其中由于驾驶人疲劳驾驶、注意力不集中等原因引起的交通事故也占有相当大的比例。在这种情况下,开发出一套驾驶人行为与疲劳状态监测系统,运用车载多传感器实时获取并监视驾驶行为信息与驾驶人生理信息,若在潜在交通事故发生前给驾驶人发出警报,则可避免类似的交通事故,有效提高汽车的主动安全性能。

教学目标

通过本章内容的学习,应该掌握驾驶人行为与疲劳状态监测技术的研究意义,了解国内外研究现状及取得的研究成果,掌握几种常见的驾驶人行为与疲劳状态的监测方法,了解基于视觉的驾驶人精神状态监测系统的组成及实现途径,了解驾驶人疲劳与精神分散状态判定准则,了解该项技术的未来方向和发展趋势。

汽车安全辅助驾驶技术

导入案例

我国道路交通事故统计资料显示，由于机动车驾驶人违法行为导致的交通事故占事故总数的 90% 以上。尤其是在高速公路上，驾驶人超速行驶、疲劳驾驶等原因导致严重的交通事故。2010 年，我国高速公路发生，由于疲劳驾驶导致 827 起道路交通事故，占总数的 8.53%，导致 537 人死亡、1,144 人受伤，分别占总数的 8.52% 和 8.52%，成为仅次于超速行驶的第二大主要原因。因此，为了减少类似交通事故的发生，大力研究开发驾驶人行为与疲劳状态监测和疲劳预警技术，对驾驶人和车辆的状态进行实时可靠监测并对其非正常状态进行有效警示，有效提高汽车的主动安全性能，对于减少公路交通事故及人员死伤有着十分重要的现实意义。

如澳大利亚国立大学开发了 FaceLAB 系统驾驶人行为监控系统，并在 2000 年成立 Seeing machine 公司。FaceLAB 技术通过监测驾驶人脸部与眼部的追踪功能获取眨眼频率、头部位置与转动数据、眼睑孔径数据、嘴角与眉毛运动数据、瞳孔大小的数据，进行多特征融合，实现对驾驶人精神状态的实时监测，能够提供头部姿势、凝视方向、眼睑闭合追踪及车辆安全区域立即广泛影响的主动信息察觉系统，广泛应用于实验室及模拟研究驾驶人疲累、分心、人类工作量管理系统及智能型车辆等应用，也有一些在汽车公司，例如 Bosch、Delphi、Volvo、Motorola、Nissan、Mitsubishi、Daimler Chrysler、Peugeot 和 Toyota。而且也广泛使用到全世界许多的学术机构及交通机构。

同时，Seeing Machines 公司针对该项技术的车载应用，开发了 DSS（驾驶人状态监测系统），系统是在仪表板上安装一种微型传感器，无需与驾驶人接触。由于仪表板上安装了传感器，DSS（图 5.01）能够获得驾驶人的面部表情并测量眼睑闭合的次数和观测驾驶人头部的偏转方向。DSS 将驾驶人的疲劳与注意力情况反馈给驾驶人以此来降低事故发生的可能性，通过对眼睑闭合信息的处理来确定驾驶人疲劳程度，并且 DSS 通过追踪头部运动能够检测驾驶人注意力不集中（分散）情况，同时提高驾驶的安全性。

图 5.01　FaceLAB 5 和 DSS 装置

5.1 引　言

根据作用对象的不同，可以将汽车安全辅助驾驶技术的研究分成两个主要类别：对车辆的外部信息进行监测和对车辆的内部信息进行监测。对车辆的外部信息进行监测主要是前面章节介绍的辅助驾驶人感知车辆周围道路和障碍物信息，对车辆的内部信息进行监测的主要对象是车内的驾驶人的行为和疲劳状态的检测，如可以通过监视驾驶人的违法行为、疲劳状态、注意力集中的程度，甚至是其情绪状态等，以判断其当前的生理及心理条件是否能够满足安全驾驶的要求。

近几年，道路交通高速发展，汽车保有量也不断攀升，在给人们生活带来方便的同时，也不可避免地带来了交通事故等诸多问题。机动车驾驶人的违法行为是导致发生道路交通事故的主要原因，其中由于驾驶人疲劳驾驶、注意力不集中等原因引起的交通事故也占有相当大的比例。驾驶疲劳容易引起身体、心理上的变化，造成驾驶人感觉机能弱化，听觉和视觉明锐性变低，严重时还会引起错觉。而驾驶人的其他的一些不良驾驶习惯，如驾车时接打电话、与人交谈容易分散驾驶人的注意力，使得驾驶人不能很好地根据交通状况采取有效措施，从而导致事故的发生。

美国国家公路运输安全管理局统计数据表明，每年由于驾驶人疲劳驾驶直接导致100,000起道路交通事故，造成大约1,500人死亡、71,000人受伤，并带来125亿美元的经济损失。美国国家公路交通安全管理局(NHTSA)与弗吉尼亚州科技运输协会(VTTI)于2006年4月发布的调查报告表明，不仅疲劳驾驶会造成交通事故，驾驶人精神分散也是造成事故和近距离碰撞的主要因素，其中80%左右的碰撞和65%的几乎碰撞(Near Crash)都与驾驶人精神分散有关。

根据美国印第安纳大学对交通事故原因的综合调查研究，大约85%的交通事故与驾驶人有关，车辆的因素引起的事故约为10%；而环境因素引起的事故仅占5%左右。交通事故中驾驶人的直接原因是指事故发生前一瞬间驾驶人的行为和故障。不可避免发生交通事故的原因可能是驾驶人对即将发生的危险反应延误、对环境反应的决策错误或是对危险情况的反应不当。

澳大利亚联邦议会统计：在2000年，驾驶人疲劳驾驶造成的交通事故占所有交通事故的20%～30%。法国国家警察总署事故报告表明，因疲劳瞌睡而发生车祸的，占人身伤害事故的14.9%，占死亡事故的20.6%；据德国保险公司协会估计，在德国境内的高速公路上，大约有25%的导致人员伤亡的交通事故都是因为疲劳驾驶而引发。

基于沃尔沃载货汽车车事故研究小组(Accident Research Team)在欧洲多国进行事故勘察的数据，正式发布了《欧洲事故研究与安全报告2013》。本次报告旨在总结载货汽车事故发生的原因，以及预防事故发生、降低事故风险的解决方案。该报告指出，90%的载货汽车事故都或多或少是因驾驶失误而发生的，如事故车辆的驾驶人一时分心或错误判断车速。载货汽车驾驶人伤亡事故发生的最主要原因是自身驶出道路，而一半以上的载货汽车相关事故是缘于载货汽车与轿车相撞。沃尔沃载货汽车的LKS(车道保持系统)与疲劳警告DAS(驾驶人提醒支持)正是为了实现驾驶提醒所专门研发的主动安全智能技术。

随着高速公路的不断建设以及汽车性能的不断提高，人们在高速公路上的驾驶将更加的舒适惬意，但人们在这舒适而单调的驾驶过程中更容易疲劳困顿。有调查表明，70%的受调查者承认在高速公路上驾车时有过驾驶时打瞌睡的经历，还有调查结果显示有近2/3由疲劳引起的交通事故发生在高速公路上。驾驶疲劳发生时汽车的驾驶速度超过80km/h的情况占60%以上，而速度超过60km/h的情况占80%以上。由此可见，驾驶疲劳能引起很高的事故发生率，而且这些事故很有可能导致极其严重的后果。

我国道路交通事故统计资料显示，由于机动车驾驶人违法行为导致的交通事故占事故总数的90%以上。尤其是在高速公路上，驾驶人超速行驶、疲劳驾驶等原因导致严重的交通事故。2010年，我国高速公路发生827起由于疲劳驾驶导致的道路交通事故，占总数的8.53%，导致537人死亡、1,144人受伤，分别占总数的8.52%和8.52%，成为仅次于超速行驶的第二大主要原因。

由于交通事故并不是在驾驶疲劳一产生时就发生，在这种情况下，开发出一套驾驶人疲劳监控和警示系统，若在潜在交通事故发生前给驾驶人发出警报，则可避免类似的交通事故。运用车载多传感器实时获取并监视驾驶行为信息与驾驶人生理信息，利用这些信息判断车辆行驶的安全性，并采用相应报警和防护措施。目前，驾驶人行为与疲劳状态监测技术研究主要针对以下方面展开。

（1）驾驶人疲劳状态检测。驾驶人对环境的正确感知和及时反应是安全行驶的前提。长途行驶或在高速公路上行驶时，驾驶人往往由于疲劳或所见目标单调而打瞌睡，导致车辆偏离行驶路线，甚至引发交通事故。运用技术手段对驾驶人的生理状态、心理状态及头部姿态、面部表情、视线方向等各方面进行实时的监测，并在发现驾驶人疲劳的情况下发出警报，是当前对车辆内部信息监测中的研究重点。对疲劳的正确检测和及时报警，对道路交通安全具有至关重要的意义。

（2）驾驶行为监督。车载电子设施的不断完善使驾驶人可以在驾车的同时进行电子邮件的收发、电话的拨打等各项活动，但是随之而来的是潜在的驾驶分神所带来的安全隐患。随着车载电子设备的普及，对这一问题的研究现在越来越受到人们的重视。除了对驾驶人的生理指标进行监测外，还可以监测具有谈话特征的嘴部动作、异常的手、肘动作/姿势等来判断驾驶人是否驾驶分神。

因此，为了减少类似交通事故的发生，大力研究开发驾驶人行为与疲劳状态监测和疲劳预警技术，对驾驶人和车辆的状态进行实时、可靠监测，并对其非正常状态进行有效警示，有效提高汽车的主动安全性能，对于减少公路交通事故及人员死伤有着十分重要的现实意义。

5.2 疲劳驾驶形成原因及预防措施

5.2.1 疲劳驾驶

疲劳驾驶是指驾驶人在长时间连续行车后，出现腰酸背疼、眼睛模糊、手指和身体不灵活、反应迟钝、判断不准等驾驶能力低落，产生生理机能和心理机能的失调的现象。我国《道路交通安全法实施条例》第62条7项对疲劳驾驶是这样界定的：连续驾车4h休息不足20min的。专家认为：疲劳驾驶是指驾驶人每天驾驶车辆超过8h，从事公路运输的驾驶人一次连续驾驶车辆超过3h，或者从事其他劳动，体力消耗过大，或者睡眠不足，以致行车中困倦瞌睡、四肢无力，不能及时发现和准确处理路面上的交通情况。

驾驶疲劳发生后，对驾驶人可能产生以下影响。

(1) 急倦、无力。对于驾驶人来说，开始是肩部和腿脚感到不适，接着就会蔓延到腰部乃至全身，致使全身乏力。进一步发展，则会周身酸痛，精神恍惚；感觉主动性减弱，驾驶能力下降，对操作缺乏信心，最后自己无法按照规程继续驾驶。这是因为驾驶疲劳发展到一定程度，由于大脑长时间过量工作，正常的血液循环不能满足脑细胞对氧的需要量，造成大脑缺氧，驾驶人就会出现一系列生理、心理失调的现象。

(2) 注意功能失调。随着疲劳的发展，注意力涣散，注意范围缩小，注意的分配和转移发生困难，经常丢失重要的交通信息，反常地注意次要交通信息。

(3) 感知机能弱化。从生理上来看，为了处理好行车过程中的种种复杂情况，驾驶人的眼睛和神经一直处于持续的紧张状态，特别是在车速较高，眼睛的负担很大，连续工作时间较长的情况下，感觉机能弱化，听觉和视觉敏锐性下降，甚至出现精神恍惚或瞬间记忆消失，出现动作迟误或过早，操作停顿或修正时间不当等不安全因素，极易发生道路交通事故。一般经过2~4h的连续驾驶，中枢神经就会产生疲劳，开始出现感觉迟钝、知觉能力降低，如视觉和运动觉的敏感性减弱。试验证明，辨认交通标志的能力，在疲劳时能遗漏30%，识别距离能力也只有正常情况下的一半。

(4) 驾驶动作失调。经过长时间驾驶，驾驶人肌肉的收缩调节机能也会下降。因此，疲劳之后，动作准确性下降，有时发生反常反应(对于较强的刺激出现弱反应，对于较弱的刺激出现强反应)。动作协调也会受到破坏，动作节律失调，动作的自动化程度下降，以致操作迟缓、生硬、不合时机。这在制动、转向方面表现得最为明显。

(5) 反应时间显著增加。据国外研究，工作一天后，不同年龄的驾驶人对红色信号的反应时间都增长了，同时对复杂刺激的选择反应时间(同时给红色和声音刺激)也增长，有时甚至增长2倍以上。

随着疲劳驾驶时间的延长，对复杂刺激的反应时间增加，动作准确性下降，从而引发不安全行为。因此，疲劳后严禁驾驶车辆。形成疲劳的顺序是眼睛、颈部、肩部、腰部，主要是眼睛和身体的疲劳。驾驶人疲劳时的主要表现分为生理症状和心理症状两大类。

(1) 生理症状。疲劳产生的开始，只是从事劳动的那一组肌肉感到疲倦，如果继续下去，疲劳就会向四周蔓延，从而使全身感不适，进一步发展则感到周身酸痛，精神恍惚。驾驶人产生疲劳后，生理机能下降，随之出现一些症状，如头重、心跳加快、脉搏加速、手脚酸痛、气喘、胸闷、口渴、食欲不振、叹气、打哈欠、频繁眨眼、表情变化少、眼睛发红发干、视觉模糊、耳内轰鸣、感觉烦躁恍惚、分辨不清方位等。

(2) 心理症状。驾驶人产生疲劳后，他的心理状态也会发生各种各样的变化，如疲劳后引起视力下降、注意力分散、视野逐渐变窄、漏看错信息的情况增多、反应迟钝、判断迟缓、动作僵硬、节律失调、思维能力下降、头脑糊涂、忘记操作规范、精神不振、郁闷嗜睡、自我控制能力减退职、容易激动、心情急躁或开快车。

简单、呆板的驾驶操作抑制了血压、呼吸和心律的正常状态，使脑部供血不足，也会导致精神疲劳，复杂多变的交通环境使驾驶人一直处于紧张状态，遇到危险情况，更使驾驶人处于极度紧张状态。过度紧张和连续紧张必然导致精神疲劳。

根据驾驶人驾车时的外表征兆可以将疲劳程度分为轻微疲劳、中度疲劳和重度疲劳三个等级。

轻微疲劳时,驾驶人的外部症状如下:精神疲劳,频频打哈欠;眼部疲劳,眼皮沉重;肌肉疲劳;驾驶人处于轻微疲劳时,会出现换挡不及时、不准确。

中度疲劳时,驾驶人的外部症状如下:眼睛发涩,有疼痛感;瞌睡,走神;全身发热;脊椎疲劳,腰酸背痛动作呆板。驾驶人处于中度疲劳时,操作动作呆滞,有时甚至会忘记操作。

重度疲劳时,驾驶人的外部症状如下:出现睡意意识模糊;神志不清,昏昏欲睡,时有睡着突然醒来的感觉;心跳加快;视像出现重影;浑身发颤,出冷汗。驾驶人处于重度疲劳时,往往会下意识操作或出现短时间睡眠现象,严重时会失去对车辆的控制能力。

5.2.2 疲劳驾驶的形成原因

疲劳是由于体力或脑力劳动使人产生生理机能和心理机能失调的一种正常的、复杂的生理现象。理论上讲,驾驶时间、睡眠、驾驶强度和速度、人体生物节律、体质、驾驶技术、驾驶环境、营养条件等都对疲劳具有直接的影响。引起疲劳驾驶的因素是多方面的,主要从以下几个方面来分析。

1. 睡眠

睡眠太少,如就寝过晚,睡眠时间太少;睡眠效果差;嘈杂的睡眠环境不能保证睡眠质量,很容易发生疲劳。成年人一昼夜至少应睡7~8h。此外由于人的睡眠受人体生理节律的影响,如果睡眠的时间不当或睡眠质量不高,也会引起疲劳。若驾驶人全天驾驶时间超过10h,睡眠时间不足4、5h,事故发生率最高。

国外临床研究机构调查了6,000份单辆车和两辆车碰撞事故的报告,发现车辆碰撞的高峰时间是在午夜到清晨之间,以及白天下午一时至四时之间。这两个时间段,与正常睡眠的人想打瞌睡的时间几乎是一致的。因为人体的生理昼夜节律使我们无论缺乏睡眠与否,在人一天的生物钟特定的时间内,都会受到瞌睡感觉的侵袭。

2. 驾驶人的身心条件

驾驶人的身心条件包括驾驶人的身体状况、年龄、性别、驾驶经验、技术、性格等。一般来说,年轻人容易感到疲劳,也容易消除疲劳;老年人的疲劳症状不明显、但消除能力不强;体弱者容易产生疲劳且不易消除;容易产生疲劳的情况还包括体力、耐久力差;视、听能力下降;体力弱或患有某种慢性疾病;服用驾驶车辆忌用的药物;女性生理特殊时期等。

疲劳驾驶时,驾驶人的脉搏和心律增高。这主要是由于心理活动加快,同时肌肉活动的耗氧量增加的缘故。姿势不正确或以固定姿势持续时间过久,虽用力不大,也会出现疲劳现象。这是由于肌肉的活动,引起血管的收缩和舒张,使驾驶人感到疲劳。驾驶人会出现腰酸、腰痛,这主要是由于座椅不合适或坐姿不正确引起的脊椎疲劳反应,久而久之,会造成椎间盘受损,甚至造成腰病。驾驶人连续驾驶时间过长或睡眠不足时,常会出现眼部肌肉松弛,眼球转动减少,眨眼频繁,甚至出现颤动、视像重影,这就是眼部疲劳的反应。

3. 工作环境

在驾驶操作过程中,车内环境、车外环境以及运行时间等因素都与疲劳的产生有关系。

车内环境如温度、湿度、噪声、振动、照明、粉尘、有毒物质,以及车内座位、靠背等,都对大脑皮层有一定的刺激作用,超过一定限度,就会对人的劳动力产生不良影响,导致疲劳产生。在夏季炎热天气或驾驶室内温度过热的环境下驾驶车辆,温度高、空气流通差,驾驶人很容易疲劳,往往会感到精神疲倦,视线逐渐变得模糊,思维变得迟钝,尤其是午后行车极易瞌睡,甚至会出现驾驶人瞬间失去记忆的现象,勉强驾驶会导致交通事故发生。

车外环境如气候条件、道路条件、交通条件、交通设施条件、时间条件等。若驾驶人在道路上行驶时,道路能见度低,没有交通标志、行人拥挤、自行车多、交通阻塞,意外被超车、道路崎岖不平等,驾驶人注意力高度集中,这些都能使驾驶人的情绪紧张并付出较大的体力,容易疲劳。

尤其是在高速公路上行车,驾驶车辆时,随着速度的提高或持续高速行车,驾驶人会出现不同程度的驾驶疲劳现象。驾驶车辆高速行驶时,驾驶人的注意力十分集中,始终处于高度精神紧张的状态,而随着速度的不断提高和驾驶时间的延长,驾驶人会逐渐出现疲劳感觉。在高速公路上行驶,道路环境单一,交通干扰少,速度稳定,行车中的噪声和振动频率小,易使驾驶人产生单调感而困倦瞌睡,出现"高速公路催眠现象"。

4. 生活环境

生活环境是指社会气氛、群体气氛、家庭关系、人际关系等。这些因素对驾驶人的疲劳特别是驾驶人的心理疲劳有很大的影响。

驾驶人的家庭关系对他的影响深入而持久。家庭关系处理不好,会导致驾驶人心理失调,行车烦躁不安,思想迟钝、处理情况不准确、注意力不集中、胡思乱想,身心极易产生疲劳,肇事的可能性增大。

驾驶人的领导、同事之间人际关系的好坏对交通安全以及驾驶人本身的心理疲劳都有很大影响。同事之间关系紧张,工作上互不支持,必然会产生消极、不愉快、猜疑、悲观、忧郁等情绪,造成心理紧张,也容易产生心理疲劳。

此外,居住地离工作地点过远,精神负担重;社交太广,参加文娱活动时间太长也会对驾驶人产生一定的影响。

5.2.3 疲劳驾驶的预防

疲劳一般可分为身体疲劳和精神疲劳。从疲劳恢复时间来看,可分为急性疲劳、慢性疲劳和过度疲劳。急性疲劳是由日常劳动所引起的暂时疲劳,经过短期的休息,就会消失,正常驾驶疲劳就属于这一种。慢性疲劳是因长期处于疲劳状态而引起的,这种疲劳使劳动质量下降,影响身心健康,短暂休息不能消失。过度疲劳是由多次疲劳和连续疲劳积聚形成,可能突然以某种病态表现出来,这种疲劳不能用短时间的睡眠来恢复,需要经过长时间的休养和十分充足的睡眠进行恢复,否则这种疲劳会发展成慢性疲劳。驾驶人在出现过度疲劳和慢性疲劳时,都不宜驾驶车辆。

预防驾驶疲劳是保证行车安全的最有效途径,当已经感到疲劳再去改善,不如做好预防效果更好。针对疲劳驾驶的行车原因,预防驾驶人疲劳可以采取以下措施。

(1) 保证足够的睡眠时间和良好的睡眠效果。养成按时就寝和良好的睡眠姿势,每天保持7~8h的睡眠；睡前1.5~2h内不饮食，睡前1h内不多饮水、不进行过度脑力工作；卧室内保持通风、清洁，床不宜太软，被子不要过重、过暖，枕头不宜过高。大部分疲劳是由于短期内没有休息好而造成的，如睡眠不足，在这种情况下，驾驶者在开车前应该合理安排时间，保证自己得到较为充足的睡眠后再行车出门，这是一种有效的预防疲劳驾驶的方法。如果不能做到，那么至少也应该在出发前能够睡上一两个小时为宜。

（2）科学地安排行车时间，注意劳逸结合。科学、合理地安排行车时间和计划，注意行车途中的休息；连续驾驶时间不得超过4h，连续行车4h，必须停车休息20min以上；夜间长时间行车，应由两人轮流驾驶，交替休息，每人驾驶时间应在2~4h之间，尽量不在深夜驾驶。

（3）行车过程中注意自我调节，保持良好的身心条件。驾驶车辆避免长时间保持一个固定姿势，可时常调整局部疲劳部位的坐姿和深呼吸，以促进血液循环；最好在行驶一段时间后停车休息，下车活动一下腰、腿，放松全身肌肉，预防驾驶疲劳。驾驶疲劳，特别是心理疲劳，在一定程度上可以通过驾驶人自身的心理调节和控制加以克服。当出现轻度疲劳或引起疲劳的诱惑因素时，可通过自身的调节和控制作用予以消除。但心理调节和控制能力是有一定限度的，如果驾驶人非常疲劳，即超过自身的心理承受能力，就必须有高度的警觉，立即在确保安全的原则下利用出口、服务区、紧急停车带停车稍作休息。

尤其是在高速公路上行驶，一定要在上高速公路前，事先计划整个行程，行车途中要注意调节座位和椅背，吃清淡食品、多喝水。同时，应当给驾驶室通风，降低驾驶室温度，适度地听听音乐，眼睛不要老盯着公路的中心线，必须与其他车辆之间保持安全距离。当感觉疲劳时，要适时将眼睛眺望远方。

（4）驾驶时间不宜过长。驾驶持续的时间对疲劳的产生、操作效能的保持及正确迅速地掌握道路情况的能力起着决定性作用。随着驾驶时间的增长，驾驶人的疲劳感和交通事故的危险性也会增加。驾驶时间是衡量疲劳驾驶的一个重要标准。人们在极度疲劳的情况下会发生极度的失控，也就是暂时性的大脑空白，特别是在夜间、高速公路上驾驶，此时就存在着相当的危险。

（5）保持良好的工作环境。行车中，保持驾驶室空气畅通、温度和湿度适宜，减少噪声干扰。在夏季炎热的天气行车，应尽量保持驾驶室空气畅通、温度和湿度适宜，出现疲劳时应及时停车休息，不得勉强驾驶车辆。高速行驶时易使驾驶人神经紧张，在不影响交通的情况下，以略低于正常速度行驶可减轻精神压力，降低疲劳。同时，行驶时尽量减少超车，减少紧急制动等动作。夜间长时间行车，应由两人轮流驾驶，交替休息，每人驾驶时间应在2~4h之间，尽量不在深夜驾驶。

（6）教育与管理。要加大社会宣传力度，提高广大交通参与者对疲劳驾驶的认知程度。有重点、有针对性地加强对运输企业、车主的安全教育，通过对驾驶人、车主的疲劳驾驶专题教育，提高他们对疲劳驾驶危害的认识，增强他们的法制观念和安全意识，促使他们摆正金钱与安全的关系，自觉抵制疲劳驾驶。政府也要不断完善交通设施，利用交通标志、标线防范疲劳驾驶事故的发生。

（7）运用科技手段及时发现、有效预防疲劳驾驶。根据疲劳驾驶人的有关特点，应用科技，提高预防能力，许多先进发达国家采取了不少措施，并收到了良好的效果。因此，利用科技手段预防疲劳驾驶，往往能起到事半功倍的效果。一是安装行车记录仪，真实地记录驾驶人一天行车起始时间、连续驾车时间、中途休息时间和当天累计行车距离，定时督促驾驶人及时休息；二是借鉴日本、美国等发达国家开发汽车安全辅助驾驶技术的经验，为车辆，尤其是营运车辆安装防疲劳驾驶预警系统，一旦驾驶人出现违法操作行为或方向失控，及时发出警报信号；三是实施疲劳驾驶易发路段的电子监控和电子预警，一旦通过监控发现疲劳驾驶，立即用电子鸣笛示警。

5.3 驾驶人行为与疲劳状态监测技术研究进展

5.3.1 国外研究进展

早期的驾驶疲劳测评主要从医学角度出发，借助医疗器械进行。对驾驶疲劳真正进行实质性的研究工作是从 20 世纪 80 年代由美国国会批准交通部实施的驾驶服务时间（HOS）改革、研究商业机动车驾驶时间与交通安全的关系、健全载货汽车和公共汽车安全管理条例开始的，由此把疲劳驾驶的研究提到立法高度，保证了开展疲劳驾驶研究的合法性、有效性和持续性。其研究工作大致可以分为两大类：一是研究疲劳瞌睡产生的机理和其他各种诱发因素，寻找能够降低这种危险的方法；二是研制车辆智能报警系统，防止驾驶人在瞌睡状态下驾驶。20 世纪 90 年代，疲劳程度测量方法的研究有了很大的进展，许多国家已开始了疲劳驾驶车载电子测量装置的开发研究工作，尤以美国的研究发展较快，并且已经取得了许多有代表性的研究成果。

1. 美国

美国约翰霍普金斯大学（Johns Hopkins University）研制的打瞌睡驾驶人侦探系统（The Drowsy Driver Detection System，DDDS），采用多普勒雷达和复杂的信号处理方法，可获取驾驶人烦躁不安的情绪活动、眨眼频率和持续时间等疲劳数据，用以判断驾驶人是否打瞌睡或睡着，如图 5.1 所示。该系统可制成体积较小的仪器，安装在驾驶室内驾驶人头顶上方，完全不影响驾驶人正常的驾驶活动。

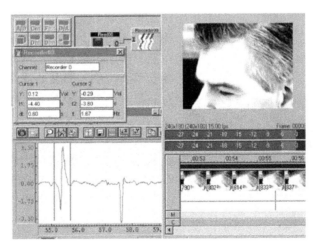

图 5.1 系统软件界面

美国 Attention Technologies 公司推出的 Driver Fatigue Monitor(DD850)是一款基于驾驶人生理反应特征的驾驶人疲劳监测预警产品,如图 5.2 所示。系统通过从摄像头所拍摄的视频中测量缓慢的眼睑闭合来检测驾驶疲劳。它可以安装在车辆的仪表板上,并且具有可旋转的底座,以便驾驶人调节摄像头的角度,通过红外 CCD 采集驾驶人的眼部信息。它具有足够大的视野范围,可以捕捉各种头部运动。它通过亮瞳效应进行眼睛定位和跟踪,并测量 PERCLOS 参数以判断是否为驾驶疲劳。目前,该系统已经通过美国交通运输部在全美进行推广。

由美国卡内基梅隆大学 Carnegie Mellon 机器人研究所开发的 Copilot 系统采用 PER-CLOS 衡量睁眼和闭眼状态。Copilot 系统的硬件设备如图 5.3 所示,它采用红外照明,根据眼睛对红外光反射在图像中的光点效应,以及视网膜对不同波长红外光的反射率不同,分别用两个 CCD 摄像机采集波长为 850nm 和 900nm 红外光照明的图像,同时获得两幅图像,根据这两幅图像的差图像,得到眼睛的位置,并分析眼球的大小,从而得到驾驶人的眼睛睁开程度,该方法可解决驾驶人佩戴眼镜的影响。

图 5.2 DD850 疲劳检测系统

图 5.3 Copilot 系统

美国 Electronic Safety Products 开发的 S.A.M.(Steering Attention Monitor)疲劳报警装置利用置于转向盘下方的磁条检测转向盘的转角,如图 5.4 所示。如果转向盘 4s 不运动,S.A.M. 就会发出报警声直到转向盘继续正常运动为止。S.A.M. 被固定在车内录音机旁,转向盘下面的杆上装有一条磁性带,用以监测转向盘的运动。使用 S.A.M. 并不意味延长驾驶时间,而是要提醒驾驶人驾车时不要打瞌睡。另外,S.A.M. 与录像机配合使用可以为保险公司提供证据。

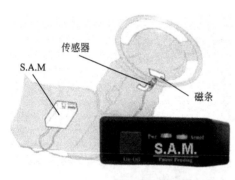

图 5.4 S.A.M 疲劳报警装置

美国 AssistWare 公司的 SafeTRAC 利用前置摄像头对车道线进行识别,当车辆开始偏离车道时进行报警,该产品也可通过车道保持状态结合驾驶人的转向盘操作特性判断驾驶人的疲劳状态。图 5.5 所示为 SafeTRAC 的产品外观和车道线识别界面。

2. 日本

日本研制的电子"清醒带",使用时固定在驾驶人头部,将"清醒带"一端的插头插

图 5.5　SafeTRAC 疲劳报警装置

入车内点烟器的插座，装在带子里的半导体温差电偶使平展在前额部位的铝片变凉，使驾驶人睡意消除，精神振作。据说戴上这种"清醒带"，可以 24h 无睡意。"清醒带"的使用电压为 12~14V，电流为 500mA。

日本丰田公司开发的系统是针对驾驶人眼部的侦测，内置在驾驶人前方的摄像头会记录驾驶人的眼部状态，如果系统侦测驾驶人的眼睛已经闭合，车内会立即发出警报提醒驾驶人。目前，应用在 Lexus 各系列的 A-PCS 安全预警系统利用安装在仪表板的红外视觉来实现对驾驶人瞌睡的监控，如图 5.6 所示。

图 5.6　A-PCS 安全预警系统红外视觉系统

日本尼桑(Nissan)汽车公司研制出一种能自动提醒驾驶人驾驶过程中发生疲劳状态的电子报警系统。该系统通过安装在驾驶室内仪表板上的摄像机实时监控驾驶人的眼部图像，然后将图像信息输入系统中的处理器进行处理。研究表明，驾驶人当时的清醒程度与驾驶人的单位时间内眨眼频率和次数有直接的关系，如果驾驶人单位时间内的眨眼次数过多或频率过高，系统的电子报警器就会发出声音，并向驾驶室喷放一种带有醒脑物质(如薄荷和柠檬等)的香味，及时消除驾驶人的困意。

3. 欧盟

欧盟于 2004 年完成 AWAKE(System for Effective Assessment of Driver Vigilance and Warning According to Traffic Risk Estimation)工程项目。工程的目的是验证监视驾驶人警觉性的技术可行性，以及寻求影响该技术应用的因素。该项目对人眼生理反应信息、转向盘操作转角信息、转向盘转向力信息以及车道线信息进行了检测和记录,通过研究这些信息与疲劳之间的关系,利用信息融合技术实现驾驶人疲劳分级评价,采用声音、光照闪烁以及安全带振动等方式对疲劳实现预警,开发了驾驶人疲劳检测报警系统。

德国柏林的 SMI 公司开发了基于计算机视觉的非接触式驾驶人操作监控系统。该系统通过安装在驾驶盘上的高速摄像机和三个红外光源测量参数 PERCL0s 以判断疲劳状态,并估计驾驶人的头部位置及方向、视线方向、眼睑闭合程度、瞳孔位置及直径,以进行疲劳状态的辅助监测。

大众汽车装备的疲劳监测系统被称为疲劳识别系统,它从驾驶开始时便对驾驶人的操作行为进行记录,并能够通过识别长途旅行中驾驶操作的变化,对驾驶人的疲劳程度进行判断。驾驶人转向操作频率变低,并伴随轻微但急骤的转向动作以保持行驶方向是驾驶精力不集中的典型表现。根据以上动作的出现频率,并综合诸如旅途长度、转向灯使用情况、驾驶时间等其他参数,系统对驾驶人的疲劳程度进行计算和鉴别,如果计算结果超过某一定值,仪表板上就会闪烁一个咖啡杯的图案,提示驾驶人需要休息。驾驶人疲劳识别系统将驾驶人注意力集中程度作为衡量驾驶人驾驶状态的重要考虑因素,以致力于道路安全的提高。此外,只要打开疲劳识别系统,无论系统是否进行监测,系统每隔 4h 都会提醒驾驶人休息。

奔驰汽车装备的疲劳监测系统被称为注意力辅助系统。这套系统会不断侦测驾驶人的行车方式。车辆上有 71 个传感器,在 80~180km/h 间的车速范围内检测纵向加速度和横向加速度的转向盘和踏板传感器,一旦判定驾驶人处于疲劳驾驶或者注意力分散状态,车内会发出声频警示信号,仪表板闪现"请休息片刻"提示信息,如图 5.7 所示。

图 5.7 奔驰 GLK 及 ML 上配置的注意力辅助系统

注意力辅助系统可通过驾驶人心跳速度的变化,监测驾驶人是否打瞌睡,在睡意来临 15min 前提醒驾驶人注意,防止发生事故。这一系统的核心技术是佩戴在驾驶人耳朵上的驾驶人安全驾驶仪(电子报警器)。还有一种技术是贴在转向盘上的纸状心跳感应器,驾驶人握转向盘时可以握住它。感应器每隔 10s 检测一次驾驶人的心跳速度。一般来说,人在打瞌睡之前,心跳速度下降。对心跳速度的检测可以大体判断驾驶人是否瞌睡。

另外,这一系统还装有汽车内置感应器,可以检测汽车速度的变化和转向盘操作频率的变化,汽车导航设备还可以检测汽车是否蛇行。这一系统把上述情况综合起来分析,就可大体上判断驾驶人是否有睡意。一旦确认驾驶人很快有睡意袭来,它就通过改变音乐等方式提醒驾驶人。

当车速超过 80km/h,注意力辅助系统将自动激活。在对驾驶人驾驶风格学习并记录

20min 后，系统会通过 70 多项传感器对驾驶人的驾驶状态进行判断。

沃尔沃汽车装备的疲劳监测系统被称为驾驶人安全警告系统(DAC)。这套系统在车辆进入容易使驾驶人进入放松状态的笔直、平坦的道路，容易使驾驶人分神和打盹的环境，以及当车速超过 65km/h，均会被激活。驾驶人安全警告系统由一个摄像头、若干传感器和一个控制单元组成。摄像头装在风窗玻璃和车内后视镜之间，不断测量汽车与车道标志之间的距离，通过数字摄像机发出的信号以及来自转向盘运动的数据监测车辆行驶的路线，可把异常行驶状况和驾驶人的正常驾驶风格进行对比；传感器记录汽车的运动；控制单元储存该信息并计算是否有失去对汽车控制的危险。如果检测到驾驶人的驾驶行为有疲态或分心的迹象出现，评估的结果是高风险时，即通过声音信号向驾驶人发出警示。此外，在仪表板上还显示一段文字信息，用一个咖啡杯的符号提示司机休息。其中，DAS 主要负责监控转向盘和踏板移动规律等参数。风窗玻璃内侧上的视频摄像头读取路面上的车道标记，车载计算机将采集的数据与路面标记进行比较。在转向盘移动不稳定时，警示音和闪烁指示灯会警告驾驶人，从而有效地避免疲劳驾驶。

4. 澳大利亚

澳大利亚国立大学开发了 faceLAB 系统(驾驶人行为监控系统)，并在 2000 年成立 Seeing Machine 公司。faceLAB 技术通过监测驾驶人脸部与眼部的追踪功能获取眨眼频率、头部位置与转动数据、眼睑孔径数据、嘴角与眉毛运动数据、瞳孔大小数据等，进行多特征融合，实现对驾驶人精神状态的实时监测，能够提供头部姿势、凝视方向、眼睑闭合追踪及车辆安全区域立即广泛影响的主动信息察觉系统，广泛应用于实验室及模拟研究驾驶人疲劳、分心，以及人类工作量管理系统及智能型车辆等方面，也有一些应用在汽车公司，如 Bosch、Delphi、Volvo、Motorola、Nissan、Mitsubishi、Daimler-Chrysler、Peugeot 和 Toyota，而且也广泛应用于全世界许多的学术机构及交通机构。

faceLAB 系统监控驾驶人行为，能检测疲劳与精力分散等情况。用一对视频照相机获得视频图像，从左到右匹配得出每个特征的三维位置。采用最小二乘优化法定位头部三维位置，faceLAB 软件并行处理眼睛凝视数据，定位虹膜中心，根据眼睛凝视向量确定眼睛凝视方向，计算眼睛张开以及眨眼频率，监控眼睑。faceLAB 在模拟驾驶中被证明非常有效，且在低光线、头部大范围运动以及视觉方向跟踪方面有很好的效果，即使驾驶人戴太阳镜也能检测出。目前 faceLAB 已经有产品以及工具箱，并提供疲劳检测程序的外部接口。faceLAB 的眨眼分析和 PERCLOS 疲劳评估，可以实时分析疲劳和睡意状况，包括眼睑运动的细节数据，测量是基于眼睑的位置而不是瞳孔或角膜的开闭的。faceLAB 自动产生注视方向、头部位置和眨眼信号输出。faceLAB 使受试者处于真实三维环境中，受试者离开观察区域后或系统突然移动及受阻挡后，faceLAB 可立即恢复工作。目前，该产品的最新系列是 faceLAB 5，如图 5.8 所示。

图 5.8 faceLAB 5

同时，Seeing Machines 公司针对该项技术的车载应用，开发了 DSS(驾驶人状态监测系统)，这是在仪表板上安装的一种微型传感器，无需与驾驶人接触，如图 5.9 和图 5.10 所示。由于仪表板上安装了传感器，DSS 能够获得驾驶人的面部表情，并测量眼睑闭合的次数和驾驶人头部的偏转方向。DSS 将驾驶人的疲劳与注意力情况反馈给驾驶人，以此来降低事故发生的可能性，通过对眼睑闭合信息的处理来确定驾驶人疲劳程度，并且通过追踪头部运动能够检测驾驶人注意力不集中(分散)情况，同时提高驾驶的安全性。

图 5.9　DSS 装置及显示结果

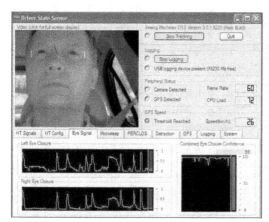
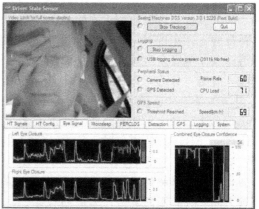

图 5.10　DSS 软件界面

5.3.2　国内研究进展

我国对驾驶人疲劳状态监测的研究起步较晚，早期的研究都停留在基于生理状态监测和驾驶操作行为监测的方法上，也出现了一些使用方便、结构简单、价格低廉的驾驶疲劳报警装置。进入 21 世纪以来，越来越多的研究机构开始关注基于计算机视觉的监测方法的研究，或者引进国外现有技术成果。总体上看来，我国对机动车驾驶人疲劳状态检测的研究，同发达国家相比，还存在一定的差距，下面介绍一下其中的典型代表。

南京远驱科技有限公司 2010 年 1 月推出的 gogo850 疲劳驾驶预警系统，利用汽车级图像传感器采集人脸红外图像，性能超过奔腾二代的高速数字信号处理器，可进行数字图像处理与分析，主要检测驾驶人的眼睛开闭情况，尤其增加了对瞳孔的识别，即使有驾驶人睁眼睡觉也能被识别出，基于红外图像的处理使得产品在阳光下和黑暗里都能进行识别。系统还能对带各类眼镜的驾驶人进行识别,通过 perclos 算法确保驾驶人在疲劳驾驶的时候及时发出报警信号,保障交通安全,如图 5.11 所示。

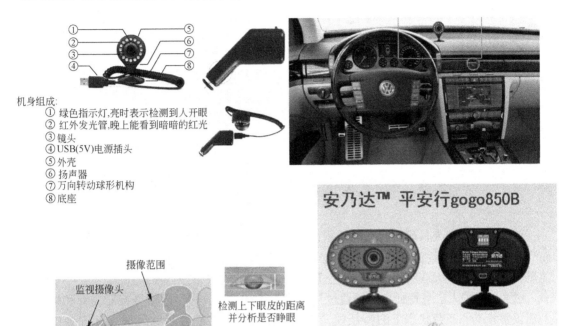

图 5.11 gogo850 疲劳驾驶预警系统

比亚迪公司装备的疲劳监测系统被称为疲劳驾驶预警系统(BAWS)。它基于驾驶人生理图像反应,由 ECU 和摄像头两大模块组成,利用驾驶人的面部特征、眼部信号、头部运动性等推断驾驶人的疲劳状态,并进行报警提示和采取相应措施的装置,对驾乘者给予主动智能的安全保障,如图 5.12 所示。

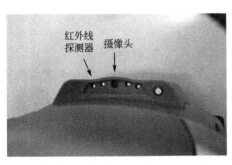
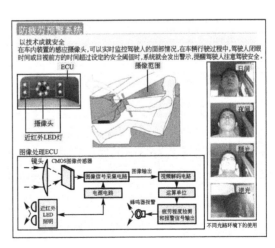

图 5.12 比亚迪 BAWS 安装位置及工作原理

吉林大学智能车辆课题组于 2000 年开始从事驾驶人行为监测方面的研究,所开发的 JLUVA-DFWS 系统利用彩色图像中的肤色特征定位人脸区域,在此基础上分别检测出眼睛和嘴唇的精确特征状态信息,最后通过眼睛和嘴唇张度推断驾驶人的精神状态,并以面部特征区域(眼睛、嘴巴等)相对于轮廓线的位置变化作为特征量,利用 BP 神经网络对面部朝向进行估计,以确定是否对驾驶人进行警示。在此研究的基础上,根据红外光谱和夜间驾驶人红外人脸图像的特点,根据夜间驾驶人眼睛的瞳孔红外反射特性,对瞳孔和普尔钦光斑进行检测,利用两者的位置关系判断驾驶人的视线方向,并分析视线方向的精度,采用 PERCLOS 方法(对白天驾驶人疲劳状态进行检测)和基于面部横摆角的驾驶人精神分散检测方法。

5.4　驾驶人行为与疲劳状态监测方法

关于驾驶人行为与疲劳状态的监测预警技术,由于它在交通事故预防方面的发展前景而受到各国高度的重视,研究人员根据驾驶人疲劳时在生理和操作上的特征进行了多方面的研究,目前驾驶人疲劳检测研究方法可以分成三类。

(1) 从驾驶人自身特征出发,通过某种设备获取驾驶人的生理信号特征或者利用驾驶人在正常状态和疲劳状态下的特征模式不同,通过视觉传感器采集驾驶人面部各器官特征,采用相应的模式识别技术分类进行判别,从而判断驾驶人是否处于疲劳状态。因此,这类方法大致可以细分为基于驾驶人生理信号和基于驾驶人生理反应特征的方法。

(2) 根据车辆的状态参数间接判断驾驶人是否处于疲劳状态,这类方法从驾驶人对车辆的操控情况以及采集到的车辆运行状态参数来间接判断驾驶人是否疲劳和有睡意,主要通过传感器获取车辆在行驶过程中的各种参数,根据车辆行驶过程中的异常情况,如车辆是否超过道路标志线、转向是否连贯、是否处于速行驶、车辆之间的距离是否太近等,判断驾驶人是否处于疲劳状态。

(3) 采用信息融合的方法,结合驾驶人生理特征参数检测结果和车辆的状态参数或驾驶行为信号,从而判断驾驶人是否处于疲劳状态,这也是未来驾驶人疲劳监测技术的发展方向。

5.4.1　基于驾驶人生理信号的方法

研究表明,驾驶人在疲劳状态下的生理指标与正常状态的指标相比会发生变化。因此可以通过检测驾驶人的生理指标来判断驾驶人是否处于疲劳状态。基于驾驶人生理参数的检测方法是通过某些设备得出驾驶人的有关生理信号,如脑电图(EEG)、心电图(ECG)、肌电图(EMG)、眼电图(EOG)等,根据参数变化情况来判断驾驶人是否疲劳。

1. 脑电图

通过对脑电信号(脑电节律、事件相关电位)的分析,反映人体的疲劳程度。脑电信号一直被誉为监测疲劳的"金标准"。研究者发现,人在瞌睡的时候 θ 波(频率为 3～7Hz)有比较明显的增加,而在清醒的时候 β 波(频率大于 13Hz)比较多。但是脑电图受环境的影响比较大,人的头部转动、人在喝水等动作出现时对脑电图都会产生很大的影响。

在使用脑电图检测疲劳时，由于波段能够反映疲劳情况，波谱的提取以及分类情况对识别效果有很大影响，目前的研究集中在对波段数据的特征提取以及分类上。如使用小波分析提取脑电图数据特征，利用支持向量机对对脑电图疲劳进行分类，或者使用小波包分析与核学习方法进行疲劳的自动识别，或者利用驾驶疲劳时脑电图谱分量的可再现性以及重复性来检测疲劳。

北京理工大学利用模拟驾驶系统模拟驾驶人疲劳驾驶的情况，并用脑电仪记录驾驶人的脑电情况，以研究疲劳驾驶时的脑电特性。该研究给出了实验者在静坐、平稳驾驶、换挡操作时分别处于精力充沛状态和疲劳状态的脑电数据和波形，并通过对数据和波形的分析和处理，得到了在疲劳驾驶时的两个脑电特征量。

浙江大学利用动态脑电仪描记了健康的驾驶人驾车行驶时的动态脑电波，并同静止条件下睁眼和坐在椅子上得到的清醒状态和瞌睡状态的脑电波进行对比，得到了判断驾驶人是否处于疲劳状态的依据。或者在虚拟驾驶环境下，探讨驾驶过程中驾驶人心电信号的时域、频域以及非线性指标的变化趋势。

这类方法可以通过脑电图实验得出脑电图中的信号变化情况与疲劳的关系，结果表明在疲劳早期，脑电图中的 δ 波和 θ 波改变幅度小；随着疲劳的加深，δ 波幅增加；在最疲劳时，δ 波、θ 波以及 α 波都会增加。也可以根据脑电图波形与疲劳程度的这一关系，进一步根据疲劳情况把脑电图数据分成四类，把原始脑电图数据经过傅里叶变换转换到频率空间，根据各个波段的幅度变化情况判断疲劳程度。或者利用脑电图的谱分量以及各个频带谱值比率关系来检测疲劳。

2. 心电图

每个心动周期中，心脏的起搏点、心房和心室相继兴奋，生物电会发生变化，而心电图就是通过心电描记器，从体表引出这些不同形式电位变化的图形。心肌细胞的细胞膜受到一定刺激时，细胞膜对钠、钾、氯和钙等离子的通透性就会发生变化，膜内外的阴阳离子的流动使得心肌细胞除极化和复极化，并且与尚处于静止状态的邻近细胞膜构成一对电偶，置于体表的心电电极可以将这个变化过程检测出来，形成心电信号。心电图波形的主要波段和间段如图 5.13 所示。

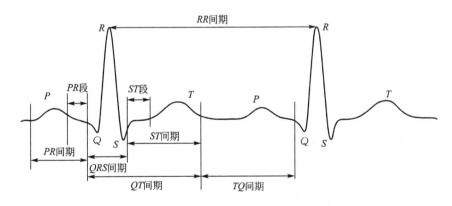

图 5.13 心电信号的心动周期参数示意图

通过对心电信号（心率 HR、心率变异性 HRV）的分析，反映人体的疲劳程度。驾驶人的心率变化与其驾驶状态有很大关系。强行超车、加减速、无视信号、慢行等驾驶行为，都会增加心脏和血管等循环器官的负担。人们受到强烈刺激或精神紧张时，心跳会加快，一般加快20%；车辆运行速度增加时，心跳也加快。国外资料显示，在高速公路上，汽车行驶速度为100km/h时，驾驶人的心跳次数比80km/h时增加20%。心电信号具有简单易行、非侵入式、可随身携带等优点。

心电图利用心电图仪器测出波形图，根据心跳的变化情况判断驾驶人是否疲劳。基于心电图疲劳监测系统将心电图仪器放置在转向盘内，实时获取心电图数据，对信号放大、滤波得出心跳率并以图形方式显示，根据心跳率数据判断驾驶人是否疲劳；或者通过在驾驶座位内置电容电极监控心电图从而得到驾驶人状态，通过心电图中的 P 峰情况判断驾驶状态，并通过比较非接触式与接触式的测量心电图，得出该系统能够准确测量出驾驶人心电图，同时实验表明心电图受路面情况等环境的影响较大；也可以通过放置于转向盘上的智能传感器获取多种生理参数，并使用多种统计方法对各个生理参数之间的关系进行评价。丰田公司设计了一种通过测量人体生理信号的驾驶人防疲劳系统，在驾驶人的手腕上佩戴一块像手表一样的装置，通过测量脉搏、心律等生理信号对驾驶人是否疲劳进行分析。只要驾驶人在操纵转向盘时迟钝，或脉搏异常变化，该装置就能测出这些反应，并发出警告，令坐垫振动或自动制动。

脑电图、心电图属于接触式测量，会对驾驶人的操纵带来负面作用，并且测试条件苛刻，价格过高，因此难以投入实际运用。但它们准确度高，可提供测量标准。

3. 肌电图

通过对肌电信号（肌电信号功率谱中值频率、肌电图积分值）的分析，反映人体的疲劳程度。肌电图信号的测量一般采用诱发电位的方法，在肌肉表面固定好表面电极，肌电信号经表面电极传至肌电图记录仪供研究人员分析。该方法测试较为简单，结论较明确。肌电图的频率随着疲劳的产生和疲劳程度的加深呈现下降趋势，而肌电图的幅值增大则表明疲劳程度增大。

4. 眼电图

眼电图是在眼睛的上下方各放置电极，取得垂直方向的眼电图数据。该方法可以通过分析从眼电图波形图中得出峰尖幅值、上升时间和下降时间三个特征参数。由于在眼睛闭上时，其电极值达到最大值，对应于波形图则表现为峰尖幅值，上升时间为闭眼持久度而下降时间则为睁眼持久度，根据此峰尖值、闭眼时间以及睁眼时间参数值对眼电图波形进行聚类，得出各种疲劳状态下的眼电图波形图。此外，根据眼电图波形图属于某类别的临时分布情况，把眼电图所属某类别的程度列成柱状图，可以清楚得到在某时刻眨眼类型及其变化情况，从而判断驾驶人此刻的警觉程度及是否有疲劳。

这些基于驾驶人生理信号的疲劳检测技术的优点是客观性强，能比较准确地反映人体的疲劳状态，但是其准确性与生理参数检测仪器有较大关系，同时一般都为接触式的检查方法，给驾驶人带来不便，且对个人依赖程度较大，在实际用于驾驶人疲劳监测时有很多的局限性。在该类检测方法上，目前各个研究机构通过自主开发的硬件检测系统检测出相应数据，利用数据处理方法进行疲劳检测识别。

5.4.2 基于驾驶人生理反应特征的方法

基于驾驶人生理反应特征的检测方法跟踪和分析眼睑状态和眼睛的注视位置，在疲劳状态的识别精度和实用性上都较好。

基于驾驶人的生理反应特征的检测方法一般采用非接触式检测途径,利用实时图像处理技术,通过分析驾驶人的眨眼信息、眼球的运动和头部运动特性等推断驾驶人的疲劳状态。驾驶人眼球的运动和眨眼信息被认为是反映疲劳的重要特征,眨眼幅度、眨眼频率和平均闭合时间都可直接用于检测疲劳,实时地跟踪和检测眼睑的活动状态和眼睛的注视位置,从而辨识出驾驶过程中的困倦程度,以便警告或提醒驾驶人。

目前基于驾驶人生理反应研究驾驶疲劳的算法有很多种,广泛采用的算法包括 PERCLOS 方法,即将眼睛闭合时间占一段时间的百分比作为判断疲劳的指标。利用面部识别技术定位眼睛和嘴部位置,将眼睛和嘴部位置结合起来,再根据对驾驶人视线的跟踪可以获得驾驶人注意力方向,并判断驾驶人的注意力是否分散。

1. PERCLOS 检测

1994 年,Wierwille 在驾驶模拟器上进行了一系列实验,结果证明眼睛的闭合时间可以在一定程度上反映驾驶人的疲劳状态。卡内基梅隆研究所经过反复试验和论证,提出了度量疲劳的物理量——PERCLOS(Percentage of Eyelid Closure over the Pupil over Time),并指出 PERCLOS 的 P80(单位时间内眼睛闭合程度超过 80% 时间占总时间的百分比以上的)与驾驶疲劳程度的相关性最好。后来 Grace 等人根据人的视网膜对不同波长红外光反射量不同的生理特点(850nm 的波长能够反射 90% 的入射光;950nm 的波长只能反射 40% 的入射光),在相同照度的情况下,利用两个摄像头同时采集人脸图像,分析差分后瞳孔图像的大小和位置,以此来计算 PERCLOS,可实现对驾驶人疲劳状况进行全天候监测。在此基础上,Hong 等人利用图像处理技术首先定位初始人眼区域,然后使用目标跟踪算法跟踪眼部区域,最后根据 PERCLOS 原理通过对眼睛睁闭状态的分析确定驾驶人是否疲劳。为提高检测算法的实用性,Weng 等人采用红外光源和 DSP 嵌入式系统采集驾驶人脸部图像,利用模板匹配算法对睁眼和闭眼状态进行识别,将改进后的 PERCLOS 计算方法作为判断驾驶人是否疲劳的标准。

美国联邦公路管理局(FHWA)在实验室中模拟驾驶人疲劳驾驶,对多种疲劳检测指标进行了对比(包括眨眼持续时间、眨眼频率、明显的头部运动以及 PERCLOS 方法等),得到测量结果认为 PERCLOS 方法的测量准确率最高。

宾夕法尼亚大学智能交通实验室和 NHTSA 采用 PERCLOS 作为精神生理疲劳程度的测量指标。2000 年 1 月,明尼苏达大学计算机科学与工程系的 Nikolaos P. Papani Kolopoulos 教授成功开发了一套驾驶人眼睛的追踪和定位系统,通过安置在车内的一个 CCD 摄像头监视驾驶人的脸部,实现以下功能:①用快速简单的算法确定驾驶人眼睛在脸部图像中的确切位置和其他脸部特征;②通过追踪多幅正面脸部特征图像来监控驾驶人是否疲劳。

当前,用发光二极管来测定视网膜的反射,探测 PERCLOS 所表征的驾驶疲劳也存在一些问题。利用发光二极管测定眼睛的凝视方向是不准确的,导致示警系统不能始终正确如一地告诉驾驶人出现疲劳。但是,随着计算机图像技术和信号采集系统的高速发展,探测 PERCLOS 的方法必将成为现实交通安全测量驾驶人疲劳的实用方法。

Delphi 公司开发了基于视觉的实时驾驶状态评分系统 DSM(Driver State Monitor)。它在仪表板上安装了正对驾驶人的单目摄像机和两个红外光源,以实现对驾驶人眼睛闭合状态的检测和对头部姿态的估计。通过对 1min 内眼睛平均闭合时间的测量,该系统可以实现在多种光照条件下估计驾驶人的状态。

2. 嘴部状态检测

根据驾驶人在正常驾驶、说话及打哈欠(瞌睡)等状态下嘴部张开程度的不同,吉林大学利用机器视觉的方法提取嘴部形状的几何特征并将其作为特征值,根据 BP 神经网络来识别驾驶人的疲劳状态。北京工业大学提出了一种检测驾驶人是否疲劳驾驶的新方法,该方法首先利用模板匹配算法检测到人脸,然后通过灰度投影算法检测到嘴巴的左右角点,并用 Gabor 小波变换抽取嘴部角点的纹理特征,最后利用线性判别分析识别驾驶人是否打呵欠,并将其作为判别是否驾驶疲劳的依据。

3. 头部位置检测

头部位置传感器是一种用于计算驾驶人头部位置的传感器,设计安装在驾驶人座位上面的一个相邻的电极电容传感器阵列,每个传感器都能输出驾驶人头部距离传感器的位置,可以计算出头在 X、Y、Z 三维空间中的位置,利用三角代数算法可以实时计算出头在三维空间中的位置,同时根据各时间段头部位置的变化特征来辨别驾驶人是处于清醒状态还是瞌睡状态。

清华大学在将头部朝向近似为视线方向的前提下,研究了驾驶人头部朝向角度与注意力分散之间的关系;提出了头部朝向偏离路面的持续时间和时间比例两个注意力分散指标,建立了基于驾驶人面部特征点(如眼睛、鼻孔)的模型以进行头部朝向角度的估算和对注意力分散程度的判别。实验结果表明,对驾驶人面部朝向角度的估计精度达到了较高水平,对注意力分散的检测也达到了较高的准确率。

4. 视线方向检测

通常驾驶人在正常驾驶时,其眼睛会正视前方,而在出现疲劳时视线方向会发生偏离。美国明尼苏达大学利用颜色分析法在人脸图像中首先确定嘴唇的位置,然后在人脸肤色区域内定位双眼,根据瞳孔处图像比周围像素暗的事实确定瞳孔的位置,最后根据瞳孔和眼角的相对位置关系确定视线方向,如果人眼视线偏离正前方向,则认为驾驶人可能因疲劳而注意力不集中。葡萄牙通过研究发现,当驾驶人的注视方向发生改变时,面部朝向也会发生相应的改变,根据人脸的形状和面部器官的分布,利用机器视觉检测技术和椭圆拟合方法获得驾驶人的面部三维朝向信息,由面部朝向可间接反映驾驶人的视线方向,进而检测驾驶人是否疲劳或注意力不集中。

基于驾驶人生理反应特征的检测方法一般采用非接触式检测途径,并利用实时图像处理技术,跟踪和分析眼睑状态和眼睛的注视位置,在疲劳状态的识别精度和实用性上都较好。基于驾驶人生理反应特征的检测方法的优点是表征疲劳的特征直观、明显,可实现非接触测量;缺点是检测识别算法比较复杂,疲劳特征提取困难,且检测结果受光线变化和个体生理状况的影响较大。

5.4.3 基于车辆运行状态的方法

基于车辆运行状态的疲劳检测方法,不是从驾驶人本人出发去研究,而是从驾驶人对车辆的操控情况去间接判断驾驶人是否疲劳。该类方法依据的原理是用线路跟踪或结合驾驶车辆与前车的距离等车辆行为表现出的状态进行疲劳检测。当驾驶人疲劳时，其驾驶行为与正常状态通常存在较大的差异，如反应迟钝，动作迟缓，应急能力下降；失去方向感，驾车左右摇摆；行驶速率不稳定等。因此，利用车辆行驶轨迹变化和车道线偏离等车辆行驶信息也可推测驾驶人是否处于疲劳状态。具体方法是用线路跟踪、驾驶车辆与前车的距离等车辆行为进行睡意检测。车辆离开白线的时间和程度、驾驶时车辆航道保持、转向盘的控制、制动踏板、车辆速度、驾车时的侧加速、车辆侧位移等都可以用于监测驾驶人员是否处于睡意或疲劳状态，进而提出警告或提醒等。

1. 转向盘转动情况检测

日本针对采集到的转向盘转角信号，利用快速傅里叶和小波变换提取转向盘转角信号特征，通过对信号的分析来评价驾驶人是否疲劳。为了全面反映驾驶人的驾驶状态，在对转向盘转动情况检测的同时，也要考虑节气门踏板、制动踏板及换挡机构的运动情况。若转向盘 4s 不运动，或节气门踏板、制动踏板及换挡机构在设定的时间阈值内没有动作，就认为驾驶人有疲劳驾驶迹象发生。中国科学技术大学利用能量分析和小波分析技术，通过对车辆行驶轨迹和转向盘转动角度情况的监控也实现了对驾驶人是否疲劳驾驶的检测。西班牙通过监测转向盘的转向压力来监测驾驶人是否瞌睡。一旦监测到驾驶人疲劳，系统通过汽车前照灯的闪烁和声音报警来警告周围的汽车，而且自动切断汽车燃料供给，使汽车停车。

GWU 的研究员正在研究基于人工神经网络的疲劳监测系统。研究表明，正常路况下，当驾驶人清醒时，转向盘的调整幅度一般比较小，而车辆的行驶轨迹也相应地比较平稳。反之，驾驶人疲劳时，转向盘的转动幅度较大，车辆的行驶轨迹也变化得比较剧烈。基于以上原理，该系统根据转向盘的转动幅度，利用人工神经网络将驾驶人状态分为疲劳和清醒两类。

美国提出通过检测转向盘参数检测驾驶疲劳，出发点是疲劳的驾驶人倾向于选择比较突然的操作方式。例如，正常驾驶时根据行车条件，驾驶人会慢慢地调整转向盘，疲劳驾驶时驾驶人可能突然地调整转向盘。因此转向盘调整的幅度小、速度慢就视为正常驾驶，幅度大、速度快地调整转向盘视为疲劳驾驶，并建议用转向盘转角的功率谱密度函数计算驾驶疲劳，然而这样要保证实时性就很困难了。

上海交通大学通过传感器测量驾驶人驾驶时转向盘、踏板等一些参数来判别驾驶人的安全因素。驾驶人转向盘的操纵情况与驾驶人的安全具有一定的联系。当转向盘较长时间不动(第一种疲劳状态)，说明驾驶人在打瞌睡。研究表明，当转向盘产生幅度 15Hz 以上、0.4Hz 以下的低频率转动时，说明驾驶人操作的闭环反应较迟钝，即开始疲劳(第二种疲劳状态)。驾驶人安全的主观评价值(Subjective Evaluation of Drowsiness, SED)与转向盘的转角和角速度参数的关系最密切，并给出主动安全性的定量指标。

2. 车辆行驶速度检测

沃尔沃汽车公司研制的驾驶人警示系统可记录下驾驶人的驾驶行为，通过实时监测车辆的行驶速度，判断车辆是处于有效控制状态还是处于失控状态，从而间接反映驾驶人是否疲劳驾驶。瑞典通过对车速、车辆横向位置、转向盘转角和航偏角的测量，利用前馈神经网络(FFNN)对测得的疲劳特征数据进行分类，进而判断驾驶人是否疲劳。

3. 车道偏离检测

驾驶人疲劳驾驶时，由于注意力分散、反应迟钝，车辆可能偏离车道。最具有代表性的是美国 Iteris 公司研制的 AutoVue 系统,它通过一个朝向道路前方的 CCD 摄像头检测驾驶人的行车轨迹,在驾驶人因疲劳而导致无意识偏离车道时(如转向灯不开),可及时向驾驶人发出警告。另外,中国台湾利用机器视觉检测技术对车道标志线进行实时检测,当发现车辆异常偏离中线位置时,系统会发出警报提醒驾驶人。美国 Ellison Research 实验室研制的 DAS2000 型路面警告系统就是一种设置在高速公路上用计算机控制的红外线监测装置,当车辆偏离道路中线时,会向驾驶人发出警告;此外,也有研究者在车辆的前端安装摄像头,用来测量车辆离开白线的时间和程度,并向驾驶人报警。不足之处是对白线清晰度要求较高,夜间测量容易失败。

这种方法的优势是非接触检测,信号容易提取,不会对驾驶人造成干扰,但由于车辆运行状态除了与驾驶人的操作有关外,还与车辆特性、操作技能、道路环境、驾驶人驾驶经验、驾驶条件、行驶速度、道路等很多环境因素有关,安全驾驶与非安全驾驶的门限很难界定,且车辆低速行驶时这些参数很难准确反映驾驶人疲劳状况。因此,如何提高驾驶人状态的预测精度是此类间接检测驾驶人疲劳方法的关键问题。

5.4.4 基于信息融合技术的检测方法

依据信息融合技术,将基于驾驶行为的监测方法和基于驾驶人生理特征的监测方法相结合将是理想的监测方法。

日本庆应大学中岛研究室利用 EEG 评价驾驶人的睡意,研究发现车辆的横向位移量、转向盘操作量可以用来作为驾驶人疲劳状态的评价指标,而且可以实现疲劳早期预警。

清华大学以眼部生理反应特征为主,结合转向盘转角信息和车辆行驶轨迹等特征,充分利用不同信息之间的互补性和冗余性,通过信息融合提高对驾驶人状态判别结果的准确性与可靠性。欧盟的 AWAKE 项目的驾驶人疲劳检测报警系统,对转向盘操作转角信息、转向盘转向力信息、人眼生理反应信息以及车道线偏离信息进行了检测和记录,通过研究这些信息与疲劳之间的关系,利用信息融合技术实现驾驶人疲劳检测,采用声音、光照闪烁以及安全带振动等方式对疲劳预警。该系统样车示意图如图 5.14 所示。

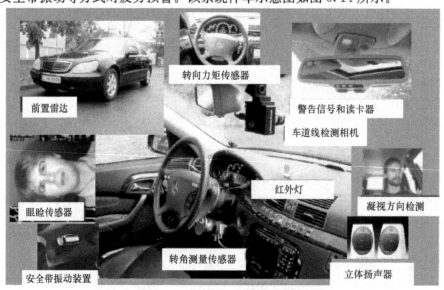

图 5.14 欧盟 AWAKE 项目样车

由欧盟 IST 项目资助的驾驶人高级监测系统包括基于多个参数的驾驶人疲劳实时监测模块和驾驶人报警系统。驾驶人疲劳实时监测模块融合驾驶人监测的传感器信息（包括眼睑的活动、注意力和转向握力等数据）和驾驶人行为数据（包括车道跟踪、制动和转向数据）来判断驾驶人的疲劳程度。驾驶人报警系统包括声音、视觉、触觉报警器，其中声音报警器通过不同报警声音来提高驾驶人警觉性，并通过语音告诉驾驶人当前的警告内容。视觉报警器安装在汽车后视镜或仪表板。安装在座椅安全带锁扣上的触觉报警器是一种振动发生器。通过安全带，驾驶人能感觉到其发出振动信号。该系统预计可以有效、可靠地应用在高速公路系统中。

奔驰公司研究的疲劳识别辅助系统能识别驾驶人的疲劳状态，并及时予以警告。系统的红外线摄像机持续地记录驾驶人的眨眼频率以及每次闭眼的时长，一旦发现闭眼时间过长，驾驶室内就会响起警告信号，同时该系统也使用其他生理监测（如脑电图）等，以获取疲劳时的客观指标；而且融合行驶时动态数据分析，如转向和制动行为，如果驾驶人较长时间没有操纵转向设备，系统也会发出警告。图 5.15 所示为奔驰公司疲劳识别辅助系统。

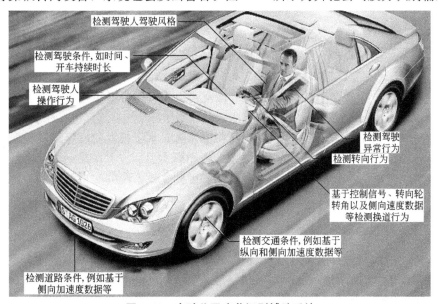

图 5.15　奔驰公司疲劳识别辅助系统

法国的一些研究机构在联合研制一种监测驾驶人精神分散的系统，它可以通过声音或光电信号提醒驾驶人。他们计划用五种传感器来检测驾驶人是否处于疲劳状态。这五种传感器分别为踏板传感器（监控踏板上的压力状况）、转向盘传感器（监控转向盘的活动情况）、汽车速度传感器（监控汽车行驶的速度）、视频传感器（用来实时测量并分析汽车与旁侧车道白线间的距离）、眼睑传感器（监测眼睑眨动持续的时间）。

瑞士的一家汽车设计公司专门针对疲劳驾驶推出了一种驾驶室。这辆车的驾驶室采用了最新的灵敏表面技术，以及各种先进的发光薄膜材料、传感器等，驾驶人需要在手腕上佩戴一个生物统计测量表，以测量其脉搏变化，而安装在车上的摄像头将监测汽车的速度、变线频率以及与前车的距离，所有这些传感监控数据都将汇总到车载计算机中，计算机对驾驶人的精神状态做出快速评估，并迅速启动应对程序。当驾驶人显出倦意时，驾驶室的四个液晶监控器就会显示橙色，以刺激驾驶人的大脑，然后驾驶人的座椅就会开始振动，以唤醒昏昏欲睡的驾驶人。如果驾驶人心情烦躁或者紧张，监控器就会发出蓝色，使他们能够放松；如果驾驶人状态良好，监控器就会发出绿色，示意驾驶人继续保持这样的状态。同时，车内还会同时启动相应的音乐和香味来更好地调节驾驶人的状态，从而提高行车安全。

5.5 基于视觉的驾驶人行为与疲劳状态监测的实现

国内外已经有很多科研机构对基于视觉的疲劳驾驶监测系统进行了深入研究，并取得了一些成果。在这些研究中，研究方法与研究角度都各有特色，从图像采集角度看，有普通图像采集和基于红外光源的图像采集；从模型建立角度看，有对眼睛建立的2D模型和对头部建立的3D模型进行视线估计；从疲劳状态的判断角度看，有单一疲劳参数判断和多个疲劳参数结合机器学习算法进行识别。国内外研究机构所创建的疲劳驾驶监测系统流程如图5.16所示。

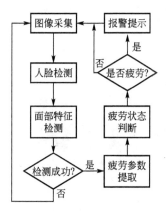

图5.16 疲劳驾驶监测系统流程

如果是基于红外光源的系统，则利用瞳孔对不同波长红外光的反射量不同，直接得到眼睛位置，而省略了人脸检测这一步骤，提高了实时性。

如果有跟踪算法，在第一帧检测到面部特征后，后面的每一帧就可以跟踪目标特征，只有在丢失目标后才重新检测，不需每帧都检测，这样也有利于提高实时性。

由流程图可见，基于视觉的疲劳驾驶监测系统涉及众多图像处理和模式识别技术，是一个综合性很强的视觉处理系统。因此在该系统的实现过程中，每一步都有着重要的研究意义和研究价值。

5.5.1 驾驶人眨眼频率的监测

眨眼频率是指单位时间内眨眼的次数。驾驶人大约90%的信息是从视觉得到的，因此通过测量眼睛闭合、眼睛运动或眼睛生理特性来监视驾驶疲劳是很适宜的方法。其前提条件是眼睛的生理特性能够完全提供驾驶人的警觉信息。如果这些特性能够被测量，那么这种方法探测驾驶人疲劳将是可行的。研究表明，在疲劳引发的事故发生之前，驾驶人眨眼行为提前发生变化。特别地，眨眼频率增加和眼皮覆盖眼睛的百分比增加。

人眼的跳动和移动是相当微弱的，在自然状态下记录眼动是相当困难的。近年来，用现代技术的光学系统和光电系统精确地记录眼球的各种运动，眼动技术能提供眼球在时间和空间上的定位，并进行精确的描绘和定量分析。眼动技术可用来分析酒精、疲劳和各种环境因素对驾驶行为的影响，并可运用于车辆和道路设计的研究。眼动的基本形式主要包括眨眼、注视、眼跳三种。

（1）眨眼：眼睑迅速闭合又迅速睁开的过程，是人体的一种本能反应，是一种不由自主的运动。

（2）注视：被眼睛对准的目标物体在视网膜中央凹上形成景象的视觉活动。

（3）眼跳：眼球从当前注视点转移到下一个注视点这个过程所做的跳跃活动。眼睛搜索观察任何物体，或由一个物体转移到注视另一个物体，或信息刺激出现在周边视野，眼球转动使之落入中心视觉时,眼球并不是在平滑移动,而是在做跳跃活动。视线先在目标物的一部分上停留一下,完成注视后,又跳到另一部分进行注视观察,突然开始,迅速跳动,又突然停止,循环地一跳一停前进。像看书时的眼球,好像是平滑移动,实际上是跳跃活动。

1. 眼睛定位方法

眼睛定位是指在输入的图像中检测出眼睛的位置,是判断眼睛状态的前提。快速、准确地对人眼进行定位是实现驾驶疲劳状态监控的关键。通常认为眼睛有两种状态:睁眼、闭眼。眼睛状态识别就是在眼睛定位后从已经提取的眼睛特征中判断出眼睛的开闭状态,进而判断出驾驶人是否疲劳。疲劳时的眼睛表现为长时间的眨眼,缓慢的眼睑活动,眼睛睁开程度变小或闭合,视线变化不大等。因此,准确地定位眼睛成为驾驶疲劳监测中的关键技术。

眼睛定位之后,就要对眼睛状态进行分析。现在对眼睛状态分析的研究方向主要集中在两方面:基于机器学习的方法进行状态分类和基于图像理解的方法进行状态分析。基于机器学习的方法是在离线状态下用各种状态的眼睛模板,如睁开、半睁开、闭合等,去训练得到分类器,然后利用该分类器在线地判断眼睛状态。基于图像理解的方法即通过图像处理得到某些眼睛特征参数,如眼睑、虹膜等,由这些特征来分析眼睛的状态。这类方法要利用各种图像预处理、图像分割和图像理解等关键技术。

使用 PERCLOS 方法进行驾驶人疲劳驾驶实时监测的关键是要实时准确地定位驾驶人的眼睛并判断眼睛的状态。由于眼睛特征极为丰富,包括内外眼角、上下眼睑、瞳孔、虹膜等,国内外诸多研究机构在这些特征检测方面做了大量研究。针对疲劳监测系统的特殊要求,目前眼睛检测与定位的方法比较多,其中基于正面人脸的快速眼睛定位算法主要有结合可变形模板边缘提取法、对称变换法、虹膜检测法、积分投影法和区域分割法(或称二值化图像定位)等。

1) 区域分割法定位眼睛

区域分割方法是利用眼睛在人脸中的区域灰度特征结合二值化来定位眼睛。在得到的二值化图像中,进行边缘图像置白、黑色连通片区域的搜索,得到若干可疑的人眼区域,对这些区域做平滑处理排除单个黑色像素点的干扰,再收缩窗口以减小运算量,最后搜索人眼窗口并按照一定的条件判断左眼和右眼的位置。另一种方法是先用直方图阈值法将图像二值化,再根据二值化图像中黑色区域的相对位置、面积和形状等几何特征确定瞳孔的位置,最后通过边缘追踪法依次找到上眼眶、眼角和下眼眶。该方法的关键在于阈值的确定和连通区域的筛选,运算量小,即使在人眼闭合的时候也会有黑色的连通片区域,只要对疑似眼睛区域约束连通片于一定的阈值范围,再结合眼睛的位置,就可以准确地搜索出人眼。

2) 结合可变形模板边缘提取法

首先对人脸图像进行边缘提取,然后通过 Hough 变换检测眼球,构造一个包括眼睛、眼睑的眼部模板,从能量角度用一系列函数找出眼睑,该方法需要做大量预处理,参数过多的眼模板对个体差异太大的人脸不适合。灰度投影法是对人脸图像进行水平方向和垂直方向的投影,根据波谷和波峰的分布信息来对眼睛进行定位。这种方法定位速度较快,但波谷、波峰的分布对姿态的变化和不同的人脸异常敏感,所以定位精度较差,而且容易陷入局部最小而导致定位失败。模板匹配是一种常用的眼睛定位方法,首先可以根据眼睛参数构造两只眼睛的模板,也可以从人脸库中进行选取,然后分别用左眼模板和右眼模板在原图像中进行匹配,分别得到两个相似度最大的区域作为定位的眼睛区域。这种方法使用方便，不需要大量的先验信息，但是计算量较大，不能同时实现双眼定位，结果是经常只能定位到一只眼睛。

3) 对称变换法

对称性被认为是计算机视觉研究中物体的一种基本性质，通常在将物体从背景区域中分割出来以后，用来简化物体形状的描述和物体的近似。目前研究最多的是轴对称和点对称(也叫中心对称)。对于人脸而言，眼睛、鼻子、嘴巴等都有较弱的点对称性，广义对称变换就是用来描述物体的点对称的。广义对称变换可以用来定位人眼进而提取脸部特征，在此基础上提出了方向对称变换(Directional Symmetry Transform，DST)，即利用对称性在不同方向上的分布情况反映物体的基本形状特征，提高了定位的精确度。此外，因事先利用一些先验规则估算尺度因子和人眼的可能区域，大大减小了运算量。该算法在100多幅自拍的人脸图像和40多幅MIT的实验图像上做过测试，与使用快速算法前相比运算速度提高了20倍以上，准确率为93.15%。

结合方向对称变换和广义对称变化的优点，产生一种新的对称变换——离散对称变换。它不仅可以由广义对称变换描述物体对称性的大小，而且还可通过对点邻域的考察，去除处于规则区域外的点，从而大大降低了计算量，是一种对眼睛定位的快速算法。广义对称变换是同等对待图像中所有的像素点，计算每个像素点的对称值。实际上，由于在图像中物体的单一背景区域中大面积的灰度均匀区域上的像素点在一定的尺度范围内并不具有明显意义的对称性，就没有必要再计算其对称值，这样的像素点在人脸图像中占了很大一部分，包括除眼、嘴特征区域之外的头发、脸部等区域及部分身体区域。离散对称变换以减少计算量为基本出发点，加入一个对图像灰度不均匀区域的检测步骤以减少其计算量，然后计算对称。接着定义一个与广义对称变化相似的对称算子来计算点对称，但是当人脸在图像深度方向上有较小的旋转角度或人脸在图像平面内存在向两侧的倾斜角度时，准确度会下降很多。

4) 积分投影法

用积分投影法定位眼睛只可给出虹膜的左右边界。由于眼睛的灰度特性在面部特征中较明显，基于灰度的投影法定位眼睛是一种非常有效的方法。常用的投影函数分别是积分投影函(Integral Projection Function，IPF)、方差投影函数(Variance Projection Function，VPF)和混合投影函数(Hybrid Projection Function，HPF)。到目前为止，已经有很多学者将投影函数成功运用于定位面部特征，提出了方差投影函数的概念，而且同时提出了一种利用方差投影函数定位眼睛的简单方法，同时将积分投影函数成功地应用于人脸识别，用拉普拉斯算子对原始灰度图进行二值化，再用积分投影函数对二值图像进行分析。综合上述两种方法的混合投影法，可以对眼睛中心点进行精确定位。

2. 眼睛特征提取

眼睛特征极为丰富，包括上下眼睑、虹膜、瞳孔、内外眼角等。国内外研究机构在各特征检测方面做了大量研究。根据疲劳监测系统的特殊要求，本节主要介绍虹膜检测和眼角检测。

1) 虹膜检测

虹膜是眼睛部分乃至整个脸部区域中特征最为明显的部分。无论是人脸检测、视线检测，或是虹膜识别技术，虹膜定位算法都是最为基础的，它的优劣将直接影响其他特征的检测精度。

虹膜检测主要基于虹膜的两个特征，即灰度特征和几何特征。由于虹膜的灰度与周围巩膜和皮肤的灰度差异很大,故可以用灰度投影法来检测。由于虹膜是圆形的特殊结构,可以用圆或是椭圆来拟合它。

(1) Daugman 圆形检测算子定位虹膜。在 Daugman 虹膜系统中使用积分、微分操作分别检测虹膜和瞳孔的圆心和半径。事实上,它们可以看成圆检测器,因为对于正常的虹膜而言,巩膜总是比虹膜亮,瞳孔一般比虹膜暗。设 $I(x,y)$ 为坐标 (x,y) 处的图像强度,并且将虹膜内边界和外边界模型化为圆心在 (X_c,Y_c)、半径为 r 的圆。通过求式(5-1)的最大值确定上述三个参数。

$$\left| \frac{\partial}{\partial r} G(r) * \oint_{r,X_c,Y_c} \frac{I(x,y)}{2\pi r} \mathrm{d}s \right| \tag{5-1}$$

其中:

$$G(r) = \left(\frac{1}{\sqrt{2\pi}\sigma} \right) \mathrm{e}^{-\frac{(r-r_0)^2}{2\sigma^2}}$$

为高斯函数。由于高斯函数的傅氏变换仍是高斯函数,所以 $G(r)$ 在空间域和频域都可以起到平滑滤波的作用。

"*"表示卷积,式(5-1)实质上是一个以尺度模糊化的圆形边缘探测器。它对瞳孔边缘或虹膜外边缘的定位过程是在三个参数空间 (r,X_c,Y_c) 不断迭代以求得最优解的过程(即求最大值)。

Daugman 的虹膜定位方法是现代商用虹膜识别的基础,但是该方法过分依赖瞳孔圆心的定位,欠缺鲁棒性。

(2) 灰度投影法定位虹膜。基于虹膜在眼睛区域内特殊的灰度特征,可以用灰度投影法检测。常用的灰度投影法有积分投影法、方差投影法和混合投影法。这里采用三种灰度投影法对眼睛窗口进行处理,实验结果如图 5.17 所示,积分投影法对边缘的表现比其他方法明显,但是只能给出虹膜的左右边界,并不能精确勾勒虹膜完整外边缘,对虹膜的内边缘更是"无能为力"。

(a) 眼睛图像　　(b) 积分投影法　　(c) 方差投影法　　(d) 混合投影法

图 5.17　灰度投影法定位虹膜

(3) Hough 变换法定位虹膜。Hough 变换是一种基于参数空间变换的思想进行图像分割的方法。图像分割中一种常用的方法是在图像中移动一个合适形状和大小的掩模,寻找图像与掩模间的相关性。但是由于形状变形、旋转、缩放、遮挡等原因,该掩模与在待处理的图像中物体的表示相差太大。有时图像中部分重叠或遮挡导致物体表示有限。这些情况下的图像分割都可以用 Hough 变换来解决。

Hough 变换法检测眼睛,主要是利用眼球的圆形特征,在边缘检测后提取的边缘中用 Hough 变换寻找到眼球。

该方法的缺点在于对眼睛状态敏感,如果眼睛闭合或者即将闭合,那么提供的虹膜边缘太少,就无法检测出虹膜。

2) 眼角检测

眼睛中内外眼角是一个重要特征,可以将眼角作为角点来检测。国内外对于眼角的提取没有很多的研究成果,对于普通的角点检测已有一些检测方法。

在图像识别里,角点包含被识别目标的重要几何参数信息,其检测的结果直接影响后续图像分析及参数计算精度。根据角点的定义不同,检测方法也不同。角点可以看作两条直线的交点,由此定义可以先拟合两条直线,然后寻找其交点;角点也可以看作图像边界上曲率最大的点,因此可以用链码跟踪后的轮廓点计算曲率来判定角点;角点还可以看作图像中梯度值和梯度变化率都很高的点,可以利用方向导数来检测角点。对于已有的角点检测方法,也可以把它们归为两类:一是根据图像边缘特征,用轮廓点计算边缘曲率或夹角来判定角点;二是直接利用灰度信息进行角点检测。

3. 眼睛状态识别

眼睛的开合状态是进行疲劳识别的重要信息。目前,研究人员在进行眼睛状态识别这一领域中做了大量研究,提出了多种方法,这些方法大致可以分为两大类:基于特征分析的眼睛状态识别和基于模式分类的眼睛状态识别。

1) 基于特征分析的眼睛状态识别

边缘复杂度法:首先,将眼睛图像二值化得到眼睛边缘图,其次,计算眼睛边缘复杂度。

$$\text{com}[k] = \sum_{j=1}^{m} \sum_{i=1}^{n-1} |b(i,j) - b(i+1,j)| k(i,j) \tag{5-2}$$

$$k(i,j) = \begin{cases} \min\left(aj, a(m-j), bi, b\left(\frac{n}{2}-i\right)\right), & i \leqslant \left[\frac{n}{2}\right] \\ \min\left(aj, a(m-j), b\left(i-\frac{n}{2}\right), b(n-i)\right), & i > \left[\frac{n}{2}\right] \end{cases} \tag{5-3}$$

式中,含左右眼睛的图像大小为 $m \times n$ 像素,$b(i,j)$ 为二值图中的 0 或 1,a、b 为调整权重参数。如果眼睛区域复杂度较大,说明眼睛为开眼,否则为闭眼。

模板匹配法:任给一个未知状态的眼睛,如果有开眼模板和闭眼模板两个模板,那么就可以通过看它和哪个眼睛模板最相似来判断它的状态。如果它和开眼模板最相似,那么就可以认为眼睛是开的,否则就是闭的。

眼睑曲率法:开眼时,上眼睑边缘类似开口朝下的抛物线,而闭眼时,上眼睑边缘类似开口朝上的抛物线;因此选择寻找上眼睑并计算眼睑曲率来判断眼睛状态。

眼睛面积法:$S(t)$ 表示眼睛面积随时间的变化,$m_左$、$m_右$、$M_左$、$M_右$ 分别表示初始化统计的左、右眼睛面积的最小值和最大值。

$$P_左(t) = \left| \frac{S_左(t) - m_左}{M_左 - m_左} \right| \tag{5-4}$$

$$P_左(t) = \left| \frac{S_右(t) - m_右}{M_右 - m_右} \right| \tag{5-5}$$

$$P(t) = \frac{1}{2}[P_左(t-) + P_右(t)] \tag{5-6}$$

如果 $P(t)$ 大于 0.5,则表示为开眼,否则为闭。

投影的方法:闭眼的边缘图中常常有两条足够接近的直线,因此可以用投影的方法来观察是否存在这样两条足够接近的线,如果存在这样的线则认为是闭眼;否则为开眼,或再进行下一步检测。

2) 基于模式分类的眼睛状态识别

利用这类方法进行眼睛状态识别是根据样本自动学习规则或知识的方法将眼睛状态识

别的问题转化为判断图像区域是睁眼还是闭眼的分类问题,主要包括特征眼、神经网络、SVM 和 HMM 等方法。

特征眼方法:将所有眼睛图像看作一个空间,将包括睁眼、闭眼状态的眼睛状态图像集合看作一个子空间。采用正交变换可以得到子空间的正交基,其中对应较大特征值的一些特征向量称为特征眼,如果一个图像区域与特征子空间,的距离小于阈值,则属于相应的特征子空间,即眼睛状态。

神经网络方法:不同眼睛状态的眼睛特征作为神经网络输入,已知的眼睛状态作为神经网络输出,训练得到眼睛状态识别分类器。输入新图像,将获得的驾驶人眼睛特征向量输入到神经网络中,根据网络的输出判断驾驶人眼睛的睁闭状态。此方法从大量训练样本中学习物体类内在的统计特性,具有鲁棒性和自适应性的特点。

SVM 方法:支持向量机 SVM 的基本思想是使用最简单的线形分类器划分样本空间,即通过一组训练矢量加权组合得到一个超平面,使得两类物体的分离最优。

HMM 方法:HMM 是一组统计模型,用于描述信号的统计特征,它在语音识别中被广泛应用,也有一些研究者把 HMM 应用于眼睛状态识别;识别之前,需要用一个眼睛图像数据库训练 HMM;检测时根据 HMM 的输出概率决定图像窗口中的眼睛是开眼还是闭眼。

综上所述,基于特征分析的眼睛状态识别方法计算量小、速度快,但是状态识别准确率不是很高。基于模式分类的眼睛状态识别方法对定位的眼睛区域归一化后,识别准确率高,速度快,但是训练过程复杂,计算量大。

4. 眨眼频率分析

正常情况下,人每次眨眼的时间为 0.1~0.3s,每分钟的眨眼频率为 10~15 次,当驾驶人眼睛闭合的时间超过 0.5s 时则很容易发生交通事故。

判断出人眼开闭状态后,可进一步统计出一段时间内驾驶人的眨眼次数。在采集到的视频图像中,由于每一帧图像里的眼睛可以分为两种状态,即睁眼状态记为 0,闭眼状态记为 1,识别出这两种状态之后,就可以计算驾驶人的眨眼频率。

图 5.18 所示为每隔 1s 进行的眼睛状态采样,从图像当中检测到眼睛开的状态到下一次检测到眼睛开的状态,且中间必须有眼睛闭的状态,即由 0 到 1,再回到 0 的状态,记为一次眨眼过程,同时记录过去 1min 的眨眼状态,这样就能清楚地知道驾驶人眨眼情况,即为记录一个人在模拟正常和疲劳状态下 1min 内的眨眼频率统计图,可以看出,眨眼频率在疲劳时相对于正常情况时呈明显下降(约为 40%)趋势。

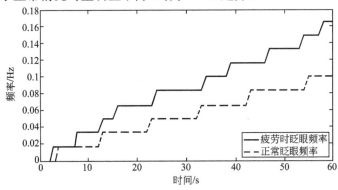

图 5.18 眨眼频率示意图

5. PERCLOS 判定准则

PERCLOS 是 Percentage of Eyelid Closure over the Pupil over Time 的缩写，即在单位时间里眼睛闭合时间所占的百分率。这项研究使得实时测定眼睛闭合百分率的传感器得到迅速的发展。最早研究 PERCLOS 是 Walt Wierwille，他从 20 世纪 70 年代在弗吉尼亚大学开始研究眼睛光学变量与疲劳的关系，80 年代到 90 年代的研究表明，疲劳与缺乏睡眠、瞳孔直径、注目凝视、眼球快速转动（Saccades）、眉眼扫视、眨眼睛以及其他因素有关，并且发现 PERCLOS 是最具潜力的疲劳测定方法之一，其数据真正能够代表疲劳，是对疲劳进行估价测定的最好方法。

1999 年 4 月，美国联邦公路管理局（FHWA）召集各个大学有关研究驾驶疲劳方面的专家学者，讨论了 PERCLOS 和其他眼睛活动测量方法的有效性。研究认为，应该优先考虑把测量机动车辆驾驶人的 PERCLOS 作为车载的、实时的、非接触式的疲劳测评方法。驾驶人在驾驶车辆时，由于种种原因往往会产生生理机能或心理机能的失调，即在生理或心理上产生疲劳，从而导致机能失调。驾驶人在行车中一旦出现疲劳征兆，就很容易发生危险。疲劳驾车的原因往往与气候、交通条件和道路条件有关。因此，驾驶人的工作时间应当根据这些情况酌量增加或减少。

通常 PERCLOS 方法有以下三种标准。

（1）P70：表示当瞳孔面积有超过 70% 被眼睑遮住时，就认为眼睛处于闭合状态。统计在单位时间内眼睛闭合时间所占的时间比例。

（2）P80：表示当瞳孔面积有超过 80% 被眼睑遮住时，就认为眼睛处于闭合状态。统计在单位时间内眼睛闭合时间所占的时间比例。

（3）EM：表示当瞳孔面积有超过 50% 被眼睑遮住时，就认为眼睛处于闭合状态。统计在单位时间内眼睛闭合时间所占的时间比例。

实验结果表明，PERCLOS 中的 P80 与疲劳发展程度的相关性较好，且具有良好的线性关系，其曲线图如图 5.19 所示。

根据 PERCLOS 的测量原理（图 5.20），测量出 $t_1 \sim t_4$，就能计算出 PERCLOS 的值：

$$f = \frac{t_3 - t_2}{t_4 - t_1} \times 100\% \tag{5-7}$$

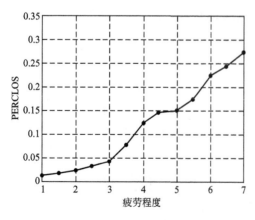

图 5.19　PERCLOS 与 P80 的相关性

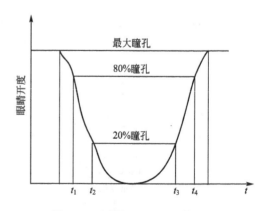

图 5.20　测量 PERCLOS 的原理

式中，f 代表眼睛闭合时间的百分率，即 PERCLOS 的值；t_1 是眼睛从最大瞳孔开度闭合到 80% 瞳孔开度所用时间；t_2 是眼睛从 80% 瞳孔开度闭合到 20% 瞳孔开度所用时间；t_3 是眼睛从 20% 瞳孔开度闭合到 20% 瞳孔开度睁开所用时间；t_4 是眼睛从 20% 瞳孔开度睁开到 80% 瞳孔开度所用时间。

PERCLOS 的测量方法是：用摄像机抓取驾驶人的脸部图像，通过图像处理方法得到眼睛图像，经过图像分析和识别的手段确定眼睛是睁开还是闭合的。定义眼睛瞳孔开度大于 20% 是睁开；而瞳孔开度等于 20% 或更小为闭合。眼睛闭开比是测量时间内眼睛闭合的时间与眼睛睁开的时间之比。眼睛睁开是通过眼睛图像像素的模板比较得出的；同样眼睛闭合也是通过眼睛图像的像素模板比较得出的。时间是通过每帧图像处理的时间计算出的。

由于睡眠不足，或者长时间的驾驶导致驾驶人疲劳驾驶，在疲劳驾驶过程中，驾驶人在生理、心理、行为上会产生复杂的变化，而心理信息的捕捉往往需要特殊的设备，其可靠性仍在研究之中。而在机器视觉领域，可以通过观察驾驶人的面部状态判断驾驶人是否疲劳驾驶，特别是眼睛最容易观察到的，能直接反映驾驶人疲劳状态的特征：驾驶人精力充沛时，眼睛会长时间睁开，而且眨眼频率很稳定；驾驶人进入疲劳状态时，眼睛的眨眼频率会明显升高，同时眼睛的闭合时间比精力充沛时的闭合时间要长很多。过于疲劳可能会进入打盹状态，即眼睛进入长时间闭合状态。在基于眼部状态的驾驶疲劳判断方法中最为成熟、认可度最高的就是 PERCLOS 准则。

5.5.2 驾驶人嘴部活动的监测

1. 基于 Fisher 线性变换的嘴唇分割

驾驶人在正常驾驶过程中，其嘴基本上处于闭合状态；但当频繁地与他人说话或用手机通话时，其嘴部大部分时间处于普通张嘴的状态或一张一闭的重复状态。在这些情况下，驾驶人的注意力会不集中从而导致驾驶精神分散；另外，当驾驶人频繁地打哈欠时，其嘴张开很大，据此可判断其处于疲劳驾驶状态。显然，后两种情况在驾驶人驾驶过程中是不允许的。通过嘴唇分割，可以得到驾驶人的嘴部区域。

嘴唇分割是将感兴趣的嘴唇区域准确地提取出来，是进一步进行嘴唇特征点定位和判断嘴部状态的基础。嘴唇是人脸上特征非常突出的部位之一，主要特性是唇色相对肤色颜色较红，有很多边缘，而且在说话时嘴唇是整个人脸变化最剧烈的区域。为了能够得到嘴唇或得到其轮廓，人们提出很多方法，如在灰度图像里基于区域和基于边界检测的方法，但是这些方法在有明显的嘴唇口红或标记的正面图像才有较好的实验结果。

图 5.21 演示了嘴唇图像分割过程。在该图像中，嘴唇和其周围肤色灰度对比不明显，其图像边缘也不明显，如图 5.21(c) 所示。图 5.21(d) 是利用 HSI 颜色空间色度(H)对嘴唇图像进行简单阈值分割的图像，嘴唇分割也不理想。根据前面已经得到的人脸区域，实际所面对的是一个两类判别问题，即判断这块区域是人脸肤色还是嘴唇唇色，一般采用贝叶斯公式来判别。Fisher 线性变换是一种线性判别变换，它通过使两类类内距尽量小，类间距尽量大的原则，将多维空间变换为一维空间。在 RGB 空间将颜色值 R、G、B 在亮度上进行归一化得到 RGB 颜色空间，r、g、b 大大减少了亮度对颜色的影响。在 RGB 颜色空间，对肤色和唇色的颜色向量 $(r, g, b)^T$ 进行 Fisher 变换，如图 5.21(e) 所示，肤色和

唇色很好地被分割开了。采用该方法不仅使唇色和肤色能够区分开而且嘴唇轮廓有较明显的边界,从而提高了嘴部定位的准确性。该方法包含了唇色和肤色的相对关系,能够在变化的光照条件下提供相对不变性,并能利用人脸的彩色图像精确地定位嘴唇区域,从而克服灰度图像本身固有的缺点。

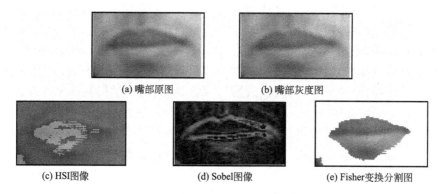

图 5.21　嘴部图像分割过程

众所周知,人的嘴唇是天然地显红色,即使是黑人,嘴唇也是暗红色,这种颜色与面部其他部位的区别是很明显的。嘴唇的主要颜色特征是唇色相对肤色颜色较红,而且归一化 RGB 颜色对光照和人脸运动和旋转具有不变性。因此,取颜色像素 $x=(r, g, b)^T$ 来区分嘴唇唇色和肤色。其中:

$$r = \frac{R}{R+G+B} \tag{5-8}$$

$$g = \frac{G}{R+G+B} \tag{5-9}$$

$$b = \frac{B}{R+G+B} \tag{5-10}$$

Fisher 线性分类器能够寻找一个投影方向 w^*,使 Fisher 准则函数 $J_F(w)$ 值最大,即类间距尽可能大,类内距尽可能小。将颜色向量投影到 w^* 上后,肤色和唇色颜色信息则能够很好地区分出来。

为了保证 Fisher 线性分类器的顽健性,训练采用不同人、不同光照、不同嘴部张开状态下的 30 幅人脸图像数据作为训练样本。通过手动标定唇色和肤色像素(不包括胡须、牙齿等非肤色和唇色像素),并将其存入唇色和肤色训练集中,进行 Fisher 线性变换训练学习,得到最佳 Fisher 线性变换的投影方向 w^*。

利用得到投影方向 w^*,通过式(5-11)计算图像每个样本颜色像素(肤色、唇色像素) Fisher 线性变换值,就可得到样本 Fisher 线性变换投影图,如图 5.22 所示。

$$y_n = w^{*T} x \tag{5-11}$$

从图 5.22 可看出,嘴唇和皮肤颜色向量 Fisher 线性变换值差异明显,其中唇色 Fisher 线性变换值大于肤色 Fisher 线性变换值。根据决策规则:

如果 $y \geq y_0$,则 $x \in$ 唇色

如果 $y < y_0$,则 $x \in$ 肤色

只要确定一个阈值 y_0,将投影点 y_n 与 y_0 作比较,便可将肤色和唇色区分出来。阈值

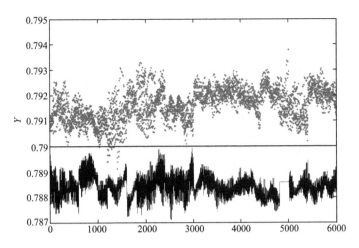

图 5.22 Fisher 线性变换投影图
(上半部分代表唇色像素，下半部分代表肤色像素)

y_0 由式(5-12)决定：

$$y_0 = \frac{N_1 y_1 + N_2 y_2}{N_1 + N_2} \tag{5-12}$$

式中，N_1、N_2 分别为两类样本的个数；y_1、y_2 分别为两类样本投影值的均值。

取人脸的下半部分作为嘴部区域的初步感兴趣区域。利用上述 Fisher 线性变换将感兴趣区域内的人脸肤色和唇色分开，但是人脸的下半部分不仅有皮肤和嘴唇两类，而且还有鼻孔、胡须、嘴唇内腔的阴影区域等黑色部分，它们均不在皮肤和嘴唇颜色范围内。经过上述 Fisher 线性变换，会使这些部分的 Fisher 变换值常常与嘴唇像素的变换值非常接近，影响嘴唇的检测，因此需要一定的限制条件将它们排除出去。可以利用人脸肤色(包括嘴唇)的相似度作为约束条件将非人脸肤色剔除掉。式(5-13)是有限制的 Fisher 线性变换公式：

$$y_n = \begin{cases} w^{*T}x, & x \in \text{嘴唇或人脸肤色} \\ 0, & \text{其他} \end{cases} \tag{5-13}$$

式中，y_n 是 Fisher 线性变换值。

通过这种有约束条件的 Fisher 线性变换减少了人脸其他黑色部分对嘴唇分割的影响，提高了嘴唇区域分割的准确性，从而使嘴唇的轮廓保持完整。

2. 基于连通区域标记的嘴部定位

在完全没有先验知识的情况下，对于一些独立的唇色像素点，若将它们归为嘴唇区域，自然想到连通成分分析的方法，属于同一个嘴部区域的唇色像素点应该是相互连通的；反之，嘴唇区域也应该由一些连通的唇色像素点构成。经过 Fisher 线性变换分割得到的图像常包括多个区域，需要通过连通成分标示分析把它们分别提取出来。标示分割后(二值)图像中各区域的简单而有效的方法是检查各像素与其相邻像素的连通性。

图 5.23(a)表示经过 Fisher 线性变换嘴唇分割后的嘴部感兴趣区域图像的某个部分。其中 Y 代表图像中存在的嘴唇像素或与嘴唇像素颜色相似的非嘴唇像素，而且根据物体的连通性可知，同一物体上的 Y 点应在各邻域内相互连通，因此初步可以判断出该幅图像中

包含三个不同物体，连通成分标示的作用就是对不同物体进行有序编号。下面采用八连通标示算法来进行标示。由于扫描按从左向右、从上向下的规则有序进行，则对任一点 P 来讲，八邻域的左上、上、右上、左位置上的各点必然是已经扫描过了的点，在扫描过程中遇到物体上的点 P，则该点的左上、上、右上、左位置上的各点必然已经加过标记，对 P 点加的标记值就由 P 点左上、上、右上、左位置上的四点决定。主要有以下三种不同的情况。

（1）左上、上、右上、左位置上的各点皆为背景 0，则 P 点加一新标记。

（2）左上、上、右上、左位置上的各点有的为背景 0，有的不为 0，则从左上邻域点开始按逆时针方向的第一个为非背景 0 的标记值标记。

（3）左上、上、右上、左位置上的各点皆已经加上标记，则 P 点标记值与左点的标记值相同。

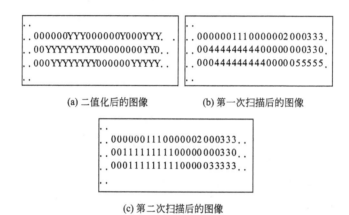

图 5.23　连通成分标示分析

按照以上三个原则，在第一次扫描后所有物体上的点 Y 都已经被加上标记，如图 5.23(b)所示。标记依次为 1，2，3…。这时图中同一物体上可能有几种不同标记，因此需进行第二次扫描把同一物体上的标记统一起来。第二次扫描的规则如下。

（1）扫描按从左至右、从上到下的顺序进行。

（2）扫描过程中，如果遇到某点 P 加有标记，则该点八连通的标记值全部改为 P 点的标记值。这里需要注意的是，标记值的改变是统一进行的。

如图 5.23(b)所示，在扫描到图中所示的有标记值的第一行时，扫描到第一个标记值为 1，则考察该点八连通的标记值，结果该点右、左下、下、右下有标记值，分别为 1，4，4，4。则将图中所有标有标记值为 1 和 4 的点的标记值全部改为当前扫描点的标记值，即 1。从图 5.23(c)中可以看出，图中三个不同物体上的区域都被成功地用数字标示出来了。

驾驶人嘴部区域连通成分标示结果如图 5.24 所示。其中，图 5.24(e)显示图像中的数字 1，2，…，8 为图像中孤立区域的标签，00 为占位符，目的是使标签图像打印整齐，并无实际意义。从图可以看出驾驶人嘴部区域存在 8 个独立区域，其标签分别为 1，2，3，4，5，6，7，8。

首先对获取的嘴部感兴趣区域的图像进行肤色约束，排除胡须、嘴唇内腔的阴影区域

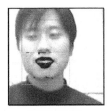

(a) 原图　　　　(b) 人脸定位　　　　(c) 嘴唇分割　　　　(d) 待标示区域

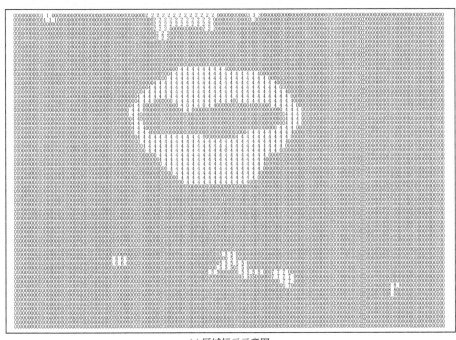

(e) 区域标示示意图

图 5.24　嘴部区域分割及连通成分标示示意图

等黑色部分，再进行像素颜色的 Fisher 线性变换处理，将嘴部感兴趣区域的图像分割成相互孤立的几个区域。然后利用八连通成分标示算法对这几个孤立的区域进行区域标示，进而获取各孤立区域的各种参数，如坐标位置、像素个数等。接着利用上面所讲到的几何约束对这些孤立区域进行判断，最终得到嘴部区域。

下面以图 5.24 为例，具体介绍一下定位过程。

如图 5.24 所示，经过八连通成分标示后标签图像上剩下了 1，2，…，8 共 8 个标签，这表示驾驶人嘴部感兴趣图像经唇色分割处理后被分割成了相互独立的 8 个区域。这 8 个区域的约束参数计算结果见表 5-1。

表 5-1　各区域约束参数表

参数标签	像素总数	区域宽度	区域高度	中心点位置(x, y)
1	10	6	2	(59, 143)
2	108	28	8	(111, 146)
3	8	4	2	(135, 143)

(续)

参数标签	像素总数	区域宽度	区域高度	中心点位置(x, y)
4	1375	62	40	(120, 178)
5	50	14	6	(125, 228)
6	15	6	4	(85, 227)
7	21	8	4	(145, 230)
8	8	3	3	(184, 233)

图示的驾驶人脸部图像区域参数为：人脸宽度为164像素，人脸高度为108像素，人脸下半部分中心位置为(124, 197)。根据上述的约束条件，从表5-1中可以得出标签为4的区域符合嘴部的几何约束条件，该区域的最大外接矩阵即为嘴部区域。

3. 驾驶人嘴部区域特征提取

人的发声器官由呼吸器官、喉头、声带、口腔、鼻腔所组成。在发声过程中，如果从生理解剖学角度考虑由于肌肉的牵引下半部分脸在每一时刻的运动情况，将是十分复杂的。人在说话过程中存在嘴形（口型）的变化，用语言描述起来不外是嘴张开的大小和嘴形的圆展性。通常，驾驶人在正常驾驶过程中，其嘴基本上处于闭合状态，嘴形呈自然状态；当驾驶人频繁说话时，其嘴大部分时间处于普通张嘴的状态或一张一闭的重复状态，嘴形变化较大；当驾驶人打哈欠状态时，其嘴处于张大嘴的状态，下颚下垂，嘴角向内收缩。通过观察驾驶人嘴部张开程度，可以直观地把驾驶人频繁说话时的普通张嘴、打哈欠时的大张嘴、不说话时的嘴闭合三种状态表示出来。如图5.25所示，显然嘴部区域在以上三种状态下的嘴形的几何特征有明显区别。根据这个基本规律，可提取出表示驾驶人嘴部状态的嘴部几何特征值。

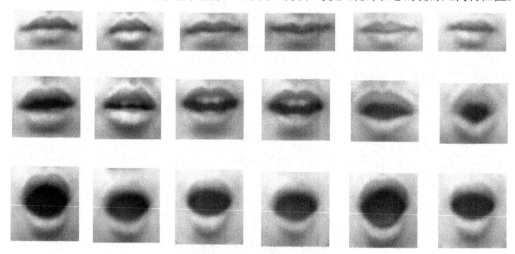

图5.25 驾驶人嘴部的三种状态

仔细分析图5.25中的图形可以看出，嘴部区域的三种形状区别明显，如果找出能够表征嘴部区域形状的特征值并输入神经网络分类器，则利用神经网络模糊分类的优点，就可以识别出驾驶人嘴部的三种不同状态，即驾驶人说话时的普通张嘴、打哈欠时的大张嘴、不说话时的嘴闭合的三种嘴部状态。

嘴部区域的形状可以由上、下嘴唇的形状来表示。如图 5.26 所示，α 是左右嘴角与水平的夹角，可以表示头部在平面范围内倾斜角度。选取如下各个嘴部区域特征点：A 点为嘴部图像右嘴角点，B 为嘴部图像左嘴角点，C 点为嘴部图像上嘴唇中心最上点，D 点为嘴部图像上嘴唇中心最下点，E 点为嘴部图像下嘴唇中心最上点，F 点为嘴部图像下嘴唇中心最下点。定义如下几个嘴部区域几何特征值。

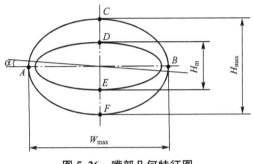

图 5.26　嘴部几何特征图

(1) 嘴部区域的最大宽度 $W_{\max}$：嘴部图像右嘴角点 A 到左嘴角点 B 的距离，即线段 AB 的长度。

$$W_{\max} = \overline{AB} \tag{5-14}$$

(2) 嘴部区域的最大高度 $H_{\max}$：嘴部图像上嘴唇中心最上点 C 到下嘴唇中心最下点 F 的距离，即线段 CF 的长度。

$$H_{\max} = \overline{CF} \tag{5-15}$$

(3) 上、下嘴唇之间的高度 H_{m}：嘴部图像上嘴唇中心最下点 D 到下嘴唇中心最上点 E 的距离，即线段 DE 的长度。

$$H_{\mathrm{m}} = \overline{DE} \tag{5-16}$$

图 5.27 为某驾驶人在不说话时的嘴闭合、说话时的普通张嘴、打哈欠时的大张嘴的三种嘴部状态下几何特征值 $W_{\max}$、$H_{\max}$、H_{m} 的变化情况图。

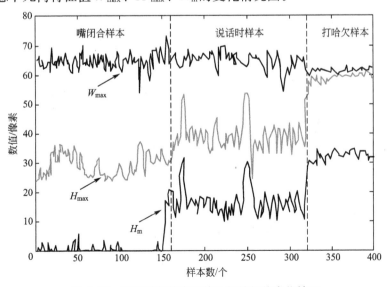

图 5.27　三种嘴部状态下的几何特征值变化情况

从图 5.27 中可以发现驾驶人在说话或打哈欠与正常情况下的三个嘴部几何特征值有明显区别。驾驶人从不说话、说话,到打哈欠时,W_{max} 值变化较小,其由大变小。H_{max} 值变化较大,其由小变大。H_m 值也变化较大,其由小变大。因此,可以利用这些特征进行嘴部状态的判断。

嘴部区域的最大宽度 W_{max}、最大高度 H_{max} 能够表征嘴部的张开程度,应取为特征值;上嘴唇与下嘴唇之间的最大高度 H_m 在说话和不说话时也有明显不同,也应取为特征值。将以上三个特征值组成一组向量,即可描述出不同状态下的嘴部几何特征。这样,就获得了能够描述驾驶人嘴部的三种不同状态的嘴部区域几何特征值,将它们组成一个特征向量 Z,即可作为下一步判别分类的输入向量,从而获得驾驶人的嘴部状态。

$$Z = (W_{max}, H_{max}, H_m)^T \tag{5-17}$$

为了得到嘴部区域几何特征值,必须在嘴部区域内准确地得到嘴部图像的嘴唇特征点:左右嘴角点 A 和 B、上嘴唇中心最上点 C、上嘴唇中心最下点 D、下嘴唇中心最上点 E、下嘴唇中心最下点 F。根据嘴部定位结果,经过图像像素颜色值的 Fisher 线性变换和连通成分标示分析可以得到完整的嘴唇轮廓,为嘴唇特征点的定位打下良好的基础。根据人脸嘴唇特征点的几何分布特征,并通过水平投影确定左、右嘴角,再作垂直于左右嘴角的直线,在直线的方向上进一步搜索可得到上嘴唇中心最上点、上嘴唇中心最下点、下嘴唇中心最上点、下嘴唇中心最下点。

1) 左、右嘴角点定位

嘴唇像素点的垂直投影图的纵坐标为图像中一列上所有嘴唇像素点之和。横坐标为列坐标号。利用嘴部区域图像中的嘴唇像素点的垂直投影来确定嘴唇左、右边界,左、右嘴角的横坐标。在嘴唇左、右边界列上,把计算所有嘴唇像素的纵坐标值的平均值,作为左、右嘴角的纵坐标,定位过程如图 5.28 所示。这样的定位过程在头部倾斜不大(<20°)度的情况下,左、右嘴角定位准确,并为其他嘴唇特征点的准确定位提供依据。

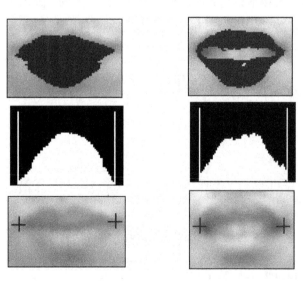

图 5.28 嘴角定位

2) 上嘴唇中心最上点、下嘴唇中心最下点定位

在左、右嘴角准确定位后,连接左、右嘴角点,并作该连线的中垂线。上嘴唇中心最上点、下嘴唇中心最下点的横坐标是中垂线的坐标位置值。在中垂线左右对称±10像素宽度范围内进行嘴唇像素的水平投影,如图5.29和图5.30所示。在该宽度范围内取最上方和最下方水平投影值满足水平投影最大值的70%的纵坐标作为上嘴唇中心最上点、下嘴唇中心最下点的纵坐标值。

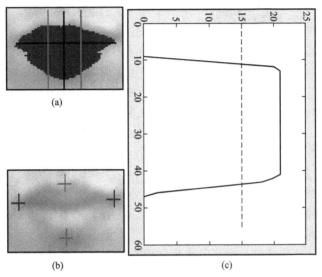

图5.29 闭嘴时上嘴唇中心最上点、下嘴唇中心
最下点定位和水平投影图

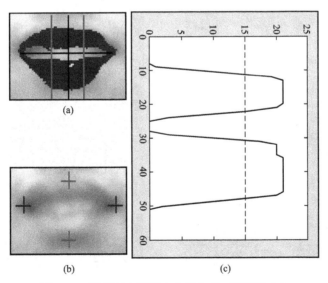

图5.30 张嘴时上嘴唇中心最上点、下嘴唇中心
最下点定位和水平投影图

3) 上嘴唇中心最下点、下嘴唇中心最上点定位

上嘴唇中心最下点、下嘴唇中心最上点的定位不是很直接,如图5.29(a)和图5.30

(a)所示,嘴闭合和张开时,它们的定位方法显然不同。根据图 5.29 和图 5.30 中垂线附近嘴唇像素的水平投影来决定嘴是否张开。显然,在水平投影中只有一个投影量峰值,则为闭嘴。在嘴闭合时,上嘴唇中心最下点、下嘴唇中心最上点和左右嘴角点在同一直线上,取其左、右嘴角点坐标值的中点作为上嘴唇中心最下点、下嘴唇中心最上点的坐标值,定位结果如图 5.31(a)第三图所示。如果在水平投影中有两个投影量峰值则为张嘴。在嘴张开时,同样按照上嘴唇中心最上点、下嘴唇中心最下点定位的方法,取其两峰值中间水平投影量满足水平投影最大值的 70%的纵坐标作为上嘴唇中心最下点、下嘴唇中心最上点的纵坐标值。上嘴唇中心最下点、下嘴唇中心最上点的定位结果如图 5.31(b)第三图所示。

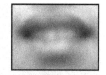

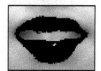

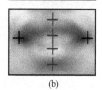

图 5.31　上嘴唇中心最下点、下嘴唇中心最上点定位

通过上述的方法定位嘴唇特征点,可以准确得到描述嘴部区域的几何特征值。图 5.32 为驾驶人嘴部定位和嘴唇特征点定位的实验图片。从图 5.32 中可以看出,不同光照条件、不同头部倾斜和不同的嘴部状态下驾驶人嘴唇特征点定位准确,从而可以准确地得到驾驶人嘴部区域的三个几何特征值,为驾驶人嘴部状态的判断打下了基础。

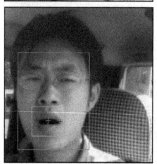
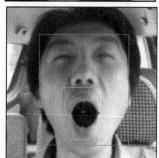

图 5.32　嘴部区域和嘴唇特征点定位

4. 基于神经网络嘴部状态识别

将获得的驾驶人嘴部的几何特征值组成的特征向量输入到 BP 网络中,根据网络的输出得到驾驶人嘴部的三种状态,即驾驶人说话时的普通张嘴、打哈欠时的大张嘴、不说话

时的嘴闭合的三种嘴部状态。

BP 网络为三层结构，输入层有三个神经元，分别代表驾驶人嘴部区域的不同几何特征；隐层选用 14 个神经元；输出层有三个神经元，分别代表驾驶人嘴部三种不同状态，隐层的传递函数为 Sigmoid 函数。

同样，网络的输出向量为 $Y_1=[1, 0, 0]^T$、$Y_2=[0, 1, 0]^T$ 和 $Y_3=[0, 0, 1]^T$，其中 Y_1 代表驾驶人打哈欠时的大张嘴；Y_2 代表驾驶人正常说话时的普通张嘴；Y_3 代表驾驶人在正常行驶状态时的嘴闭合。该 BP 神经网络的网络结构如图 5.33 所示。

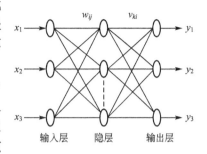

图 5.33　BP 网络结构

根据前面的分析，可以知道每一帧图像驾驶人嘴部的状态。疲劳驾驶状态和驾驶精神分散状态是一个连续累积的过程，因此不能只根据当前一帧驾驶人嘴部的状态来判断驾驶人的状态，这是因为人不说话时，偶尔也会张开嘴，而且人在说话时嘴也是时张时闭。为了减少驾驶人状态报警的误警率，提高系统报警的准确性，需要根据驾驶人嘴部状态的连续时间序列数据统计规律统计驾驶人的状态。如果用"0"表示嘴闭合状态，用"1"表示普通张嘴状态，用"2"表示张大嘴状态。那么驾驶人嘴部状态就是由"0"、"1"、"2"组成的一个时间状态系列。可以将根据这时间状态系列来判断驾驶人的状态。

驾驶人在正常驾驶过程中，其嘴基本上处于闭合状态。当驾驶人处于打哈欠状态时，其嘴张开很大。资料表明，人在打哈欠时张大嘴的平均时间至少持续 5s 以上。根据这一原则，以 6s 作为计算周期，系统监测频率为 12 帧/s。如果 6s 内统计驾驶人嘴部连续处于张大嘴状态的时间超过 5s，即 72 帧中驾驶人嘴部状态时间状态系列中"2"连续且其次数超过 60 次，则可以判断驾驶人处于打哈欠的疲劳状态，监测系统给予疲劳驾驶警告信号。图 5.34 为驾驶人某次打哈欠的过程中三个嘴部几何特征值 W_{max}、H_{max}、H_m 值以及相应的嘴部状态值变化情况，"0"表示嘴闭合状态，"1"表示普通张嘴状态，"2"表示张大嘴

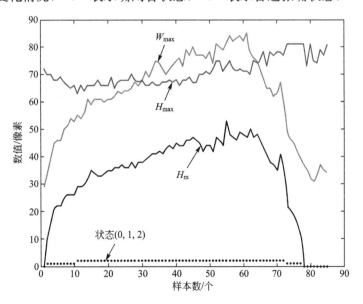

图 5.34　驾驶人打哈欠过程嘴部几何特征值和状态变化图

状态。从图可以看出驾驶人打哈欠的过程是从普通张嘴过渡到张大嘴,张大嘴状态从第11帧开始一直持续到第72帧,然后过渡到普通张嘴。可以看出驾驶人连续张大嘴的帧数为62帧,持续的时间超过5s,因此这段时间内驾驶人处于打哈欠状态。

处于说话状态时,有些人大部分时间处于普通张嘴的状态,有些人一段时间处于普通张嘴或一段时间处于一张一闭的重复状态。另外,不同人说话时说话速度不同,其嘴张开和闭合频率不同,而且,如果嘴一直处于张开情况下,其频率也不方便计算。考虑到人在说话时,其嘴张开的时间大于闭合的时间。因此,采用驾驶人普通张嘴所占的时间百分比作为驾驶人说话的判断标准。根据实验统计,选择时间百分比为60%,即驾驶人嘴部状态时间序列中"1"的次数所占的比例为60%。图5.35为驾驶人某段时间连续的说话过程中三个嘴部几何特征值 W_{max}、H_{max}、H_m 值以及相应的嘴部状态值变化情况,"0"表示嘴闭合状态,"1"表示普通张嘴状态,"2"表示张大嘴状态。

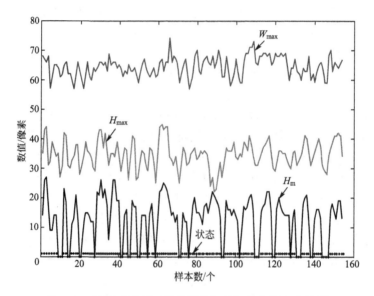

图 5.35 驾驶人说话过程嘴部几何特征值和状态变化图

从图中可以看出驾驶人某段时间(两个计算周期,12s时间)连续说话的过程中驾驶人嘴部的状态大部分时间处于普通张嘴状态,有段时间内驾驶人嘴部处于普通张嘴和闭合交替的过程。图中驾驶人嘴部状态处于普通张嘴的帧数为117帧,处于闭合状态的帧数为37帧。普通张嘴所占的时间百分比(即帧数比)为76%,因此,这段时间内驾驶人处于连续的说话过程中。

5.5.3 驾驶人头部运动方向的监测

正常人在疲劳时还有另一个常见的行为——打瞌睡(或打盹),这在头部运动上表现为频繁的点头运动。通过研究驾驶人疲劳时的头部运动规律,一般将点头频率应用到疲劳检测系统中。

点头频率的检测比较简单,只要统计出眼睛的垂直运动规律就可以得到。将眼睛的垂直坐标(左右两眼的平均垂直坐标)随时间的变化规律绘制成一条曲线,水平坐标是时间,垂直坐标是眼睛的垂直位置,以抬头的动作为标准来计算点头的次数。因为打瞌睡时点头动作过程中低头可能是比较缓慢的,但抬头通常都比较迅速,以抬头来计算点头次数比用低头更加可靠。如果该曲线在某个位置急剧升高，则说明在该时间头部经历了一次抬头的动作。统计某一段时间内的抬头出现的次数，就可以得到点头频率的值。

为保证统计的可靠性，对上述的位置—时间曲线的升高值还有一些要求。

(1) 该升高值必须达到一定的规模才能计算到统计值中去。

(2) 整个升高过程的时间跨度必须比较小。

如果不满足上述要求，则不予统计。垂直位置-时间曲线的示例如图 5.36 所示。

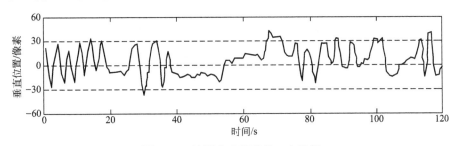

图 5.36　检测点头频率的一个示例

5.5.4　驾驶人面部朝向的估计

众所周知，正常驾驶过程中驾驶人的面部应该朝向前方，在汽车行驶中如果驾驶人的面部偏离前方较大角度，则此时很容易发生交通事故。因此对驾驶人面部朝向的研究对于驾驶人注意力状况的监测具有重要意义。

头面部朝向估计的方法可以分为两类：基于脸部特性(外观)的方法以及基于模型的方法。基于脸部特性的方法假定在三维人脸姿态与某种人脸图像特性之间存在特定的因果关系，解决问题的核心是如何获得这种关系。脸部图像特性通常包括图像亮度、颜色、梯度，或者某种图像变换，如图像到特征空间的投影。它同时也包括图像的一些几何特征或者区域特征。而基于模型的方法给定一个三维人脸模型，首先建立二维与三维特征点的对应，然后用传统的姿态估计方法来估计人脸的姿态。

近年来，在利用视觉方法监测驾驶人的疲劳状态研究领域，所进行的研究大部分基于两种思路：一种思路是首先利用肤色特征检测图像中的人脸区域，然后在人脸区域中检测出人面部的可视化视觉特征(如眼睛、嘴等)并估计出其相应的状态，最后根据一定时间段内各特征的状态变化规律估计出当前驾驶人的驾车精神状态；另外一种思路是利用眼睛瞳孔对于近红外光源的反射特性，首先寻找到图像中的眼睛位置，根据眼睛位置及状态估计驾驶人的驾车精神状态。这两种方法各有利弊：利用肤色特征的方法实现起来简单、快速，具有一定的准确性，但容易受外部光照的影响；利用近红外光源的方法快速，且受光照的变化影响小，但其控制电路及控制精度实现较为复杂，进行准确的状态监测还有待于进一步研究。目前，在利用肤色模型定位人脸进而确定面部特征位置及状态的研究中，大部分针对的是眼睛的眨眼频率和嘴部的张度以及张闭频率，对于依靠面部各特征在面部的几何分布特征以及由此引出的面部朝向估计问题尚缺乏较为系统细致的研究。

在精确定位人脸位置后，通过对人脸面部特征对面部特征区域(眼睛、嘴部)和面部轮廓线的提取，为进一步确定脸面部朝向提供了一定依据。当驾驶人在驾驶过程中面部朝向发生改变时，各特征的形状和相互之间的位置关系与正常行驶状态有所不同，因此从已获得各种特征中抽取出合理的能反映面部朝向改变的特征向量是进行朝向估计的关键所在。

如清华大学在将头部朝向近似为视线方向的前提下，研究了驾驶人头部朝向角度与注意力分散之间的关系；提出了头部朝向偏离路面的持续时间和时间比例两个注意力分散指标，建立了基于驾驶人面部特征点（如眼睛、鼻孔）的模型以进行头部朝向角度的估算和注意力分散程度的判别。实验结果表明，对驾驶人面部朝向角度的估计精度达到了较高水平，对注意力分散的检测也达到了较高的准确率。浙江大学首先使用彩色空间转换提取人脸区域，然后采用 Canny 算子进行边缘检测，再利用 Hough 变换提取面部特征，最后对驾驶人头部朝向进行分析和跟踪。通过大量数据的研究，得出了头部朝向特征值与偏转角度的关系，并由此得到注意力分散阈值的范围，当超出此范围时检测系统报警，并且通过实验证明了该方法对注意力分散监测的实时性和有效性。

吉林大学根据面部轮廓相似于椭圆的事实，在面部二值化图像基础上，利用链码跟踪算法对检测到的图像边缘点进行跟踪、检测，获得用于描绘面部轮廓的初始边缘点集。为了提高最终面部轮廓曲线拟合的准确度，引入曲率相位对称性约束、边缘点坐标约束和面部几何约束三种条件，对初始边缘点集进行筛选，获得用于最终面部轮廓线拟合的边缘点集合。最后，在对目前进行圆/椭圆检测方法对比分析基础上，选用最小二乘方法对筛选出的所有边缘点集进行拟合，从而获得了面部轮廓曲线的各种空间位置参数。

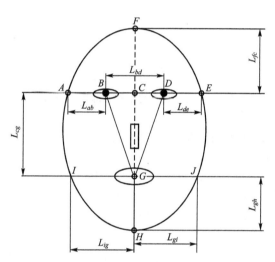

图 5.37 面部几何特征示意图

为了更好地获取脸部各器官参数，建立图 5.37 所示的几何特征示意图，其中 A、E 两点为眼睛区域中心连线与面部轮廓曲线的交点；F、H 两点为眼睛连线中点与嘴部区域中心所确定直线与面部轮廓线交点；B、D 两点为左右眼睛区域中心在图像中所处的位置；C 点为两只眼睛连线的中点；G 点为嘴部区域中心在图像中所处的位置；I、J 两点为过 G 点与 AE 平行的直线与轮廓线的交点。

根据对面部转向时的特征分析，这里选择以下四个特征值用于组成体现面部朝向变化时的面部几何特征向量。

（1）眼睛位置与轮廓线间的相对位置信息 E_1：

$$E_1 = \frac{L_{ab}}{L_{de}} \qquad (5-18)$$

该特征用于体现朝向变化时眼睛位置与轮廓线间的相互位置关系变化。

（2）眼睛与嘴部所组成特征三角形的形状信息 E_2：

$$E_2 = \frac{L_{bd}}{L_{cg}} \qquad (5-19)$$

该特征用于体现面部朝向变化时所产生的特征三角形形状变化情况。

（3）眼睛与嘴部在面部轮廓曲线内的相对垂直位置信息 E_3：

$$E_3 = \frac{L_{fc}}{L_{gh}} \qquad (5-20)$$

该特征用于体现面部朝向变化时眼睛与嘴部在面部轮廓线内的相对垂直位置变化情况。当面部做俯仰运动时，虽然也会引起特征 E_1 的相对变化，但由于 E_1 在很大程度上反映的是眼睛在水平方向上相对变化情况，具有一定的局限性，因此引入该特征可以更好地体现各特征在垂直方向上的变化。

（4）嘴部位置与面部轮廓线间的相对位置信息 E_4：

$$E_4 = \frac{L_{ig}}{L_{gj}} \quad (5-21)$$

该特征用于体现朝向变化时嘴部在面部区域内的变化情况。该特征的选择与 E_1 的选择类似，目的是在特征 E_1 不能很好反映朝向变化时提供额外的特征信息用于朝向判断。

由此，将以上四个特征值组成一组向量，即可描述出面部朝向改变时面部区域几何特征的变化。完成特征向量 Z 的提取后，即可将其作为下一步判别分类的输入向量，从而获得驾驶人的面部朝向状态估计。

$$Z = (E_1, E_2, E_3, E_4)^T \quad (5-22)$$

为验证上述特征选择的准确性，这里对某驾驶人在正常驾驶状态、面部发生左右偏转、上下俯仰时的上述四个特征进行统计，各特征在不同面部状态情况下的变化情况如图 5.38 所示。

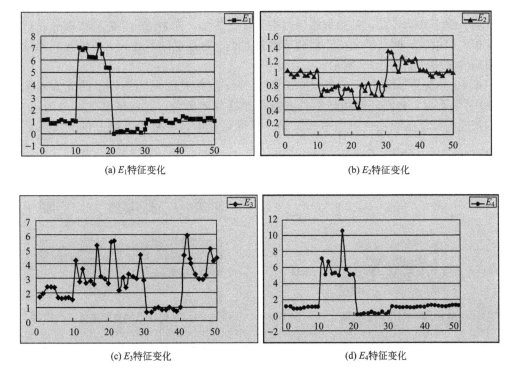

图 5.38 面部几何特征变化统计图

由图 5.38 可以看出，特征 E_1 与 E_4 在面部作水平方向的左右转动时，其相对正常状态的变化较大，做上下俯仰运动时，其变化不明显（图 5.38(a)、(d)）；特征 E_3 在面部做上下俯仰运动时变化较大，但做水平运动时变化不大（图 5.38(c)）；特征 E_2 在各状态下的分布具有一定规律,大致上成三种状态集聚(图 5.38(b))。

由此可见,上述四种特征 $E_1 \sim E_4$ 可以较好地反映面部朝向的变化,说明上述所进行的特征选择是合理的。依据这一特征,同时考虑到这种变化的非线性,提出利用神经网络的非线性模式识别优势对驾驶人面部朝向进行模式分类,以估计出当前图像中驾驶人的面部朝向位置。

5.6 基于红外的驾驶人行为与疲劳状态监测的实现

5.6.1 驾驶人眼睛瞳孔的检测

人眼是一个很精巧的、复杂的光学成像系统,它对光线有特殊的反射和透射作用,人眼中的虹膜、巩膜对红外线的吸收和反射各不相同。其中虹膜对波长为 850nm 的近红外线反射为 90%,对可见光的反射为 50%,巩膜几乎全部反射。因此,眼睛在红外光源照射下的成像是边缘丰富、层次清晰的图像。

眼球中,与光学成像密切相关的主要器官和组织如下。

角膜:位于外膜的前 1/6 处,是透明的、坚硬的组织,光线经此进入眼球。

巩膜:位于后 5/6 处,是白色的、不透明的组织,起保护眼球内部组织的作用。

虹膜:位于晶状体前,虹膜呈圆形,中间有一圆孔,称为瞳孔。虹膜由瞳孔、括约肌和瞳孔扩大肌组成。瞳孔扩大肌不仅调节瞳孔大小,而且也调节进入人眼的光线强度及成像,眼睛的结构图如图 5.39 所示。

图 5.40 分别是眼睛在可见光和波长为 850nm 红外光源照明条件下的成像效果。由图 5.40 可以看出,夜间红外图像中只有瞳孔的部分为黑色,虹膜的其他部分为灰白色,瞳孔的灰度与其他组织相比有明显的差别,而可见光图像的虹膜与瞳孔的灰度几乎没有差别。

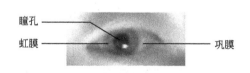

图 5.39 眼睛的结构图

(a) 红外光源照射下的眼睛图像

(b) 可见光环境下的眼睛图像

图 5.40 眼睛在不同光照条件下的图像

为了获得眼睛瞳孔的位置,根据反射特征利用二维类间方法阈值分割方法对眼睛区域重新进行阈值分割,通过 Canny 边缘检测方法提取眼睛瞳孔的边缘,运用 Hough 变换方法和椭圆拟合法检测瞳孔的位置。

Hough 变换的基本思想是将图像的空间域变换到参数空间,用大多数边界点满足的某种参数形式来描述图像中的曲线的区域边界。在预先不知道区域形状的条件下,利用Hough 变换可以方便地得到边界曲线,将不连续的边缘像素点连接起来,主要优点是受噪声和曲线间断的影响较少,对区域边界噪声干扰或被其他目标遮盖而引起边界发生间断的情况,具有很好的容错性和鲁棒性。

Hough 变换检测任意曲线的原理如下:假设 $a_n = f(a_1, \cdots, a_{n-1}, x, y)$ 为需检测曲线的参数方程,式中 $a_1, \cdots, a_n$ 为形状参数;$x、y$ 为空间域的图像点坐标。对于图像空间的任意点 (x_0, y_0),利用该参数方程可将该点变换为参数空间 $(a_0, \cdots, a_n)$ 中的一条曲线。对空间域中位于同一曲线上的 n 个点逐一进行上述变换,则在参数空间 $(a_1, \cdots, a_n)$ 中对应地得到 n 条曲线,这 n 条曲线必定经过同一点 $(a_{10}, \cdots, a_{n0})$,参数空间中的这个点决定了空间域中的曲线 l。对于 Hough 变换的圆检测,假设希望在图像平面($X-Y$ 平面)考察并确定一个圆周,令 $\{(x_i, y_i) | i = 1, 2, 3, \cdots, n\}$ 为图像中确定的圆周上的点的集合,而 (x, y) 为集合中的一点,它在参数系 (a, b, r) 中的方程为

$$(a-x)^2 + (b-y)^2 = r^2 \quad (5-23)$$

显然该方程为三维锥面,对于图像中的任意确定的一点均有参数空间的一个三维锥面与之对应。对于圆周上的任何点集合 $\{(x_i, y_i)\}$,这些三维锥面构成圆锥面簇,如图 5.41 所示。

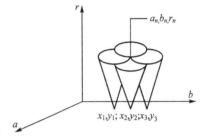

图 5.41 三维锥面

若集合中的点在同一圆周上,这些圆锥簇相交于参数空间上某一点 (a_0, b_0, r_0),这点恰好对应于图像平面的圆心坐标及圆的半径。根据瞳孔阈值分割的结果,已经知道瞳孔的面积,通过计算获得瞳孔半径,使得 Hough 变换的维数减少一维。

对于离散图像,式(5-23)可以改写为

$$|(a_0-x_i)^2 + (b_0-y_i)^2 - r^2| \leq \zeta \quad (5-24)$$

式中,ζ 是考虑到对图像进行数字化和量化的补偿。

如图 5.42 所示,对于空间域的 A 来讲,它的半径为 r 的可能的圆心位于图 5.42(b)参数空间中以 A 为圆心、r 为半径的圆周上。由于 Hough 变换计算量的复杂程度和变量的个数成指数增加,因此尽量减少变量的个数。由此可见,原图像空间中的一个圆对应参数空间中的一个点,参数空间中的一个点对应图像空间中的一个圆。所以,将原图像空间中的所有点变换到参数空间后,根据参数空间中点的聚集程度就可以判断出图像空间中有没有近似于圆的图形。图 5.43 所示为 Hough 变换的检测结果图。

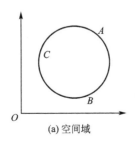
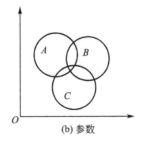

图 5.42 圆锥面簇

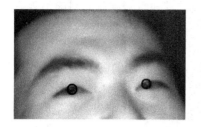 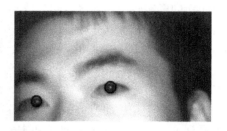

图 5.43 Hough 变换的瞳孔检测结果图

5.6.2 基于 Harris 角点的普尔钦光斑检测

当使用红外辅助光源照射到人的脸部时,在眼睛虹膜表面形成反射像,此反射像被称为普尔钦光斑。驾驶人的眼睛在注视前方不同位置的物体时,眼球会发生相应的转动。在假定驾驶人的头部不动或轻微摆动的情况下,由于红外辅助光源的位置是固定的,而眼球是一个近似的球体。当眼球转动时,可以认为普尔钦光斑的绝对位置是不变的,而瞳孔的位置发生相应的变化,这样红普尔钦光斑和瞳孔的相对位置关系也发生了变化,通过这种相对位置关系的确定可以判断驾驶人的视线方向。

普尔钦光斑的主要特征如下。

(1) 普尔钦光斑最亮,瞳孔最暗,虹膜次之。

(2) 普尔钦光斑基本为一个斑点,而瞳孔与虹膜分别为一个近似的圆。

由图 5.44 可以看到,瞳孔明显比虹膜黑,在虹膜上有一个明显的红外反射点。而且,由于同一个驾驶人在正常驾驶时头部位置偏移的角度不大,光源位置和 CCD 的位置也是固定安装在车上的,这样就可以认为驾驶人的普尔钦光斑在眼睛中的位置基本保持不变,当人的视线发生变化时只有瞳孔中心的位置是变化的。

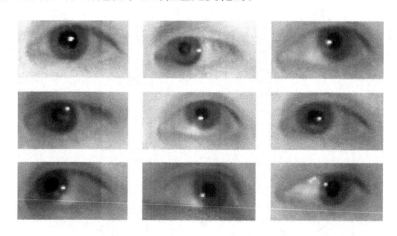

图 5.44 夜间红外图像的普尔钦光斑在瞳孔不同位置示意图

首先采用 Harris 角点特征提取的方法定位驾驶人的普尔钦光斑位置。当驾驶人处于夜间驾驶状态时,由于红外辅助光源的照射特性,普尔钦光斑形成于虹膜之内,可以通过 Harris 角点检测的方法寻找普尔钦光斑继而确定虹膜的位置。

Harris 算子是 C. Harris 和 M. J. Stephens 提出的一种基于信号的点特征提取算子,它继承了 Moravec 算子的思想精髓,对其中一些不足进行了改进,成为至今仍广泛应用的焦点算子之一。Harris 算子优点如下。

(1) 计算简单。Harris 算子中只用到灰度的一阶差分及滤波,操作简单,且不需要设置阈值,角点检测过程的自动化程度高。

(2) 提取的点特征均匀而且合理。Harris 算子对图像中的每个点都计算其兴趣值,然后在邻域中选择最优点。

(3) 可定量地提取特征角点。Harris 算子最后一步是对所有的局部极值点进行排序,可以根据需要提取一定数量的最优点。

(4) 稳定。即使存在有图像的旋转、灰度的变化、噪声影响和视点的变换,它也是最稳定的一种点特征提取算法。

Harris 算子通过计算窗口沿任何方向移动后的灰度变化,并用解析形式表达。对于图像上的像素点 (x,y) 定义能量函数 E 如下:

$$E(u,v) = \sum_{x,y} w(x,y)[I(x+u,y+v) - I(x,y)]^2 \quad (5-25)$$

式中,u、v 分别为 x 和 y 方向上的平移量;(u,v) 经常取 $(1,0)$、$(-1,0)$、$(0,1)$ 和 $(0,-1)$;I 为灰度函数;$w(x,y)$ 是窗口函数,可以定义为二值函数,也可以取作高斯函数,如式 $(5-26)$ 所示。

$$w(x,y) = \begin{cases} 1, & \text{当}(x,y)\text{在窗口内} \\ 0, & \text{当}(x,y)\text{在窗口外} \end{cases}$$

或

$$w(x,y) = e^{-(u^2+v^2)/2\sigma^2} \quad (5-26)$$

式中,σ 一般取 1。

将 $I(x+u, y+v)$ 关于 (x,y) 作泰勒展开,并去掉高阶项,得

$$E(u,v) \approx [u,v] \sum_{x,y} w(x,y) \begin{bmatrix} I_x^2 & I_x I_y \\ I_x I_y & I_Y^2 \end{bmatrix} \begin{bmatrix} u \\ v \end{bmatrix} \quad (5-27)$$

取

$$M = \sum_{x,y} w(x,y) \begin{bmatrix} I_x^2 & I_x I_y \\ I_x I_y & I_y^2 \end{bmatrix} = G(\tilde{s}) \otimes \begin{bmatrix} g_x^2 & g_x g_y \\ g_x g_y & g_y^2 \end{bmatrix}$$

记 λ_1、λ_2 为自相关矩阵 M 的两个特征值,对应于窗口平移时出现的三种情况:

(1) 在平坦区域,λ_1 和 λ_2 均较小,在各个方向平移 E 变化都不大。
(2) 在边缘处,$\lambda_1 \gg \lambda_2$ 或者 $\lambda_2 \gg \lambda_1$。
(3) 在角点位置 λ_1 和 λ_2 都比较大,在任何方向平移都会增加。

定义角点相关函数:

$$I = \text{Det}(M) - k Tr^2(M) \quad (5-28)$$

式中,$\text{Det}(M) = \lambda_1 \lambda_2$,$\text{Trace}(M) = \lambda_1 + \lambda_2$,$k$ 为经验常数,常取 $0.04 \sim 0.06$。

普尔钦光斑的检测结果如图 5.45 所示，通过 Harris 角点特征提取方法可以比较准确地得到驾驶人正面图像的普尔钦光斑位置，普尔钦光斑位置的准确定位为后续的眼睛定位以及眨眼频率、视线方向等驾驶人疲劳与精神分散状态的监测奠定了基础。

图 5.45　基于 Harris 角点的普尔钦光斑的检测结果图

5.6.3　基于 GAZEDIS 视线分布的驾驶人疲劳检测方法

驾驶人的视线方向的判断是由驾驶人的面部姿势和眼睛视线角度两个因素决定的。在行车过程中，预测驾驶人的视线方向是很有益的。例如，驾驶人在看后视镜或窗外风景时都会发生视线偏离现象，根据驾驶人的视线方向偏离的频率和时间能够判断驾驶人是否发生视觉分散。如果驾驶人的视线方向偏离正常视线范围的频率过高或时间过长，那么就可以判断驾驶人视线偏离车辆前方。

GAZEDIS(Gaze Distribution)表示驾驶人视线的分布范围，是从空间角度统计视线的分布状态。GAZEDIS 定义为在单位时间内视线的落点区域的数目，根据落点区域的数目反映出驾驶人的视线注意力水平。

GAZEDIS 分为三种状态下的视线分布规律，这三种状态分别为正常状态、疲劳状态、注意力分散状态。图 5.46 为对每一种状态都采集了 200 个样本进行统计结果，其中横坐标代表驾驶人视线左右偏移的角度，纵坐标代表驾驶人视线上下偏移的角度。

如果驾驶人处于正常状态，视线方向分布多数集中在正前方，由于驾驶人有意或无意地查看道路前方的地形、行车的路况等，左右两侧的视线分布应该几乎均等，俯视或仰视的情况很少。另外，视线分布也反映了驾驶人的精神分散状态。

从图 5.46 中可以看出，当驾驶人处于正常状态时，驾驶人的视线分布主要是集中在直视的区域内，左右两侧区域内视线分布情况几乎相同；当驾驶人处于疲劳状态时，驾驶人的视线分布主要是集中在向下的区域内；当驾驶人处于精神分散状态时，左侧区域内的视线分布几乎与直视区域内的视线分布情况相同。

综上所述，在驾驶人疲劳检测系统中，可以统计 1min 内的视线分布情况，即在这段时间内的视线处于中间区域的次数和向上、向下、向左、向右区域的次数。如果视线方向为直视的次数多于向左、向右的次数和，就认为驾驶人处于正常状态；如果视线方向为向下的次数多于直视的次数，驾驶人处于疲劳状态；如果视线方向向左或者向右次数多于直视的次数，驾驶人处于精神分散状态。但是在实际的应用中，交通事故往往发生在产生疲劳的一瞬间，经研究表明超过 2s 的精神分散或疲劳状态就会给驾驶人带来危险，因此基于 GAZEDIS 视线估计的方法虽然有效，但是在实时监测驾驶人疲劳状态系统里只能起到辅助检测的作用。

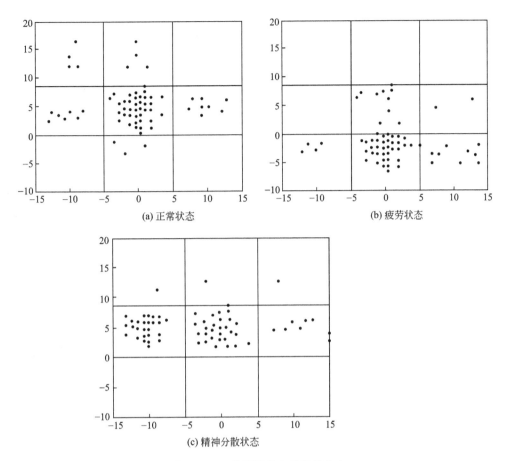

图 5.46 三种驾驶状态的视线分布

5.6.4 基于贝叶斯网络融合方法的驾驶人疲劳检测

可以利用贝叶斯网络进行判断驾驶人疲劳的信息数据融合,并最终对驾驶人是否处于疲劳状态给出判别。利用贝叶斯网络来对疲劳判别信息量——单位时间内视线跳动的次数、眼睛闭合时间所占的百分率、视线落点区域的数目以及眨眼频率进行数据融合,以对驾驶人是否疲劳进行推理决策。

基于贝叶斯网络的数据融合工作流程如图 5.47 所示,其中 S 代表 PERSAC 检测疲劳方法,P 代表 PERCLOS 方法,G 代表 GAZEDIS 方法,C 代表普尔钦光斑检测眨眼频率的驾驶人疲劳检测方法,而 $p(S|F)$、$p(P|F)$、$p(G|F)$、$p(C|F)$ 分别代表的是在驾驶人疲劳状态时四种方法有效的概率。

如果同一时刻都判断出该名驾驶人为疲劳驾驶,那么此时这名驾驶人一定为疲劳状态。但是有时会出现至少有一种疲劳检测方法失效的时刻,或者是四种方法中起辅助检测作用的两种方法,需要一定的时间窗口,这时如何检测驾驶人是否疲劳就要根据网络图来判断。例如,PERCLOS 方法判断驾驶人该时刻为疲劳状态,而普尔钦光斑检测眨眼频率方法判断出驾驶人为非疲劳状态,这时该如何判断驾驶人的状态呢?一般情况下,根据经验和实验研究已经给定的相关事件发生的概率,得到各种方法发生的概率表,其中有先验

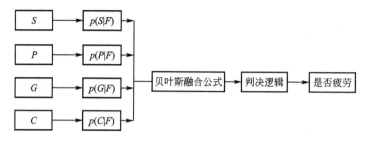

图 5.47 基于贝叶斯网络的数据融合工作流程

概率和条件概率,每个变量均取两个值,分别为发生该事件的概率以及不发生该事件的概率。利用这个网络,就可以监测驾驶人在驾驶时的疲劳状态了。

图 5.48 为驾驶人疲劳检测的贝叶斯网络图,根据 PERSAC 方法、PERCLOS 方法、GAZEDIS 视线分布方法、普尔钦光斑检测眨眼频率方法这四种疲劳检测方法,由于疲劳是导致眼睛闭合以及视线分布改变的原因,贝叶斯网络可以用以下的拓扑结构来描述这个因果关系。

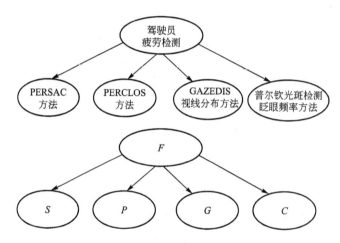

图 5.48 基于贝叶斯网络融合的拓扑图

在图 5.48 中,父节点 F 表示疲劳状态,子节点 S 表示通过 PERSAC 方法检测疲劳状态,子节点 P 表示通过 PERCLOS 方法检测疲劳状态,子节点 G 表示通过 GAZEDIS 视线分布方法检测疲劳状态,子节点 C 表示通过普尔钦光斑检测眼睛眨眼频率方法。父节点 F 与子节点 S、子节点 P、子节点 G、子节点 C 之间的连线分别表示疲劳状态与这四种检测疲劳方法的条件概率为 $p(S|F)$、$p(P|F)$、$p(G|F)$ 和 $p(C|F)$。

基于贝叶斯网络的疲劳状态推理过程,就是已知眼睛视线跳跃的次数、眼睛闭合时间所占的百分率、视线分布状态以及眨眼频率来求取是否发生疲劳状态的后验概率,其数学表达式为 $p(F|S, P, G, C)$,则根据贝叶斯公式,得到

$$p(F|S, P, G, C) = \frac{p(S, P, G, C|F) p(F)}{p(S, P, G, C)} \qquad (5-29)$$

由于 PERSAC 方法、PERCLOS 方法、GAZEDIS 视线分布方法以及普尔钦光斑检测眨眼频率方法可以看作四个独立的事件,每个事件都存在发生与没有发生两种状态,"0"

表示发生,"1"表示未发生,因此,可将式(5-29)转化为

$$\frac{p(S,P,G,C|F)p(F)}{p(S,P,G,C)} = \frac{p(S|F)p(P|F)p(G|F)p(C|F)p(F)}{\sum_{i=0}^{1} p(S|F_i)p(P|F_i)p(G|F_i)p(C|F_i)p(F_i)} \quad (5-30)$$

即

$$p(F|S,P,G,C) = \frac{p(S|F)p(P|F)p(G|F)p(C|F)p(F)}{\sum_{i=0}^{1} p(S|F_i)p(P|F_i)p(G|F_i)p(C|F_i)p(F_i)} \quad (5-31)$$

由式(5-31)可知,要得到疲劳驾驶发生的后验概率 $p(F|S,P,G,C)$,必须已知贝叶斯网络中父结点与子结点之间连线所对应的条件概率,以及四种检测疲劳方法的先验概率。对于状态 S、P、G 和 C,需要得到初始网络中的先验概率和条件概率分别为:

$p(S=1|F=1)$,$p(S=0|F=1)$,$p(S=1|F=0)$,$p(S=0|F=0)$;
$p(P=1|F=1)$,$p(P=0|F=1)$,$p(P=1|F=0)$,$p(P=0|F=0)$;
$p(G=1|F=1)$,$p(G=0|F=1)$,$p(G=1|F=0)$,$p(G=0|F=0)$;
$p(C=1|F=1)$,$p(C=0|F=1)$,$p(C=1|F=0)$,$p(C=0|F=0)$;
$p(F=0)$,$p(F=1)$。

通过在单位时间内采用 S、P、G、C 四种方法检测发生和未发生疲劳的概率作为先验概率,分别通过计算这四种方法的统计量来确定其先验概率分布,先验概率的计算公式如下。

RERSAC 方法:

$$p(S=0|F=0) = \frac{S}{T} \quad (5-32)$$

式中,S 为通过 PERSAC 方法得到的视线跳动次数;T 为在单位时间内系统采集的总帧数,如果 CCD 的采样频率为 20 帧/s,系统 1min 采集图像的总帧数为 1200 帧。

$$p(S=1|F=1) = \frac{S'}{T} \quad (5-33)$$

式中,S' 为通过 PERSAC 方法得到的视线没有跳动次数;T 为在单位时间内系统采集的总帧数。

PERCLOS 方法:

$$p(P=0|F=0) = \frac{P}{T} \quad (5-34)$$

式中,P 为通过 PERCLOS 方法得到眼睛闭合状态的有效帧之和;T 为在单位时间内系统采集的总帧数。

$$p(P=1|F=1) = \frac{P'}{T} \quad (5-35)$$

式中,P' 为通过 PERCLOS 方法得到眼睛睁开状态的有效帧之和;T 为在单位时间内系统采集的总帧数。

GAZEDIS 视线分布方法:

$$p(G=0|F=0) = \frac{G}{T} \quad (5-36)$$

式中,G 为通过 GAZEDIS 视线分布方法得到的视线方向向下的次数;T 为在单位时间内系统采集的总帧数。

$$p(G=1|F=1) = \frac{G'}{T} \tag{5-37}$$

式中，G 为通过 GAZEDIS 视线分布方法得到的视线非向下方向的次数；T 为在单位时间内系统采集的总帧数。

普尔钦光斑检测眨眼频率方法：

$$p(C=0|F=0) = \frac{C}{T} \tag{5-38}$$

式中，C 为通过普尔钦光斑检测眨眼频率方法得到的闭眼的帧数；T 为在单位时间内系统采集的总帧数。

$$p(C=1|F=1) = \frac{C'}{T} \tag{5-39}$$

式中，C 为通过普尔钦光斑检测眨眼频率方法得到的睁眼的帧数；T 为在单位时间内系统采集的总帧数。

使用贝叶斯网络来模拟态势评估一过程的行为是以人类在不确定知识条件下的推理为中心的，也就是说，贝叶斯网络是一种统一的概率推理结构，它为不确定知识条件下的推理提供了一致连续的解决方法。一个贝叶斯网络包含了一组结点，这些结点代表了一些随机变量，结点间使用弧进行连接，反映了结点间的相互关系。在某些结点获得证据信息后，贝叶斯网络在结点间传播和融合这些信息，每个结点被分配一个与概率定理一致的置信度，直到网络达到新的平衡。

从图的底层点开始计算，利用贝叶斯定理，可以得到各结点的后验概率。例如，利用 PERCLOS 方法等四种方法检测到驾驶人已经疲劳的情况下，则利用贝叶斯定理计算出是否驾驶人疲劳的后验概率公式为

$$p(F|S,P,G,C) = \frac{p(S|F)p(P|F)p(G|F)p(C|F)p(F)}{\sum_{i=0}^{1} p(S|F_i)p(P|F_i)p(G|F_i)p(C|F_i)p(F_i)}$$

其中：

$$\begin{aligned}&\sum_{i=0}^{1} p(S|F_i)p(P|F_i)p(G|F_i)p(C|F_i)p(F_i)\\ &= p(S=0|F=0)p(P=0|F=0)p(G=0|F=0)p(C=0|F=0)p(F=0)\\ &+ p(S=0|F=1)p(P=0|F=1)p(G=0|F=1)p(C=0|F=1)p(F=1)\end{aligned}$$

$$\tag{5-40}$$

利用贝叶斯网络图进行驾驶人疲劳驾驶推理，当某一时刻证据 S、P、G、C 的概率发生改变时，利用贝叶斯后验概率公式计算疲劳 F 结点的后验概率作为下一个概率值并进行更新，若某一态势结点的概率值超过其给定的疲劳阈值，即认为疲劳状态发生，并且给出疲劳提示。

这个给定的疲劳阈值通过最大后验概率（MAP）判决准则获得，选出 $p(F|S)$、$p(F|P)$、$p(F|G)$、$p(F|C)$ 中的最大值为疲劳的阈值。

$$p(F=0|S=0) = \frac{p(S=0|F=0)p(F=0)}{p(S=0|F=0)p(F=0)+p(S=0|F=1)p(F=1)} \tag{5-41}$$

$$p(F=0|P=0) = \frac{p(P=0|F=0)p(F=0)}{p(P=0|F=0)p(F=0)+p(P=0|F=1)p(F=1)} \tag{5-42}$$

$$p(F=0|G=0) = \frac{p(G=0|F=0)p(F=0)}{p(G=0|F=0)p(F=0)+p(G=0|F=1)p(F=1)} \quad (5-43)$$

$$p(F=0|C=0) = \frac{p(C=0|F=0)p(F=0)}{p(C=0|F=0)p(F=0)+p(C=0|F=1)p(F=1)} \quad (5-44)$$

根据最大后验概率（MAP）判决准则，比较这四种方法的疲劳概率最大阈值应为 0.9199，而基于四种方法融合的后验概率 $p(F|S,P,G,C)$ 的值为 0.7341＜0.9199。因此，驾驶人处于正常状态中。将得到的后验概率 $p(F|S,P,G,C)$ 作为下一步融合计算的预先设定的 $p(F)$ 值，具体的迭代流程如图 5.49 所示。

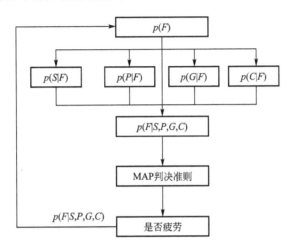

图 5.49 贝叶斯网络融合的具体迭代流程

5.7 未来展望

疲劳驾驶是导致交通事故的重要因素之一，虽然对疲劳驾驶检测方法的研究已逐渐引起许多国家的关注和重视，但廉价实用的产品尚未推出，准确、可靠、有效的检测方法亟待完善并取得了一定的成效。特别是，要在汽车上能成功安装、使用疲劳驾驶检测仪，首先要求采用的疲劳检测方法对驾驶人的驾驶行为不产生干扰，方便驾驶人的驾驶且准确、可靠，同时要求检测设备价格低廉。因此，从国内外的研究进展和相关技术优缺点来看，今后驾驶人行为与疲劳状态监测方法的研究应在以下方面展开。

（1）深入认识研究疲劳驾驶的特性及形成机理，从而建立可靠的疲劳驾驶评价体系。人们将会结合心理学的最新研究成果，从生理学、生物化学、人机工程学、行为科学等多门学科交叉融合的角度，深入研究驾驶人疲劳的形成机理及其本质，为实现实时检测驾驶人疲劳驾驶提供理论依据。随着脑成像技术及认知神经科学的飞速发展，从驾驶人的情绪、意识及与环境的交互等方面对疲劳驾驶过程进行系统研究和分析，为了定量、客观地比较各种检测技术，推动疲劳检测方法的发展，需要加强对疲劳驾驶视频图像数据库的建设，统一系统评测方法和规范，建立更可靠和完善的疲劳驾驶评价体系势在必行。

（2）研究车载、非接触式、实时的驾驶人疲劳报警装置。通过接触式检测方法找出疲劳驾驶的表征关键，建立能准确描述驾驶与疲劳之间关系的数学模型，为非接触式检测方法确定合理的疲劳驾驶检测标准。利用已研究出的驾驶人疲劳程度评价指标，研究开发出一种车载、非接触式、实时的驾驶人疲劳报警装置。

（3）从实验室环境的研究转入到实际道路运行环境下的研究。由于驾驶人个体差异以及光线、路面等驾驶环境差异较大，目前的疲劳检测算法基本是基于模拟驾驶环境的，下一步要向真实驾驶环境发展，使疲劳检测技术广泛应用到商业领域，减少疲劳驾驶而造成的交通事故。不论是从驾驶人自身特征还是从车辆行为方面看，可以直接获得的特征类型有限，而且直接提取的表面特征数据多且有冗余。因此一方面要对疲劳特征进行挖掘，用先进的信号处理方法提取最能表征疲劳的特征参数；另一方面要采用信号融合处理方法，将多个疲劳特征参数结合起来对驾驶人疲劳状况进行检测，克服空间、光照等影响，提高检测算法的实时性、准确度。

（4）采用信息融合技术，提高疲劳驾驶检测技术的可靠性。目前，基于视觉的疲劳驾驶检测方法仍然是一个重要的研究方向。人们将会利用最新的数字图像处理方法和模式识别技术进一步拓宽和提高疲劳驾驶视觉检测方法的检测范围、检测精度和检测可靠性。随着传感器制造技术的进步及各种新型智能生物传感器的发展，基于驾驶人生理参数的疲劳驾驶检测方法将以其在疲劳检测精确性方面的优势，在舒适性、可靠性和实用性方面得到进一步改善和提高，将车辆现有电子控制系统的运行工况数据和疲劳检测方法紧密结合起来，提高疲劳驾驶检测技术的可靠性是今后的研究方向之一。随着智能传感器、数字信号处理、移动通信、人工智能、计算机科学、自动控制、多传感器信息融合、DSP 等技术的大力推广和发展，使疲劳驾驶检测方法能对驾驶人疲劳程度进行定性和定量相结合的检测，提高疲劳驾驶检测方法的可靠性。

（5）降低成本，促进疲劳驾驶检测的产品化、商品化。促使通过对现有疲劳驾驶检测方法进行改进或创新，设计可靠、有效、便携、低廉的疲劳驾驶检测装置，促进疲劳驾驶检测设备的产品化和商品化，随着计算机应用技术和医学技术的发展及传感技术的智能化和 DSP 技术的大力推广和发展，车载、实时的疲劳驾驶报警装置必将成为发展的方向。

思考题

1. 导致驾驶人疲劳的主要原因是什么？
2. 国内外主要采取哪些方法来对驾驶人行为和疲劳状态进行监测？
3. 驾驶人疲劳时有哪些生理反应特征？如何依据这些特征来判断驾驶人精神状态？
4. 什么是 PERCLOS？为什么国内外主要采用该参数进行驾驶人疲劳状态的判别？
5. 什么是普洱钦光斑？
6. 如何采用红外传感器检测驾驶人的瞳孔？分哪几个步骤？

第 6 章
其他安全辅助驾驶技术

为了给驾驶人提供更丰富的道路交通环境信息和本车技术状态信息，本章介绍了其他一些主要的汽车安全辅助驾驶技术，如道路交通标志的识别、智能车路协同、汽车轮胎压力监测、辅助制动、智能泊车辅助等技术。随着现代电子科技、计算机技术和通信技术的飞速发展，远程通信和信息系统逐步在汽车上使用，智能车路协同技术将是未来解决道路交通安全的有效途径之一。

通过本章内容的学习，掌握道路交通标志的识别、智能车路协同、汽车轮胎压力监测、辅助制动、智能泊车辅助等技术的研究意义，了解其研究现状、结构组成及未来发展等内容。

汽车安全辅助驾驶技术

导入案例

随着现代电子科技、计算机技术和通信技术的飞速发展，远程通信和信息系统逐步应用于汽车，汽车功能开始向多样化、集成化趋势发展，这就进一步提高了对车内信息传输和通信的要求。无线网络和移动通信技术是车辆与道路设施通信以提高安全和效率的主要手段，多车协作通信驾驶概念也是最近提出的解决交通拥挤的有效手段。

车载无线通信技术是将汽车技术、电子技术、计算机技术、无线通信技术紧密结合，整合各种不同的应用系统而产生的一种新型技术，以实现汽车状况实时检测、车内无线移动办公、GPS全球定位、汽车行驶导航、车辆指挥调度、环境数据采集、车内娱乐等功能。

2008年末到2009年初，美国运输部对执行了5年的VII计划项目进行了调整，提出了新的"Open Platform Concept"－IntelliDriveSM，即除了5.9G的DSRC技术外，美国运输部还将目光转向了已经无处不在的移动通信技术。IntelliDrive为美国道路交通提供了更好的安全性能和驾驶效率，它通过开发和集成各种车载、路侧设备以及通信技术，使得驾驶者在驾驶中能够做出更好、更安全的决策。当驾驶人没有做出及时反应时，车辆能够自动做出响应来避免碰撞，这样明显提高了预防和减轻碰撞的能力，同时，运输系统管理者、车辆运营商、出行者都能得到所需的交通信息，以便在效率、运输成本、安全方面做出动态的决策，实现高效的客运和货运。IntelliDrive的应用战略方向主要包括：安全应用、机动化应用和环境道路气象应用，而基于车路协同的安全应用主要集中在V2V、V2I及安全驾驶三个方面，如图6.01所示。

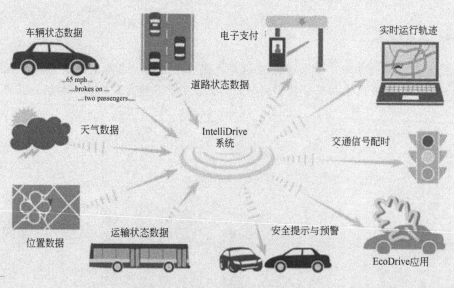

图6.01 美国IntelliDrive研发计划

为了进一步研发先进的交通管理技术，美国正在研究将包括正在开发之中的"车辆—道路自动化协作系统"（CVHAS）和"设施—车辆运输自动化系统"（IVTAS）。

CVHAS(Cooperative Vehicle-Highway Automation Systems)将利用智能化的道路设施和车载装置来自动地完成全部或部分的车辆驾驶任务。未来的道路设施可能分为装备化的"智能车道"和一般车道，其主要目标是提高现有设施的通行能力和运行效率。CVHAS系统通过车-路、车-车通信获取人车路等交通信息。CVHAS项目所研究的安全技术可以分成两种类型：一是自主式安全技术，即所有环境信息都来自车载传感器，而没有与基础设施或其他车辆的信息交互。二是协同式安全技术，即自车通过与其他车辆或道路基础设施的信息交互，以及车载传感器获取车辆行驶的环境信息，实现危险报警、向驾驶人提供驾驶辅助或完全的自动驾驶等功能。IVTAS主要致力于公共交通自动化系统、自动化货运车辆的专用车道、道路铲雪车和其他维护用车的自动导航，以及将来可能出现的全自动小汽车驾驶系统等方面的探索。这无疑是一项涉及技术、商业投资和政策的大项目，因此美国政府安排了一系列研究课题，从技术开发与测试、需要的基础设施、商业投资、技术稳定性、政策的可持续性、公众的接受性等方面开展全面研究，如果研究结果是正面的，预期2014年开始部分实用化。

6.1 道路交通标志的识别

6.1.1 引言

道路交通标志和标线是引导道路使用者有秩序地使用道路，以促进道路交通安全、提高道路运行效率的基础设施，用于告知道路使用者通路通行权力，明示道路交通禁止、限制、遵行状况，告示道路状况和交通状况等信息。

道路交通标志和标线是重要的道路交通安全附属设施，能够为驾驶人提供各种引导和约束信息，如显示当前路段的交通状况，提示驾驶环境中的危险和困难，警告驾驶人或者为驾驶人指路。交通标志的设计必须综合考虑驾驶人的视觉能力、听觉能力、理解信息的能力、动作能力，具有颜色鲜明、设置醒目、图像简单等特点，以提醒驾驶人、行人等道路使用者有关道路交通信息，如禁止左转、禁止停车、限制速度等。因此，驾驶人实时并正确地获取道路交通标志信息，有利于保障行车安全。

我国于1986年颁布了交通标志设置标准强制性国家标准《道路交通标志和标线》GB 5768—1986，并先后于1999年、2005年和2009年进行了多次修订和完善。该国家标准将道路交通标志分为主标志和辅助标志两大类，其中主标志主要分为指示标志、禁令标志、警告标志、指路交通标志、旅游区标志和道路施工安全标志6类，部分交通标志如图6.1所示。

为了更好地让驾驶人区分不同类别的道路交通标志，国家标准中将它们设计为不同的颜色、图案和形状。例如，指示标志的颜色为蓝底、白图案，形状为圆形、长方形和正方形。警告标志的颜色为黄底、黑边、黑图案，形状为等边三角形，顶角朝上。禁令标志的颜色为白底、红圈、红杠、黑图案，图案压杠，其中解除禁超车、解除限制速度标志为白底、黑圈、黑杠、黑图案，图案压杠，形状为圆形，让行标志为顶角向下的等边三角形。

图 6.1 部分道路交通标志示意图

指路标志的颜色除里程碑、百米桩、公路界牌外，一般道路为蓝底、白图案，形状除地点识别标志外，均为长方形和正方形。

道路交通标志含有丰富的信息和含义，但在实际行车过程中，由于天气原因造成的能见度低、道路环境复杂，或者由于驾驶人自身疲劳过度甚至酒后驾驶等因素容易使驾驶人错过或者忽视道路交通标志，从而导致交通事故的发生。道路交通标志识别（Traffic Sign Recognition，TSR）系统能够在车辆行驶过程中对出现的道路交通标志信息进行采集和识别，及时向驾驶人做出指示或警告，或者直接控制车辆的操作，以保持交通通畅并预防事故的发生。因此，TSR 技术的研究具有重要的理论价值和现实意义。在安装有安全辅助驾驶系统的车辆中，如果车辆能够提供高效的 TSR 系统，及时为驾驶人提供可靠的道路交通标志信息，有效提高驾驶的安全性和舒适性。在无人驾驶车辆中，道路交通标志是车辆周边环境的重要信息，高效的 TSR 系统是其实现自主导航和安全行车的关键技术之一。

6.1.2 研究进展

TSR 技术涉及机器视觉、模式识别以及人工智能等多个学科的知识和应用，国内外对 TSR 技术进行了积极的研究与探讨，相关的技术在智能车辆、汽车安全辅助驾驶、智能交通系统等领域得到了推广和应用。

日本率先在 1987 年开始了 TSR 技术的研究工作，主要采用了一些经典的图像处理方法来识别圆形速度标志，如颜色分割、边缘检测和模板匹配等方法。此后，世界上其他国家也相继进行了 TSR 技术的相关研究，提出了各自的识别算法和解决方案，为 TSR 系统早日投入实际应用起到积极的作用。

1987 年，欧洲开始了高效安全交通系统计划（Program for European Traffic with Highest Efficiency and Unprecedented Safety，PROMETHEUS）的研究工作，目的在于研究、开发高性能和高安全性无人驾驶车辆。在该计划的支持下，德国科布伦茨-郎道大学与 Daimler-Benz 公司合作开发了实时的 TSR 系统，最快的处理速度在 Sparc10 机器上达到 3.3s/幅，识别速度能够达到 3 幅/s，对约 40,000 幅图像的实验数据库的分类识别准确率能够达到 98%。

1993 年，美国研制了先进驾驶人信息系统（Advanced Driver Information System，ADIS）。该系统主要针对停车标志，采用颜色聚类的方法来判别目标。虽然该系统对停车标志的识别达到 100% 的准确率，但不能进行实时在线处理。

1994 年，意大利提出对图像采用几何信息提取（检测线条、三角形、圆形等）的方法进行分隔，之后用相似性测度的方法将目标与数据库中的标准图像进行比较，完成目标识别。对于圆形的检测，由于背景复杂程度的不同，检测准确率在 93%～96%，处理时间为 15s/幅。

进入 21 世纪，越来越多的国家和机构继续深入开展 TSR 的研究，技术也逐步趋于成熟，考虑更多的是如何接近于实际道路的使用环境，并且能够适应车载系统的实时性要求。

2000 年，日本大阪大学开发了用于实时交通标志识别的移动视觉系统，主要针对速度标志和有文字的指示标志。该系统采用两台摄像机（一台为广角摄像机，另一台为远距摄像机），如图 6.2 所示。通过广角摄像机找到目标可能出现的区域，驱动远距摄像机对各个可能区域进行放大拍摄，然后进行识别，进而确定目标。目标分隔采用阈值分割的方法，目标识别采用模板匹配法。系统对 17 幅指示标志和 71 幅速度标志进行测试，达到 100%（指示标志）和 97.2%（速度标志）的检测率、100%（指示标志）和 46.5%（速度标志）的识别准确率。

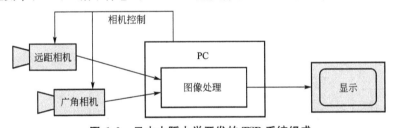

图 6.2　日本大阪大学开发的 TSR 系统组成

2001 年，美国威斯康星大学开发了识别停止标志的系统，采用 HSI 空间的颜色分割法进行检测，用神经网络的方法进行分类和识别。系统对 540 幅图像进行实验，识别准确率为 95%。其中 241 幅图像包含目标且检测成功，用其中 200 幅作为样本训练网络，测试剩余的 41 幅，仅有两幅出现识别错误。

2005 年，瑞典和澳大利亚联合研究了一套 TSR 系统，该系统利用交通标志图像的对称性和形状来确定其质心位置，进而识别图像，测试结果显示系统能够达到 95% 的识别准确率，部分识别结果如图 6.3 所示。

2009 年，澳大利亚国家信息与通信技术实验室研究人员设计的驾驶辅助系统可准确识别各种交通标志，并按照交通标志规定对驾驶者进行警告和提醒。该系统由小型摄像头

图 6.3 瑞典和澳大利亚开发的 TSR 系统的识别结果

和标志识别系统组成,三台小型摄像头分别安装在汽车的车内后视镜和仪表板两侧,安装在车内后视镜上的小型摄像头负责对道路进行监测,并将信号传递到一台负责识别交通标志的车内计算机上,当这套系统发现交通标志时,可通过连接在速度仪上的传感装置和另外两台摄像机分析驾驶人是否遵守了交通规则,当发现驾驶人已超速或没有遵守交通规则时,这套系统便及时发出警告,提醒驾驶人减速并按交通规则行驶。在识别技术上,该系统采取了形状识别的方法,也就是通过交通标志的形状来判断标志的性质和种类。

2009 年,韩国开发了一套 TSR 识别系统,并根据识别结果来调节一台无人驾驶车辆的行驶速度。其算法流程如图 6.4 所示,首选根据颜色分隔出红色和蓝色,接着判断形状,最后将分隔结果送入分类器进行训练,输出识别结果。

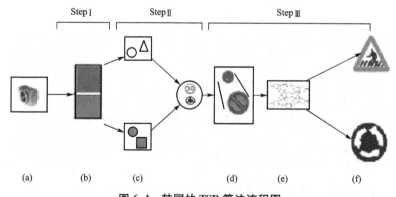

图 6.4 韩国的 TSR 算法流程图

2010 年,美国马萨诸塞州大学提出了能够对 17 种交通标志进行实时监测和识别的系统,系统利用道路交通标志的颜色信息进行图形分割,采用主成分分析方法进行目标的形状检测和识别,识别准确率达到 99.2%。对于目标部分遮挡以及能见度较低的天气,其算法都有较好的适应性,处理速度为 2.5s/帧,实时性较低。

随着智能交通系统的快速发展,国内一些研究机构、大专院校也已经开始关注 TSR

技术，并且已经取得一些有价值的研究成果。

1996年，宁波大学开发了基于数学形态学的交通标志自动识别算法，识别的对象是警告标志，利用数学形态学方法及形态学骨架函数为特征做模板匹配，能较好地识别交通标志，而且具有位移不变性和识别的稳健性。

2006年，武汉理工大学针对交通标志图案进行自动识别，通过颜色空间变换，将道路标志图像的RGB量值转换为HSI量值，利用H、I作为分类器的特征值，设计了欧式距离分类器，实现交通标志背景颜色的识别。采用固定阈值法分割交通标志图像的图案区域，并对分割后的区域进行Daubechies-4正交小波变换，利用小波变换系数的能量值和方差比值作为交通标志图案的纹理特征。最后，设计了BP神经网络交通标志图案分类器，实现交通标志图案的自动识别。

2006年，厦门大学研究了复杂环境下TSR技术，在传统使用HSV空间中H通道作为检测依据的基础上，加入对RGB空间的三个通道和HSV中S通道的限制。将目标在实际图像中的颜色聚类特性作为先验知识融入系统中，使颜色检测更符合人眼辨识颜色的习惯。引入视觉注意模型，提出自顶向下与自底向上结合的双向融合机制，模拟人类视觉中有意识"主动寻找"与无意识"被动受吸引"相交互的视觉过程。对于目标识别，采用只记录离散化参数和用欧式距离进行近似的改进Hough变换算法，并用该方法对检测结果进行圆形检测，完成了目标识别，如图6.5所示。

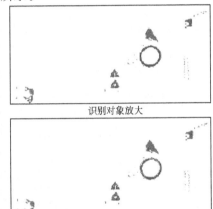

(a) IMG 2-h圆略微变形且存在噪声干扰

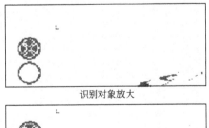

(b) IMG 3-h存在两个靠近的圆且存在噪声干扰

图6.5 厦门大学TSR研究结果

2008年，吉林大学进行了禁止标志中的三种典型的标志——禁止左转、禁止暂停、禁止通行的识别，基于交通标志的颜色信息进行分隔，根据圆形度特征排除虚假干扰，选用改进的Hu不变矩和仿射不变矩作为匹配特征，然后利用欧式距离法计算特征模板和待识别图像之间的距离值，从而判断出待识别禁止标志。

2009年，广东工业大学提出了一种模板匹配的方法进行交通标志的识别，通过HIS空间中的图像颜色分割得到二值图像，经过必要的预处理后提取交通标志的外边缘形状，在正切空间中采用模板匹配的方法进行交通标志识别。该方法对发生平移、旋转、尺度缩放以及部分残缺或遮挡的交通标志都能有效识别，但总的识别效率和识别速度有待提高。

2010年，南京师范大学提出了基于中心投影形状特征的交通标志识别方法，根据颜色信息对动态图像进行图像的分割处理，得到目标图像并提取内核图像，然后通过中心投影变换计算内核图像的形状特征，并将提取的特征作为概率神经网络的输入向量进行训练和测试。

在推广应用方面，随着人们对安全意识关注度的不断提高，行车安全越来越受到技术开发人员的重视，汽车上安装的先进电子器件越来越多，TSR系统也作为备选配置出现在现代高端车上。

德国Daimler汽车公司曾试验一种装有智能控制系统的维塔牌汽车。在这款智能汽车内，装有一套汽车自动驾驶系统。该系统由安装在车身两侧、前后的18台袖珍电子摄像头与车载计算机相连，计算机由12个微处理器组成，每秒钟可处理12次由18台摄像头拍摄的图像。该系统能识别道路上的如限速和禁止超车等标志，并按要求进行行驶，不会发生违章事故。

宝马全新7系装备的道路交通标志系统由装在车内后视镜上的摄像头捕捉道路两旁的限速标志，得到的数据会和导航地图相匹配，结果会在仪表中显示，提醒驾驶人不要超速。

西门子VDO开发的TSR系统，主要用于避免超速，能够识别路上的限速标志，并将当前的车速信息综合显示在风窗玻璃或者抬头显示器上，也可自动判断和自动降速，如图6.6所示。

图6.6 Simens开发的TSR识别结果

大众旗下的新辉腾也有类似的配置，也是通过安装在内部后视镜的摄像头实时识别交通标志，并将相关信息显示在系统多功能屏上（转速表和时速表之间），不仅显示限速信息，而且有很多重要附加信息（如晚10点至早6点的限速或湿滑路段显示）。

6.1.3 交通标志检测方法

根据人类视觉系统辨识物体的特性,可将识别过程分为"分隔"和"识别"两个步骤,也就是先在获取的图像中发现候选目标,然后进一步判断该目标的真实性。因此,TSR 系统主要包括两个基本技术环节:首先是交通标志的分隔,包括交通标志的定位及必要的预处理;其次是交通标志的识别,包括交通标志的特征提取与分类等。根据交通标志的特点,其丰富的颜色信息和固定的形状信息是进行识别主要依据的信息。

1. 交通标志的分隔

如何快速、有效地从复杂的交通场景图像中检测出交通标志是 TSR 系统的第一步,即先要从场景图像中获取可能是交通标志的感兴趣区域,然后才能采用模式识别的方法对该区域进行辨识,定位其具体位置。

由于交通标志的功能是起到指示性、提示性和警示性等作用,它们都具有设置醒目、颜色鲜明、图形简洁、意义明确等特点。已有的研究绝大多数都是基于这些特点(位置、颜色、形状、图形、文字等)进行的。因此,感兴趣区域的获取通常是利用交通标志的颜色或几何形状信息来实现的。

对于交通标志来说,颜色无疑是最显著、最重要的特征。以颜色为依据进行检测和识别的研究有很多,如对颜色空间的各通道(或各通道的组合)进行阈值分割或聚类、区域分裂、彩色边缘检测;用经过训练的人工神经网络作为分类器识别颜色;以颜色为索引,即将目标的直方图与模板库中图像的直方图进行匹配,找出可能的若干模板,再做进一步的形状分析。

无论是人眼观察还是仪器拍摄,得到的物体图像颜色并不是物体真正的颜色,而是该物体在光源照射下的反射光线的颜色。因此照射光源的强度和光谱(颜色)对以颜色为依据的检测和识别影响很大。研究者们试图找到具有"色彩不变性"(即不受光源影响)的量,于是,这些研究早期的重点就在于选择合适的色彩空间。

目前,常用的彩色空间包括 RGB、YIQ、YUV、HIS、HSV 和 CIE 等,在交通标志识别研究中,主要是在 RGB、HIS 和 CIE 彩色空间进行。

图像处理中最常用的是三基色 RGB 色彩空间,即以红(Red,R)、绿(Green,G)、蓝(Blue,B)三种颜色作为三基色,再通过三基色的加权混合形成各种颜色。RGB 模型是构成颜色表示的基础,其他颜色表示方法可以通过对 RGB 模型的变换得到,如图 6.7 所示。

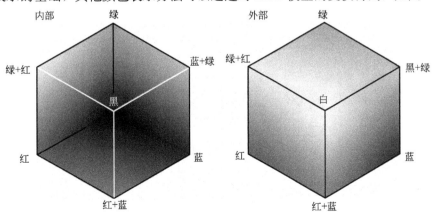

图 6.7 RGB 颜色模型

RGB颜色空间是面向彩色显示器或打印机之类的硬件设备的最常用彩色颜色空间。自然界中所有的颜色可以很容易地用红、绿、蓝(RGB)三个基色来描述。它也是数字图像处理和储存中最常用的颜色空间。

虽然交通标志的颜色是确定的，但由于光照、气候以及阴影等干扰的影响，其在图像中的目标亮度会存在很大的差异。在RGB空间中，由于对于颜色的亮度和色度的度量不是独立的，R、G、B值不仅代表色彩同时也表示亮度，R、G、B三基色之间存在着很大的相关性。因此，为了消除RGB颜色本身所包含的亮度信息，在RGB空间将颜色值R、G、B在亮度上进行归一化得到RGB颜色空间，可用式(6-1)～(6-3)换算得到：

$$r = \frac{R}{R+G+B} \qquad (6-1)$$

$$g = \frac{G}{R+G+B} \qquad (6-2)$$

$$b = \frac{B}{R+G+B} \qquad (6-3)$$

这样，从一个三维空间降到二维空间且归一化蓝色成为冗余颜色信息，因为$r+g+b=1$。经过归一化处理后，与RGB颜色空间相比，r、g和亮度的相关性减小了。但是归一化RGB模型中的r、g、b只去除了R、G、B中的相对亮度成分，由于同样受亮度影响的色饱和度没有从该模型中分离出来，因此RGB颜色模型仍然对亮度的变化比较敏感。

为了将亮度与色彩彻底分离，研究人员更多地采用HSV空间或者HSI、HSB、HSL等空间模型。

HSV空间模型中H分量代表色调，又称为色相，它是描述纯色的属性，用以区别颜色的类别；S分量代表颜色的饱和度，它给出了纯色被白光稀释程度的度量；V分量代表明度值，它表示色彩的明亮程度。如图6.8所示，这三个分量中V分量与色彩信息无关，而H和S一起则描述了图像的色彩信息，与人感受颜色的方式是紧密相连的。

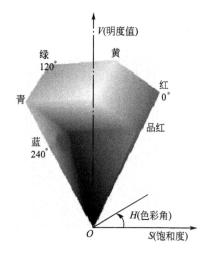

图6.8 HSV颜色模型

$$H = \begin{cases} \theta, & B \leqslant G \\ 360-\theta, & B > G \end{cases} \qquad (6-4)$$

$$\theta = \arccos\left\{ \frac{\frac{1}{2}[(R-G)+(R-B)]}{[(R-G)^2+(R-B)(G-B)]^{1/2}} \right\} \qquad (6-5)$$

$$S = 1 - \frac{\min(R, G, B)}{I} \qquad (6-6)$$

$$V = \frac{R+G+B}{3} \qquad (6-7)$$

HSI是适合人类视觉特性的色彩模型，是彩色图像处理很常用的一种模型。其中色调

H(Hue)表示不同的颜色；而饱和度 S(Saturation)表示颜色的深浅；亮度 I(Intensity)表示颜色的明暗程度。HSI 颜色模型如图 6.9 所示。HSI 模型的最大特点就是：H、S、I 三分量之间的相关性较小，在 HSI 空间中，彩色图像的每一个均匀彩色区域都对应一个相对一致的色调 H。

RGB 颜色空间转换到 HSI 颜色空间的方法如下：

$$I=\frac{R+G+B}{3} \qquad (6-8)$$

$$S=1-\frac{\min(R,\ G,\ B)}{R+G+B} \qquad (6-9)$$

$$H=1-\frac{\sqrt{3}(G-B)}{(R-G)+(R-B)} \qquad (6-10)$$

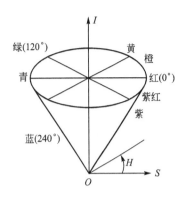

图 6.9 HSI 颜色模型

HSV 或 HSI 等色彩模型在视觉上是均匀的，与人类的颜色视觉有很好的一致性，其中的 H 值与照射光源的强度无关，成为交通标志检测与识别研究中应用最广泛的选择。光源强度对目标的影响基本解决了，但是光源的光谱对标志颜色的影响依然是一个难题，日光的光谱随着时间和天气的情况变化很大，再加上其他光源(如路灯、车灯等)的影响，至今还没有一个较好的解决方法。

还有的交通标志分隔方法将 RGB 空间转化到了国际照明委员会(CIE)标准的 XYZ 空间，用颜色模型 EIECAM97 从 CIE 的 XYZ 空间中获取色调、色度和亮度值。每种颜色向量对应一个颜色范围，针对不同的颜色选取不同的范围来进行颜色分割。

CIE 彩色模型空间是独立于设备的一种彩色模型，在这种模型中，所表示的图像是由新的三原色 X、Y、Z 组成。X、Y、Z 的值可由 R、G、B 经过线性变换得到，变换公式如下：

$$\begin{bmatrix}X\\Y\\Z\end{bmatrix}=\begin{bmatrix}0.697 & 0.174 & 0.200\\0.299 & 0.587 & 0.114\\0.000 & 0.066 & 1.116\end{bmatrix}\begin{bmatrix}R\\G\\B\end{bmatrix} \qquad (6-11)$$

CIE 彩色空间在交通标志识别应用中的主要缺点是运行时间较长，要经过一次线性变换和一次非线性变换处理。

2. 交通标志的识别

分隔出交通标志候选区域，就需要对它进行判别，以便确定属于哪一种具体的交通标志。在过去长期的研究过程中，许多专家学者提出了大量的该方面的研究成果。现在主要的识别方法有基于模板匹配的方法、基于聚类分析的方法、基于形状分析的方法、基于神经网络的方法、基于支持向量机的识别方法等。

1) 基于模板匹配的方法

模板匹配法是一种较低层次的方法，停留在逐像素(或小窗口)的比对上，方法简单，但运算量大，适应能力差，效果不佳。但也有一些改进算法，如基于距离图像(Distance Image)的匹配，首先根据交通标志的颜色信息进行图像分割，然后对分割图像进行边缘检测，最终根据交通标志的矩特征与模板之间的差异度判断交通标志的类别。该方法算法简单，易于实现，但需要对整幅图像进行遍历，耗费时间长。

同时，也可以用矢量模型、链码等编码方式对图形进行描述，进而将形状识别的问题转化为码串比较的问题。例如,将交通标志的各个组成部分(圆形、三角形等)预定义为由 24 条边组成的多边形。对每个目标分颜色提取出若干个 object list(每个 list 表示一种颜色,目标有 n 种颜色就有 n 个 list),然后对各个 list 进行编码(也就是将各种颜色的图形分别定义为由 24 条边组成的多边形)。然后将它与模板的对应边进行逐一比较,从而确定它所属的形状类。

2) 基于聚类分析的方法

颜色和形状的特点在单独使用时都有一些很难克服的缺陷,如颜色受光源影响大,形状由于视角的变化可能会变形等。如果将这两个方面结合起来,如先用颜色做图像分割,再用形状分析方法进行识别,可以达到较好的效果。除了以上介绍的传统颜色检测和形状识别方法外,近年来统计聚类和仿生类的算法也越来越多地应用于目标检测与识别中。

聚类算法是一种建立在统计基础上的算法,抗噪声能力强,适合用于自然场景的图像处理。聚类算法在交通标志的检测与识别中主要用在对颜色的分类上。由于交通标志的颜色是固定的,因此初始聚类中心是已知的,能够达到较好的分类效果。如果按照像素在图像中的位置进行二次聚类,就能进一步去除噪声,达到更好的效果。另外,还有采用 Markov 模型进行目标分类的尝试。

3) 基于形状分析的方法

该方法用若干特征来描述形状,然后对特征进行分类、识别。这是一种类似于人类视觉模式的、较高层次的、建立在对图像理解基础上的识别。如果特征选取准确,描述简单、恰当,将得到很好的识别效果。例如,将交通标志候选目标的边缘检测结果用 Freeman 编码进行描述。目标的轮廓近似地定义为一个特征的集合,包括周长、外框、内外轮廓、重心、图形在外框中所占比例,形状(用多边形近似)、Freeman 编码、Freeman 编码的直方图、外框内的平均灰度级。然后用人工神经网络或专家系统以这些特征对目标进行分类、识别。

4) 基于神经网络的方法

神经网络是模拟人脑神经细胞元的网络结构,是由大量神经元相互连接而成的非线性动态系统。不同于传统的模式分类方法,神经网络所提取的特征并无明显的物理含义,而是将其存储于各个神经元的连接之中。此外,神经网络还是一种非常有效的非线性的分类器,为解决复杂分类问题提供了一种可能的解决方式。

人工神经网络在交通标志的检测与识别中大多是用做分类器或检测器,对颜色、形状进行分类或检测。例如,建立一个三层的神经网络,分别对应 RGB 空间的三个通道,另外还有一个控制单元。网络作为一个相关性检测器,如果目标区域存在交通标志,网络输出一个高频信号,否则输出低频信号。

通常的神经网络的结构主要是从其连接方式上所说的,按连接方式的不同,其结构大致可以分为层状和网状两大类。层状结构的神经网络由若干层组成,每层中包括一定数量的神经元,同层内的神经元不能相互连接;网状结构的神经网络中,任意两个神经元之间都可能有双向连接。下面介绍几种神经网络的拓扑结构。

(1) 前馈网络。前馈网络具有分层的结果,通常包括输入层、隐层(也称中间层)和输出层。每一层神经元只接受上一层的输入,并且该层神经元的输出送入下一层的神经元。输入信息经过各层的顺次传递后,直接由输出层输出。前向型神经网络是数据挖掘中广为应用的一种网络,其原理或者算法也是其他一些网络的基础。

(2) 反馈网络。从输出层到输入层有反馈的网络称为反馈网络。在反馈网络中，任意一个结点既可接收来自前一层的结点的输入，同时也可接收来自后面任意结点的反馈输入。另外，有输出结点引回到其本身的输入而构成的自环反馈也属于反馈输入。反馈网络的每个结点都是一个计算单元。Hopfield 神经网络是反馈网络的典型代表，并已在联想记忆和优化计算中取得成功应用。

(3) 混合性网络。同一层的神经元之间有相互连接的网络结构，称为混合性网络。通过同层神经元之间的互连，可以限制每层内同时动作的神经元数，实现同一层内神经元之间的横向抑制或兴奋机制。

(4) 相互结合性网络。这种网络中任意两个神经元之间都可能有双向连接，所有神经元既可作为输入，也可作为输出。在前向网络中，信号要在个神经元之间来回反复传递，当网络从某种初始状态经过反复变化达到另一种新的平衡状态时，信息处理才能结束。

5) 基于支持向量机的识别方法

支持向量机是在高维特征空间使用线性函数假设空间的学习系统，它由一个来自最优化理论的学习算法训练，该算法实现了一个由统计学习理论导出的学习偏置。此学习策略由 Vapnik 和他的合作者提出，是一个准则性的、强有力的方法。

Vapnik 首先提出的支持向量机是统计学习理论中最"年轻"的部分，也是最实用的部分。支持向量机是一种通用的前馈神经网络，可用于解决模式分类与非线性映射问题。

从线性可分模式分类的角度看，支持向量机的主要思想是建立一个最优决策超平面，使得该平面两侧距平面最近的两类样本之间的距离最大化，从而对分类问题提供良好的泛化能力。对于非线性可分模式分类问题，需要将负责的模式分类问题非线性地投射到高维特征空间(可能是线性可分的)，因此只要变换是非线性的且特征空间的维数足够高，则原始模式空间能变换为一个新的高维特征空间，使得在特征空间中模式以较高的概率为线性可分的。此时，应用支持向量机算法在特征空间建立分类超平面，即可解决非线性可分的模式识别问题。

支持向量机求得的分类函数在形式上与一个神经网络相类似，输出的是若干中间层节点的线性组合。每一个中间层节点与输入样本和一个支持向量的内积相对应，所以也称为支持向量网络。

使用不同的内积函数可以导致不同的支持向量机算法，目前得到研究的内积函数形式主要分为三类。

(1) Gauss 核函数：
$$K(x, x_i) = \exp\left(-\frac{|x-x_i|^2}{\sigma^2}\right) \quad (6-12)$$

采用该函数的支持向量机是一种径向集函数分类器。

(2) 多项式形式的内积函数：
$$K(x, x_i) = (x \cdot x_i + 1)^q \quad (6-13)$$

此时得到以 q 阶多项式作为分类器的支持向量机。

(3) Sigmoid 核函数：
$$K(x, x_i) = \tanh(\nu(x \cdot x_i)) \quad (6-14)$$

采用该函数的支持向量机实现的是一个单隐层感知器神经网络。

基于支持向量机的识别方法主要利用交通标志的形状或颜色特征，对样本库中交通标志图像提取典型可分辨的图像特征,最后将特征值输入到支持向量机中,利用支持向量机良好的学习和泛化能力对交通标志进行在线识别。

6.1.4 未来展望

真实环境下存在多种因素影响交通标志的识别效果和执行效率,主要面临以下问题。

(1)在实际道路交通环境中的交通标志,由于受到不同季节、不同天气条件的影响,光照条件也会随之发生变化,使得采集到的图像复杂多样。目前主要开展的研究工作中理论研究偏多,其实验对象大部分是基于标准交通标志的图像或针对某一类型的标志,对实际应用的研究较少,使其在应用时的识别准确性、鲁棒性都有待提高。

(2)道路情况非常复杂,不管是外部环境造成的交通标志影响(污损、颜色、形状的变化等),还是外部环境因素本身的影响(光照、遮挡等),道路交通标志的检测充满不确定性,加上技术的阻碍,限制了该系统的运用。

(3)由于道路两旁各种设施、树木、建筑物的存在,使得采集的交通标志被遮挡,出现部分残缺。

(4)受到车辆高速行驶以及振动的影响,使得采集到的图像出现模糊、退化的现象。

(5)各个国家都有自己的交通标志制作的标准,每个国家都不尽相同,目前还没有一个标准的交通标志数据库来对已有的各种识别算法进行比较和评价,使得技术推广有一定的难度。

因此,道路交通标志检测识别系统要想得到市场上的普及应用,还需在研究上更多地考虑实际场景,对现实环境中的标志有足够的灵敏、稳定和准确性。下面介绍一下道路交通标志检测识别在未来的发展趋势。

(1)开展去除实际道路复杂环境干扰的预处理算法研究。目前,大部分研究对采集到的图像的预处理过程过于简单,如色彩空间变换、图像的大小规则化、中值滤波等,没有解决交通标志识别过程中必然会存在的如交通标志的扭曲、运动模糊、图像遮掩等特殊现象,导致识别效果并不理想。对于运动模糊,采用图像盲复原技术进行处理,是提高图像质量的措施之一;对于图像的旋转、扭曲等情况,通过不变距理论进行分析,可以有效地处理;对于图像遮掩等情况,采用几何分析、推理以及模糊理论的一些方法进行处理。

(2)发展多分辨率以及分形技术。对于自然场景下的人工目标的识别,首先要解决图像的分割问题。在相关文献中,分隔阶段采用了金字塔结构的多分辨率分割算法进行图像的分割;另外,根据尺度变化的自然场景中的人造目标的分形特征变化剧烈的特点,有的文献根据多尺度和分形理论,提出了一种分形参数极值特征的自动目标的检测方法。这些方法在交通标志识别的应用也是下一步研究的方向之一。

(3)发展信息融合技术。随着汽车智能化程度的提高、汽车上的传感器的增加,获得的信息越来越多,由于多个传感器的信息融合后能得到比单个传感器更高的准确度和更明确的推理,因而如何利用其他的传感器信息提高交通标志的识别效果和处理速度,也是一个很重要的课题。如在交通标志识别系统中,可以结合 GPS 定位信息和车载摄像机信息对交通标志的定位进行研究,或者结合 GIS 数字电子地图,实现汽车自动导航。

(4)深入研究句法结构模式识别技术。目前,对交通标志的识别多采用基于数学特征的统计学识别方法,但由于获得的图像信息并不包含结构信息,因而信息是不全面的。虽然，已有研究人员开展了句法结构模式识别技术在交通标志识别方面的研究，但这种研究独立于传统的方法，两者之间缺少联系，强调结构信息的重要性而忽略了其他的信息。因此有必要对句法结构模式识别技术进行深入研究。

6.2 智能车路协同技术

随着现代电子科技、计算机技术和通信技术的飞速发展，远程通信和信息系统逐步进入汽车领域，汽车功能开始向电子化、多样化、集成化趋势发展，这就进一步提高了对车车、车路等信息传输和通信的要求。

智能车路协同技术是将汽车技术、电子技术、计算机技术、车载无线通信技术紧密结合，整合各种不同的应用系统而产生的一种新型技术，以实现汽车状况实时检测、车内无线移动办公、GPS 导航、汽车行驶导航、车辆指挥调度、环境数据采集、车内娱乐等功能。

6.2.1 引言

区别于传统的智能交通系统，车间无线通信更注重车与车、车与人之间的交互通信，组成一个车联网络，通过提取更多车辆行驶参数和系统数据来保障车辆行驶安全，规避道路拥塞，提高出行舒适度。可以说车间无线通信的出现重新定义车辆交通运行方式。应用车间无线通信技术，城市交通将得到极大改善，为用户提供更加智能、安全的驾驶环境。

车联网概念是物联网面向行业应用的概念实现。物联网是在互联网基础上，利用射频识别(Radio Frequency Identification，RFID)、无线数据通信等技术，构造一个覆盖世界上万事万物的网络体系，实现任何物体的自动识别和信息的互联与共享。物联网不刻意强调物体的类型，更多的是强调物理世界信息的获取和交换，以实现当前互联网未触及的物与物信息交换领域。车联网利用装载在车辆上的电子标签 RFID 获取车辆的行驶属性和系统运行状态信息，通过 GPS 等全球定位技术获取车辆行驶位置等参数，通过 3G 等无线传输技术实现信息传输和共享，通过 RFID 和传感器获取道路、桥梁等交通基础设施的使用状况，最后通过互联网信息平台，实现对车辆的运行监控以及提供各种交通综合服务。

从系统交互角度区分，车联网技术主要有车与车通信系统、车与人通信系统、车与路通信系统、车与综合信息平台通信系统、路与综合信息平台通信系统。车与车通信系统强调物与物之间的端到端通信。这种端到端的通信使得任何一个车辆既可以成为服务器，也可以作为通信终端。车与路通信系统使得车辆能够提前获取道路基础设施的运营状况，如某条道路是否在维修，某个桥洞是否积水过多等信息，以方便车辆顺畅通行。车与综合信息平台通信系统是汇集车辆行驶状态等信息，提供路况、车辆监控等综合统计性信息以及出行提醒、安全行驶等个性化信息的综合性平台。路与综合信息平台通信系统目的是维护道路基础设施的运营状况，以及时更换老化和运营状况不佳的设备。

从应用角度区分，车联网技术可以分为监控应用系统、行车安全系统、动态路况信息系统、交通事件保障系统等。

监控应用系统主要用于政府部门或者车辆管理部门的运营监控和决策支持，主要分为两类系统：道路基础设施安全情况监控以及车辆行驶状况监控。道路基础设施安全情况监控主要是通过定时获取道路、桥梁上安装的监控设备传回的检测信息,查看该基础设施的破坏程度、应用状况等,为交通基础设施的维护提供重要参考。车辆行驶状况监控主要是监控车辆的行驶路线、行驶参数,如油耗、车况等信息,为城市车流量分布提供可视化服务,为拥堵缓解提供辅助决策。

行车安全系统主要指车辆行驶过程安全监测以及分析车辆行驶行为后的安全建议。在车辆行驶过程中,通过车联网信息的交互,可以获取前方道路状况,规避安全交通事故等。例如,在雾天高速公路上前方发生事故之后的主动规避等。另外,通过上传和分析车辆的油耗、行驶状态等参数,在服务器端进行车辆信息挖掘,主动提供一些车辆行驶安全建议,如是否需要去保养,是否需要更换某零部件等。

动态路况信息系统主要利用行驶车辆的运行速度和GPS定位技术,获取道路行驶状况信息,实现路况动态信息的发布。

交通事件保障系统主要利用车辆事故检测和报告机制,为事故的检测、规避、疏导等提供辅助支持,提供紧急救援辅助服务。

总之,车路协同技术以车、路、道路基础设施为基本节点和信息源,通过无线通信技术实现信息交互,从而实现"车—人—路—城市"的和谐统一。伴随着物联网技术的发展,以及智能交通和智慧城市的发展,无线通信技术将对提高道路运输效率、减少道路交通事故起到至关重要的作用。

6.2.2 车用自组网

车间通信主要基于车用自组网(Vehicle Ad Hoc Networks,VANET)实现车辆间信息交换和传递。车用自组网是智能交通系统的一个重要部分,通过车辆节点之间或车辆节点与路边基站(Road-Side Unit,RSU)接入点之间自组无线多跳通信构成一个快速移动户外通信网络,可为驾驶人提供超视距范围的实时紧急交通信息,如图6.10所示。

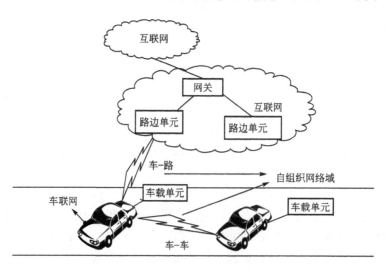

图6.10 车用自组网网络架构

从图6.10中可以看出,车辆可以通过网络的网关连接到网络,而当车辆与车辆之间通信时,则可以通过无线自组网的方式实现。车用自组网可为驾驶人提供实时紧急交通信息和交通诱导信息,以扩展驾驶人的视野与车辆部件功能,在降低交通事故、实施紧急救援、减轻交通拥堵、提高交通效率以及为驾乘人员提供多种服务信息方面(天气、交通流量、办公或娱乐等信息),具有其他无线或有线网络不可替代的优势。

1. 车用自组网的主要特征

车用自组网可以看作一种特殊形式的移动自组网(Mobility Ad Hoc Networks,MANET)。虽然车用自组网和移动自组网都采用自组网形式,并且具有无中心、多跳性、网络拓扑高动态变化等特点,也都存在一般无线网络所固有的隐藏/暴露节点、信道捕获、节点的通信范围有限和传输带宽有限等问题,所以有很多相似性。但是由于车用自组网的拓扑结构与道路、车辆节点、环境等有关,因此车用自组网与传统移动自组网有一定的差别,其特征如下。

1) 网络拓扑高动态变化特性

由于节点移动速度在 $5\sim42\text{m/s}$ 之间,其高速移动性导致网络拓扑结构高动态变化,车辆节点间的链路易断裂,尤其是当车辆节点密度较低时,网络容易出现无法连通的情况。

2) 网络拓扑非均衡性

网络中不同路段不同时间下节点密度差别比较大,造成稀疏模式和稠密模式快速相互转换,同时,网络会有大量网络分割区域,一定时间内可能形成"信息孤岛"效应。

3) 节点移动规律性和可预测性

车辆节点只能沿着静态车道单、双向移动,具有一维的规律特性。而且由于受道路和交通状况的约束,虽然车辆节点移动快速,但可由当前节点位置、运动方向和速率信息预测未来节点的运动状况。

4) 网络开放性及节点间关联性

在移动自组网中,节点数量有限并且相对稳定,而在车用自组网中,节点多并且变化频繁,因此具有开放性,同时,相邻车辆运动之间的运动关系紧密相关。

5) 节点能量无限制性

对于移动自组网,在制定有效的通信协议时需要考虑能量和设备性能等关键因素的约束。然而,车用自组网几乎不受能量和设备的限制。车辆节点通过发动机可以为通信设备提供持续的电力支持,同时具有较强的计算和存储能力。

6) 较强的信息获取、处理能力

车辆配备的 GPS 能够提供精确定位和精准时钟信息,有利于获取自身位置信息和时钟同步,其处理器具有较强的信息缓存和处理能力。同时,GPS 结合电子地图,通过路径规划容易实现车用自组网路由策略。

7) 无线信道不稳定性

车用自组网在通常的环境下通信会受到建筑、树木和障碍物遮挡,并且由于节点的高速移动性,无线信道存在多径衰落、阴影效应,另外 VANET 选用开放频段,所以无线网络误码率较高,都会对无线信道造成严重影响,造成无线信道的不稳定性。

车用自组网目前是专用自组网中研究和应用最为活跃的领域。全球有众多的科研机构、汽车制造商以及相关组织参与到车载自组网的科研项目、外场试验和标准化工作中。

例如,美国的 Vehicle Safety Consortium,欧洲的 Car-2-Car Communication Consortium、CarTALK 2000、FleetNet,日本的 Advanced Safety Vehicle Program 等。美国还启动了车载自组网的外场试验项目。

2. 车用自组网网络架构

车用自组网作为一种特殊的移动自组网,其网络架构与 OSI、TCP/IP、MANET 协议架构有差别,而且各层协议的设置也有很大不同。由于车用自组网特殊的性质和要求,对物理层(PHY)和媒介访问控制(MAC)层有比较严格的要求。因为其车辆节点高速的移动特性,所以物理层需要能够对抗高速移动所引起的信号突变带来的影响,特别是高速情况下正交频分复用(Orthogonal Frequency Division Multiplexing,OFDM)技术上的多普勒扩展(Doppler Spread)的影响,另外针对车用自组网多跳性、网络拓扑动态变化的特点,要求物理层能够支持高速传输和多条连接,同时要求紧急报警信息的延迟小,具有实时性,能够支持突发性数据流,与 MAC 层接口匹配。

车辆自组网系统包含多种通信方式,根据直接通信双方的类别不同,可归为以下四种情况。

1) 车辆间通信

车辆间利用车载单元(On Board Unit,OBU)进行通信,临近车辆组成 Ad Hoc 网络。车内 OBU 可以以广播形式收发安全信息。安全信息可分为两种,即周期安全消息(Periodic Safety Message)和紧急事件消息(Emergency Event Message),在高级应用中可以使用单播形式向指定车辆发送信息。

2) 车辆与路边单元通信(V2I)

路边单元(Road-Side Unit,RSU)属于车辆自组网的固定接入设备,它们被安装在道路两旁,与过往车辆进行通信,这种通信存在于路边节点单元的覆盖区域,路边节点单元以此收集过往车辆信息及发送相关信息。

3) 路边单元与交通管理部门通信

RSU 将实时接收的过往车辆情况通过一定的接入网关发送给道路管控中心,道路管理人员可以实时获得道路的通行状况,在出现交通事故或者极端天气情况下,可以利用 RSU 向道路中的车辆发送管理消息或安全提示,做出科学调度。

4) 车辆数据源及乘员电子设备与 OBU 通信

车辆数据源是指车辆内部数据的对外预留接口,如部分车辆自带的 CAN 接口,它可向 OBU 提供车辆运行数据,这种通信突破了以往车载设备与车辆单纯的位置关系。同时,乘员在车内有商务办公及娱乐的需求,乘员电子设备可无线连接到 OBU,进一步获取车辆或外部信息。

可见,系统中既有车辆间的组网通信义,又有以 OBU 为核心的车辆内部通信网络。并且,以上述四种方式为基础,系统还可接力实现更复杂的通信,如路况或服务信息发布等应用。

在图 6.11 所示的理想技术下的车辆自组网体系结构中,各种通信可分为三个相互区别的通信域:车辆内部的车域(Inter Vehicle Domain)通信、车辆间及车辆与 RSU 间建立 Ad Hoc 网络进行的 Ad Hoc Domain 通信、RSU 经过网关与管控中心连接所进行的基础设施网域(Infrastructure Domain)通信。

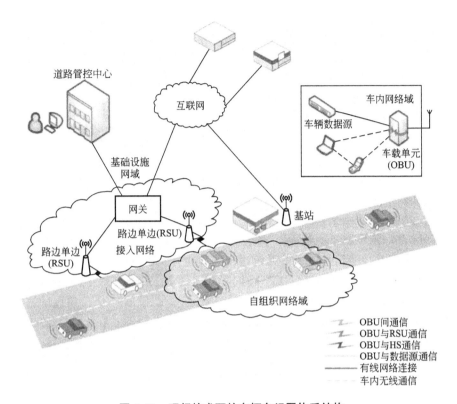

图 6.11 理想技术下的车辆自组网体系结构

作为理想技术条件下的体系结构，其使用较为复杂的 Ad Hoc Domain 通信和 Infrastructure Domain 通信。除了上文介绍的四种通信方式外，OBU 还可以在热点区域通过热点直接与 Internet 连接，在接入网(Access Network，AN)中，RSU 通过网关使用有线传输系统与管控中心相连，而在 Internet 网络中会有车辆网络内容提供商等服务机构以及医院等紧急服务机构加入车辆自组网中。

3. 车用自组网广播研究

由于车用自组网的拓扑结构受交通状况及天气情况等因素的约束，车辆结点及驾驶人对信息的需求和移动自组网有本质区别，因此移动自组网的广播模型和方法不适合车辆无线通信的情况，需要研究适应于车用自组网的广播模型和协议。

车用自组网的广播协议可分为单跳广播和多跳广播。单跳广播作为移动自组网的一直简单、有效的信息分发方式，主要为邻居节点提供各种紧急交通信息而为周围车辆发出警告，提醒驾驶人紧急避闪，防止发生交通事故。单跳广播中邻居节点只需接收信息，可减少网络中广播信息量，提高资源利用率。但是，由于节点高速移动，网络分布以及 IEEE 802.11 的 MAC 层在信息广播分发方面存在缺陷，难以保证驾驶人获取信息的实时和可靠性，许多学者主要对解决信息分发的可靠性、实时性和资源利用率等问题进行了相关的研究。

单跳广播虽然能够在一定区域内分发紧急信息，但是不能为驾驶人提供各种交通信息，而多跳广播通过广播信息中继可以扩大广播范围，为驾驶人提供各种交通信息，实现危险预警、事故救援、拥堵疏导等应用。但是多跳广播不仅需要处理单跳广播的可靠性、实时性问题，还需要解决协议的可扩展性和鲁棒性问题。

由于车用自组网中节点的高速移动性、网络拓扑的高动态变化性，并且无线链路是开放的有损介质，存在多径衰落、阴影效应，对无线信道质量造成严重影响。因此在设计有效的车用自组网广播协议时应支持节点高速移动和网络拓扑的高动态变化性，保证信息的实时性可靠性，同时有较好的可扩展性、鲁棒性和较高的资源利用率，提供通信服务质量（Quality of Service，QoS）。

6.2.3 车载无线通信协议标准

专用短距离通信（Dedicated Short Range Communication，DSRC）是专门设计用于车载通信的技术。2004 年，国际标准化组织 IEEE 开始制定关于车载通信的标准，将其称为车载环境下的无线接入（Wireless Access for Vehicular Environments，WAVE），主要包含 IEEE 802.11p 和 IEEE 1609 协议族，整个 WAVE 的架构如图 6.12 所示。WAVE 技术工作在美国联邦通信委员会为智能运输系统授权的 5.9GHz 频段上，并通过提供高速数据传输速率对手机进行补充。2006 年，IEEE 通过了 IEEE 1609.1～1609.4 系列标准。2010 年 7 月，IEEE 802.11p 标准正式发布，IEEE 802.11p 是对 IEEE 802.11 协议的进一步完善，主要规定了物理层和 MAC 层标准。DSRC 标准被作为 IEEE 802.11p 的 WAVE，是 IEEE 802.11 协议的扩展协议。IEEE 1609 系列标准则主要规定了相应的高层协议。

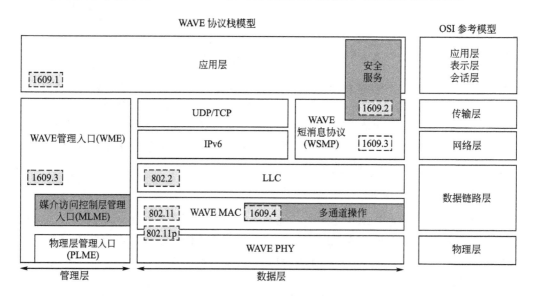

图 6.12 WAVE 整体架构

1. IEEE 1609 系列标准

WAVE 系统的上层是 IEEE 1609 系列标准，是针对无线连接技术应用于 WAVE 时，所定义出的通信系统架构及一系列标准化。其主要目的为制定标准无线通信协议，并提供行车环境下，包括汽车安全性、自动收费、增强导航、交通管理等应用领域所需的通信协议标准。

IEEE 1609 系列标准依赖于 IEEE 802.11p 协议，完整地解决了车载终端中关于互通性的通信接口问题，而且为每一层的顺利完成分别制定了相应的标准参数和技术指标，为高速(最大 27Mb/s)短距离(最大 1km)低时延的车载环境下的无线通信定义了架构、通信模块、管理结构、安全机制和物理接入。IEEE 1609 系列标准包括 IEEE 1609.1、IEEE 1609.2、IEEE 1609.3 和 IEEE 1609.4。

1) IEEE 1609.1 标准

IEEE 1609.1 标准为车载环境中无线接入试用标准-资源管理，为 DSRC 设备提供了额外的管理机制，让具有控制能力的节点可以远程控制一个区域内的所有节点。这个标准允许远端应用程序与车载装置或路边装置通信，WAVE 的资源管理扮演一个应用层角色，通信的目的是负责信息的交换，定义设备之间通信的格式和方法，引导传输数据、命令以及状态信息。

按照 OSI 模型从底层到上层的顺序，IEEE 1609.4 对 IEEE 802.11p MAC 层提供了增强性的功能，用来支持多信道操作。IEEE 1609.3 规定了 OSI 模型中逻辑链路控制层、网络层和传输层的相关功能。在 WAVE 系统中，它提供了针对车对车(V2V)和车对路(V2R)通信的定址和数据传输服务。

2) IEEE 1609.2 标准

IEEE 1609.2 标准为车载环境中无线接入试用标准-应用和管理信息的安全服务，包括 WAVE 信息安全，防止电子欺诈、窃听等。其主要目的是定义安全信息格式，处理 DSRC 与 65 WAVE 系统内部的安全信息，同时也讨论了 WAVE 管理信息与应用程序信息的加密方法，车辆引起的安全信息例外处理，支援核心安全功能的必要管理功能。

3) IEEE 1609.3 标准

IEEE 1609.3 是网络服务标准，位于 OSI 模型的网络层与传输层，提供 WAVE/DSRC 的网络服务，并提供车辆装置之间、车辆装置与路边装置之间的通信。IEEE 1609.3 的制定目的在于提供 WAVE 系统的定址及路由服务。它提供两种传输服务：IPv6 传输服务、WAVE 短消息协议(WAVE Short Message Protocal，WSMP)服务。

IEEE 1609.3 可以划分为数据层和管理层。数据层包括逻辑链路控制(LLC)、IPv6、高层的 UDP 或 TCP 与 WSMP。UDP 属于必要的，而 TCP 则属于可选择的。管理层包括服务请求、信道接入分配、管理数据传输、监听 WAVE 服务广播(WSA)、IPv6 环境参数配置以及相关数据管理信息数据库(MIB)的维护等。其框架结构如图 6.13 所示。

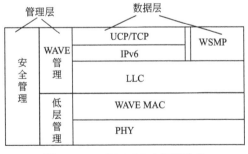

图 6.13 IEEE 1609.3 框架结构

WSMP 被设计用来提升 WAVE 的传输效率，可以使用任意信道传输(CCH 或 SCH)。它允许应用程序通过传输信息直接控制物理层层，如信道号码、传输功率等。IPv6 仅能使用在 SCH 服务信道上。WSMP 是 IEEE 1609.3 专门为车载通信而制定的封包格式，它简化了 UDP 和 IPv6 协议的复杂度，提供了简单的信息交换格式。一般的数据可通过 IPv6 来进行传输。至于具有即时性的数据，为了让其可以尽快地接收、发送，不要经过通常的 TCP/IP80 层层封装，可使用 WSMP 来进行传输。WSMP 数据包除数据外，还提供该数据包使用的信道、传输速率和传输功率给接收数据包的上层应用程序。

IEEE 1609.3 定义的 WSA 是专门用于控制的封包格式。WAVE 设备提供服务时，会周期性地在 CCH 上广播 WSA 数据包。该数据包包括设备本身信息、设备提供服务信息和设备使用信道信息。而在 CCH 上接收到 WSA 数据包的 WAVE 设备，会根据上层应用程序的需要，通知上层应用程序是否有可用服务。

在 IEEE 1609.3 中，服务的提供者称为 Provider，服务的使用者称为 User。首先，Provider 的上层应用程序向 WAVE 管理实体(WAVE Management Enity, WME)发送提供者服务请求。如果该请求需要认证的话，WME 会将 WSA 交给 1609.2 进行认证，之后再交由 1609.4 进行发送。User 的上层应用程序会向 WME 发送使用者服务请求。当接收到 WSA 时，如果需要认证，则交由 1609.290 进行认证。接着，将 WSA 与上层应用程序的需求进行对比，如果匹配，便进行信道分配。之后 User 和 Provider 会在指定的 SCH 上交换数据帧。

4) IEEE 1609.4 标准

IEEE 1609.4 标准是多信道操作标准，提供信道协调以及 MAC 子层管理功能。IEEE1609.4 位于 IEEE 802.11p 与 IEEE 1609.3 之间。它定义了 1 个控制信道(CCH)和 6 个服务信道(SCH)。不同类型的信息需要在不同信道上传输。CCH 保留给高优先级应用程序和系统控制信息使用。SCH 支持一般目的的应用数据传输。

信道协调是通过基于间隔的机制实现的，它利用 GPS 定时或者其他方式同步设备间的信道间隔。一个同步间隔(Synchronization Interval)由 CCH 间隔和接下来的 SCH 间隔组成。WAVE/DSRC 设备运行的默认信道是 CCH。在 IEEE 1609.4 中定义了三种信道接入机制，包括交替接入、立即接入和延长接入，如图 6.14 所示。

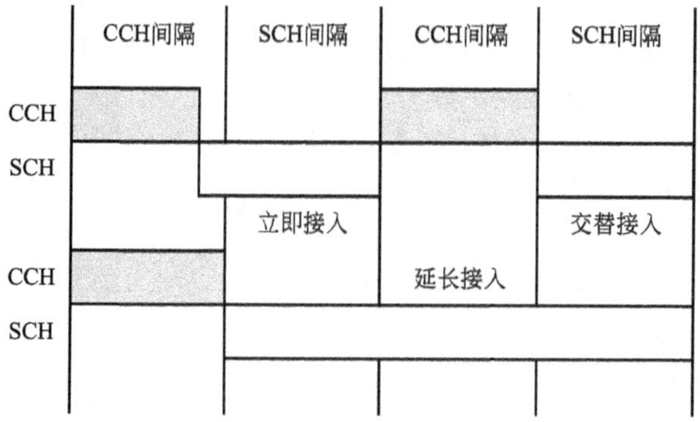

图 6.14 信道接入机制

采用交替接入时，WAVE/DSRC 设备天线在 CCH 间隔或 SCH 间隔保持在指定的 CCH 或 SCH 上。当采用立即接入时，设备可以从 CCH 间隔接入到 SCH。而采用延长接入时，允许 WAVE/DSRC 设备延长 SCH 接入时间。

IEEE 1609.4 提供的服务包括信道路由、使用者优先级和信道协调等。WSMP 数据包路由时，首先将 WSMP 数据包从逻辑链路控制层传送到 MAC 层，接下来 MAC 层根据信道号码(Channel number)路由该数据包到合适的缓冲区(Buffer)中。如果 WSMP 数据包头中所指的信道号码无效，则丢弃该数据包。IEEE 1609 使用 IEEE 802.11e 的增强分布式信道接入(EDCA)机制，用于竞争媒体访问控制权。媒体访问控制根据访问分类索引(ACI)与使用者优先级(UP)决定数据包放在哪个队列。EDCA 相关参数有仲裁帧间隔

(AIFS)、竞争窗口(CW)和传输机会限制(TXOP)。

IEEE 1609 系列标准在 WAVE 环境下描述了车辆和路边设备之间的无线数据交换和服务，以及车间通信时应用程序可能需要访问的应用协议层；专门描述了通信的物理机制，以及命令和管理服务，并为车路通信和车间通信提供两个选择（WAVE 短消息和 IPv6）。这些标准提供了 WAVE 环境下应用接口设计的基础，并提供网络服务，使应用程序在不考虑具体的制造商情况下，实现包括数据存储访问机制、设备管理和安全消息传递的无缝连接。

2. IEEE 802.11p 标准

WAVE 的物理层和 MAC 层是基于 IEEE 802.11p 实现的，而 IEEE 802.11p 是对 IEEE 802.11a 的修改，用来适应快速变化的车载环境。

1999 年，美国 FCC 在 5.9GHz 工作频率上分配了 75GHz 带宽，用于智能交通系统应用。频段中有七个 10MHz 的信道（图 6.15），包括 1 个控制信道和 6 个服务信道。IEEE 802.11p 是基于 IEEE 802.11a 标准的 OFDM 的改进，本质上是 IEEE 802.11 标准的扩充延伸。IEEE 802.11p 的发展主要为两个方向，一是容于其他标准并与 IEEE 1609 系列标准相辅；二是对 IEEE 802.11a 标准做部分修正，使其可应用于高速移动情况下的通信。

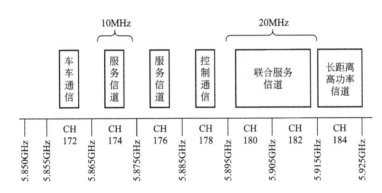

图 6.15　IEEE 802.11p 的频率分配

注：同时显示联合的 20MHz 的服务信道（两个 10MHz 的信道）。

IEEE 802.11p 标准利用无线通信标准 DSRC 实现路边到汽车和汽车到汽车的公共安全和私人活动通信的短距离的通信服务。最初的设定是在 300m 距离内能有 6Mb/s 的传输速度，拥有 1000ft（1ft＝0.3048m）的传输距离和 6Mb/s 的数据速率。从技术方面来看，它在基于 IEEE 802.11 标准研究上，做出了针对车辆网络这样的特殊环境的多种改进方法，例如，更加支持移动环境、更先进的结点间切换，加强了身份认证，增强了安全性等。目前，在车辆网络通信市场中，占大部分空间的还是手机通信，但从客观上来说，蜂窝通信提供的带宽非常有限，并且覆盖成本相对比较高昂。如果使用 IEEE 802.11p 标准，就可以提高带宽，降低部署成本，实现实时收集交通信息等。IEEE 802.11p 标准距离广泛应用还有很长的一段路要走，它将会让车辆交通变得更加安全、效率，同时也会极大地促进车辆通信系统的发展。

IEEE 802.11p 的标准架构分为两大部分，一个是专门用于非 IP 协议应用的 IEEE

1609.3/IEEE 802.11p 短消息协议,其适用范围为主动式安全信息和一些交通信息的传输;另一个是 IPv6 的协议,主要应用于车载娱乐、车用网络等与行车安全或道路交通信息无关的应用。为了改进在车载环境中的应用,IEEE 802.11p 工作小组指定了 IEEE 802.11 物理层和 MAC 层。

1) IEEE 802.11p 物理层

IEEE 802.11p 的物理层使用一种基于 IEEE 802.11a 的 OFDM 技术,由于 IEEE 802.11a 的物理层是为室内环境设计的,与车间通信环境有所不同,所以 IEEE 802.11p 的物理层在车间通信环境下的适用性就需要加以研究。

OFDM 技术是联盟工业规范 HPA(Home Plug Powerline Alliance)的基础。它采用一种不连续的多音频技术,将载波的不同频率中的大量信号合并成单一的信号,从而完成信号的传送。

在规范标准上,IEEE 802.11p 除了与 ASTM E2213-03 相容外,也与 ISO 制定的车用规格 TC204(ITS)WG16 兼容,此规格制定的 CALM M5 主要规范车辆在快速移动时的车间通信等应用。

为了在车载环境下增加对信号多路径传播的承受能力,IEEE 802.11p 标准使用 10MHz 频率的带宽,减少带宽,其物理层的参数是 IEEE 802.11a 的两倍。另一方面,使用比较小的带宽减少了多普勒的散射效应,两倍的警戒间隔减少了多路径传输引起的码间干扰。IEEE 802.11a 的 OFDM 有 64 个副载波,每个带宽为 20MHz 的信道,由 64 个副载波中的 52 个副载波组成(其中 4 个副载波充当导频,用以监控频率偏置和相位偏置,其余 48 个副载波则用来传递数据)。在每个物理层数据包的头文件中都有短序列符和长序列符,用来做信号侦查、频率偏置估计、时间同步和信道判断。为了应对衰落信道,在调整到载波之前对信息位采用隔行扫描编码。然而,IEEE 802.11a 是专用于低移动性室内环境中的高数率多媒体通信。为了使其用于高流动性的车辆通信,IEEE 802.11p 的物理层将信号频段从 20MHz 减少到 10MHz。这意味着与原来的 IEEE 802.11a 相比,所有时域参数值加倍。

IEEE 802.11p 物理层对信号的处理和规范与 IEEE 802.11a 基本相似,表 6-1 给出两个协议主要参数比较。

表 6-1　IEEE 802.11a 和 IEEE 802.11p 主要参数比较

协议名称	802.11a	802.11p
标准频宽/GHz	5.15～5.875	5.86～5.925
实际速度(标准)/(Mb/s)	25	3
实际速度(最大)/(Mb/s)	54	27
范围(室内)/m	30	300
范围(室外)/m	45	1,000

2) IEEE 802.11p 的 MAC 协议

IEEE 802.11 的 MAC 层是建立和保持无线通信的工作组,它只用单一的传送队列,所有的外部传送都会有消息的遗漏。在 MAC 层的设计上,IEEE 802.11p 和其他 IEEE 802.11 标准类似,都是采用 CSMA/CA 的方式。MAC 协议主体部分与 IEEE 802.11 分布式协调功能(Distributed Coordination Function，DCF)相同，而扩展部分则基于 IEEE 802.11e 标准的增强型分布信道接入(Enhanced Distributed Channel Access，EDCA)机制。

IEEE 802.11 标准定义了 MAC 层的两种工作方式：DCF 和中心点协调功能(Point Coordination Function，PCF)。PCF 是一种集中式的控制方法，需要一个管理整个网络的中心节点，只能在基础设施架构网络中使用。而 DCF 方式是 IEEE 802.11 标准规定的节点默认工作方式，其简单、性能较好，可以用于车间通信。

为了适用车载通信的安全问题、覆盖范围广等问题，MAC 层进行了改进和完善，主要有体现在以下方面。

(1) 不管在 WAVE 模式下的工作站是否加入到 WBSS(WAVE Basic Service Set，WAVE 基本服务集)中，只要通配符 BSSID FromDS 和 ToDS 位设为"0"就能够接收数据帧。

(2) 在 WAVE 模式下的工作站不能加入 BSS 或者 IBSS(Independent Basic Service Set，独立基本服务集)，也不能同时加入几个 WBSS，更不能进行主动或被动的扫描，不能使用 MAC 认证。

(3) 当把 BSSID 和收发数据帧定义为 WBSS 时；无线通信就加入 WBSS；相反，如果当 MAC 层停止使用 WBSS 的标识符 BSSID 发送和接收数据帧时，无线通信就失去 WBSS。

(4) 在用相同的标识符 BSSID 通信的 WAVE 模式中，WBSS 是用一组协作工作站组成的一个典型的 BSS。

(5) 如果 WBSS 没有成员，将不会存在，建立 WBSS 后最开始的无线电波与其他成员没什么不同。因此，原始的无线电波不再是 WBSS 的成员后，WBSS 还能继续工作。

6.2.4 智能车路协同技术

交通系统是一个典型的复杂系统。依靠传统的交通管理方式，单从道路和车辆的角度考虑，很难解决近年来不断恶化的交通拥堵、事故频发、环境污染等问题。智能车路协同系统是基于先进的传感和无线通信等技术的，利用车车、车路间的信息交互建立人、车、路一体化协同运行的交通运输系统，实现车车、车路动态实时信息交互，完成全时空动态交通信息的采集和融合，从而保障在复杂交通环境下车辆行驶安全、实现道路交通主动控制、提高路网运行效率的新一代智能交通系统，对提高交通运输系统的效率和安全性，实现交通系统的可持续性发展具有十分重要的意义。

车路协同技术已经成为当今国际交通、通信、计算机领域的前沿技术，欧美等发达国家都在积极推进相关技术的研究。狭义的车路协同主要指通过路侧设备和车辆通过无线通信进行信息交互(无车车信息交互)，实现车辆运动控制、交通信号控制或信息发布。广义的车路协同系统包括基于交通参与者之间和交通参与者与交通基础设施利用无线通信进行信息交互(仅有车车间的通信或车路间的通信，或者既有车车间通信又有车路间的通信)，从而实现车辆运动控制、交通信号控制或信息发布。

根据广义车路协同定义，从信息交互的方式和对象，车路协同系统可分为以下三类。

(1) 只具备车与车之间信息交互的车车协同系统。这种系统主要面向无路侧设备进行信息交互的交通环境，通过车车间的信息交互实现车辆的协同控制，达到保障安全和提高通行效率的目的。例如，通过车车通信，实现车辆队列行驶的协同控制、协同跟随、危险状态信息的传播等。这种系统的灵活性大，但由于与路侧设备没有信息交互，在信号控制交叉口的交通环境，无法实现信号与车辆运动的协调。

（2）只具备车与路侧设备之间进行信息交互的车路协同系统。在这种系统中，所有路侧设备附件的车辆都通过无线通信系统与路侧设备交互信息。路侧设备可作为中央控制器协调邻域内所有车辆的运动。信号交叉口的协同控制是这类系统的典型应用之一。一方面，路侧设备通过附近车辆传递来的信息作为交通信号调整的基础；另一方面，路侧设备根据交通信号的控制策略和附近车辆的运动状态和路侧系统检测到的其他信息，对车辆发出警示信息或控制信息。但这一系统由于受到路侧设备安装密度等限制，多适用于信号控制交叉口等交通环境，使用灵活性差。

（3）具备车车间信息交互和车路间信息交互的车路协同系统。该系统综合了前两种系统的特点，是车路系统的最终发展方向。

车路协同系统的应用领域包括交通管理、交通安全和信息服务等方面。这些应用不但可以拓宽驾驶人的视野，加强交通安全；并且可以共享实时交通数据，优化道路流量；还可以传播娱乐广告，使乘客享受优质的乘车服务。通过智能车载系统收集道路上的各种信息，这些信息包括：道路信息，如路面质量信息、路面平整度、路面湿滑程度、道路坡度等；交通状况，如交通拥塞情况、平均车速。所收集的信息可以帮助其他在路网中的车辆制定相应的驾驶策略，以达到避免交通拥塞，确保行车安全的目的。交通安全是最重要、最能体现车路协同系统价值的应用，其中包括主动式事故告警、事故隐患提示等。当车辆突然制动，或者车辆突然抛锚，尤其是在大雾或者暴雨等会严重影响驾驶人视线的恶劣的天气情况下，车辆会立即广播这些紧急信息，其周围的车辆收到的消息之后会迅速做出反应，以达到避免交通事故的目的。车辆通过不断广播自己的位置、速度、角度等信息，使得车辆之间都"知己知彼"，相互之间保持一定距离。特别在交叉路口地段，车辆间可以相互协调行驶。此外，车路协同系统可提供高速公路缴费、路边的饭店、加油站相关信息、移动办公、接入 Internet、分布式游戏等多样化服务。

目前，世界各国正在积极进行车路协同系统方面的研究与实验，并将其作为改善道路交通安全和效率的重要手段。美国、日本和欧洲等主要发达国家在车路协同系统领域开展了多方面的研究，其典型项目包括美国的 VII、IntelliDriveSM、CICAS、CVHAS 等项目，日本的 SmartWay、AHS 等项目，以及欧洲的 CVIS、PreVENT 等项目。这些项目虽然侧重点各有不同，但都是以车路协同技术为基础的，如图 6.16 所示。

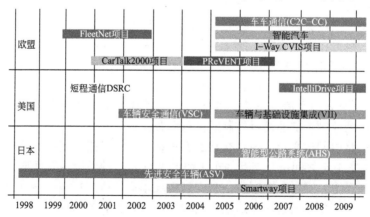

图 6.16 世界车路协同系统

1. 美国

美国对车路协同相关技术研究的发展历程，根据其目标、研究特点和关注的重点大体可以分为两阶段。第一阶段是上 20 世纪 90 年代到 20 世纪末，主要特点为研究的范围广，研究领域涉及交通监控、交通信号智能控制、不停车收费、自动驾驶等方面，表现为重点不够突出，项目相对分散，其中包括的项目有 ERGS、PATH，并于 1997 年，进行了自动公路系统的演示实验，内容包括车辆车道自动保持、自动换道、车队编排以及车车、车路通信等技术。但由于此项技术应用的成本和社会问题没有解决，因此没有得到推广。这一时期美国也在交通监控、交通信号智能控制、不停车收费等各个领域开展了多项研究。

第二阶段从 21 世纪开始，在战略上进行了调整，由第一阶段的"全面开展研究"转向"重大专项研究"，重点关注车辆安全及车路协调技术战略，并从综合交通运输体系的角度开展综合交通运输系统与安全技术的研究，研究内容包括综合运输协调技术、车辆安全技术等，特点是更加注重实效，推广相关技术产业化。

这期间主要有智能车辆计划(Intelligent Vehicle Initiative，IVI)、车辆-基础设施集成(Vehicle Infrastructure Integration，VII)项目、商用车辆安全计划、CICAS、IVBSS 等项目。这些项目重点关注的技术主要有车间、车路通信技术，车辆感知技术，多重感知信息融合技术，系统评估、测试及验证技术，如图 6.17 所示。

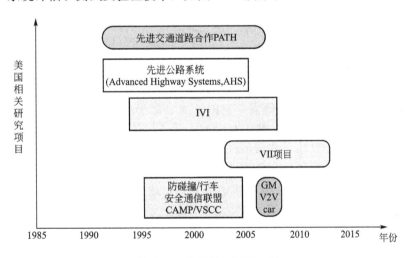

图 6.17 美国相关研究项目

美国联邦通信委员会专门为车辆间通信划分了一个 75MHz(5.85～5.925GHz)的免费频带带宽，用于 DSRC。之后，多个国家开展了有关 DSRC 的研究项目。2004 年，IEEE 成立了 802.11p 工作组以制定 IEEE 802.11WAVE 的版本，并以 IEEE 1609 系列协议作为上层协议，从而形成 DSRC 的基本协议构架。

2008 年末到 2009 年初，美国运输部对执行了 5 年的 VII 计划项目进行了调整，提出了新的开放平台概念——IntelliDrive SM，即除了 5.9GHz 的 DSRC 技术外，美国运输部还将目光转向了已经无处不在的移动通信技术。IntelliDrive 为美国道路交通提供了更好的安全性能和驾驶效率，它通过开发和集成各种车载、路侧设备以及通信技术，使得驾驶人在驾驶中能够做出更好、更安全的决策。当驾驶人没有做出及时反应时，车辆能够自动做出响应来避免碰撞，这样明显提高了预防和减轻碰撞的能力，同时，运输系统管理者、车辆运营商、出行者都能得到所需的交通信息，以便在效率、运输成本、安全方面做出动态的决策，实现高效的客运和货运。IntelliDrive 的应用战略方向主要包括安全应用、机动化应用和环境道路气象应用，而基于车路协同的安全应用主要集中在 V2V、V2I 及安全驾驶三个方面，如图 6.18 所示。

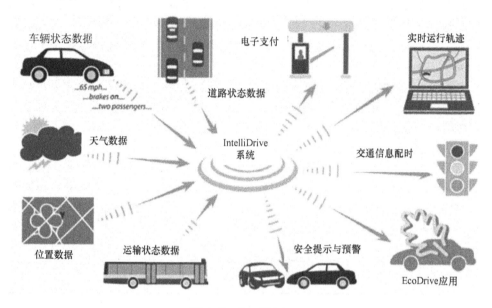

图 6.18　IntelliDrive

美国推进 IntelliDrive 项目的研发，它的开展是由于美国在推广 VII 系统时遇到了一些问题，包括路侧设备成本过高、热点布设方式无法为车辆提供连续的通信服务等，再加上金融危机的影响，基础设施运营商和汽车厂商对路侧系统的建设和运营没有表现出预期的兴趣。因此，美国运输部从单一的 5.9GHz 的 DSRC 通信技术转而考虑采用其他途径，如手机宽带无线通信、WiMAX、卫星通信等方式，建立开放式通信平台，为车辆提供无缝的通信服务。IntelliDrive 提供的服务重点在车辆主动安全方面，同时兼顾多种运输方式和出行模式的解决方案，为驾驶人提供动态、连续的服务。其中实时性和可靠性要求较高的车辆主动安全服务将主要通过 DSRC 专用通信技术来实现。而实时性要求相对一般的出行服务则通过 3G、4G、WiFi 等公共通信技术实现，保证车与车、车与路侧、车与管理中心等主体之间连接的方便性。从美国车路协作发展历程可以看出其今后的趋势是越来越具有开放性，将全面借助公网的通信平台，发展方式也由全面撒网转为重点深入。

美国进一步研发先进的交通管理技术，包括正在开发之中的车辆——道路自动化协作系统(Cooperative Vehicle‐Highway Automation Systems，CVHAS)和设施-车辆运输自动化系统（Infrastructure‐Vehicle Transportation Automation System，IVTAS）。CVHAS 将利用智能化的道路设施和车载装置来自动地完成全部或部分的车辆驾驶任务。未来的道路设施可能分为装备化的智能车道和一般车道，其主要目标是提高现有设施的通行能力和运行效率。CVHAS 通过车路、车车通信获取人、车、路等交通信息。CVHAS 项目所研究的安全技术可以分成两种类型：一是自主式安全技术，即所有环境信息都来自车载传感器,而没有与基础设施或其他车辆的信息交互;二是协同式安全技术,即自车通过与其他车辆或道路基础设施的信息交互,以及车载传感器获取车辆行驶的环境信息,实现危险报警、向驾驶人提供驾驶辅助或完全的自动驾驶等功能。IVTAS 主要致力于公共交通自动化系统、自动化货运车辆的专用车道、道路铲雪车和其他维护用车的自动导航,以及将来可能出现的全自动小汽车驾驶系统等方面的探索。

在车路协同数据交互的研究方面,加州大学伯克利分校开展了城市道路交通环境下无线传感器网络信道状态、干扰情况和系统容量等一系列研究;另外系统分析了城市拥堵交通环境无线传感器网络的频谱状况,为车路协同数据交互系统的应用提供了大量的数据支持。另外,华盛顿大学所进行的基于 WLAN 的交通信息获取技术也取得了车路协同数据交互方面的重要研究成果。在试验道路建设方面,CALTRANS(California Department of Transportation)和 MTC(Metropolitan Transportation Commission)从 2007 年起致力于在北加州的一个关键路段开发,演示和部署一套 VII 测试系统,整个测试路段长约 10 英里,包括了 82 号加州公路和 101 号美国国道,是美国车路协同系统最重要的一条试验线。

2. 日本

日本 ITS 技术研究历程也经历了战略性的变化,可以分为两个阶段。第一阶段集中在 20 世纪 90 年代,研究领域虽然涉及交通安全辅助、导航系统高度化、电子收费(ETC)、交通管理优化、道路管理效率化、公共交通支援、载货汽车效率化、行人辅助、紧急车辆的运行辅助等方面,但重点集中在导航系统、自动收费系统和先进车辆系统,并在这些技术上都取得了突破,尤其是导航系统和自动收费系统已经得到广泛应用。第二阶段从 20 世纪 90 年代末期开始,研究重点转移到道路交通安全性的提高、交通顺畅化及环境负荷的减轻方面,更加注重系统集成与人性化的交通服务以及技术的推广应用。

日本政府组织运输省、通产省、建设省等与交通问题密切相关的部门推进日本的智能交通系统建设。在车辆驾驶和道路管理领域主要以先进安全汽车和智能型公路系统(Advanced Cruise-Assisted Highway System,AHS)为两大发展主轴,如图 6.19 所示。

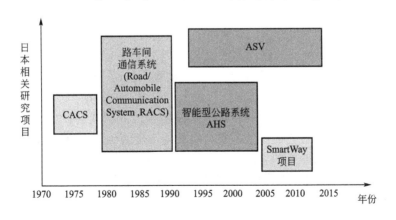

图 6.19 日本相关研究项目

AHS 能够提供道路交通及路面情况,可以向驾驶者发出警报并让控制中心按需提供紧急处理支持。AHS 主要作用包括:预告前方可能出现的突发意外,预告可能出现的急弯，偏离行车线警告、十字路口防撞警告、右转车辆防撞警告、行人防撞警告，报告路面最新状况（如积雪、淹水、破坏等），如图 6.20 所示。

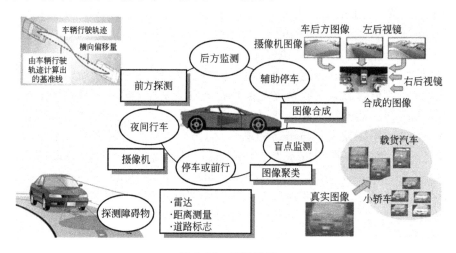

图 6.20 AHS 系统

20 世纪 90 年代至 21 世纪初期，日本的协同驾驶系统 DEMO 2000 展示了车间通信技术的可行性和潜力。在 ASV-3 项目中，Honda ASV-3 搭载了 Honda 独创的利用摄像机和雷达等提供车辆接近信息和障碍物信息技术、制动和转向控制等驾驶辅助技术，以及事故发生后的急救系统等最新的安全技术。车顶后端配备大型天线，车间通信使用 5.8GHz 频带，可在车辆之间交换车辆的位置、速度及车型等信息。最大输出功率为 10W，通信距离在市区时虽然只有大约 200m，但在郊区则最长可达到 800m 左右。主要通过 GPS 获得的位置信息来判断车辆的相互位置，起到防冲撞作用。因为 GPS 的检测精度不太高，所以为了判断正确的位置，还配套了摄像头及雷达等。在车辆发生事故的情况下，将事故发生瞬间前后 15s 的车内外的影像、车辆的位置、车型、安全气囊的展开状态等数据自动传递到 Honda 呼叫中心。通过事故车辆驾乘人员与 Honda 控制中心进行的影像和声音等信息交换，及时掌握事故发生后车内人员的情况。利用搭载在车辆内的生物监测装置，确认驾乘人员的脉搏次数和呼吸次数。当车辆处于无法接收移动电话信号的区域时，可以通过车与车之间的通信，接力传递数据，将数据传送到 Honda 呼叫中心。利用摩托车、汽车上装备的通信器材（波段为 5.8GHz），无线交换车型、位置、行驶方向、速度等信息。利用行人随身携带的通信设备，无线传递位置信息。可以同时满足 120 辆车辆、约 200m 范围内的信息通信。2011 年 1 月 8 日，日本东京冲电气工业株式会社（OKI）宣布，成功开发了将 DSRC 车辆间通信系统连接到手机，实现了步行者与车间通信的世界首款手机用 DSRC 车间通信辅助器（安全手机辅助器）。只需将该安全手机辅助器连接到手机，步行者就可以与搭载了车间通信装置的车辆直接进行位置信息交换。

日本在最近几年逐步提出车路通信平台和车载终端的一体化，提供一个开放共用的基础平台，强调基础设施（如 VICS 的 Beacon、数字地图、光纤网络以及相关软件等）的共用和车载装置的一元化，提供与安全有关的信息、前方道路状况、大范围拥堵信息、收费服务（包括高速公路、停车场等）。

日本车路协同系统的实现主要依靠丰田、本田和日产等汽车制造厂商，车辆在出厂时就已经安装了相应的 VICS 通信模块,所采用的车车/车路通信方式还是基于路侧接入点的红外和微波通信方式,通信容量还不能满足当前的车路协同发展的数据交互需求,所以日本也在积极开发基于 802.11p 的车路协同通信系统,这也是通过 SmartWay 项目来实现的。另外,日本国土交通省规定用于智能交通系统的无线电系统较多,不同频段分别对应不同的连接方式和应用,各种频段的通信技术互不兼容。日本的车路协同系统计划的通信模式主要基于 DSRC(通信、广播类型)方式。

为推广应用 ITS 的研究成果,引进先进技术,实现 ITS 的多元化,发挥先进技术的优越性,日本还先后制定了 SmartWay 计划和 SmartCar ASV 计划。计划的目的是实现车路联网,设想道路将会有先进的通信设施不断向车辆发送各种交通信息,所有的收费站都不需停车交费,能以较快的速度通行,道路与车辆可高度协调,道路提供必要信息以便车辆进行自动驾驶,如图 6.21 所示。2007 年日本政府在东京大都会快车道进行了实地测试。SmartWay 发展重点在于将现有的各项 ITS 功能如 ETC、网络支付和 VICS 等整合于 OBU 上,使道路与车辆实现双向连接而成为 SmartWay 与 SmartCar,以减少交通事故,缓解交通拥堵。SmartCar ASV 计划是在机动车上装备电子导航系统、车辆间通信设备、自动驾驶装置等先进的电子仪器,使之能了解行车路途上的交通状况,不断选择最佳行车路线,依靠车道白线、车辆间通信等信息进行自动或半自动驾驶。例如,在转弯时可测出普通汽车侧后方的视觉死角位置的车辆、行人,进行自动制动或自动驾驶。

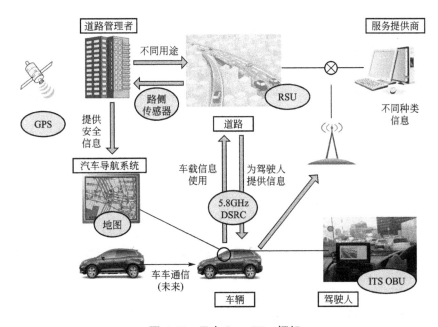

图 6.21 日本 SmartWay 框架

3. 欧洲

欧洲关于 ITS 的研究基本与美国和日本同期起步,发展历程也经历了两个阶段。第一阶段是 20 世纪 80 年代到 21 世纪初期,研究领域涉及先进的旅行信息系统(ATIS)、车辆控制系统(AVCS)、商业车辆运行系统(ACVO)、电子收费系统等方面。重点关注道路和车载通信设备、车辆智能化和公共运输。其特点与美国第一阶段比较相似，即研究的范围比较广，项目相对分散。期间主要进行 Telematics 的全面应用开发工作，在全欧洲范围内建立专门的交通（以道路交通为主）无线数据通信网，交通管理、导航和电子收费等都围绕 Telematics 和全欧无线数据通信网来实现。研究支持开发智能的约束系统、制定信息和通信系统的道路安全发展长远计划；开展研究和论证，以优化人机界面和道路安全的远程信息处理"智能道路"，建立卫星事故定位系统。

德国 Hartenstein 于 2000 年 9 月启动 FleetNet 项目，并于 2003 年 12 月结束，它开发了车间通信系统的平台，将移动自组织网应用到车用自组网中，通过一系列测试得到很多重要的数据。项目的后续工程 NOW（Network on Wheels）于 2004 年开始启动，NOW 的目标是解决车间通信中的通信协议以及数据的安全性问题。2001 年开始，欧盟开始了由 INVENT 发起的为期三年的项目——CarTALK 2000，致力于开发一种新的基于车间通信的驾驶人辅助驾驶系统，提高驾驶的安全性与舒适性。该项目由八个子项目组成，分别处理安全驾驶和缓解交通拥挤的交通管理等问题。其主要任务是根据汽车辅助驾驶系统的特点，设计合适的数据结构和算法来开发软件，并在真实的场景中演示和测试其辅助系统功能。2003 年，为了建立一个车间通信的欧洲统一标准，使不同品牌车辆相互通信，六家欧洲汽车制造商（宝马、Daimler‐Chrysler、Volkswagen 等）联手成立了车间通信联盟（Car‐to‐Car Communication Consortium，C2C‐CC），采用了 WLAN 技术，其目的是让车间通信的无线通信接口及协议标准化，保证车间通信在欧盟范围内可以正常运行。PReVENT 项目的子项目无线局部预警 WILLWARN 研究和验证了预防性安全的技术和应用。

PReVENT 项目的目标是通过集成开发一系列的安全功能，在车辆周边建立虚拟安全带。这些安全区域环绕着车辆，作为集成开发平台来辅助、保护驾驶人和道路使用者。首先，它们探测危险情况的类型，并按照危险等级进行分类。依照危险种类的不同，主动防御系统开始工作，通知、警告并辅助驾驶人避免事故。即使在碰撞不可避免的情况下，PReVENT 安全系统也能够做到减轻事故所造成的影响。随着 PReVENT 研究工作的展开，智能车辆将不仅仅是运用传感器从车辆外部获取信息避免事故，更进一步将做到能够看到更远处的景象，并与其他车辆和道路基础设施通信，确保旅程安全。

欧洲于 2003 年 9 月提出 eSafety 的概念，标志着第二阶段的开始。战略转移到重点研究安全问题，更加重视体系框架和标准、交通通信标准化、综合运输协同等技术的研究，并推动综合交通运输系统与安全技术的实用化。

2006 年，欧盟提出了合作性车路基础设施一体化系统，主要目的是开发和测试车辆之间通信以及车辆与附近的路边基础设施之间通信所需的技术，旨在提高旅客和货物的移动性以及道路交通运输系统的效率。车辆‐基础设施协作系统（CVIS）的目标是创造一种新的车路协作和交互模式，从协作角度上讲，车辆以及所有的交通参与者、路侧基础设施和中心系统都不再是一种层级关系，取而代之的是，所有的参与者都将被看作一个公共网络中的节点。除了概念上的改变以外，物理上的无线通信使得这些节点时刻与公共网络线连接，并且根据它们的需要与其他节点自由通信。

SAFESPOT 项目的目的是开发和测试用的车路协同技术，开发"安全助理"，用来增加驾驶人获得的可利用信息数量。结合路边传感器和车辆附近直接发送的高质量数据，可以预先知道潜在的风险，如视线外的路面结冰、雾、障碍物以及前方发生的交通事故。通过警告并告知接近的车辆的方式（包括车载单元和路侧信号）可以提供额外的反应时间来预防事故的发生。

2006年2月开始的智能道路安全协作系统(COOPERS)，通过实现车辆与高速公路道路基础设施之间不间断的双向无线通信来提高交通的安全性。

欧洲通过利用CVIS、COOPERS、SAFESPOT系统以及其他无线通信系统来实现车与道路基础设施以及车与车之间的通信，如图6.22所示，从而提高交通效率和安全性。但是它们的侧重点不同，CVIS侧重于路车通信及交通安全信息方面的研究，COOPERS侧重于车载一体化集成方面的研究，而SAFESPOT侧重于自动控制相关的研究。

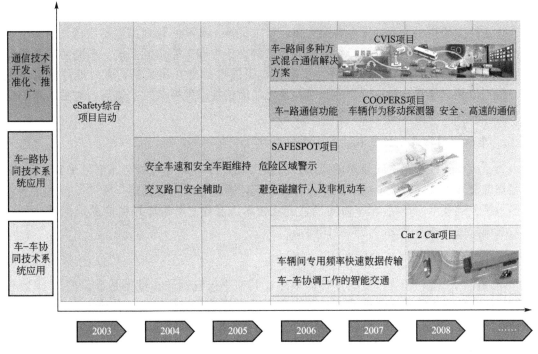

图6.22 欧盟项目情况

4. 中国

我国的车路协同技术起步较欧、美、日晚。在"十五"和"十一五"期间，我国在汽车安全辅助驾驶、车载导航设备、驾驶人状态识别、车辆运行安全状态监控预警、交通信息采集等方面进行了大量研究，基本掌握了智能汽车共性技术、车辆运行状态辨识、高精度导航及地图匹配、高可靠信息采集与交互等核心技术，为智能车路协同系统的研究奠定了基础。在驾驶辅助系统方面，取得了驾驶人跟车行为特性和车道偏离报警、前向危险报警、安全车距保持等研究成果；而在交通信息服务及管理方面，则取得了电子信息牌、交通信息服务系统、智能公交系统、车辆导航系统和磁导航技术等研究成果。

按照我国《国家中长期科学和技术发展规划纲要(2006—2020年)》规定内容，以及公安部《道路交通安全"十二五"规划》、《公路水路交通运输"十二五"科技发展规划》，智能交通将成为国内未来交通运输业优先发展主题。车联网也被列为我国重大专项(第三专项中)的重要项目之一。我国智能交通系统的发展总体思路是：以道路基础设施智能化为核心，以公路智能与车载智能的协调合作为基础，重视人的因素的应用研究，促进人、车、路三位一体的协调发展。"十二五"交通信息化将朝着"智慧交通"的目标推进,通过借助交通物联网技术可感知与可交互的特点,推动安全、畅通、便捷、高效、绿色的交通运输业发展。

6.2.5 未来展望

1. 车路协同技术是有效解决道路交通安全的主要途径

提高交通安全是发展车路协同的一个重要内容,通过分析各国的交通物联网现状可知,从美国的 VII 到 IntelliDrive,更加强调了交通安全的重要性,欧盟的 eSafety 计划也旨在为道路交通提供全面的安全解决方案,日本的 SmartWay 计划的主要目标是减少交通事故和缓解交通拥堵,而这些计划的研究重点都在于发展车路协同系统。车路协同系统充分利用先进的信息与通信技术,通过车车、车路信息的交互和共享,有效地评估潜在危险,提高道路交通安全和缓解交通拥堵,是无线通信技术发展的技术热点,对提高道路交通的安全具有十分重要的作用。

2. 车路协同系统关键技术

为了实现智能车路协同技术的应用,需要实现智能车路协同的交通信息采集、车车/车路信息交互、集成智能车载、路侧设备和系统,需要开展先进智能车路关键技术、智能路侧系统关键技术、车路/车车协同信息交互技术以及建立智能车路协同系统测试验证环境,实现关键技术与系统的仿真测试验证。

3. 云计算在智能车路协同系统中的应用

车路协同系统将包含大量的传感器结点,其中不仅包括采样数据是数值型的 GPS 传感器、压力传感器和温度传感器等,还有许多采样值是多媒体数据的传感器节点(如交通摄像头传感器)等,这些传感器按照一定的频率不停地采集数据。为了满足对数据的在线处理、离线处理、溯源处理和复杂数据分析的需要,不仅需要存储这些传感器实时采集的数据,还需要存储采集的历史数据。因此,需要加快智能车路协同与云计算的结合,构建交通运输云,建立起综合开放的交通运输信息系统。交通运输云有利于集成现有的相对独立的交通物联网系统(如 ETC、车路协同系统等),深度整合交通运输行业各种运输方式的信息,实现信息资源的共享,使得各种运输方式之间能够顺畅衔接,为全社会提供准确及时、安全可靠、方便适用的综合运输信息服务。

4. 建立一个统一的交通物联网标准体系和适宜的交通物联网运营模式

交通物联网高度的综合性和整合性决定了标准化是其建设过程中的重要技术基础。标准体系建设主要包括交通物联网标准体系和交通物联网云平台技术规范及数据元格式等核心标准草案的编制与推广,从而引导和规范行业的健康发展;并通过标准化促进交通物联网系统在全国范围的应用示范和推广。

同时,交通物联网系统能否实现应用、推广及可持续性发展的关键因素之一还在于是否有一个成功的运营模式。平台运营主要是为了形成一个产业链上下游合作共赢的良性运营模式,形成围绕信息服务多实体共生、多方共赢的局面,支撑交通物联网应用工程的可持续建设和服务。LBS 应用服务、VICS 系统等成功案例可以为我们提供良好的借鉴意义。

6.3 汽车轮胎压力监测系统

6.3.1 引言

轮胎是汽车的重要部件,它的性能对汽车的动力性、制动性、行驶稳定性、平顺性和燃油经济性等都有直接影响。

轮胎与汽车行车安全有关的特性是负荷、气压、高速性能、侧偏性能、水滑效应、耐不耐穿孔性等。轮胎的负荷与气压有对应关系,为了行驶安全,必须根据汽车的最大总质量来选用相应负荷的轮胎,切不可超负荷使用轮胎。轮胎在最大负荷状态下,其胎压不应超过所允许的最大胎压。同一规格的轮胎,充气气压越高,所能承受的负荷也会越大,但气压过高会使内胎不堪承受而爆裂;对于外胎,则会使胎冠中心部分异常磨损,降低轮胎的使用寿命。充气轮胎气压值也不能低于规定值,如气压偏低,不仅使轮胎的承受负荷降低、滚动阻力增大,使动力性、经济性下降,还会使制动性、转向性能受到影响,轮胎胎肩也会因出现异常磨损而降低使用寿命。

汽车在高速行驶中,轮胎故障是所有驾驶人最为担心和最难预防的,也是突发性交通事故发生的重要原因。据统计,在中国高速公路上发生的交通事故有70%是由爆胎引起的,而在美国这一比例高达80%。据2002年美国汽车工程师学会调查,全美平均每年有26万起交通事故是由胎压过低或渗漏造成的。同样,据我国公安部统计,国内高速公路70%的意外交通事故是由爆胎引起的,而速度在160km/h以上发生爆胎的死亡率接近100%。轮胎质量问题、胎压不足、胎压过高、车辆超载、高速驶过尖锐物体、高温等都是造成轮胎故障的原因。轮胎故障,尤其是轮胎压力异常,是导致交通事故频发的重要原因。

怎样防止爆胎已成为安全驾驶的一个重要课题。据国家橡胶轮胎质量监督中的专家分析,保持标准的车胎气压行驶和及时发现车胎漏气是防止爆胎的关键。而汽车轮胎压力监测系统(Tire Pressure Monitoring System,TPMS)毫无疑问将是理想的工具。

TPMS主要用于在汽车行驶过程中,实时监测轮胎内的压力和温度,对因轮胎漏气而导致的气压异常进行报警,以保障行驶安全。TPMS属于事前主动型安保范畴,不同于事后被动型安保的安全气囊和防抱死制动系统(ABS),一旦轮胎出现故障的征兆,驾驶人就能根据警示采取相应的措施,避免事故的发生。TPMS不仅能保障驾驶人的安全,还能减少因胎压异常而产生的燃油消耗,避免车辆部件与轮胎不正常的磨损,从而延长轮胎的使用寿命。TPMS发展至今,已与汽车安全气囊、ABS成为汽车的三大安全系统,并被大众所重视。

安装了TPMS的车辆,具有以下优势。

1. 事前主动报警

汽车现有很多种安全保护措施,如ABS、EDS、EPS、安全气囊等,均是被动型安保装备,即在事故发生时保护人身安全的作用。而TPMS属于主动型安保装备,是一种主动安全技术产品,它采用智能传感和无线网络技术,将每个轮胎的工作状态发送至监视控制器上，对非正常工作状态，实时提醒驾驶人采取措施，以预防爆胎事故的发生，即在轮胎出现危险征兆时及时报警，驾驶人可采取措施，将事故消灭在萌芽状态，防患于未然。

2. 延长轮胎使用寿命

统计表明，20%的轮胎处于40%的亚充气状态，胎压不足行驶，显著地降低了轮胎的寿命，当胎压比正常值降10%时，轮胎的使用寿命将缩短9%～16%。TPMS实时监测每个轮胎的动态瞬时气压，当胎压出现异常时能及时自动报警，从而减少车胎的损耗，延长轮胎使用寿命。

3. 减少燃油消耗，利于环保

数据表明，胎压低于标准气压值30%时，油耗将上升10%。如果胎压不正常，轮胎磨损也会加快。根据Goodyear公司的数据，在亚充气状态下，气压每下降3PSI（20.6kPa），将使燃料消耗增加1%。车辆安装了TPMS，就能及时发现胎压异常现象，有效避免上述现象的发生，不仅可以降低油耗，而且还可以减轻对环境的污染。

4. 避免车辆部件不正常的磨损

若汽车长期在胎压不均衡的状态下行驶，会对发动机底盘及悬架系统将造成很大的伤害，增加悬架系统的磨损，还容易造成制动跑偏。胎压状态一般有三种情况：气压过高状态、正常状态、缺气状态。胎压过高，将使轮胎伸张变形、胎体弹性降低，汽车在道路上行驶时所受到的动负荷也增大，如遇到冲击会产生内裂或爆破；胎压过高，使轮胎的接地面积减少，胎冠中部将会很快磨损，这样也会造成胎冠部的爆破；还会使轮胎避震性能变差，导致车辆的减振弹簧负荷过大，减振效果降低，底盘、发动机等重要部件容易受损。如果胎压过低，轮胎变形，下沉量增大，胎温因摩擦增加而急剧升高，导致轮胎变软，强度下降；同时过热状态会加速子午胎钢丝与橡胶的老化、变形，甚至导致内部断裂。这些都可能造成爆胎意外。缺气行驶时，由于轮胎变形，会造成胎肩磨损剧增，同时出现不规则的磨耗。

6.3.2 研究进展

早在2000年11月1日，美国时任总统克林顿签署批准了美国国会关于修改联邦运输法的提案，联邦法案要求2003年以后出产的所有新车都需将TPMS作为标准配置；2006年11月1日起，所有需要行驶在高速公路上的汽车都需配置TPMS。在该提案的推动下，TPMS开始受到关注。美国政府要求汽车制造商加速发展TPMS，以减少轮胎事故的发生，并制定了TPMS的技术规范。

德国、法国、日本等国家也处于建议性安装阶段。2004年，全球一共制造1,700万套TPMS。2005年TPMS的市场增长34%，达到2,600万套，2006年增长83%，达到4,700万套，2007年之后逐步增长。美国市场占有率达80%以上，日本及亚太地区的市场占有率还是很小，但潜力巨大，尤其是中国市场。

根据欧盟委员会的要求，自2012年起所有欧洲新车车型都将强制装配TPMS；在国内汽车行业，TPMS仅在高端产品车型或中低端产品的高配车型上配备，但随着中国汽车市场国际化进程的加快，TPMS必将会成为所有汽车上的标准配置。

国外对于TPMS的研究起步较早。20世纪70年代末期，欧洲的一些发达国家就开始对 TPMS 进行研究。英国 Lucas 公司早在 1981 年就推出了驾驶室设置接收器和每个车轮均有传感器的装置模型，德国 Wabco 公司和 Bosch 公司在 1989 年推出了利用 ABS 传感器监测轮胎压力的新装置。1996 年，丰田公司就有一种系统应用于当时生产的 MarkⅡ型车上，它利用车轮速度传感器探测四个车轮的速度与振动波，根据胎压降低即轮胎刚度下降，引起弹簧下谐波频率降低的特性，将上述信息传递给 ECU 分析是否某轮胎胎压不足，克服了直接测量气压的方法存在的可靠性、耐久性不足、成本高等缺点。这种系统不能直接测量胎压，并存在容易产生误差的因素，数据的时效性准确性也存在不足。但作为初期胎压实时监测系统，它的技术特性与时代特性值得借鉴。

德国 BEAU 公司与美国 Lear 公司联合推出的将电子门锁装置与电子胎压实时监测系统集成在一起，该系统主要是测量胎压值与标准值的偏差，当偏差超过极限值时，系统将向驾驶人发出警告，以便及时采取必要措施。不足之处是车轮电子装置对使用环境清洁度有较高要求。

法国 Michelin 公司与德国 Wabco 公司合作开发的一种轮胎充气内压监测装置，是专供商用车使用的监测装置，它由安装在车轮上负责测量轮胎充气压力的微型组件和安装在驾驶室内的电子控制仪表两大部分组成，整套装置具有装卸容易的特点。

西门子 VDO 汽车配件公司自主开发轮胎护卫(Tire Guard)监测装置，采取外挂式传感器，具有较强的适应性，能检测轮胎额定充气内压的 5%。

英国 A.I.R 汽车配件公司生产了一款名为轮胎守护神(Tire Shield) 的监测装置，其特点为：①传感器为圆筒状，通过螺纹连接在轮胎气门杆上；②信号发射器和传感器装在一起，负责将无线电信号发射出去；③无线电接收器安装在汽车的前部，负责接收由发射器发射的无线电信号，并将其转送到驾驶室内的监测器；④具有轮胎压力和温度超限报警的功能。

2004 年上半年，TPMS 开始逐渐进入中国市场，目前很多中高级车可以选装 TPMS。据中国汽车工业协会相关市场调查表明，国内众多中小企业都推出了自己的产品，如佛山的 TOPCHEK 胎压监测系统、伟力通胎压报警器、南京泰晟科技轮胎监测系统等，但真正形成产业规模的企业还没有。吉林大学、清华大学、同济大学和东北大学等高校对 TPMS 的相关技术进行了理论研究，提出了很多技术方案，也有一些监测报警装置申报了专利，但是由于其可靠性、稳定性和灵敏性等方面远远达不到使用要求，所以实际应用较少。

6.3.3 轮胎压力监测方法的分类

TPMS 在每轮胎上安装灵敏度高的传感器，于行车状态下对汽车胎压、温度等进行动态监测，并透过传感器、智能单片机以无线方式发射到接收器，让驾驶人能随时掌握胎压和温度状况，以确保汽车行驶中的安全，在出现危险状况时给予警报，从而有效预防爆胎，是保障行驶安全的高科技产品。

目前，TPMS 分为直接式、间接式和混合式三种类型。

1. 间接式

间接式 TPMS(Wheel-Speed Based TPMS，WSB)是通过汽车 ABS 的轮速传感器来比较轮胎之间的转速差别，以达到监测胎压的目的。当胎压降低时，车辆的质量会使轮胎直径变小，导致车速发生变化，这种变化可触发警报系统来向驾驶人发出警告。其优点是安装简单、价格便宜，缺点是汽车须在直道上行驶，且行驶距离必须超过 1km，ABS 才能够测试轮胎的气压情况，如果汽车进入转弯，ABS 就不能够进行测试；而且无法对两个以上的轮胎同时缺气的状况和速度超过 100km/h 的情况进行判断。

间接式 TPMS 可以分为四类，第一类是借用现有的 ABS，通过对汽车车轮速度的监测来实现轮胎压力异常时的报警。轮速传感器测量车轮转速的原理是：当胎压下降时，滚动半径就会减小，从而导致车轮转速增大。由于轮速传感器在现在的大多数汽车上都已经安装，要达到监测胎压的目的只需升级软件系统即可；第二类是建立轮胎、路面模型来采集车身振动信号，然后对所得振动信号进行处理后，找出规律，发现异常，从而检测出胎压异常；第三类是通过定义胎压、温度及车辆速度为输入信号，速度补偿和压力补偿信号为输出信号建立一个模糊逻辑控制器，研究并分析输入信号与输出信号之间的关系，从而达到实现胎压和胎温监控的目的；第四类是通过加速度传感器采集车辆前后轴加速度，建立其前后轴加速度的虚拟传递函数，通过计算函数幅度值监测出胎压异常。这几类间接式 TPMS 的最大缺点是准确率较低，系统校准复杂，而且当两个以上轮胎同时出现气压异常的情况或者速度超过 100km/h 时无法进行判断。

间接式 TPMS 的优势是造价相对较低，已经装备了四轮 ABS 的汽车只需对软件进行升级，不足之处就是检测不够准确，不能确定故障轮胎，而且系统校准比较复杂。

2. 直接式

直接式 TPMS(Pressure-Sensor Based TPMS，PSB)利用安装在每一个轮胎里的压力传感器来直接测量胎压，由无线发射器将压力信息从轮胎内部发送到中央接收器模块上的系统，然后对各胎压数据进行显示。当胎压过低或漏气时，系统会自动报警。直接式 TPMS 可以提供更高级的功能，随时测定每个轮胎内部的实际瞬压，很容易确定故障轮胎。

根据检测模块是否供电的工作方式，直接式 TPMS 可分为主动直接式 TPMS 和被动直接式 TPMS。

主动直接式 TPMS 测量胎压是通过安装在轮胎内压力传感器来实现的，传感器测量的压力数据通过无线发射器发射到驾驶室内监控模块并显示，驾驶人可以随时了解各个轮胎的气压状况。当胎压出现异常时，系统就会自动报警以提示驾驶人注意。主动直接式 TPMS 主要由轮胎内的发射模块、驾驶室内的接收模块和显示部分组成。主动直接式 TPMS 轮胎模块需要由电池供电，能耗大，存在电池使用寿命的问题，但是它的可靠性高，适用于各种类型的轮胎。

被动直接式 TPMS 也叫无电池 TPMS，由中央收发器和安装在轮胎中的转发器构成。中央收发器既接收信号也发射信号，转发器接收来自中央收发器的信号，同时使用这个信号的能量来发射一个反馈信号到中央收发器上。被动直接式 TPMS 不用电池供电，它需要将转发器整合至轮胎中，产品正逐步进入市场。

直接式 TPMS 可以提供更加高级的功能，随时测定每个轮胎内部的实际瞬压，容易确定故障轮胎，不足之处就是无线信号传输的稳定性和可靠性、传感器的使用寿命以及传感器的耐压性等性能有待提高。表 6-2 对直接式 TPMS 和间接式 TPMS 进行了比较。

表 6-2 直接式 TPMS 与间接式 TPMS 性能的对比

特性	直接式 TPMS	间接式 TPMS
准确度	<10kPa	<30%CIP
同时测量多个轮胎的压力	可以	不可以
受轮胎的加速和减速的影响	难	易
受路面倾斜的影响	难	易
车速的范围/(km/h)	0~最高车速	20~110
成本	高	低
轮胎安装工艺的复杂性	高	低
每个轮胎需要使用电池	硅压阻式或电容式不需要电池；声表面波谐振式不需要	不需要

3. 复合式

还有一种复合式 TPMS，它兼有上述两个系统的优点，它在两个互相成对角的轮胎内装备直接传感器，并装备一个四轮间接系统。与直接式系统相比，这种复合式系统可以降低成本，克服间接式系统不能检测出多个轮胎同时出现气压过低的缺点。但是，它仍然不能像直接式系统那样提供所有四个轮胎内实际压力的实时数据。

6.3.4 轮胎压力监测系统的组成及工作原理

1. 直接式轮胎压力监测系统的关键技术

1）可靠性

TPMS 是一种行车安全预警系统，所以系统的可靠性应该是系统设计时首要考虑的问题。而在设计中，首先涉及的是元器件的选型，特别是用于轮胎监测模块的元器件。元器件需要非常高的稳定性，能适应胎内温度极高、极低，高压、低压，振动大等一系列恶劣环境；其次，无线通信中信号的发射和接收必须可靠。这主要包括系统的电子抗干扰的能力、汽车高速行驶时中央模块接收胎内监测模块信号的能力、信号免碰撞的能力和系统避免误报警的能力。为达到通信可靠性，除了要对硬件和软件做抗干扰处理外，还须通过设计良好的天线提高通信的稳定性和可靠性。

2）电源

目前的 TPMS 的胎内监测模块主要还是采用纽扣式电池这一供电方式。然而纽扣式电池的容量有限，因而现在有两个发展方向：一是实现胎内监测模块的低功耗，增大电池容量，延长电池使用寿命；另一个是无源化方向。现阶段主要通过选用低能耗的芯片、性能高的电池、唤醒技术和一些算法来实现系统的低功耗。实现低功耗的研究发展过程时，先考虑车辆不是一直在公路上行驶的，所以并不需要让胎内监测系统一直处于打开的状态，尽量使系统大多数时间处于断电或者睡眠状态以节省能耗，从而达到延长电池寿命的目的。以往所设计 TPMS，通过在电池处串联一个加速度开关来实现监测轮胎的静止和运动状态,从而控制胎内监测模块电源的开关。汽车行驶时,当加速度大于加速度开关的动作门限时,加速度开关闭合,电源接通,TPMS 才开始工作,以让系统在停车时处于断电状态,从而达到低功耗的目的。这种方法虽然可以极大地降低功耗,但是当汽车处于低速且加速度变化较大时,轮胎监测模块会频繁启动,给系统带来不稳定的因素。现在的通用方法是让系统大部分时间进入睡眠状态以实现低功耗,其唤醒方式主要有定时唤醒和低频唤醒两种。

3) 轮胎监测模块的定位

TPMS 中的轮胎定位是指中央控制模块对所接受到的信号进行识别,判断和分析所接收到的信号是否为本汽车的胎内监测模块所发出的信号,同时确定为哪个轮胎发出的过程。同时,汽车在行驶一段时间以后,可能有些因素。例如,调换新的轮胎,或者因为汽车四个轮胎所受到的负荷不同导致四个轮胎的磨损程度不同,从而导致轮胎需要置换,而轮胎的置换导致安装在轮胎上的监测模块也随之换位,从而导致以前的一一对应关系被打破,这就要求对轮胎监测模块进行重新定位,另外当更换新的监测模块时,也需要进行模块的位置定位。因此,定位功能是直接式 TPMS 必须具备的功能,目前国内外主要有界面输入式、定编码形式、低频唤醒式、天线接收近发射场式和外置编码存储器式等技术实现监测模块的定位。

4) 胎内监测模块的安装

由于 TPMS 胎内监测模块安装在轮胎内部,为了保证安装后,TPMS 能够稳定、可靠地工作,同时又不影响轮胎的正常使用,胎内监测模块的安装方式同样非常重要。现在通用的有气门嘴内置、安装在轮毂上以及气门嘴外置这三种安装方式。当然,无论使用的是哪一种安装方式,设计中轮胎监测模块质量轻、强度好、体积小、抗振动能力强是前提。气门嘴内置和安装在轮毂上都是内置式安装,适用于无内胎的轮胎,便于装卸。在轮毂上的安装方式要求轮胎监测模块安装牢固,因为汽车行驶时振动非常剧烈,轮胎监测模块可能因剧烈振动而产生移位。气门嘴内置式安装方式是将监测模块安装于胎内的气门嘴附近,将传感器与气阀相结合,利用气阀伸出的一部分作为无线数据发送的天线。

2. 典型汽车轮胎压力监测系统的工作原理

图 6.23 是奥迪 A6 的新一代直接式 TPMS 的组成。此 TPMS 主要由轮胎压力传感器、发射器、天线和控制单元组成。其中轮胎压力监控系统控制单元 J502 连接在 CAN 总

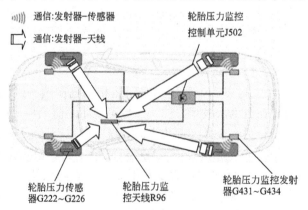

图 6.23 轮胎压力监控系统的组成

线上，G431～G434 四个发射器分别安装在四个轮胎的内部，用于检测轮胎的压力和温度数据，通过无线电波发射给显示仪，后部轮胎压力监控系统天线 R96 位于车顶上的车内灯和滑动车顶模块之间，发射器和天线通过 LIN 总线与控制单元相连，每个车轮还有一个轮胎压力传感器 G222～G226。

系统的工作原理流程图如图 6.24 所示，当驾驶人打开主驾驶室车门时，系统就开始初始化过程，然后控制单元 J502 给轮胎压力监控发射器 G431～G434 和天线 R96 各分配一个 LIN 地址。初始化完成后，发射器发射出无线电信号，由于这种无线电信号的作用半径很小，所以它们只会分别被相应的轮胎压力传感器所接收，传感器被这个无线电信号激活，然后就会发射回测量到的当前压力和温度值，这些测量值由天线接收后再经 LIN 总线传送到控制单元。

轮胎压力传感器上装有离心力传感器，该传感器可以识别出车轮是否在转动，只要车是停止的，就不再进行任何通信联系了。

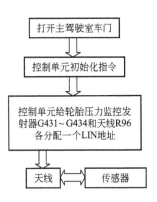

图 6.24 TPMS 工作原理流程图

车辆起步时，传感器在约两分钟后开始与车轮位置进行匹配。当车速超过 20km/h 时，每个传感器会自动发射当前的测量值，而不需等待来自各自发射器的信号。

发射出的无线电信号中包含有传感器的 ID，这样控制单元就可识别出是哪个传感器发出的信息及其位置。正常情况下，发射器每隔约 30s 就发射一次信号。如果传感器发现压力变化较快（>0.2bar/min，$1bar=1\times10^5 Pa$），那么传感器会自动切换到快速发送模式，这时每隔 1s 就发送一次当前测量值。

压力传感器由以下五部分组成，各部分互相协调通信，如图 6.25 所示。

（1）压力/温度传感器：具有压力、温度、加速度、电压检测和后信号处理 ASIC 芯片组合的智能传感器 SOC。

（2）测量和控制电子装置：4～8 位单片机（MCU）、射频（Radio Frequency，RF）发射芯片。

（3）锂亚电池。

（4）发射天线。

（5）射频发射芯片。

图 6.26 和图 6.27 分别是压力传感器接收器和发射器原理图。

图 6.25 压力传感器

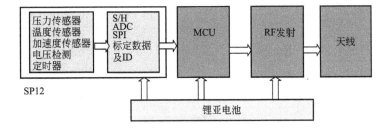

图 6.26 压力传感器接收器原理

汽车安全辅助驾驶技术

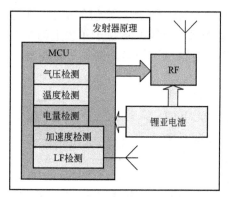

图 6.27 压力传感器发射器原理

3. 直接式汽车轮胎压力监测系统设计

目前，直接式 TPMS 通信方案主要有单向通信和双向通信两种，如图 6.28 所示。单向通信成本低，其重点解决的是轮胎检测模块的定位和信号免碰撞设计；双向通信主要有两种，高频-低频通信和双向高频通信。高频-低频通信为系统增加了一条低频（一般为 125kHz）通信链路，中央接收模块便通过此链路向轮胎检测模块发送低频信号，而检测模块通过高频链路发射数据，此系统可以实现轮胎检测模块的自动定位以及信号的免碰撞

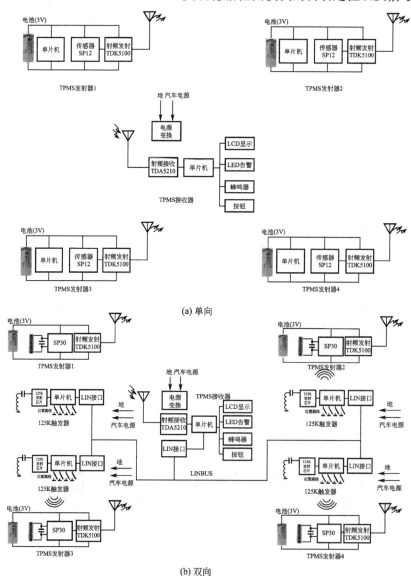

图 6.28 直接式 TPMS 通信方案

功能,但这种系统是通过向中央接收模块加入四个低频触发器以及向轮胎检测模块分别加入一个低频接收器实现的,成本较高而且需将四个低频触发器安装在轮胎附近,安装复杂。双向高频通信是通过向系统增加一组射频发射芯片和射频接收芯片或者采用无线收发芯片实现的。

1) 系统总体结构

系统总体结构如图 6.29 所示,系统由四个轮胎检测模块、一个中央接收模块以及一个显示模块组成。四个轮胎检测模块分别安装在汽车的四个轮胎上,安装方式采用气门嘴外置式,并采用纽扣式电池供电。轮胎检测模块通过智能传感器检测轮胎的压力、温度、加速度和电池电压值,并通过无线射频发射芯片同安装在车身的中央接收模块进行通信。中央接收模块和显示模块均由汽车电源供电,它们之间有两种通信方式,当 TPMS 作为独立的装置时,两个模块通过串口通信,当 TPMS 作为车载网络的一个节点时,两个模块通过 CAN 总线通信。

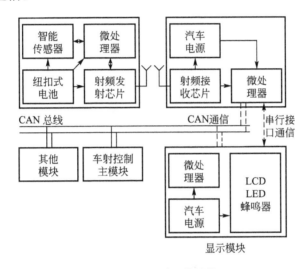

图 6.29 系统总体结构

2) 芯片选型

芯片选型传感器、MCU 以及无线射频收发电路集成的复合芯片是 TPMS 的发展趋势之一。复合芯片有助于提高系统可靠性、降低功耗、减小体积、降低成本、简化设计、缩短开发时间。考虑到开发资源、成本以及设计的灵活性,选用独立的芯片来开发本系统。

压力传感器选用英飞凌公司的 SP12 多功能传感器,其测量性能见表 6-3。SP12 是一种压电电阻传感器,集成了压力、温度、加速度和电压传感器以及 ASIC 数字信号处理单元,并具有与微处理器通信的串行外围接口 (Serial Peripheral Interface, SPI)。

表 6-3 SP12 传感器测量性能表

项目	压力/kPa	温度/℃	加速度/g	电压/V
测量范围	100~450	-40~+125	-12~+115	1.8~3.6
测量精度	1.37	1	0.5	0.0184

选用英飞凌公司的 TDK5100F 发射芯片和 TDA5210 接收芯片实现轮胎检测模块和中央接收模块的通信。TDK5100F 芯片工作在 433～435MHISM 频段，具有 FSK 和 ASK 调制能力，典型功率为＋5dBm(0dBm＝1mW)，仅需外接少量元器件，工作温度为－40～＋125℃，具有低功耗模式。

轮胎检测模块选用 ATMEL 的 AVR ATmega4 automotive 单片机作为 MCU，中央接收模块和显示模块均选用 ATmega162 作为 MCU。ATmega48 automotive 是 ATMEL 公司近来推出的汽车级 MCU，工作温度为－40～＋125℃，满足 TPMS 轮胎检测模块的工作温度要求。AVR 具有 Flash 存储器，可以通过在线编程技术 ISP 轻松实现新产品开发、老产品的升级和维护。

系统轮胎检测模块定位功能的设计的出发点是采用可靠的、便捷的、低成本的轮胎检测模块定位技术。定位功能的设计要考虑两种情况：一是轮胎置换保养时的定位；二是当更换一个或同时更换两个及以上轮胎检测模块时的定位。轮胎置换保养时的定位非常容易实现，由于 TPMS 轮胎检测模块采用气门嘴外置式安装方式，当轮胎更换位置时，将模块从轮胎气门嘴卸下重新安装到原来的位置即可，而当模块损坏需要更换时，则通过将轮胎检测模块直接在显示模块上进行位置设置来实现，其具体步骤如下。

（1）将新的轮胎检测模块旋入显示模块的串口。

（2）通过显示模块上的按键选择要安装的位置，并按下确定键，显示模块便把此位置信息通过串口存储到轮胎检测模块中，同时轮胎检测模块将自身的传感器 ID 传送到显示模块。

（3）旋出轮胎检测模块并安装到相应的位置。显示模块通过串口发送给轮胎检测模块的位置信息为简单的二元编码 00、01、10，和 11，它们分别代表一个轮胎位置。这种有线的设置方式可靠性高，避免了无线方式的干扰问题，而且操作简便，成本低，不需其他附加器件。

系统利用唤醒和加速度传感器相结合的方法实现低功耗。由于汽车大部分时间处于静止状态，让系统进入休眠模式可以极大地延长电池。使用寿命轮胎检测模块从休眠模式转为工作模式可以通过传感器 SP12 的 wakeup 信号实现，该信号每 6s 向 MCU 发送低电平信号唤醒 TPMS 工作。TPMS 根据传感器检测的离心加速度值（$a=wr$，其中 w 为车轮角速度，r 为轮胎检测模块距离轮轴的距离）可以推知汽车的行驶状态，并将汽车状态分为三种，即静止状态(包括起动未行驶)、低速行驶状态和高速行驶状态。对应三种汽车状态，TPMS 有三种工作模式，即休眠模式、低速工作模式和高速工作模式。当检测的离心加速度为 0 时，表明汽车处于静止状态，则 TPMS 转入休眠模式；当加速度小于设定的阈值时，汽车处于低速行驶状态，TPMS 转入低速工作模式，并以较长的时间间隔检测轮胎压力、温度和电池电压；当加速度大于设定的阈值时，汽车处于高速行驶状态，TPMS 转入高速工作模式，以较短的时间间隔检测。无线射频发射芯片是轮胎检测模块耗电量最大的器件，减小其发射频率可以大大降低功耗。系统在轮胎检测模块检测完轮胎数据后就对这些数据进行处理，判断轮胎是否出现故障，如果出现则马上发射数据，通知中央显示模块报警；如果没有出现故障，则计算每几组数据的平均值，并发送给中央显示模块显示，这样可以极大地降低系统功耗。

3）系统硬件实现

轮胎检测模块的硬件设计包括传感器模块和无线通信模块的电路设计。轮胎检测模块电路图如图 6.30 所示,传感器 SP12 与 AVR ATmega48 单片机通过 SPI 接口进行数据通信,单片机的 SPI 接口设置为主机工作方式,传感器设置为从机工作方式,同步数据传送时钟信号由主机单片机 SCK 引脚提供,SP12 的 wakeup 信号向单片机提供外部中断,定时唤醒单片机工作单片机和无线发射芯片 TDK5100F,通过串口实现数据的通信。单片机 PD4 引脚连接 ASKDTA,当 ASKDTA 为高电平时,接通发射芯片的功率放大器引脚 PD5 连接 PDWN,实现发射芯片的节能控制。PDWN=0 时为低功耗模式,PDWN=1 时为工作模式。

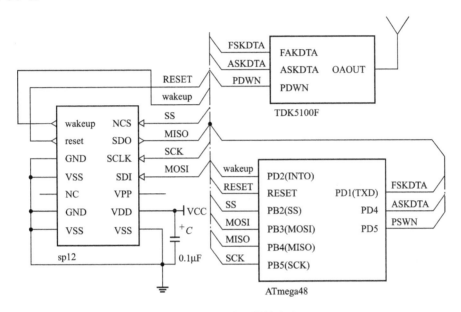

图 6.30 轮胎检测模块电路图

4) 系统软件设计

无线通信工作频段为 434MHz,FSK 信号调制方式,发射波特率为 9,600b/s,发射的数据帧格式见表 6-4。在第 8 个发射数据帧中,利用其中两位数据来表示检测模块的位置信息。虽然发射数据中包含轮胎检测模块的位置信息,但为了提高系统可靠性,还需传送传感器的 ID,防止接收到其他汽车的轮胎检测模块信号。SP12 传感器的 ID 为 24 位,只传送低 8 位 ID。

表 6-4 数据帧格式

起始位	传感器 D	压力	温度	电压	加速度	位置信息	轮胎状态	校验值	停止位
16	8	8	8	8	8	2	6	8	8

图 6.31 为轮胎检测模块工作流程图。轮胎检测模块上电复位后,便进入休眠状态,每隔 6s 由 SP12 的 wakeup 信号唤醒,轮胎检测模块被唤醒后便检测一次加速度值,判断汽车行驶状态。静止状态则重新休眠;低速状态则检测一次轮胎数据并发射;高速状态则每隔 1s 检测一次,并判断轮胎是否出现故障,出现故障则发射数据,没有出现故障则每 6s 发射一次数据(6 次检测数据的平均值)。

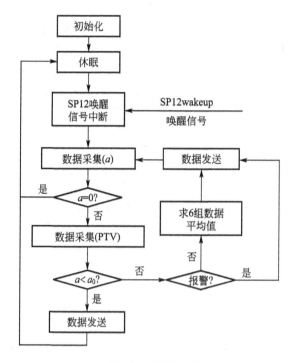

图 6.31 轮胎检测模块工作流程图

6.3.5 未来展望

当前 TPMS 需要解决的关键技术问题主要体现在以下方面。

(1) 设置科学的预警门限。纵观国内外汽车轮胎爆胎预警系统的技术研究现状,研究系统的实现方式较多,而研究汽车轮胎爆胎的机理较少。汽车轮胎爆胎预警系统的预警门限是否科学准确,直接关系系统的爆胎预警效果。

大多数的预警系统都采用国家标准中规定的轮胎使用标准气压作为系统的预警门限,也有部分系统考虑到环境温度对轮胎压力的影响而采用软件补偿法对压力门限阈值进行温度补偿。但是,轮胎压力和温度对轮胎爆胎的作用机理存在着不确定性,制约着汽车轮胎监测技术的发展和产品开发,其瓶颈问题就是汽车轮胎爆胎机理的研究缺乏完备性和理论依据,爆胎预警门限的确立缺乏科学性,这是汽车轮胎爆胎预警系统亟待解决的核心技术问题。

(2) 现在的汽车大多已取消了内胎,为轮胎感应模块的安装带来了极大的方便,因此,直接式技术会得到广泛的应用。但在直接式技术中存在着系统的可靠性和电源问题需要研究和解决。

首先,信号无线传输和接收的可靠性是系统的关键技术指标之一,它表现在系统具有抵抗其他电子设备干扰的能力、汽车高速行驶时中央控制模块接收轮胎感应模块信号的能力以及系统避免误报警的能力。轮胎内的感应模块负责监测轮胎状况与发送信息的任务,其天线的设计在系统中起着至关重要的作用,直接影响系统的通信距离、可靠性和稳定性。

其次,直接式技术主要采用纽扣式电池供电,电池能量有限,如何实现轮胎检测模块的低功耗、延长电池使用寿命也是当前研究的一个热点。汽车电子技术的不断发展使汽车上安装了越来越多的传感器,这将促进汽车轮胎爆胎预警系统的发展,使其技术更加成熟,性能更加稳定,为间接式技术的汽车轮胎爆胎预警系统提供了发展的空间。直接式技术的高成本和安装不便限制了产品的推广及普及,而间接式技术可以降低成本,不必预先安装在轮胎内,尤其是间接式技术避免了直接式技术中的天线设计和电源等关键问题。因此,如何利用车体上众多传感器来改进早期间接式技术中存在的缺陷,完善系统功能以满足市场各方需求成为了汽车轮胎爆胎预警系统的未来研究课题。

(3) 研究基于车身传感器的间接式 TPMS 技术,开发汽车轮胎爆胎预警系统的后装市场,降低系统成本,促进系统的应用和普及。

随着人们越来越关注汽车安全问题,对 TPMS 的研究也在不断深入,具有以下特征的 TPMS 产品将是未来的发展趋势。

(1) 无源且体积小。TPMS 的无源化,使系统不依赖于电池工作是 TPMS 技术发展的重要方向。无源 TPMS 可以避免现有 TPMS 因电池存在而产生的诸多问题,如体积和质量较大、无法全天候监控(为省电)、稳定性和可靠性不高等;同时,也可以避免在低功耗设计方面的技术困难。

目前,国际上针对无电池 TPMS 方案的实现,开始了对高频被动感应(2.4GHz)和车辆运动取能的研究,从长远看,无电池的 TPMS 以其无可比拟的优点将成为未来 TPMS 的发展趋势。

(2) TPMS 多功能化。轮胎能否正常工作不仅与气压有关,还与温度、车轮转速及载重等有关,随着新型、智能传感器系统的出现,除了测量轮胎压力和温度外,TPMS 还应该能够检测到轮胎的其他性能参数,从而为行车安全提供更好的服务。

(3) 高度集成化。随着现代电子技术的发展,人们对轮胎压力监测系统的要求也在不断提高,性能优良、体积小、安装简单且价格低廉的系统成为设计主流。所以需要集成现有系统的部分功能模块,缩减部件,以降低成本,提高性价比。例如,TPMS 与 ABS 的结合,可以在驾驶人无法做出反应时,自动实时制动,从而避免爆胎的危险。TPMS 高度集成化发展趋势如图 6.32 所示。

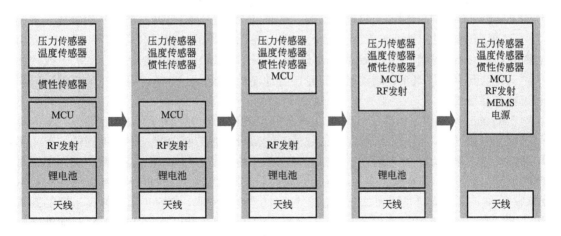

图 6.32 TPMS 高度集成化发展趋势

（4）可并入车载局域网中共享信息，与汽车上其他电子系统相融合。TPMS 是智能交通的子系统，轮胎压力及温度信号会并入车载局域网（CAN）中以共享信息。轮胎压力和温度信号不仅是一个安全信号，而且可在汽车稳定性、可靠性、控制行驶速度和舒适性等方面发挥重要作用。

6.4 辅助制动系统

6.4.1 引言

制动系统的作用是使行驶中的汽车按照驾驶人的要求进行强制减速甚至停车；使已停驶的汽车在各种道路条件下（包括在坡道上）稳定驻车；使下坡行驶的汽车速度保持稳定。

对汽车起制动作用的只能是作用在汽车上且方向与汽车行驶方向相反的外力，而这些外力的大小都是随机的、不可控制的，因此汽车上必须装设一系列专门的装置以实现上述功能。

汽车制动系统是指为了在技术上保证汽车的安全行驶，提高汽车的平均速度等，而在汽车上安装制动装置专门的制动机构。一般来说，汽车制动系统包括行车制动装置和停车制动装置两套独立的装置。其中行车制动装置是由驾驶人用脚来操纵的，故又称脚制动装置。停车制动装置是由驾驶人用手操纵的，故又称手制动装置。

行车制动装置的功用是使正在行驶中的汽车减速或在最短的距离内停车。而停车制动装置的功用是使已经停在各种路面上的汽车保持不动。但是，有时在紧急情况下，两种制动装置可同时使用而增加汽车制动的效果。有些特殊用途的汽车和经常在山区行驶的汽车，长期而又频繁地制动将导致行车制动装置过热，因此在这些汽车上往往增设各种不同型式的辅助制动装置，以便在下坡时稳定车速。

6.4.2 电子制动力分配系统

电子制动力分配（Electric Brakeforce Distribution，EBD）系统。能够根据由于汽车制动时产生轴荷转移的不同，而自动调节前、后轴的制动力分配比例，提高制动效能，并配合 ABS 提高制动稳定性。汽车在制动时，四只轮胎附着的地面条件往往不一样。例如，有时左前轮和右后轮附着在干燥的水泥地面上，而右前轮和左后轮却附着在水中或泥水中，这种情况会导致汽车在制动时四只轮子与地面的摩擦力不一样，容易造成打滑、倾斜和车辆侧翻事故。

EBD 的工作原理是用高速计算机在汽车制动的瞬间，分别对四只轮胎附着的不同地面进行感应和计算，得出不同的摩擦力数值，使四只轮胎的制动装置根据不同的情况用不同的方式和力量制动，并在运动中不断保持调整，使制动力与摩擦力相匹配，从而保证车辆的平稳，如图 6.33 所示。实际调整前后轮时，它可依据车辆的重量和路面条件来控制制动过程，自动以前轮为基准去比较后轮轮胎的滑动率（即车辆的实际车速和车轮的圆周线速度之差与车辆实际车速之比），如发觉前、后车轮有差异，而且差异程度必须被调整时，它就会调整汽车制动液压系统，使前、后轮的液压接近理想化制动力的分布。可以说，在 ABS 动作启动之前，EBD 已经平衡了每一个轮的有效地面抓地力，防止出现后轮先抱死的情况，改善制动力的平衡并缩短汽车制动距离。当紧急制动车轮抱死的情况下，EBD 在 ABS 动作之前就已经平衡了每一个轮的有效地面抓地力，可以防止出现甩尾和侧移，并缩短汽车制动距离。

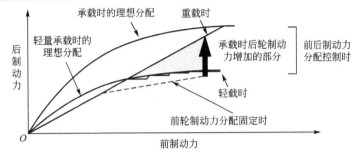

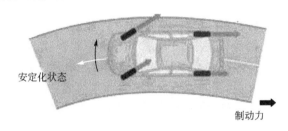

图 6.33　EBD 工作原理

从工作原理来讲，它是 ABS 的一个附加作用系统，可以提高 ABS 的效用，共同为行车安全"添筹加码"。所以在安全指标上，汽车的性能又多了 ABS+EBD。值得一提的是，即使车载 ABS 失效，EBD 也能保证车辆不会出现因甩尾而导致翻车等恶性事件的发生。同时它还能较大地减少 ABS 工作时的振噪感，不需要增加任何的硬件配置，成本比较低，不少专业人士更是直观地称之为"更安全、更舒适的 ABS"。在车轮轻微制动时，电子制动力分配(EBD)功能就起作用，转弯时尤其如此，速度传感器记录四个车轮的转速信息，电子控制单元计算车轮的转速。如果后轮滑移率增大，则调节制动压力，使后轮制动压力降低。电子制动力分配(EBD)功能保证了较高的侧向力和合理的制动力分配。

EBD 使用特殊的 ECU(中央处理器)功能来分配前轴和后轴之间的制动力。当汽车制动时，中央处理器根据接收到的轮速信号、载荷信号、踏板行程信号以及发动机等有关信号，经处理后向电磁阀和轴荷调节器发出控制指令，使各轴的制动力得到合理分配。EBD 在汽车制动时即开始控制制动力，而 ABS 则是在车轮有抱死倾向时开始工作。EBD 的优点在于在不同的路面上都可以获得最佳制动效果，缩短制动距离，提高制动灵敏度和协调性，改善制动的舒适性。

由于现阶段在汽车上安装 EBD 系统的成本还很高，所以现在的汽车并没有大量装配这种配置，只是在少数中高档车上配备，如奥迪 A6、宝来、高尔夫等。虽然 EBD 造价昂贵，但是随着经济的发展和人们安全意识的提高和其本身的重要性，不久的将来 EBD 系统定会是汽车上的一项基本配置，并得到广泛的关注。

6.4.3 电子制动辅助制动系统

在车辆行驶过程中，EBA 会全程监测制动踏板，一般正常制动时，电子制动辅助（Electronic Brake Assist，EBA）系统并不会介入，会让驾驶人自行决定制动时的力度大小。但当其侦测到驾驶人忽然以极快的速度和力量踩下制动踏板时，会被判定为需要紧急制动，于是便会对制动系统进行加压，以增强并产生最强大的制动力道，让车辆及驾乘者能够迅速脱离险境。根据测试数据结果表明，拥有制动辅助系统的车辆比未装有该系统的车辆可少约 45% 的制动距离。

在正常情况下，大多数驾驶人开始制动时只施加很小的力，然后根据情况增加或调整对制动踏板施加的制动力。如果必须突然施加大得多的制动力，或驾驶人反应过慢，这种方法会阻碍他们及时施加最大的制动力。

许多驾驶人对需要施加比较大的制动力没有准备，或者他们反应得太晚。EBA 通过驾驶人踩踏制动踏板的速率来理解它的制动行为，如果它察觉到制动踏板的制动压力恐慌性增加，EBA 会在几毫秒内启动全部制动力，其速度要比大多数驾驶人移动脚的速度快得多。EBA 可显著缩短紧急制动距离并有助于防止在停停走走的交通中发生追尾事故。

据统计，90% 的驾驶人遇到紧急情况时，均不能采取快速、及时的制动措施，而EBA 系统则可借助节气门（油门）和制动系统上的感应器，来判断驾驶者对加速踏板、制动踏板的操作过程，例如，通过踩踏时间或力度来判断是否遇到紧急情况而需要采取紧急制动措施。如果此时驾驶人的腿或脚部力量并不是很足，或者系统判断当前力度并不能达到安全制动效果，此时该系统便会在不到 1s 的时间内把制动力增至最大，使车辆及时、有效地完成制动。据统计，EBA 能使车速高达 200km/h 的汽车完全停下的距离缩短 21m 之多，可以避免许多意外，尤其是在高速公路上，EBA 更能有效防止常见的追尾意外。

EBA 系统的工作原理是传感器通过分辨驾驶人踩踏板的情况，一旦监测到踩踏制动踏板的速度陡增，而且驾驶人继续大力踩踏制动踏板，它就会释放出储存的 180bar 的液压施加最大的制动力。驾驶人一旦释放制动踏板，EBA 系统就转入待机模式。由于更早地施加了最大的制动力，紧急制动辅助装置可显著缩短制动距离，达到理想的制动效果以制止交通事故的发生，如图 6.34 所示。

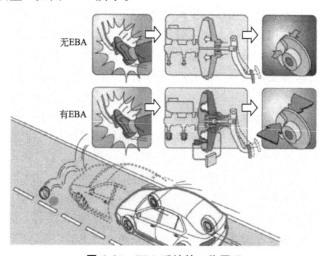

图 6.34 EBA 系统的工作原理

EBA 系统主要作用如下。

（1）用以在踩制动踏板的情况下，防止车轮锁死，使汽车在制动状态下仍能转向，保证汽车的制动方向稳定性，防止侧滑和跑偏。

（2）根据汽车制动时产生轴荷转移的不同，自动调节前、后轴的制动力分配比例，提高制动效能。

（3）判断驾驶人制动动作，在紧急制动时增加制动力，缩短制动距离。

（4）当汽车出现车轮打滑、侧倾或者轮胎丧失附着力的瞬间，在降低发动机转速的同时，有目的地针对个别车轮进行制动控制，并最终将车引入正常的行驶轨道，从而避免车辆因失控而造成的危险。

（5）通过控制驱动力的大小来减小驱动轮轮胎的滑转率，防止磕碰，让车趋于稳定。

梅赛德斯-奔驰公司开发的 BAS 为有效的制动提供了必要的支持。通过持续地比较踩下制动踏板的速度，系统会识别出紧急制动情况。如果驾驶人受惊吓反应踩下制动踏板时速度比在控制单元中储存的正常值要快，那么制动辅助系统就自动起作用，建立最大的制动压力，使制动减速度很快上升到最大值，如图 6.35 所示。

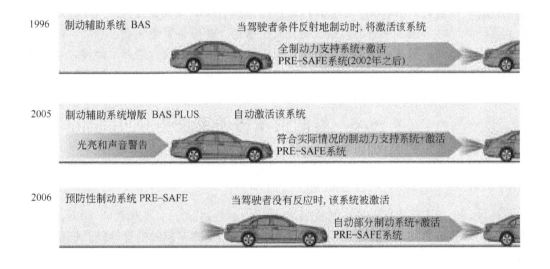

图 6.35　梅赛德斯-奔驰公司的 BAS 系统

和 ABS 一样，BAS 也集成在电控车辆稳定行驶系统（ESP）中。为了调节制动压力，该系统使用了 ESP 技术，这样就不需要额外的部件了。一个传感器持续记录制动踏板被踩下的速度，并把这些数据传送给电子控制单元。由于 ABS 还一直在精确地计量制动力，并与打滑极限值做着比较，因此在自动辅助紧急制动情况下，车轮也避免了抱死，使汽车可保持在控制之下。如果驾驶人把脚从制动踏板上移开，那么自动助力装置就立即断开。

大众公司的主动安全辅助系统主要的主动安全制动系统如图 6.36 所示。

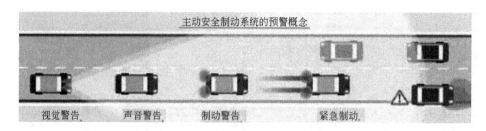

图 6.36 大众的主动安全制动系统

主动安全制动系统包括了一些新的功能：前置的传感器会找到静止或移动的障碍，弥补了驾驶人的警觉性不足；而精确的制动时刻适应瞬时的交通情况；把预警概念（先警告，再制动甚至全制动）融入决策系统中，这就对驾驶环境的精密检测和准确分析以及适应驾驶情况的可靠决策系统使自适应功能的控制精度远远超出了现有的制动辅助系统。系统不断地收集和监控传感器的数据，详细跟踪驾驶状态，包括车辆的速度和加速度、驾驶人当前的操纵策略、前后车辆的位置和速度、道路的几何形状等，对车辆进行最优的主动安全控制。

为了在整个交通范围内实现快速反应，大众公司的主动安全制动系统的控制策略适应可能出现意外的各种行驶状况。例如，汽车急速地靠近一个障碍物或另一汽车，或者系统检测到驾驶人已经分散了注意力，系统就会发出警告，并准备紧急制动；然而，一旦驾驶人已经认识到危险，采取了制动控制措施，只要驾驶人操纵得当，避开了障碍，该系统就会推迟任何计划的制动干预。

6.5 智能泊车辅助系统

6.5.1 引言

据统计，由于车后盲区所造成的交通事故在中国约占 30%，美国约占 20%，交管部门建议车主安装多曲率大视野后视镜来减少车后盲区，提高车辆的安全性能，但依旧无法有效降低并控制事故的发生。汽车尾部盲区所潜在的危险，往往会给人们带来生命财产的重大损失以及精神上的严重伤害。对于新驾驶人或女驾驶人而言，每次倒车时更是可以用"瞻前顾后"、"胆战心惊"来形容。

自动泊车技术还有助于解决人口密集城区的一些停车和交通问题。自动泊车技术可以将汽车停放在较小的空间内，这些空间比大多数驾驶人能自己停车的空间小得多，这就使得车主能更容易地找到停车位，同时相同数量的汽车占用的空间也更小。当人们顺列式驻车时，通常会阻塞一个车道的交通至少几秒。如果他们进入停车位碰到问题，那么这个过程会持续几分钟，这将严重扰乱交通秩序。

泊车辅助系统泛指除后视镜外，所有为司机提供泊车信息的系统。最常用的泊车辅助系统就是倒车雷达系统，也有的使用声纳传感器，它们的作用就是在倒车时，帮助驾驶人"看见"后视镜里看不见的东西，或者提醒驾驶人后面存在物体。

同倒车雷达等传统倒车系统，自动泊车辅助系统并不需要驾驶人操控转向盘或注意前后车距,该系统是通过安装在车辆周围的雷达探头测量与周围物体之间的距离和角度(包括与前、后车的车距),然后通过车载计算机计算出操作流程,制订行驶角度并配合车速调整方向盘的转动,最后完成倒车,整个过程中驾驶人只需控制车速即可。

6.5.2 典型应用情况

随着成本降低与技术水平的提高,自动泊车辅助系统正越来越被汽车生产厂商所重视,目前包括大众、宝马、奔驰、丰田等品牌的多款产品均已装配该系统,但多数都仅限于高配车型,而非标配。

目前,除宝马5系、奔驰CLS、大众夏朗等进口车之外,一汽大众CC和迈腾、上海大众途观和途安、上海大众斯柯达昊锐以及一汽丰田新皇冠等国产车型也都配备了自动泊车辅助系统。

1. 奔驰B200

奔驰B200配备了梅赛德斯-奔驰独有的主动式停车辅助(Active Parking Assist)系统,如图6.37所示。系统借助前后保险杠上安装的十组超声波感应器来实现辅助的泊车系统,增加泊车的便利性。感应器发射出的超声波可以扫描车身两侧来精确计算判断停车空间,当发现合适的停车位置后,车内仪表板的液晶显示器会亮起指示信号,驾驶人只需轻触按钮将停车指令下达给电动辅助转向系统,然后控制加速踏板和制动踏板就可以轻松地完成各种位置的停车过程。

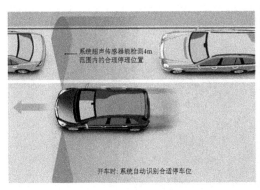

图6.37 奔驰B200主动式停车辅助系统

该系统的启动需要满足以下条件:
(1) 车速要低于36km/h。
(2) 打转向灯(以给系统提示要停车在哪个方向)。
(3) 停车区域要长于车身1.2~1.3m(B级车长4,273mm)。
(4) 车辆必须离开障碍物(如停车区域前后的车)距离在1.5m之内,即不能离开太远。
(5) 停车区域必须是路边临时停车区域,一排车在一侧,一字排开,像停车场那种每部车竖直并列排放的区域,不能实现该功能。

大众第二代自动泊车系统(图6.38)运用超声波传感器扫描道路两侧,通过比较停车空间与车身长度自动寻找合适的停车位。一旦发现合适的停车位,系统便会提示驾驶人将挡位换至倒车挡,然后即刻自动控制转向操作,驾驶人要做的仅是控制加速踏板和制动踏板,便可轻松将车入驻停车位。而从系统启动到完美泊车入位,最快仅需15s。

图6.38　大众第二代自动泊车系统

第二代自动泊车系统不但能水平泊车还能垂直泊车,即使在很小的间隙(车长+0.8m)也可以让泊车变得轻松自如。12个超声波探头寻找合适泊车空间,最大车速不超过每小时40km/h,与泊车位置旁边车辆距离0.5~2m,泊车速度最大为每7km/h。

2. 上海大众Tiguan

大众Tiguan的主动停车辅助系统可协助驾驶人更快速找到合适的停车位,并代为完成所有转向动作。系统在前、后保险杆上共装设了10组超声波感应器,在低速时运用超声波扫描道路两侧,当系统发现足以停车的空间时,会在仪表板的液晶显示幕上亮起指示信号,如图6.39所示。

图6.39　大众Tiguan的主动停车辅助系统

驾驶人按动半自动泊车辅助系统激活按钮之后,雷达探头可在车辆行驶时对车辆两侧进行扫描,控制单元对雷达反馈的信息进行分析,从而估算出车位是否足以容纳车辆停放。当车位长度大于车辆长度1.4m以上时,控制单元会通过行车计算机显示屏发出准予停车的提示。驾驶人只需要拨动转向灯开关,告诉系统靠道路哪一侧停车即可。车辆会自动选取最完美路线,仅需以制动踏板和加速踏板控制车速,车辆即会自行倒车进入停车位中。当液晶屏幕显示"停车完成"时，表示车辆已经自动停车完毕。系统执行过程如下：

当车速低于 15km/h 时，系统默认寻找车位。

当经过核实车位以后，仪表板提示"P→"，然后挂入 R 位，仪表提示，是否开始，"＋"表示确定，"－"表示取消。按"＋"以后，驾驶人需要自己控制好加速踏板和制动踏板，汽车自己倒车。

当一头倒不进去的时候，仪表提示挂入 D 位，驾驶人挂入 D 位，车辆自己找正。

新开发的自动泊车入位系统能够将车辆停入与车道垂直的车位，并且整个过程完全自动，并且具备遥控操作功能。

驾驶人只需要在导航系统的显示屏上选择所显示的可选停车位，并将变速杆推至 P 位，然后下车，通过遥控钥匙指挥车辆完成自动停车入位。驾驶人也可以选择留在车内。当然，驾驶人依然要负责任地确保车辆周围有充分安全的停车空间。

该系统的左、右后视镜中都分别安装了两个摄像机来测量停车位的位置和尺寸。一个 2GHz 的高性能计算机对视频信号进行处理，并负责车辆转向和动力系统的控制。当驾驶人发出停车入位的操作指令，自动泊车入位系统就会对车辆进行操控——操纵汽车按预先计算好的路线进行倒车。

整个过程中要用到电子助力转向、电子驻车制动、自动变速器和在怠速下发动机提供的动力。最终，将车辆倒入停车位。另外两个分别安装于车辆前部和尾部的摄像机以及停车辅助系统的超声传感器负责对整个过程进行监控，并可以控制在必要时将车辆停下来。同样，驾驶人也可以通过遥控器随时终止自动停车入位的过程。

3. 一汽大众 CC

一汽大众 CC 的 Park Assist(智能驻车辅助)系统，只要驾驶人按下中控台上的倒车辅助按键，系统通过雷达扫描找到合适的停车位后会发出提示音，驾驶人只需控制车速，并通过液晶屏上的模拟图像控制与后车的距离，方向角度由计算机自行控制。

这套系统运用超声波传感器扫描路面两侧，通过比较停车的空间和车辆的长度，自动寻找合适的停车位。系统通过雷达扫描找到合适的停车位后会发出提示音，当找到合适的停车位后，驾驶人只需要控制加速踏板和制动踏板，就可以将车轻松泊位，省去很多不必要的麻烦。

4. 宝马 5 系

宝马 5 系 Li 的自动泊车辅助系统通过集成在侧转向灯中的超声波传感器根据道路边缘或路肩测量出可能的停车位长度和宽度，当车辆以 35km/h 车速行驶且距离路旁停驻的车辆不到 1.5m 时，BMW 的超声波传感器会在控制显示屏上显示车辆驶过的每一个合适停车位。除加速和制动以外，只需挑选其中一个显示的空间、挂入倒车挡并将手移离转向盘，剩下的一切都交由 BMW 完成。自动泊车辅助系统负责转向，驻车距离报警器(PDC)的视听指令引导驾驶人准确进入指定的停车位。

进入车位后，泊车辅助系统会提示驾驶人修正车辆位置，驾驶人只需要依据提示进行操作即可让车辆正确入位。整个过程通过模拟影像显示，没有提供倒车影像作为辅助功能，如图 6.40 所示。

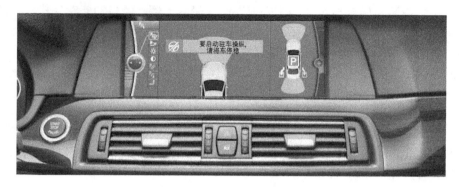

图 6.40 宝马 5 系泊车辅助系统

5. 雷克萨斯 LS

雷克萨斯首创的智能泊车辅助系统(Intelligent Parking Assist,IPA)率先实现全自动平行泊车和入库泊车操作。这套系统由丰田公司在 2003 年完成研发,最初只在日本版普锐斯混合动力车上使用,然后逐步覆盖丰田和雷克萨斯其他车型。IPA 运用超声波传感器和后部的摄像机图像识别来检测出停车位置,并对车辆行驶轨迹进行规划,驾驶人在多功能显示屏上选择好停车位置后,系统便能自动操作转向盘停车入位。该系统结合了电动助力转向 EPS,转向盘可以自行操作完成停车入位,如图 6.41 所示。驾驶人只管挂倒挡、制动、加速,其他的操作均交给控制计算机,最终完成停车。泊车雷达承担了对车位进行扫描并回传信息的职责,行车计算机通过对获得信息进行分析,对泊车时的车辆运动轨迹进行规划,车内中央显示屏则将计算机分析后的信息直观地展现出来。

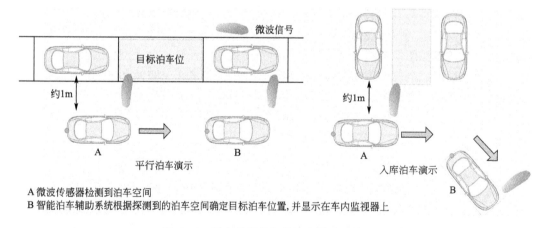

A 微波传感器检测到泊车空间
B 智能泊车辅助系统根据探测到的泊车空间确定目标泊车位置,并显示在车内监视器上

图 6.41 雷克萨斯的智能泊车辅助系统 IPA

6. 斯柯达-昊锐

昊锐上的 PLA 智能泊车辅助系统包含 11 个 PDC 传感器和两个 PLA 传感器。当驾驶人驾驶着昊锐以低于 30km/h 的速度经过一辆车,且侧面与其间距保持在 0.5~1.5m 时,PLA 传感器会自动检测两侧外部空间,探测到的所有合适的空间都会被系统储存下来,按下变速杆右侧功能键便可在仪表板显示屏上显示此时的周围状态。如果空间足够泊车,

驾驶人可以停车后挂入倒挡,并慢速倒车。系统会按照事先计算好的轨迹控制自动前轮转向,无需驾驶人操纵转向盘。在自动泊车完成之后,驾驶人还可以在前后 PDC 传感器的帮助下将车进一步停正。

虽然自动泊车辅助系统能帮助驾驶人轻松倒车,但不可否认,此自动并非纯粹的"自动"。首先,在使用过程中都需要驾驶人踩住制动踏板以控制车速;此外,针对不同版本的自动泊车系统,在具体使用中也有不同的要求和注意事项。例如,不同自动泊车辅助系统对停车间距有着不同要求,具体来说,大众和斯柯达品牌的汽车要求停车位比车身长大约 0.8m,宝马要求长 1.2m,而奔驰由于车身偏长,故要求停车位比车身长 1.3m。此外,有一些自动泊车辅助系统依然需要驾驶人手动配合,如上海大众途观在完成自动泊车后,车轮并不能自动回正,需要驾驶人调节转向盘以帮助车辆正向停稳;奔驰 B200 在进入自动泊车状态后,驾驶人双手不能触碰转向盘,否则系统将自动停止;当 CC 自动泊车系统探测到车位旁出现树木、路灯等柱状物时,为避免发生碰撞风险,自动泊车辅助系统将不被激活。

6.5.3 智能泊车辅助系统的工作过程

现有的汽车倒车辅助产品如果从手动与自动的区别来分大致可分为两类:一类是手动类(以传统倒车系统为代表)和一类是自动类(以智能倒车系统为代表)。传统倒车系统主要以倒车雷达和倒车可视为代表,通过发出警示声音或可视后部情况提醒车主车后情况,使其主动闪避,以减少事故伤害。该产品对于驾驶人而言,主动性较差,虽然能在很大程度上避免车辆对行人的伤害,却无法顺利有效地完成泊车,极易造成剐蹭或碰撞。

不同的自动泊车系统采用不同的方法来检测汽车周围的物体。有些在汽车前后保险杠四周装上了感应器,它们既可以充当发送器,也可以充当接收器。这些感应器会发送信号,当信号碰到车身周边的障碍物时会反射回来。然后,车上的计算机会利用其接收信号所需的时间来确定障碍物的位置。其他一些系统则使用安装在保险杠上的摄像头或雷达来检测障碍物。但最终结果都是一样的:汽车会检测到已停好的车辆、停车位的大小以及与路边的距离,然后将车子驶入停车位。

汽车移动到前车旁边时,系统会给驾驶人发出一个信号,告诉他应该停车的时间。然后,驾驶人换倒挡,稍稍松开制动,开始倒车。然后,车上的计算机系统将接管转向盘。计算机通过动力转向系统转动车轮,将汽车完全倒入停车位。当汽车向后倒得足够远时,系统会向驾驶人发出另一个信号,告诉他应该停车并换为前进挡。汽车向前移动,将车轮调整到位。最后,系统再给驾驶人发出一个信号,告诉其车已停好。

自动泊车技术大部分用于顺列式驻车情况。顺列式驻车要求汽车沿路边平行停放,与其他停好的汽车排成一条直线。大多数汽车用户需要比车身长出约 1m 的停车位,才能顺利完成顺列式驻车,尽管有些熟练驾驶人只需要更少的空间。

对于顺列式驻车,自动泊车系统遵循以下五个基本步骤,如图 6.42 所示。

(1) 驾驶人将汽车开到停车位的前面,停在前面一辆车的旁边,启动自动泊车系统。

(2) 自动泊车系统向路边转动车轮,以大约 45°将车向后切入停车位。

(3) 当汽车进入车位后,自动泊车系统会拨直前轮,然后继续倒车。

(4) 当通过后视镜确保与后面车辆保持一定距离后。自动泊车系统会从路边打车轮,这时驾驶人需要将汽车泊入行进挡,自动泊车则会将汽车前端回转到停车位中。

(5) 驾驶人需要在停车位前后移动汽车，直到汽车停在适当的位置。

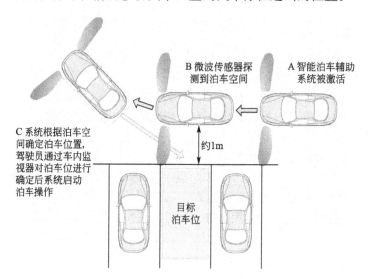

图 6.42　智能泊车辅助系统工作示意图

例如，奔腾 B200 的实施步骤如下。

(1) 打转向灯，以低于 36km/h 的速度在拟停车区域边上溜过，直到行车计算机显示"P→"，表示它已检测到位置。

(2) 挂 R 位，表示确实要停车。

(3) 在多功能转向盘上按动左侧一个向上的按钮，表示同意(YES)；对应向下的按钮表示不同意(No)。

(4) 此时车就会自动进入停车位，不用踩加速踏板，但要控制制动踏板。

(5) 通过后视镜和倒车雷达判断与后车的距离，通过脚踏制动踏板来停车。

(6) 如果第一把向后方向不正，或者与前车距离太大，一样可以挂入前进挡，车会自动修正，当然，制动踏板还要人去踩，理论上系统能最多可修正 5 次。

6.5.4　未来展望

目前应用的自动泊车系统都需要倒车雷达辅助测算车位。驾驶人选择的路边车位的长度一定要大于汽车长度 1.5m 以上，自动泊车系统才能自动检测出车位的存在，如果车位长度过短，则自动泊车系统不能检测出车位的存在。

虽然自动泊车辅助系统能够在大多数情况下帮助驾驶人完成倒车，但在某些特定情况下，还需要借助手动操控。归根到底，技术只是辅助，驾驶人才是主导。虽然自动泊车辅助系统有趣且省心，但是现有的自动泊车汽车并不是全自动的，驾驶人仍然必须踩制动踏板控制车速(汽车的怠速足以将车驶入停车位，无需踩加速踏板)，驾驶技术仍然是驾车的关键。在汽车自动泊车系统辅助停车入位的过程中，需要驾驶人时刻盯紧汽车的倒车雷达显示屏和左、右后视镜。随着未来科技的发展，相信汽车自动泊车系统在不久的将来一定会达到全自动。全自动智能驾驶辅助系统在降低驾驶操作的复杂程度的同时，还可大幅减轻驾驶疲劳，提醒驾驶人避免危险发生，在一定程度上降低了行车事故的发生率。

思考题

1. 道路交通标志识别的主要方法有哪些?
2. 什么是车用自组网?有哪些通信协议标准?
3. 智能车路协同需要解决哪些关键技术?
4. 汽车轮胎压力监测是如何分类的?
5. 什么是智能泊车辅助系统?由哪几部分组成?

参 考 文 献

[1] 宋健,王伟玮,李亮,等. 汽车安全技术的研究现状和展望 [J]. 汽车安全与节能学报,2010,1(2):98-106.

[2] 王荣本,郭烈,金立生,等. 智能车辆安全辅助驾驶技术研究近况 [J]. 公路交通科技,2007,24(7):107-111.

[3] 裴玉龙,蒋贤才,程国柱,等. 道路交通事故分析与再现技术 [M]. 北京:人民交通出版社,2010.

[4] Peden M, et al. World report on road traffic injury prevention [R]. Geneva:World Health Organization,2004.

[5] WHO. Global plan for the decade of action for road safety,2011-2020 [R]. Geneva:World Health Organization,2011.

[6] WHO. Global status report on road safety 2013:supporting a decade of action [R]. Geneva:World Health Organization,2013.

[7] 沈斐敏,张荣贵. 道路交通事故预测与预防 [M]. 北京:人民交通出版社,2007.

[8] 郑安文. 道路交通安全与管理:事故成因分析和预防策略 [M]. 北京:机械工业出版社,2007.

[9] 张维刚,何文,钟志华. 车辆乘员碰撞安全保护技术 [M]. 长沙:湖南大学出版社,2007.

[10] 许洪国. 汽车事故工程 [M]. 2版. 北京:人民交通出版社,2009.

[11] 雷正保. 交通安全概论 [M]. 北京:人民交通出版社,2010.

[12] 史文库. 汽车新技术 [M]. 北京:人民交通出版社,2010.

[13] 裴玉龙. 道路交通安全 [M]. 北京:人民交通出版社,2007.

[14] 姜立标. 现代汽车新技术 [M]. 北京:北京大学出版社,2012.

[15] 吴义虎,喻丹. 道路交通行为与交通安全 [M]. 北京:人民交通出版社,2011.

[16] 交通运输部公路科学研究院. 2011年中国道路交通安全蓝皮书 [R]. 北京:人民交通出版社,2011.

[17] 许洪国,周立,鲁光泉. 中国道路交通安全现状、成因及其对策 [J]. 中国安全科学学报,2004,14(8):34-38.

[18] 官小芬,朱余清. 德国大众的先进安全辅助驾驶系统 [J]. 汽车维修与保养,2011,12:24-37.

[19] 公安部交通管理局. 中华人民共和国道路交通事故统计年报(2010年度)[R]. 北京:公安部交通管理局,2010.

[20] NHTSA. Traffic safety facts:2010 data [R]. Washington,DC:NHTSA's National Center for Statistics and Analysis,2011.

[21] ERSO. Annual statistical report 2008:based on data from CARE/EC [R]. Brussels:European Road Safety Observatory,2009.

[22] WHO. Global status report on road safety:time for action [R]. Geneva:World Health Organization,2009.

[23] 杨兆生. 智能运输系统概论 [M]. 北京:人民交通出版社,2005.

[24] 王荣本,李斌,储江伟,等. 世界智能车辆行驶安全保障技术的研究进展 [J]. 公路交通科技,2002,19(2):110-115.

[25] 余天洪. 基于机器视觉的车道偏离预警系统研究 [D]. 长春:吉林大学,2006.

[26] 王荣本,余天洪,郭烈,等. 基于机器视觉的车道偏离警告系统研究综述 [J]. 汽车工程,

2005，27(4)：463-466.

[27] Minoiu Enache N, Netto M, Mammar S, et al. Driver steering assistance for lane departure avoidance [J]. Control Engineering Practice, 2009, 17(6): 642-651.

[28] Navarro J, Mars F, Forzy J F, et al. Objective and subjective evaluation of motor priming and warning systems applied to lateral control assistance [J]. Accident Analysis & Prevention, 2010, 42(3): 904-912.

[29] 张润生，黄小云，马雷. 复杂环境下车辆前方多车道识别方法 [J]. 农业机械学报，2010，42(5)：24-29.

[30] 马雷，于福莹，李昊. 基于灰度图像的复杂环境下智能车辆道路识别 [J]. 汽车工程，2010，32(4)：351-355.

[31] Wang Y F, Dahnoun N, Achim A. A novel system for robust lane detection and tracking [J]. Signal Processing, 2012, 92(2): 319-334.

[32] 马雷，臧俊杰，张润生，等. 基于DS证据理论的不同光照条件下道路边界识别 [J]. 汽车工程，2011，33(8)：707-712.

[33] 董因平. 高速汽车车道偏离预警系统的算法研究 [D]. 长春：吉林大学，2004.

[34] 戴斌，裘伟. 逆透视投影下车道偏离时间的在线估计 [J]. 计算机工程与应用，2007，43(21)：235-238.

[35] 刘洁，黄斌. 单目视觉车道偏离报警系统 [J]. 电子产品世界，2007，3：128-130.

[36] 赵佳佳. 道路光照模式分类器设计 [D]. 长春：吉林大学，2007.

[37] 管欣，高振海，郭孔辉. 驾驶人稳态预瞄动态校正假说 [J]. 汽车工程，2003，25(3)：227-231.

[38] 张德兆，王建强，李升波，等. 基于风险状态预估的弯道防侧滑超速预警系统 [J]. 公路交通科技，2009，26：44-48.

[39] 管欣，高镇海，郭孔辉. 汽车预期轨迹驾驶人模糊决策模型及典型路况仿真 [J]. 汽车工程，2001，23(1)：13-17.

[40] 葛平淑. 车道偏离预警视觉系统算法改进研究 [D]. 长春：吉林大学，2008.

[41] 郭孔辉. 预瞄跟随理论与人-车闭环系统大角度操纵运动仿真 [J]. 汽车工程，1992，14(1)：1-11.

[42] 郑南宁. 计算机视觉与模式识别 [M]. 北京：国防工业出版社，1998.

[43] 陈旭梅，于雷，郭继孚，等. 美、欧、日智能交通系统(ITS)发展分析及启示 [J]. 城市规划，2004，7：75.

[44] 李春梅. 车道偏离预警模型及评价算法研究 [D]. 昆明：昆明理工大学，2011.

[45] 何存道，欣兆生. 道路交通心理学 [M]. 合肥：安徽人民出版社，1989.

[46] Sato K, Kubota Y, Amano Y. Development of steering assist system (Star) for the lane departure warning [C]. Seoul: Proceedings of The 5th World Congress on Intelligent Transport Systems, 1998.

[47] 霍宏涛. 数字图像处理 [M]. 北京：北京理工大学出版社，2003.

[48] 余天洪，贾阳，王荣本，等. 基于熵最大化图像分割的直线型车道标识识别及跟踪方法 [J]. 公路交通科技，2006，23(6)：112-115.

[49] 王荣本，余天洪，郭烈，等. 强光照条件下车道标识线识别与跟踪方法 [J]. 计算机应用，2006，6：31-34.

[50] 康耀红. 数据融合理论与应用 [M]. 西安：西安电子科技大学出版社，1997.

[51] 滕召胜，罗隆福，童调生. 智能检测系统与数据融合 [M]. 北京：机械工业出版社，2000.

[52] 高隽. 人工神经网络原理及仿真实例 [M]. 北京：机械工业出版社，2003.

[53] GE Pingshu, GUO Lie, XU Guo-kai, et al. A real-time lane detection algorithm based on in-

telligent CCD parameters regulation [J]. Discrete Dynamics in Transportation System, 2012.

[54] 郭烈, 黄晓慧, 葛平淑, 等. 基于反演法的智能车辆弯路换道轨迹跟踪控制 [J]. 吉林大学学报(工学版), 2013, 43(2): 323-328.

[55] 武元杰, 孟华. 汽车安全车距模型影响因素分析 [J]. 交通与运输(学术版), 2010, 2: 135-138

[56] 宋晓琳, 冯广刚, 杨济匡. 汽车主动避撞系统的发展现状及趋势 [J]. 汽车工程, 2008, 30(4): 285-290.

[57] 荣德. 美国公路交通安全的新焦点 [J]. 海外视窗, 2005, 8: 75-77.

[58] National Transportation Safety Board. Special investigation report - highway vehicle - and infrastructure - based technology For the Prevention of Rear - end Collisions [R]. washington NTSB Number SIR-01/01, 2001.

[59] 李斌. 智能车辆前方车辆探测及安全车距控制方法的研究 [D]. 长春: 吉林大学, 2001.

[60] 游峰. 智能车辆自动换道与自动超车控制方法的研究 [D]. 长春: 吉林大学, 2005.

[61] 游峰, 王荣本, 张荣辉, 等. 智能车辆换道与超车轨迹跟踪控制 [J], 农业机械学报, 2008, 39(6): 42-45.

[62] 任殿波, 张京明, 崔胜民, 等. 车辆换道纵横向耦合控制 [J]. 交通运输工程学报, 2009, 9(3): 112-115.

[63] 金立生, Arem B, 杨双宾, 等. 高速公路汽车辅助驾驶安全换道模型 [J], 吉林大学学报(工学版), 2009, 39(3): 582-586.

[64] A Bensrhair, A Broggi, A Cooperative Approach to Vision - based Vehicle Detection [C]. Oakland IEEE Conference on Intelligent Transportation Systems, Proceedings, 2001, 207-212.

[65] M Betke, E Haritaoglu, L S Davis. Real - time multiple vehicle detection and tracking from a moving vehicle [J]. Machine Vision and Applications, 2000, 12(2): 69-83.

[66] A Bensrhair, M Bertozzi, A. Broggi. Stereo vision - based feature extraction for vehicle detection [C]. Versailles: IEEE Symposium on Intelligent Vehicles, 2002: 465-470.

[67] R Labayrade, D Aubert. In - Vehicle obstacles detection and characterization by stereovision [C]. Graz: Proceedings of the 1st International Workshop on In - Vehicle Cognitive Computer Vision Systems, 2003: 13-19.

[68] R Labayrade, D Aubert. Real time obstacle detection in stereovision on non flat road geometry through "V - disparity" representation [C]. Versailles: IEEE Symposium on Intelligent Vehicles, 2002: 646-651.

[69] Zehang Sun, G Bebis, R Miller. On - road vehicle detection using evolutionary gabor filter optimization [J]. IEEE Transactions on Intelligent Transportation Systems, 2005, 6(2): 125-137.

[70] Chieh - Chih Wang, C Thorpe, S Thrun. Online simultaneous localization and mapping with detection and tracking of moving objects: Theory and results from a ground vehicle in crowded urban areas [C]. Taipei: IEEE International Conference on Robotics and Automation, 2003: 842-849.

[71] E Dagan, O Mano, G P Stein, et al. Forward collision warning with a single camera [C]. Parma: IEEE Intelligent Vehicles Symposium, 2004: 37-42.

[72] T K ten Kate, M B van Leewen, S E Moro - Ellenberger, et al. Mid - range and distant vehicle detection with a mobile camera [C]. Parma: IEEE Intelligent Vehicles Symposium, 2004: 72-77.

[73] Hao - Yuan Chang, Fu Chih - Ming, Chung - Lin Huang. Real - time vision - based preceding vehicle tracking and recognition [C]. Las Vegas: IEEE Intelligent Vehicles Symposium, 2005: 514-519.

[74] C H Hilario, J M Collado, J M Armingol, et al. Pyramidal image analysis for vehicle detection [C]. Las Vegas: IEEE Intelligent Vehicles Symposium, 2005: 88-93.

[75] N Srinivasa. Vision-based vehicle detection and tracking method for forward collision warning in automobiles [C]. Versailles: IEEE Symposium on Intelligent Vehicles, 2002: 626-631.

[76] V Graefe, W Efenberger. A novel approach for the detection of vehicles on freeways by real-time vision [C]. Tokyo: IEEE Symposium on Intelligent Vehicles, 1996: 363-368.

[77] 周欣, 黄席樾. 汽车智能辅助驾驶系统中的单目视觉导航技术 [J]. 机器人, 2003, 25(4): 289-295.

[78] 顾柏园. 基于单目视觉的安全车距预警系统研究(D). 长春: 吉林大学, 2006.

[79] L Andreone, P C Antonello, M Bertozzi, et al. Vehicle detection and localization in infra-red images [C]. Singapore: The IEEE 5th International Conference on Intelligent Transportation System, 2002: 141-146.

[80] H Kumon, Y Tamatsu, T Ogawa, et al. ACC in consideration of visibility with sensor fusion technology under the concept of TACS [C]. Las Vegas: IEEE Intelligent Vehicles Symposium, 2005: 447-452.

[81] T Jochem, D Pomerleau, B Kumar, et al. PANS: a portable navigation platform [C]. Detroit: IEEE Symposium on Intelligent Vehicles, 1995: 107-112.

[82] W Huber. Autonoumous driving on vehicle test tracks: overview, motivation, and concept [C]. Stuttgart: Proc. IEEE Conference Intelligent Vehicle, 1998: 439-443.

[83] M Maurer, R Behringer, D Dickmanns. VaMoRsP-an advanced platform for visual autonomous road vehicle guidance [C]. Boston: Proc SPIE Conf on Mobile Robots, 1994: 218-225.

[84] A Broggi. Automatic Vehicle Guidance: The Experience of the ARGO Autonomous Vehicle [M]. USA: World Science Publishing Co. Ltd, 1999.

[85] K R Castleman. 数字图像处理 [M]. 朱志刚, 译. 北京: 电子工业出版社, 2002.

[86] 程建, 杨杰. 一种基于均值移位的红外目标跟踪新方法 [J]. 红外与毫米波学报, 2005, 24(3): 231-235.

[87] 王荣本, 顾柏园, 郭烈, 等. 基于分形盒子维数的车辆定位和识别方法 [J]. 吉林大学学报(工学版), 2006, 36(3): 331-335.

[88] 牛德姣, 詹永照, 宋顺林. 实时视频图像中的人脸检测与跟踪 [J]. 计算机应用, 2004, 24(6): 105-107.

[89] 洪宇, 高广珠, 余理富, 等. 随机边缘特征匹配在运动车辆跟踪算法中的应用 [J]. 计算机工程与科学, 2005, 24(3): 35-37.

[90] 高红亮, 郭如. 基于边缘轮廓的特征匹配跟踪 [J]. 激光与红外, 2005, 35(4): 287-289.

[91] 刘永昌, 王虎元, 红外成像制导多模实时识别跟踪算法研究 [J]. 红外技术, 2000, 22(2): 23-26.

[92] 朱志宇, 姜长生. 基于混沌神经网络的多目标跟踪技术研究 [J]. 中国造船, 2006, 47(1): 60-65.

[93] 李秋华, 李吉成, 沈振康. 采用模糊推理自适应加权融合的双色红外成像目标跟踪 [J]. 电子与信息学报, 2005, 27(12): 1922-1926.

[94] 贾静平, 赵荣椿. 使用 Mean Shift 进行自适应序列图像目标跟踪 [J]. 计算机应用研究, 2005(12): 247-249.

[95] 钟勇, 姚剑峰. 现代汽车的四种测距方法 [J]. 汽车工业研究, 2001(2): 38-40.

[96] 黄桂平, 李广云, 王保丰, 等. 单目视觉测量技术研究 [J]. 计量学报, 2004, 25(4): 314-317.

[97] 施树明, 储江伟, 李斌, 等. 基于单目视觉的前方车辆探测方法 [J]. 农业机械学报, 2004, 35(4): 5-8.

[98] C Demonceaux, D Kachi-Akkouche. Robust obstacle detection with monocular vision based on motion analysis [C]. Parma: IEEE Intelligent Vehicles Symposium, 2004: 527-532.

[99] 王荣本, 李斌, 储江伟, 等. 公路上基于车载单目机器视觉的前方车距测量方法的研究 [J]. 公路交通科技, 2001, 18(6): 94-98.

[100] 余志生. 汽车理论 [M]. 北京: 机械工业出版社, 2000.

[101] 唐文杰. 汽车安全车距安全度评定系统研究 [J]. 现代制造工程, 2005, 11: 50-52.

[102] M Bertozzi, A Broggi, R Chapuis, et al. Shape-based pedestrian detection and localization [C]. Columbus: IEEE Intelligent Vehicles Symposium, 2003: 328-333.

[103] D M Gavrila, J Geibel. Shape-based pedestrian detection and tracking [C]. Versailles: IEEE Intelligent Vehicles Symposium, 2002: 8-14.

[104] B Heisele, C Wöhler. Motion-based Recognition of Pedestrians [C]. Brisbane: IEEE Intelligent Conference on Pattern Recognition, 1998: 1325-1330.

[105] R Cutler, L Davis. Robust real-time periodic motion detection, analysis, and applications [J]. IEEE Trans Pattern Analysis and Machine Intelligence, 2000, 22(8): 781-796.

[106] A Iketani, Y Kuno, N Shimada N, et al. Real-time surveillance system detecting persons in complex scenes [C]. Venice: Proc. IAPR Int. Conf. Image An. and Processing, 1999: 1112-1115.

[107] A J Lipton. Virtual postman-real-time, interactive virtual video [R]. Pittsburgh: Carnegie Mellon University, 1999.

[108] I Karaulova, P Hall. A Marshall. A hierarchical model of dynamics for tracking people with a single video camera [C]. Bristol: British Machine Vision Conference, 2000: 352-361.

[109] 郭烈, 王荣本, 张明恒, 等. 基于Adaboost算法的行人检测方法 [J]. 计算机工程, 2008, 34(3): 202-204.

[110] 郭烈, 王荣本, 金立生, 等. 基于边缘对称性的车辆前方行人检测方法研究 [J]. 交通与计算机, 2007, 25(1): 40-43.

[111] 郭烈, 王荣本, 顾柏园, 等. 世界智能车辆行人检测技术综述 [J]. 公路交通科技, 2005, 22(11): 133-137.

[112] Lie Guo, Linhui Li, Yibing Zhao, et al. Study on pedestrian detection and tracking with monocular vision [C]. Cairo: 2010 2nd International Conference on Computer Technology and Development, 2010: 466-470.

[113] Guo Lie, Zhang Mingheng, Li Linhui, et al. Research of pedestrian detection for intelligent vehicle based on machine vision [C]. Guilin: Proceedings of IEEE International Conference on Robotics and Biomimetics, 2009: 1172-1177.

[114] 王武宏, 孙逢春, 等. 道路交通系统中驾驶行为理论与方法 [M]. 北京: 科学出版社, 2001.

[115] 杨降勇. 高速公路疲劳驾驶交通事故的控制 [J]. 中国安全科学学报, 2006, 16(1): 22-25.

[116] 王荣本, 郭烈, 顾柏园, 等. 基于机器视觉的行车安全综合保障系统研究 [J]. 山东交通学院学报, 2006, 14(2): 101-105.

[117] 徐翠. 基于计算机视觉的汽车安全辅助驾驶若干关键问题研究 [D]. 合肥: 中国科学技术大学, 2009.

[118] 黄瀚敏. 基于汽车驾驶人疲劳状态监测技术的汽车主动安全系统研究 [D]. 重庆: 重庆大学, 2007.

[119] 王炳浩, 魏建勤, 吴永红. 汽车驾驶人瞌睡状态脑电波特征的初步探索 [J]. 汽车工程, 2004, 26(1): 70-73.

[120] 石坚, 卓斌. 汽车驾驶人主动安全性因素的辨识与分析 [J]. 上海交通大学学报, 2000, 34(4): 441-444.

[121] 郑培, 宋正河, 周一鸣. 基于 PERCLOS 的机动车驾驶人驾驶疲劳的识别算法 [J]. 中国农业大学学报, 2002, 7(2): 104-109.

[122] 成波, 孟传, 张伟. 基于机器视觉的驾驶人注意力状态监测技术研究 [J]. 汽车工程, 2009, 31(12): 1138-1140.

[123] 王荣本, 郭克友, 刘锐, 等. 驾驶人驾驶行为监测中的面部定位方法的研究 [J]. 公路交通科技, 2003, 20(2): 96-99.

[124] Ellen MA, Grace R, Steionfeld A. A user-centered drowsy-driver detection and warning system [C]. San Trancisco: Proceedings of ACM Designing User Experiences, 1999: 1-4.

[125] Grace R, Byrne V E, Legrand J M, et al. A machine vision based drowsy driver detection system for heavy vehicles [C]. Washington: Proceeding of The Ocular Measures of Driver Alertness Conference, 1999: 75-86.

[126] 毛喆, 初秀民, 严新平, 等. 汽车驾驶人驾驶疲劳监测技术研究进展 [J]. 中国安全科学学报, 2005, 15(3): 108-112.

[127] Haisong Gu, Qiang Ji, Zhiwei Zhu. Active facial tracking for fatigue detection [C]. Orlando: Proceedings of the Sixth IEEE Workshop on Applications of Computer Vision, 2002.

[128] R F'eraud, O J Bernier, J E Viallet, et al A Fast and Accurate Face Detection Based on Neural Network [J]. IEEE Trans. Pattern Analysis and Machine Intelligence, 2001, 23(1): 42-53.

[129] 李弼程, 彭天强, 彭波, 等. 智能图像处理技术 [M]. 北京: 电子工业出版社, 2004.

[130] Lal S K L, Craig A, Boord P, et al. Development of an algorithm for an EEG-based driver fatigue countermeasure [J]. Journal of Safely Research, 2003, 34(3): 321-328.

[131] GU Hai-song, JI Qiang. An automated face reader for fatigue detection [C]. Seoul: Proc of the 6th IEEE International Conference on Automatic Face and Gesture Recognition, 2004: 111-116.

[132] 袁翔, 黄博学, 夏晶晶. 驾驶疲劳监测方法研究现状 [J]. 公路与汽运, 2007, 3: 51-53.

[133] Rogado E. Garcia J L. Barea B, et al. Driver fatigue detection system [C]. Guilin: Proc of IEEE International Conference on Robotics and Biomimetics, 2009: 1105-1110.

[134] Jeong I C, Lee D H, Park S W, et al. Automobile driver's stress index prevision system that utilizes electrocardiogram [C]. Istanbul: Proc of IEEE Intelligent Vehicles Symposium, 2007: 652-656.

[135] Locchi C, Rovetta A, Fanfulla F. Physiological parameters variation during driving simulations [C]. Zürich: Proc of IEEE/ASME International Conference on Advanced Intelligent Mechatronics. 2007: 1-6.

[136] Katsis C D, Ntouvas N E, Bafas C G. Assessment of muscle fatigue during driving using surface EMG [C]. Innsbruck: Proceedings of the IASTED International Conference on Biomedical Engineering, 2004: 259-262.

[137] Ohsuga M, Kamakura Y, Inoue Y, et al. Classification of blink waveforms toward the assessment of driver's arousal levels: an EOG approach and the correlation with physiological measures [C]. Berlin: Proc of the 7th International Conference on Engineering Psychology and Cognitive Ergonomics. 2007: 787-795.

[138] Takei Y, Furukawa Y. Estimate of driver's fatigue through steering motion [C]. Hawaii: IEEE Int. Conf. Syst. Man Cybern., 2005(2): 1765-1770.

[139] Ji Q, Zhu Z W, Lan P L. Real-time nonintrusive monitoring and prediction of driver fatigue [J]. IEEE Trans. Veh. Technol., 2004, 53(4): 1052-1068.

[140] Zhong, Y J, Du L P, Zhang K, et al. Localized energy study for analyzing driver fatigue state based on wavelet analysis [C]. Beijing: Proc. Int. Conf. Wavelet Anal. Pattern Recogn, 2007 (4): 1843-1846.

[141] Wylie CD, Shultz T, Miller JC, et al. Commercial motor vehicle driver fatigue and alertness study [R]. Washington: US Department of Transportation, 1996.

[142] Sandberg D, Wahde M. Particle swarm optimization of feedforward neural networks for the detection of drowsy Driving [C]. Hong Kong: IJCNN 2008, 2008: 788-793.

[143] 李贞,冯晓毅. 基于传感器技术的驾驶疲劳检测方法综述 [J]. 测控技术, 2007, 26(4): 1-3.

[144] Chang T H, Hsu C S, Wang C, et al. Onboard measurement and warning module for irregular vehicle behavior [J]. IEEE Trans. Intell. Transp. Syst., 2008, 9(3): 501-513.

[145] 郑培,宋正河,周一鸣. 基于PERCLOS的机动车驾驶人驾驶疲劳的识别算法 [J]. 中国农业大学学报, 2002, 7(2): 104-109.

[146] 王磊,吴晓娟. 驾驶疲劳/瞌睡检测方法的研究进展 [J]. 生物医学工程学杂志, 2007, 24(1): 245-248.

[147] Weng M C, Chen C T, Kao H C. Remote surveillance system for Driver drowsiness in real-time using low-cost embedded platform [C]. Columbus: IEEE International Conference on Vehicular Electronics and Safety, 2008: 288-292.

[148] Wang R B, Guo L, Tong B L, et al. monitoring mouth Movement for driver fatigue or distraction with one camera [C]. Washington, DC: IEEE Conf Intell Transport Syst Proc ITSC, 2004: 314-319.

[149] Wahlstrom E, Masoud O, Papanikotopoulos N P. Vision-based methods for driver monitoring. [C]. Shanghai, Proc. Int. Conf. Intelligent Transportation Systems, 2003, 2: 903-908.

[150] Batista J. A drowsiness and point of attention monitoring System for Driver Vigilance [C]. Seattle, WA: IEEE Conf Intell Transport Syst, 2007: 702-708.

[151] 陈刚. VOLVO汽车发明"驾驶人警示系统" [J]. 轻型汽车技术, 2006, (2): 36.

[152] 胡卓. 基于人眼检测的疲劳驾驶监测技术研究 [D]. 北京:北京交通大学, 2009.

[153] 耿新,周志华. 基于混合投影函数的眼睛定位 [J]. 软件学报. 2003, 14(8): 1395-1397.

[154] 周涛. 基于人眼状态的驾驶疲劳检测系统研究 [D]. 杭州:浙江理工大学, 2012.

[155] 李阳,郑华兵,史册,等. 安全驾驶中驾驶人面部朝向的检测研究 [J]. 信息技术, 2009, 38(6): 29-31.

[156] 郭克友. 驾驶人疲劳状态视觉检测技术的研究 [D]. 长春:吉林大学, 2003.

[157] 张明恒. 基于面部朝向的驾驶人精神分散监测方法研究 [D]. 长春:吉林大学, 2007.

[158] 童兵亮. 基于嘴部状态的疲劳驾驶和精神分散状态监测方法研究 [D]. 长春:吉林大学, 2004.

[159] Klauer S G, Dingus T A, Neale V L. The Impact of Driver Inattention on Near-Crash/Crash [R]. Virginia: National Highway Traffic Safety Administration, 2006.

[160] 杨海燕,蒋新华,聂作先. 驾驶人疲劳检测技术研究综述 [J]. 计算机应用研究, 2010, 27(5): 1621-1624.

[161] 宋义伟,夏芹,朱学峰. 驾驶人疲劳驾驶监测方法研究的进展 [J]. 自动化与信息工程, 2007, (4): 31-33.

[162] 孙伟,张为公,张小瑞,等. 疲劳驾驶检测方法的研究进展 [J]. 汽车技术, 2009(2): 1-5.

[163] 邱巍. 基于视觉的全天候驾驶人疲劳与精神分散状态监测方法研究 [D]. 长春:吉林大学, 2011.

[164] 朱双东,陆晓峰. 道路交通标志识别的研究现状及展望 [J], 计算机工程与科学, 2006, 28

(12):54-56.

[165] 初秀民,严新平,毛喆. 道路标志图案识别方法研究[J]. 汽车工程,2006,28(11):1051-1055.

[166] 徐少秋. 户外交通标志检测和形状识别[J]. 中国图像图形学报,2009,14(4):707-711.

[167] 张卡,盛业华,叶春,等. 基于中心投影形状特征的车载移动测量系统交通标志自动识别[J]. 仪器仪表学报,2010,31(9):2101-2108.

[168] 陈小龙,冯桑,何春. 道路交通标志检测识别技术的应用分析[J]. 汽车与配件,2012,36:28-29.

[169] 汪哲慎. 复杂场景下交通标志检测技术研究[D]. 厦门:厦门大学,2006.

[170] 邵桂珠. 道路交通标志识别算法的研究[D]. 长春:吉林大学,2008.

[171] Kehtarnavaz N, Griswold N C, Kang D S. Stop-sign recognition based on colour shape processing[J]. Machine Vision and Applications,1993,6:206-208.

[172] Priese L, Klieber J, Lakmann R, et al. New results on traffic sign recognition[C]. Paris: In IEEE Proc. Intelligent Vehicle'94 Symposium,1994:249-253.

[173] 李祥熙,张航. 交通标志识别研究综述[J]. 公路交通科技(应用技术版),2010,6:255-259.

[174] 诸彤宇,王家川,陈智宏. 车联网技术初探[J]. 公路交通科技(应用技术版),2011,5:272-274.

[175] 刘学. 基于智能交通安全的车-车间无线通信系统传播模型研究[D]. 北京:北京邮电大学,2010.

[176] 吕子茹. 基于WAVE的车载通信系统介绍[J]. 现代电信科技,2010,8:54-58.

[177] 杨琼,沈连丰. 车载自组织网络的体系结构和通信协议研究[J]. 中兴通讯技术,2011,3:13-16,20.

[178] 陈超,吕植勇,付姗姗,等. 国内外车路协同系统发展现状综述[J]. 交通信息与安全. 2011,29(1):102-105.

[179] 聂倩. 基于车间通信的紧急救护辅助系统研究[D]. 大连:大连理工大学,2012.

[180] 韩月林. 支持向量机在路面交通标志识别中的应用研究[D]. 大连:大连理工大学,2012.

[181] 王云鹏. 车路智能协同技术发展现状与展望[R]. 深圳:2009年中国智能交通年会,2009.

[182] Hiroshi MAKINO, Smartway Project[R]. San Francisco: Intelligent Transportation Society of America,2005.

[183] Brain Smith. IntelliDriveSM Traffic Signal Control Algorithms[R]. Virginia: University of Virginia,2010.

[184] 王云鹏. 智能车路协调系统[C]. 武汉:第三届智能交通科技论坛,2010.

[185] 熊炜,李清泉,李宇光. 智能道路系统的发展现状与趋势[J]. 研究报告,2007,9(2):83-88.

[186] A Amanna. Overview of IntelliDrive/Vehicle Infrastructure Integration(VII)[R]. Virginia: Virginia Transportation Institute,2009.

[187] UKKUSURI S, DU L. Geometric connectivity of vehicular ad hoc networks: analytical characterization[J]. Transportation research part C: emerging technologies,2008,10:615-634.

[188] Saleh Y, Mahmoud S M, Mahmood F. Vehicular ad hoc networks(VANETs): challenges and perspective[C]. Chengdu: Proc. Of the 6th International Conference on ITS Telecommunications,2006:761-766.

[189] Sascha S, Holger F, Matthias T, et al. Vehicular Ad-Hoc Networks: Single-Hop Broadcast is not enough[C]. Hamburg: Proceedings of 3rd International Workshop on Intelligent Transportation(WIT),2006:49-54.

[190] DENNIS B. IEEE standards revisions and approvals[J]. IEEE vehicular technology magazine,2011,6:101-103.

[191] JIANG D, DELGROSSI L. IEEE 802.11p: Towards an International Standard for Wireless Access in Vehicular Environments [C]. Singapore: IEEE Vehicular Technology Conf., 2008: 2036-2040.

[192] IEEE Vehicular Technology Society. IEEE standard 802.11b-1999, Part 11: Wireless LAN Medium Access Control(MAC)and Physical Layer(PHY)Specification: Higher-Speed Physical Layer Extension in the 2.4 GHz Band [S]. New York: The Institute of Electrical and Electronics Engineers, 2003.

[193] 严新平, 吴超仲. 智能交通运输系统: 原理、方法及应用 [M]. 武汉: 武汉理工大学出版社, 2006.

[194] 李克强. 基于 ITS 的智能汽车项目 [R]. 深圳: 2009 年中国智能交通年会, 2009.

[195] Valerie Briggs. USDOT ITS Strategic Planning [R]. Washington D.C: ITS Joint Program Office, 2009.

[196] Borgonovo F, Camelli L, Cesana M, et al. MAC for ad-hoc inter-vehicle network: services and performance [C]. Orlando: IEEE 58th vehicular technology conference, 2003: 2789-2793.

[197] Yadumurthy R M, Chimalakonda A, Sadashivaiah M, et al. Reliable Mac broadcast protocol in directional and omni-directional transmissions for Vehicular Ad hoc Networks [C]. Cologne: International workshop on Vehicular Ad Hoc Networks, 2005: 10-19.

[198] Tsugawa S, Kato S, Tokuda K, et al. A cooperative driving system with automated vehicles and inter-vehicle communications in demo 2000 [C]. Oakland: Proceedings of the IEEE Intelligent Vehicle Symposium, 2001: 918-923.

[199] IEEE Vehicular Technology Society, IEEE Std 1609.2TM-2006. IEEE Trial-Use Standard for Wireless Access in Vehicular Environments-Security Services for Applications and Management Messages [S]. New York: The Institute of Electrical and Electronics Engineers, 2006.

[200] IEEE Vehicular Technology Society, IEEE Std 1609.3TM-2010. IEEE Standard for Wireless Access in Vehicular Environments (WAVE)-Networking Services [S]. New York: The Institute of Electrical and Electronics Engineers, 2010.

[201] IEEE Vehicular Technology Society, IEEE Std 1609.4TM-2010. IEEE Standard for Wireless Access in Vehicular Environments (WAVE)-Multi-channel Operation [S]. New York: The Institute of Electrical and Electronics Engineers, 2010.

[202] 王云鹏, 易振国, 夏海英, 等. 基于流行病模型的车路协同预警信息交互方法 [J]. 北京航空航天大学学报, 2011, 37(5): 515-518.

[203] 李露. IEEE 1609 无线通信标准概述 [J]. 科协论坛, 2011, 1(7): 49-50.

[204] Kai-Yun Ho, Po-Chun Kang, Chung-Hsien Hsu, et al. Implementation of WAVE/DSRC Devices for Vehicular Communications [C]. Taiwan: International Symposium on Computer, Communication, Control and Automation, 2010, 2: 522-525.

[205] 李敏, 赵继印, 陈兴文, 等. 汽车轮胎爆胎预警系统综述 [J]. 大连民族学院学报, 2011, 13(5): 454-457.

[206] 郝俊红. 汽车轮胎压力检测系统的分析与设计 [D]. 长春: 吉林大学, 2010.

[207] 陶桂宝, 庞丽. 直接式汽车轮胎压力监测系统设计 [J]. 重庆大学学报, 2008, 31(1): 8-12.

[208] WU Liji, WANG Yixiang, JIA Chen, et al. Battery-less Piezoceramics Mode Energy Harvesting for Automobile TPMS [C]. Changsha: Proceedings of 2009 IEEE 8th International Conference on ASIC. 2009: 1205-1208.

[209] 杨旸, 闵云龙, 沈强, 等. 基于 MEMS 压力传感器的外置式数字胎压监测系统 [J]. 传感技术学报, 2010, 23(9): 1347-1351.

[210] 姜辉. 自动平行泊车系统转向控制策略的研究 [D]. 长春: 吉林大学, 2010.

[211] 何仁,沈海军,杨效军. 商用汽车辅助制动技术综述 [J]. 交通运输工程学报,2009,9(2): 50-60.

[212] Guo Lie, Wang Rongben, Jin Lisheng, et al. Study on Pedestrian Detection Ahead of Vehicle Based on Machine Vision [C]. Chengdu: The First International Conference of Transportation Engineering, 2007: 570-575.

[213] Guo Lie, Ge Pingshu, Zhang Ming heng, et al. Pedestrian detection for intelligent transportation systems combining AdaBoost algorithm and support vector machine [J]. Expert Systems with Applications, 2012, 39(4): 4274-4286.

[214] Guo Lie, Ge Pingsh, Zhao Yibing, et al. Pedestrian detection based on HOG features optimized by gentle adaboost in ROI [J]. Journal of Convergence Information Technology, 2013, 8(2): 554-562.

[215] 郭烈,张明恒,李琳辉,等. 一种基于支持向量机的行人识别方法研究 [J]. 大连理工大学学报,2011,51(4): 604-610.

[216] 郭烈,高龙,赵宗艳. 基于车载视觉的行人检测与跟踪方法研究 [J]. 西南交通大学学报,2012,47(1): 19-25.

[217] 郭烈,赵宗艳,聂倩,等. 汽车安全行人保护技术的研究现状及展望 [J]. 汽车与安全,2011,(8): 54-57.

[218] Masoud O, Papanikolopoulos NP. Robust pedestrian tracking using a model-based approach [C]. Boston: Proc. IEEE Conference on Intelligent Transportation Systems, 1997: 338-343.

[219] Mohan A, Papageorgiou C, Poggio P. Example-based object detection in images by components [J]. IEEE Transactions on Pattern Analysis and Machine Intelligence, 2001, 23(4): 349-361.

[220] Zhao L, Thorpe C. Stereo and Neural Network-based Pedestrian Detection [J]. IEEE Transactions on Intelligent Transportation Systems, 2000, 1(3): 148-154.

[221] Nanda H, Davis L. Probabilistic Template Based Pedestrian Detection in Infrared Videos [C]. Versailles: in Procs. IEEE Intelligent Vehicles Symposium, 2002: 15-20.

[222] Xu F, Fujimura K. Pedestrian Detection and Tracking with Night Vision [J]. IEEE Trans. Intelligent Transportation Systems, 2005, 6(1): 63-71.

[223] Massimo Bertozzi, Alberto Broggi. Pedestrian Detection for Driver Assistance Using Multiresolution Infrared Vision [J]. IEEE Transcations on Vehicular Technology, 2004, 53(6): 1666-1678.

[224] Bertozzi M, Broggi A, Lasagni A. Infrared Stereo Vision-Based Pedestrian Detection [C]. Las. Vegas: Proc. IEEE Intelligent Vehicles Symposium, 2005: 24-29.

[225] 党宏社,韩崇昭,段战胜. 智能车辆系统发展及其关键技术概述 [J]. 公路交通科技,2002,19(6): 127-130.

[226] 赵宗艳. 基于部位组合特征行人检测方法的研究 [D]. 大连: 大连理工大学,2012.

[227] Ewald A, Willhoeft V. Laser Scanners for Obstacle Detection in Automotive Applications [C]. Detroit: in Procs. of the IEEE Intelligent Vehicle Symposium, 2000: 682-687.

[228] 蒋志凯. 数字滤波与卡尔曼滤波 [M]. 北京: 中国科学技术出版社,1993.

[229] Dagan E, Mano O, Stein G P, et al. Forward Collision Warning with a Single Camera [C]. Parma: in IEEE Intelligent Vehicles Symposium, 2004: 37-42.

[230] Marchal P, Gavrila D, Letellier L, et al. SAVE-U: An innovative sensor platform for Vulnerable Road User protection [C]. Madrid: Intelligent Transport Systems and Services, 2003.

[231] Kay Ch. Fuerstenberg, Klaus C J. Dietmayer Volker Willhoeft, Pedestrian Recognition in Urban Traffic using a vehicle based Multilayer Laserscanner [C]. Versailles: in Proceedings of the

IEEE Intelligent Vehicles Symposium, 2002: 31-35

[232] NHTSA. Traffic safety facts: 2010 data [R]. USA: NHTSA's National Center for Statistics and Analysis, 2011.

[233] 钱宇彬, 李聪, 王莹. 欧洲行人安全法规与我国行人交通事故特征探讨 [J]. 汽车与配件, 2009(44): 32-33.

[234] Yang J K. Review of Injury Biomechanics in car-pedestrian collisions [J]. International Journal of Vehicle Safety, 2005, 1(1): 100-116.

[235] 王国林, 鲁砚. 人车碰撞事故仿真与行人保护研究 [J]. 汽车工程, 2009, 31(1): 14-17.

[236] 徐大伟, 邓亚东, 周荣. 欧日行人保护碰撞测试技术法规的比较研究 [J]. 北京汽车, 2007(5): 30-33.

[237] Ronald de Lange, Riender Happee, Xuejun Liu. Validation and application of human pedestrian models [C]. Shanghai 2005 MADYMO China User's Meeting, 2005: 36-40.

[238] 乔维高, 王宇航. 汽车与行人碰撞中行人保护的研究现状及发展趋势 [J]. 北京汽车, 2008(4): 22-24.

[239] Yasuki T. A Survey on the biofidelity of the knee bending angle of the TRL lower leg impactor [C]. Washington D. C.: The 19th International Technical Conference on the Enhanced Safety of Vehicles, 2005: 1-5.

[240] 林庆峰, 许洪国. 汽车行人碰撞抛射仿真模型 [J]. 汽车工程, 2007, 29(4): 296-299.

[241] 李莉. 汽车与行人碰撞事故调查分析及仿真研究 [D]. 长沙: 湖南大学, 2006.

[242] 宋新萍, 施润伟. 轿车行人保护新技术 [J]. 技术与应用, 2009(9): 26-29.

[243] 郭烈. 基于单目视觉的车辆前方行人检测技术研究 [D]. 长春: 吉林大学, 2007.

[244] 贾慧星, 章毓晋. 车辆辅助驾驶系统中基于计算机视觉的行人检测研究综述 [J]. 自动化学报, 2007, 33(1): 84-90.

[245] Enzweiler M, Kanter P and Gavrila D M. Monocular pedestrian recognition using motion parallax [C]. Eindhoven: Procs. IEEE Intelligent Vehicles Symposium, 2008: 792-797.

[246] Munder S, Schnorr C, Gavrila D M. Pedestrian detection and tracking using a mixture of view-based shape-texture models [J]. IEEE Transactions on Intelligent Transportation Systems, 2008, 9(2): 333-343.

[247] Llorca D F, Sotelo M A, Parra I, et al. Error analysis in a stereo vision-based pedestrian detection sensor for collision avoidance applications [J]. Sensors, 2010(10): 3741-3758.

[248] Enzweiler M, Gavrila D M. Monocular pedestrian detection: survey and experiments [J]. IEEE Transactions on Pattern Analysis and Machine Intelligence, 2009, 31(12): 2179-2195.

[249] 姚会. 基于隐式形状模型的行人检测技术研究 [D]. 厦门: 厦门大学, 2007.

[250] 田广. 基于视觉的行人检测和跟踪技术的研究 [D]. 上海: 上海交通大学, 2007.

[251] 初秀民, 万剑, 严新平, 等. 基于车载机器视觉的汽车安全技术 [J]. 中国安全科学学报, 2008, 18(5): 550-559.

[252] 许言午, 曹先彬, 乔红. 行人检测系统研究新进展及关键技术展望 [J]. 电子学报, 2008, 36(5): 962-968.

[253] 中华人民共和国国家统计局. 中国统计年鉴 [M]. 北京: 中国统计出版社, 2013.

[254] 蒋新华, 陈宇, 朱铨, 等. 交通物联网的发展现状及趋势研究 [J]. 计算机应用研究, 2013, 30(8): 2256-2261.